suhrkamp taschenbuch 2049

Brechts *Heilige Johanna* gehört nach wie vor zu den brisantesten Dramen des Stückeschreibers. Wegen seines ökonomischen Themas gilt das Stück zugleich als schwerverständlich und verwirrend: die Börse der Wallstreet als der Ort dunkler Machenschaften, Aufstieg und Fall der Wirtschaftsmagnaten als undurchdringlicher Zyklus eherner Notwendigkeit. Der vorliegende Band entwirrt erstmals das ökonomische Chaos. Neben den Quellen für die wirtschaftlichen Vorgänge, die fast durchweg auch literarische sind, dokumentiert er die vielfältigen literarischen Quellen bzw. Anspielungen: die Übermittlung des Johanna-Stoffs, Hölderlin, Schiller, Shaw, Goethes *Faust*. Der Nachweis der zeitgenössischen Bezüge soll anschaulich werden lassen, daß selbst abwegig erscheinende Details historischen Tatsachen entsprechen. In diesem Zusammenhang wird auch das Thema »Amerikanismus« ausgiebig berücksichtigt. Dokumente zur Vorgeschichte des Stücks sowie Selbstaussagen Brechts ergänzen das komplexe Beziehungsgeflecht. Darüber hinaus werden der lange Weg der *Heiligen Johanna* zur Uraufführung (1959) sowie die wichtigsten Aufführungen vorgestellt. Exemplarische Deutungen und eine kommentierte Bibliographie schließen den Band ab.

Brechts
›Heilige Johanna
der Schlachthöfe‹

Herausgegeben von Jan Knopf

suhrkamp taschenbuch
materialien

Suhrkamp

suhrkamp taschenbuch 2049
Erste Auflage 1986
© Suhrkamp Verlag Frankfurt am Main 1986
Suhrkamp Taschenbuch Verlag
Alle Rechte vorbehalten durch
Suhrkamp Verlag, Frankfurt am Main,
insbesondere das des öffentlichen Vortrags,
der Übertragung durch Rundfunk und Fernsehen
sowie der Übersetzung, auch einzelner Teile.
Einzelnachweise am Schluß des Bandes
Satz: Janß, Pfungstadt
Druck: Nomos Verlagsgesellschaft, Baden-Baden
Printed in Germany
Umschlag nach Entwürfen von
Willy Fleckhaus und Rolf Staudt

1 2 3 4 5 6 – 91 90 89 88 87 86

Inhalt

Aufführungsberichte

Analysen

Anhang

Einleitung:
Das unverstandene Meisterwerk

Selbst die jüngsten und neuesten Interpretationen von Brechts *Heiliger Johanna der Schlachthöfe* stehen – auch dann, wenn sie gängigen Moden folgen – stramm vor der Komplexität des Stücks. Seine Handlung gilt als unübersehbar, wirr, ja als chaotisch. Der Gesamtgang spiele sich, so ein repräsentatives Urteil, »als wildes, chaotisches Geschehen ab, durch das keiner hindurchblickt und das sich auch dem Betrachter erst in nachträglicher Analyse auflöst« (Uwe-K. Ketelsen). Der modische Vorwurf an Brecht, seine Werke seien zu einfach und schematisch, scheint hier nicht zu ziehen. »Und immer wieder sperrt sich bei der Lektüre«, so das weitere repräsentative Urteil, »die Handlung gegen ihre glatte Reduktion auf ein ökonomisches Verlaufsschema; so ist etwa aus der Zyklentheorie nicht mehr zu erklären, warum Mauler just in dem Moment zur großen Rettung des ganzen Systems ansetzt und zum Monopolisten in Chicago aufsteigt, als er pleite ist«. Die plane Logik der Ökonomie greife nicht, vielmehr spiele sich ein mythischer Kampf aller gegen alle ab, der im Stil von »blindwütigen antiken Schlagetots« agiert werde: »in der Hölle von Chicago geht es zu wie in einem geschlossenen Kasten voller hungriger Ratten«. Die *Heilige Johanna* geht also nicht auf, es bleiben ungeklärte, irrationale Reste; das Stück scheint an der Zeit zu sein.

In der Tat wehrt sich gerade dieses Stück entschiedener als die durchgesetzten Meisterdramen gegen seinen klassischen Verschleiß. Es wird gehandelt als eine Art Geheimtip, nicht zuletzt unterstützt durch so herausragende Inszenierungen wie die Fabrikaufführung des Bochumer Ensembles von 1979 oder auch die Uraufführung durch Gustaf Gründgens 1959. Wer dem Reiz des Stücks nicht folgen mochte, mußte es als billiges Lehrstück, das es nicht ist, abqualifizieren und erfolglos gegen seine Theaterwirksamkeit wüten. Die Rezeption – das zeigen die Theaterkritiken – vermittelt auch dann, wenn die Inhalte als »steinzeitlich«, für den Westen absolut unzutreffend und überholt eingestuft werden (was inzwischen auch nicht mehr der Fall ist), tiefe Betroffenheit, Ahnungen davon, daß das, was da auf der Bühne verhandelt wird, mit den täglichen Realitäten des Wirtschaftslebens und damit auch mit dem Alltag der Zuschauer zu tun hat. Aber es blieben Ahnungen, und nach wie vor akzeptierte die gelehrte und ungelehrte Rezeption die – eigentlich kritisch gemeinten – Sprüche des Stücks:

> Wehe! Ewig undurchsichtig
> Sind die ewigen Gesetze
> Der menschlichen Wirtschaft!
> Ohne Warnung
> Öffnet sich der Vulkan und verwüstet die Gegend!
> Ohne Einladung
> Erhebt sich aus den wüsten Meeren das einträgliche Eiland!
> Niemand benachrichtigt, niemand im Bilde! Aber den letzten
> Beißen die Hunde!
>
> (2, 735)

Die Forschung war benachrichtigt, aber nicht im Bilde. Die Dokumente liegen seit langem vor, aber es waren mehr Geschäftsbücher denn literarische Quellen, und die liest die Philologie nach wie vor ungern. Die literarische Parodie – also die »Verunglimpfung« der Klassiker Goethe, Schiller, Hölderlin – stand im Vordergrund des Interesses, wohingegen die ökonomischen Zusammenhänge weiterhin nur flüchtiger Lektüre gewürdigt wurden.

Die Forschung begnügte sich für die Ökonomie mit einer recht frühen Erklärung, angeboten durch die noch mit der Würde der Meister-Schülerin versehenen Autorität Käthe Rülicke-Weilers. Sie behauptete und breitete dies über mehrere Seiten intensiv aus, die Wirtschaftshandlung der *Heiligen Johanna* folge unerbittlich dem Krisenzyklus von Marx, und damit war die Sache abgehakt. Es ist ein Kuriosum der Brecht-Forschung, daß sie getreulich und brav nun schon fast zwanzig Jahre lang diese Erklärung durch ihre Analysen schleppt, obwohl der Glaube fehlt. Man versteht zwar nicht, was die Erklärung so richtig bedeutet, aber da man's nicht besser weiß und ökonomische Erläuterungen ohnehin scheut, wird sie einfach weitergereicht, auch wenn alle anderen Ausführungen der Zyklentheorie widersprechen oder zumindest nicht in ihr aufgehen. Kein Wunder also, daß die neueste Interpretation beim Mythos, beim urwüchsigen Kampf aller gegen alle, landet und dennoch meint, die Wirtschaftshandlung folge doch dem Marxschen Krisenzyklus, gehe in ihm nur nicht auf.

Der vorliegende Materialien-Band, der nicht, wie sonst üblich, Brecht-Texte in den Mittelpunkt stellt (dafür gibt es den Materialienband von Gisela E. Bahr), hat, so darf ohne Übertreibung behauptet werden, eine kleine Sensation parat, insofern er den Schlüssel für die Wirtschaftshandlung liefert, und zwar sowohl in ökonomischer als auch in literarischer Hinsicht: durch die Offenlegung und ausführliche Vorstellung der Quellen. Die vorgelegten Dokumente zwingen – ohne jegliche analytisch-argumentative Anstrengung – zu einer weitgehenden Neubeurteilung des Stücks: Die Wirtschaftshandlung erhält ihre »Übersichtlichkeit«, die ja inzwischen beinahe lustvoll vermißt wird, ohne nun nochmals für »Vereinfachung« plädieren zu müssen. Komplexes muß ja nicht, es sei denn, die Argumentation soll mit dem Hinweis auf Komplexität abgewürgt werden, undurchsichtig sein. Im Gegenteil gewinnt die ökonomische Handlung, vermag man ihr zu folgen, entschieden an Gewicht und Zusammenhang, eben weil sie gar nicht so stur, so ohne Raffinement, so ohne Witz ist, wie das Zyklenmodell suggeriert. Und schnurrte da nur etwas mit unerbittlicher Notwendigkeit ab: dieses Stück wäre als eines der ersten dem Verdikt ideologisch sträflicher Vereinfachung verfallen. Nein, es sind Entdeckungen anzubieten, Entdeckungen, deren enge Verknüpfung zu den Realitäten der Zeit überraschen mögen.

Eine Preisfrage zur *Heiligen Johanna* könnte lauten: Was ist ein »Corner«. Wer behauptet, das Wort noch nie gehört zu haben, wird sich erneuter Lektüre befleißigen müssen. Es kommt einmal im Text vor, und im Anhang gibt es die Empfehlung, folgende Zeitungsschlagzeile ausrufen zu lassen: »Pierpont Maulers Riesenfleischkorner reißt die Fleischfabriken in den Abgrund!« (2, 789) Es sind die Packherren, Maulers Konkurrenten, die feststellen:

> Wie sollen wir jetzt Vieh nehmen bei steigenden Preisen?
> Denn da ist einer, der's gekornert hat
> Den niemand kennt –
> Laß, Mauler, uns heraus aus dem Vertrag!
>
> (2, 736)

Was ein »Corner« ist, erläutert der vorliegende Band an entsprechender Stelle. Hier soll nur auf den Zusammenhang verwiesen sein. Brecht übernahm den groben Abriß der Wirtschaftshandlung aus seinem Fragment gebliebenen *Joe Fleischhacker*-Stück, zunächst auch *Weizen* genannt (1924–1926). Es handelt sich dabei um das Stück, das ihn, nach eigener Aussage oder auch Stilisierung, zur Marx-Lektüre zwang und deshalb liegen blieb. Die im *Fleischhacker*-Material gesammelten Zeitungsberichte aus den Jahren

1925 bis 1929 (also weit über die Zeit des Projekts hinausgehend!) belegen, daß Brecht keineswegs nur seiner literarischen Quelle folgte (Norris' *Weizenbörse*), sondern zugleich die aktuellen Wirtschaftsdaten unmittelbar verarbeitete. Brecht sammelte nicht nur Berichte über die riesigen Weizenansammlungen in den USA bei gleichzeitiger Futtermittelknappheit in Europa – ein konkretes Bild der Hortungen vermittelte ihm Erich Mendelsohns *Amerika*-Bildband, der beeindruckende Fotos der Riesensilos für die (spekulative) Lagerung von Weizen enthält –, er informierte sich auch über die Chicagoer und New Yorker Börse und notierte die aktuellen Aktienkurse. Ein Bericht über eine »Corner«-Spekulation der Barnes-Gruppe von 1925 wurde zur unmittelbaren Quelle eines Fabelentwurfs. Die Berührungspunkte sind so eng, daß von einem weitgehend authentischen Handlungsentwurf gesprochen werden kann. Das zu betonen, scheint deshalb vonnöten, weil sich der Vorwurf, die Handlung der *Heiligen Johanna* sei ein bloßes Konstrukt aus dem – nur dualistisch »konstruierten« – Kopf Brechts, in keiner Weise halten läßt.

Brechts Selbstaussage, daß das *Fleischhacker*-Stück wegen der Marx-Lektüre nicht geschrieben worden sei (vgl. 20, 46), hat zu einem Mißverständnis geführt: mit der Marx-Lektüre sei nun alles plötzlich ganz anders bei Brecht geworden. Brecht schrieb zwar nicht den *Fleischhacker* zu Ende, er verwertete jedoch dessen Wirtschaftshandlung für das neue Stück, für die *Heilige Johanna*. Die Änderungen sind nicht unbedeutend, aber der Ablauf bleibt in der Großstruktur erhalten, und dies ist der »Corner«. Die Änderungen betreffen vor allem drei wichtige Aspekte: 1. verlegt Brecht das Geschehen vom Weizen auf das Fleisch und gewinnt damit mehr als nur eine atmosphärische Verdichtung (Schlachthaus); 2. löst Brecht die Wirtschaftshandlung von der bloßen Börsenspekulation und verbindet sie mit Produktionsmittelbesitz; damit kommt nicht nur die gesamte Arbeiter-Handlung hinzu, die Spekulation wird vielmehr nun vor »Ort«, und das heißt, in ihren Auswirkungen auf die Opfer gezeigt; 3. verknüpft Brecht auf raffinierteste und hinterhältigste Weise Johannas spontane Hilfsaktionen mit dem Coup des Herrn Mauler; sie durchschaut nicht, daß ihre Bitten, den jeweils auf Mauler eindringenden Gruppen zu helfen, gerade den scheinbar humanen Vollzug des »Corners« fördern: der Zuschauer, der diesem Geschehen naiv folgt, wird ebenso hereingelegt wie Johanna selbst. – Und daß Mauler »just in dem Moment« gerettet wird, als er pleite ist, folgt auch aus Brechts Änderung der ursprünglichen Fabel des *Fleischhacker*-Projekts: Mauler ist Produktionsmittel*besitzer*, seine Spekulation ist zwar schiefgegangen, über den Besitz jedoch kann die Produktion reaktiviert werden; er ist also nicht ganz pleite, dazu hätte er nur gebracht werden können, wenn die Fleischfabriken durch den Generalstreik der Arbeiter stillgelegt worden wären.

Kurz, die Änderungen sind wichtig, bedeutend, zweifelsohne Resultat der durch die Marx-Lektüre neugewonnenen Einsichten. Aber sie ändern nichts daran, daß der Ablauf der Fabel des alten Projekts erhalten ist und deshalb auch durchsichtig gemacht werden kann. Die Quellendokumentation versucht die zukünftigen Rezipienten ins Bild zu setzen.

Ein zweiter Strang der Wirtschaftshandlung geht zurück auf das ebenso Fragment gebliebene Stück *Dan Drew* (1925/26). In ihm entwarf Brecht erstmals die Börsenhandlung, die ebenso nahe an authentischen Zeugnissen der Zeit ist wie die Wirtschaftshandlung (Brecht unterrichtete sich u. a. über die Chicagoer Börse, ihre Einrichtung, die Handzeichen, mit denen die Makler sich verständigten etc.). Das *Dan Drew*-Projekt und seine Quellen sind wichtig für das Verständnis der Börsenzusammenhänge, die keineswegs undurchsichtig sind, sondern auch wieder auf konkreten Gegebenheiten beruhen. »Wallstreet« als neues Zentrum des Weltmarktes achtete streng darauf, daß nur sog. Vertrauenspersonen im »Ring« waren. »Newcomer« hatten es schwer, in den »Ring« der angestammten Börsianer zu gelangen, und Dan Drew war einer der wenigen, die es geschafft haben, sich hineinzuschmuggeln und die Vorteile der Informiertheit zu genießen. Dan Drew rächte sich, als er sich »Wallstreet« nicht würdig erwiesen hatte und aus dem »Ring« hinausflog, mit einer enthüllenden Autobiografie, die er allerdings wohlweislich nicht selbst und zu Lebzeiten publizierte. Aus ihr konnte Brecht unschwer das vielleicht ohne weitere Kenntnisse konstruiert erscheinende Zusammenwirken zwischen »Wallstreet« und den Fabrikherren entnehmen: so funktionierte und funktioniert noch heute das Geschäft. Mauler ist, so gesehen, eine »fromme« Kreatur von »Wallstreet«; er weiß, was er zu tun hat, vermag aber von sich aus keine Initiativen zu ergreifen. Er führt brav und willig aus, was »Wallstreet« ihm vorgibt, und auch seine Rettung geschieht nur mit Hilfe »Wallstreets«, subjektiv hat er sich längst aufgegeben.

Fabrikaufführung, Bochum 1979. Foto: A. Tüllmann

Das Insistieren auf der Durchschaubarkeit der Wirtschaftshandlung soll, so das wichtigste Ziel dieses Bandes, den Blick für die noch weitgehend unbekannten Schönheiten des Stücks freigeben. Ist erst einmal das paralysierte Starren auf die Ökonomie überwunden, erhalten die Figuren neue Chancen. Mauler vor allem, der als bloßer Bösewicht durch die Rezeption geistert, in Wirklichkeit jedoch Opfer und Täter ist: Täter vor allem deshalb, weil er sonst Opfer sein müßte. Goethes *Faust*-Vorbild steckt in ihm viel tiefer, als es die sporadischen Hinweise wahrhaben wollen. Die ehemals göttliche Instanz ist durch Wallstreet ersetzt, Maulers Rettung schon zu Beginn beschlossene Sache. Aber Mauler hätte nichts dagegen, sich zur Ruhe zu setzen, den riesigen Ballast des Geschäfts abzuwälzen: ein durchaus gefährdeter, innerlich zerrissener Faust der Geschäftswelt, der zudem auch noch das kleine Mädchen aus der Heilsarmee insgeheim liebt, aber (wiederum) weiß, daß diese Liebe keine Chance hat, daß ihr »Opfer« notwendig ist. Mit Schmerz und Anteilnahme muß er bemerken, daß die Gänge in die Tiefe an Johanna nicht spurlos vorbeigehen, daß sie ihm dadurch immer mehr entgleitet und das gewohnte »Gesicht« verliert.

Ebenso vielschichtig ist die Figur der Johanna angelegt. Nicht nur macht sie eine tiefgreifende Entwicklung durch, die am Ende doch nicht zur Veränderung ihrer Haltung führt, auch sie ist hin- und hergerissen zwischen ihrem willigen Engagement und den Tatsachen, auf die sie stößt. Überdies trifft sie in Mauler auf einen Menschen, der zunächst als Mensch ansprechbar erscheint und deshalb von ihr ebenfalls mit Anteil wahr- und aufgenommen wird. Illusionäres Wollen – ihre Traumvision ist keineswegs eine revolutionäre Utopie (man lese nochmals nach) – und Erfahrung von brutaler Realität reißen sie auseinander und – sieht man es mit traditionellen Augen – in einen tragischen Widerspruch hinein (nur daß sie nicht wie bei Schiller als Heroine, sondern als Widerständige untergeht). Johanna ist nicht das große Vorbild, das positive Spiegelbild zum angeblich so »bösen« Kapitalisten Mauler. Wie er den Gesetzen seiner Ordnung (schließlich) folgt, so versagt Johanna an *den* Realitäten, zu deren Beseitigung sie angetreten ist – als schmähliche Versagerin, von der die Arbeiter nichts mehr wissen wollen. Vor dem Hintergrund der Klassikerzitate, Bibelanspielungen und metrischen Übernahmen, die der Band erstmals in extenso dokumentiert, erhalten die Hauptfiguren noch zusätzliche Dimensionen. Brecht schafft eine Überlagerung von klassisch-antikem Mythos und dem neuen Mythos Amerika, der in den zwanziger Jahren sehr bewußt war und vielfältig diskutiert worden ist. Es war die Zeit, in der die neue amerikanische Trivialkultur ohne den »tiefen« und traditionsgebundenen Sinn europäischer Kultur in der »Alten Welt« durchgesetzt wurde – aber mit ganz neuen Dimensionen, die den angestammten mythischen Heroismus von Europa einfach aufsog. Die Filmschauspielerinnen, die Pokermeister, Rennfahrer und Boxer, die Geschäftsleute und Gangster übernahmen nun die alten Rollen und ließen ihre Geschäfte und ihre Erfolge in der Sprache alter Heldenlieder feiern.

Welch ein Ruhm! Welch ein Jahrhundert!
Ach, auch wir verlangten solche breitspurigen Anzüge aus groben Stoffen
Mit den Wattewülsten an den Schultern, welche die Männer so breit
                                     machen
Daß drei von ihnen den ganzen Gehsteig beanspruchen.
Auch wir versuchten, unsere Bewegungen zu bremsen
Die Hände langsam in die Taschen zu stecken und uns aus den Stühlen
In denen wir (wie für alle Ewigkeit) gelegen hatten, langsam
                                 herauszuarbeiten
Wie ein ganzes Staatswesen, das sich umwälzt.
Und auch wir stopften uns den Mund voll Kaugummi (Beechnut)
Von dem es hieß, daß er die Kinnladen auf die Dauer vortrieb
Und saßen mit ewig mahlenden Kiefern wie in unaufhörlicher Freßgier.
Auch unseren Gesichtern wünschten wir jene gefürchtete
                           Undurchsichtigkeit zu verleihen
Des »poker face man«, der sich seinen Mitbürgern als unlösliches
                             Rätsel aufgab.
Auch wir lächelten ständig wie vor oder nach guten Geschäften
Die der Beweis einer gut funktionierenden Verdauung sind.
Auch wir tappten unseren Gegenübers (lauter zukünftigen Kunden)
Gerne an die Arme, Schenkel und zwischen die Schulterblätter
Ausprobierend, wie man solche Burschen in die Hand bekommt
Mit schmeichelnden und zupackenden Griffen wie nach Hunden.
So eiferten wir diesem berühmten Menschenschlag nach, welcher
                             bestimmt schien
Die Erde zu beherrschen, indem er sie vorwärts brachte.

                                    (9, 477f.)

Auch die Arbeiterhandlung stellt sich gewichtiger dar, wenn sie
nicht bloß als Bestandteil der ökonomischen Handlung rezipiert
wird. Brecht hielt sich hier genauso streng an die Quellen, deren
andauernde Aktualität die Zeitungsmeldungen täglich bestätigten.
Um die Brutalität des Arbeiteralltags anzudeuten, brauchte Brecht
nichts zu erfinden: Die Realitäten schlugen alle Phantasien um
Längen. Wenn auch der Kampf um einen Teller Suppe, wie ihn
Frau Luckerniddle führt, in bundesrepublikanischen Zeiten nicht
mehr zu überzeugen wußte, so muß doch daran erinnert werden,
daß er in den zwanziger Jahren für viele noch Realität gewesen ist
(und ja langsam wieder zu werden beginnt). Das vollgefressene
Argument, alles »Stoffliche« an der Johanna sei völlig falsch geworden und ginge uns nichts mehr an (so viele Kritiken der fünfzi-
ger Jahre), kann sich nur auf Ignoranz berufen, der Abspeckung

not täte. Das ist so, als bemängelte man am *Hamlet,* daß er den König Claudius mit dem Rapier ersticht und nicht mit dem Browning umlegt. Daß die Arbeiter zu wenig Kontur aufwiesen – im Gegensatz zum kapitalistischen Widerpart Mauler – (so ein anderer Einwand), geht an der thematisierten Tatsache des Dramas vorbei, daß sich die Arbeiter kein Gesicht leisten *können* (dies freilich subversiv einzusetzen versuchen): Die Masse hat keine Kontur, solange sie Masse sein *muß.* Überdies hat Brecht in Frau Luckerniddle eine proletarische Entwicklungsfigur angelegt, die den notwendigen Mangel der Massendarstellung aufheben soll. Frau Luckerniddle – auch sie eine zwiespältige Figur – verändert sich durch ihre aktive Teilnahme am Kampf zur Kenntlichkeit (freilich nur für die Arbeiter). – Der Abschnitt *Zeitgenössische Bezüge* soll eine Ahnung von der Arbeiterrealität der Zeit, in der Brecht das Stück schrieb, vermitteln und zugleich die Zusammenhänge mit der Ökonomie sowie ihrer Ideologie (hier die Heilsarmee als Beispiel) andeuten.

Da der Band von Gisela E. Bahr, die erstmals die Bühnenfassung des Stücks kritisch ediert und die Fragmente und Entwürfe zum Stück zugänglich gemacht hat, noch nicht auf die Dokumente der Briefe und des *Arbeitsjournals* zurückgreifen konnte (sie waren damals noch nicht publiziert), hat es sich angeboten, diese Selbstzeugnisse in den vorliegenden Band aufzunehmen. Sie haben allerdings keinen größeren Auskunftswert, weil sie durchweg weit nach Fertigstellung des Stücks niedergeschrieben worden sind. Man erfährt Brechts Einschätzung der *Heiligen Johanna* vor allem während des Exils.

Für den Abschnitt der *Analysen* liefert zunächst Hans Mayers Beitrag, entnommen aus *Außenseiter,* einen dokumentarischen Nachtrag zu Bernard Shaws Anteil an Brechts Stück. Mein Versuch, Shaw als Quelle für Brecht direkt zu dokumentieren, schlug fehl, da keine unmittelbaren Übernahmen kenntlich zu machen waren. Auch die Forschung hat zu Shaw nur geistesgeschichtlich naheliegende »Abhängigkeiten« nachweisen können, so daß dessen beide Dramen, *St. Joan* (1923) und *Major Barbara* (1905), letzteres für die Heilsarmeehandlung, nur in relativ lockerem Verhältnis zu Brechts *Johanna* zu sehen sind. Mayers Beitrag stellt die notwendigen Zusammenhänge zwischen Schiller, Shaw und Brecht her und liefert zugleich den übergreifenden Rahmen für die Rezeption der Außenseiterfigur in der Literatur.

Käthe Rülicke-Weilers Darstellung des Fabelverlaufs hat, auch wenn sie der vorliegende Band als falsch und überholt erweist, bereits ihrerseits dokumentarischen Charakter. Da der Beitrag selten original rezipiert worden ist, war ein Abdruck in der Bundesrepublik ohnehin fällig. Er kann den Fortgang der Brechtforschung verdeutlichen und zugleich die langsame »Entideologisierung« bei der Interpretation des Dramas manifestieren.

Hans Peter Herrmanns (z. T. gekürzter) Aufsatz liefert eine kritische Auseinandersetzung mit der Rezeption des Stücks in Theaterkritik und Forschung und entwickelt daraus einen eigenen Interpretationsansatz, der freilich auch Käthe Rülicke-Weilers Vorgabe folgt und darin seine Grenze findet. Die weiterweisenden Schlüsse Herrmanns aber und sein materialistischer Ansatz sind nicht nur wegweisend, sondern haben sich auch als haltbar gezeigt.

An Quellen wurde nur das aufgenommen, dessen Rezeption durch Brecht und seine Mitarbeiter gesichert ist, entweder durch die Tatsache, daß die Dokumente im Archiv gelagert sind, oder durch sichere andere Zeugnisse, die die Kenntnis mit an Sicherheit grenzender Wahrscheinlichkeit erschließen lassen (Ausnahmen sind gekennzeichnet). Der Materialienband präsentiert sich so als ein Brecht-Quellen-Lesebuch, das auch ohne das Stück, so hofft der Herausgeber, genügend Stoff enthält und inhaltlich Brisanz verspricht: ein Lesebuch zur Geschichte der Weimarer Republik, ihren Wurzeln im imperialistischen Deutschland des Vorkriegs und ihrem Ende im Faschismus. Daß sich vieles davon in Amerika abspielt, gehört zur Sache und braucht deshalb nicht zu irritieren. Es handelt sich um Brechts Amerika, das auf Europas Polit- und Ökonomie-Bühnen agiert worden ist, und zwar weil sich Amerika während der zwanziger Jahre in Europa unaufhaltsam auszubreiten und einzunisten begann, ein Vorgang, der sich nach dem Zweiten Weltkrieg entschiedener wiederholen sollte und insofern an Aktualität nur wenig eingebüßt hat. Es ist die Welt des Big Business, die in unseren Dichtungen wie stets zu wenig Raum einnimmt, weil in Dichtung und Geschäft immer noch unvereinbare Gegensätze gesehen werden. Diese Unvereinbarkeit aufzuheben, dazu möchte der vorliegende Band beitragen. Die Geschäfte nehmen in ihm den Raum ein, der ihnen von realitätswegen im bürgerlichen Leben gebührt. Möge die Literatur ihnen standhalten – in jeder Hinsicht.

Karlsruhe, Dezember 1985   *Jan Knopf*

Eugen Diesel
Amerika

*Heil uns! Ein beglückender Sturmwind des Ideals braust von jenseits des Atlantik. Nach ihm haben wir uns zu richten. Denn Amerika hat das vollendetste Glück, das größte Areal und die beste Moral. Es ist das Land Gottes, in dem unzufrieden zu sein eine Todsünde ist. Es ist im höchsten Maße patent (smart). Der Yankee saugt die patente Milch schon mit dem ersten Ice-Cream-Soda ein. Das mechanisch zur höchsten Vollendung gebrachte Mittel zum Zweck ist ein religiöses Mysterium, ist der Wert an sich, ist alleinseligmachend. Das rotgoldene Standardladenschild der United Cigar Stores wird von ihm in allen Städten von New York bis San Franzisko mit Rührung und Befriedigung wiedererkannt. Wir geben nicht nach, bis der Idealismus des rotgoldenen Ladenschildes auch in Hongkong und Oberammergau leuchtet. Die Amerikaner haben die schönste Architektur. Wenn unten die Automobile allen Platz wegnehmen, dann entwerfen sie baumartige Wolkenkratzer, unten schlank, oben breit. Das ist noch besser als die Akropolis oder der Kölner Dom. Die Amerikaner haben die besten Schulen der Welt, denn sie zahlen die meisten Dollars dafür. Der Dollarbeweis ist unumstößlicher als Kants apriorische Beweisführung. Zahlreiche Banner des Ideals sind aufgepflanzt: Der Dollar. Das unsexuelle Weib. Der Boxer Jack Dempsey. Die Filmdiva Mary Pickford, zu deren Geburtshaus in Kanada man wallfahrtet, wie dumme Europäer zum Goethehaus in Frankfurt. Der Packard Achtzylinder. Glostora Haaröl. Wrigleys Kaugummi. Und das amerikanische Standard-Individuum, das man ausstanzen, numerieren und mit rotierender Lichtreklame durchs Wirtschaftsimperium steuern kann.
Was nützte uns die Größe der Welt, als selbst ein Goethe höchstens eine oder allenfalls zwei italienische Reisen zuwege brachte? Wir sind schon als Primaner öfters dort gewesen, und mit dreißig Jahren kennen wir uns durch Reiseanschauung in den Kulturkreisen aus wie Spengler. Wir kennen die Namen aller maßgebenden Hotels und Kneipen, vom Grand Hotel in Stockholm bis zum Kater Hidigeigei auf Capri, vom Plaza in New York bis zu Shepeards Hotel in Kairo. Mit unseren Kameras haben wir die Tempel in Paestum und lappländische Renntierherden eingefangen, alles schön sauber in*

Albums einkleben lassen und aufbewahrt. Daneben wimmelt es von Porträts lebender und verstorbener Freunde und Verwandter. Wir sehen uns selber auf dem Gipfel, von dem wir beinahe abgestürzt wären, im leicht bajuvarisierenden Sportanzug. Oder wir sehen noch heute die Maid plastisch lächeln, im Stereoskop, in die wir bis in die Zehenspitzen verliebt waren. Wo waren wir nicht überall! In welchen Klammen, in welchen Städten, auf welchen Ozeanen, in welchen Hotel-Lounges! Und es bleibt noch viel zu sehen übrig bis ans Lebensende. Sollten wir an die Grenze des Bereisbaren gelangen, so zivilisiert sich im nächsten Jahre ein bisher unbereisbares Land, und neues Feld ist da, für Seele und Kamera. Wir sehen heute in der illustrierten Beilage, daß die Mongolei schon tausend Kilometer Autostraßen besitzt.

O Geist der Zeit! O Geist des Patenten! Du schufst auch die schönen wohlduftenden Lederkoffer mit herrlich schnappenden Schlössern, den Selbstanlasser am Auto, und jeglichen modernen Komfort. Du zeugtest die Schwärme von geldausgebenden Frauen, die vor den Schaufenstern Gottesdienst halten, wie ihre Ahninnen vor den Heiligenbildern. Du erzogst die Männer zu folgsamen Finanziers der überzüchteten weiblichen Kauftriebe. Du zeugtest die flotten Herren mit Polostock, Whisky und zigarettenduftendem Stumpfsinn, deren Fetisch die Pumphose des Prinzen von Wales ist.

Die moderne Welt des patenten Glückes ist nicht andichtbar. Was erfüllt ist, kann nicht mehr angedichtet werden, und wir leben inmitten von zahllosen mikroskopischen und makroskopischen Erfüllungen. Dichter sind nur am Platze, solange etwas nicht erfüllt ist. Ein Auto oder ein Flugzeug anzudichten, ist eine contradictio in adjecto. Setzen wir uns lieber hinein und sausen oder fliegen. Die Asphaltstraße, die Luft von Florida hat tagaus tagein ihre Hunderttausende von Odysseen, aber praktische Odysseen für jeden glücklichen Yankee, mit daran geknüpfter Umsatzwonne. In jedem Augenblick unseres Lebens sind wir am Ziel zahlloser Errungenschaften. Wenn uns etwas zustößt, sind wir unbesorgt. Im Kassaschrank zu Hause ruht die Versicherungspolice. Also dichtet uns nichts vor von surrenden, tönenden Propellern und modernen Riesenvögeln, oder von den knatternden pferdekräftigen Autos! Die w a h r e Poesie des Unerfüllten können die Dichter nicht geben. Die liegt im Prospekt der erstklassigen Firma über das neue Automodell, mit doppelt so vielen Zylindern als früher und allen Schikanen an Karosserie und Chassis, das wir uns noch nicht haben kaufen

New York. Eingang zum Broadway
Foto: E. Mendelsohn

können. Hier seufzt die Sehnsucht, und wir wägen den Stand unseres Kontos und den Preis ab. Wozu alle tiefen Ideen? Wir Unpoetischen sind poetischer als Goethe, dessen Faust sich den Zaubermantel ersehnt und ihn selbst um Königskronen nicht dahingäbe. Wir haben jedes Jahr unsere neuen Zaubermantelmodelle, und Königskronen sind heute keine Wertmesser mehr.

Der Gipfel des internationalen Wirtschaftsglückes ist die Weltausstellung, in der sich, wie in Millionen von Kristallen des Fleißes und vollendet organisiert, das Ergebnis des Gesamtaggregates reizvoll herausprojiziert, in Reihen aneinander: Schachtelpyramiden, Farben, Spielwaren, Knöpfe, Korsetts, Stoffe, Bücher, Automaten, Autos, Rotationspressen, Stiefel, Klosetts mit Patentspülung, Bronzen, Fruchtsäfte, Kameras mit Patentverschluß, Kakaogratisproben, Waffeln in Patentpackung, Waffen, Fahrräder, elektrische Kocher, Zigarren, Zündhölzer, Cakes, Marmeladen, Kragenknöpfe; in der großen Halle kolossale Dampfmaschinen und Motore, an der Seite Gequiekse und Geklapper von Kleinmaschinen; draußen Rutschbahnen, Schießhallen, Eiffeltürme, Antennen, eine Gemäldegalerie vornehm abseits für die Kulturellen und in einem Kral suzeräne Hottentottenhäuptlinge. Was will man mehr? Das ist doch die Universalerfüllung, exposition universelle. Wir können die Gesamtheit katalogisieren und kaufen, so, wie wir das Gesamtwissen in ein Konversationslexikon sperrten, das für einige hundert Mark in Monatsraten zu kaufen ist.

Auf! Beschwört die Sänger der Jetztzeit, die Redaktionen der Feuilletons und illustrierten Blätter, die Sprecher am Radiosender, die höchste Auflageziffer und Teilnehmerzahl einzuspannen zum Preise des unerschöpflichen, unendlichen, globusumkreisenden patenten Glückes, zum Dithyrambus der hochfahrend über die alte tiefliegende Zeit getürmten rauchfahnenbewimpelten Wolkenkratzer, die dem »harten Selbstbewußtsein« der Zeit mystisch entsprossen (keineswegs etwa der Bodenspekulation!), wie die Pyramiden aus Ägyptens Kulturkreismystizismus; entzückt euch an den Hieroglyphen der Moderne, an 4711, K.O., O.K., Ufa, USA, am deutschgeschriebenen ü, am doppelkurbeligen Zwilling, am Bollemann mit der Stilglocke! Ziehet ein ins Paradies des Patenten! Und dem lieben Gott sendet eine Pressekarte, auf daß er sehe, wie man es in Wirklichkeit sehr gut mache, und nicht nur im Pentateuch.

Wirklich, unser Glück ist groß! Wir besitzen mondäne Frauen, die in der Gesellschaft auftreten können, die in der Rangliste des Neids und des Geltungsbedürfnisses genau Bescheid wissen und uns Tips geben können. Sie richten sich diskret und vornehm nach der Mode und reden über Kunst und Musik mit. Sie geben sich auch redlich Mühe, die Eheprobleme zu ergründen, und mehrere Monate lang liegt auf dem Salontisch das Buch über die Ehe, das »vierundzwanzig führende Köpfe der Gegenwart« geschrieben haben. An der Wand hängen Holzschnitte eines ersten Künstlers, die uns unser Hochofen- und Industriegelände künstlerisch glorifizieren. Ein berühmter Romandichter wurde durch unsere Familie angeregt, »Das Hohelied der Arbeit« zu schreiben. Die Frau hat uns zwei Kinder geschenkt. Der Junge, brav gescheitelt und gut erzogen, mit guten Manieren beim Essen, im Matrosenanzug, ist intelligent in der Schule, spielt sehr nett mit der Eisenbahn, setzt sich hie und da mutig ans Steuer des Autos und grämt sich unaussprechlich, wenn Bekannte ein stärkeres Auto besitzen. Er kennt alle Marken am Kühler oder schon von ferne an einem mysteriösen Gesamteindruck. Er baut sich Radioapparate, die funktionieren. Die Teile waren alle fertig gekauft. Er spielt bei Religionsgesprächen mit Kameraden Darwin gegen Adam aus, aber er muß den Religionsunterricht mitmachen, weil er sonst die christliche Mythologie nicht verstehen und sich vor den Malern des Cinquecento blamieren würde. Das Mädchen ist ganz reizend, hat, trotz Großstadt und Schule, dank Sanatogen, Eisen, sterilisierter Milch und fleißigem Landaufenthalt, rote Backen. Es wird einmal in Lausanne in die Pension gehen und spielt schon gut Klavier. Zu Weihnachten singen Grammophon und Radio, der Baum strahlt elektrisch in Nadelkleid und Schokoladebehang, und wenn die Ehe der Eltern gut bleibt, so ist am Glück der Familie kaum etwas auszusetzen.

Aber allmorgendlich und allabendlich kommt die Zeitung. Man erfährt alles, was auf dem Globus passiert, und es passieren viele häßliche Dinge. Man versteht nicht recht, warum es so viele dumme Politiker, unzufriedene Proletarier, hassende Völker gibt. Bei Gott, wir sind doch am Ziel und hätten uns auf dieser Erde kaum mehr zu wünschen. Dem Mob wird es auch allmählich besser gehen mit Invaliden- und Altersversicherung. Eigentlich hat er's heute schon besser als wir selber. Wir persönlich können doch nichts für den Mob und das Elend und die Politik. Hoffen wir, daß ein Wunder den Mechanismus des patenten Glückes betriebssicher durch die Jahrhunderte trage, oder wenigstens, solange wir leben!

1926

Carl Sandburg
Chicago

Schweinemetzger der Welt,
Werkzeugfabrik, Weizenstapelplatz,
Spieler mit Eisenbahnen, Warenhändler der Nation,
Stürmisch, rauh, lärmend,
Stadt der breiten Schultern:
Sie sagen, du seiest verworfen, und ich glaube ihnen, denn ich sah
deine geschminkten Frauen unter Gaslampen Bauernburschen an-
locken.
Und sie sagen, du seiest schlecht, und ich antworte: Ja, es ist wahr.
Ich sah die Gangster morden und frei umhergehen, um weiter zu
morden.
Und sie sagen, du seiest roh, und ich antworte: Auf den Gesichtern
der Frauen und Kinder sah ich Spuren lüsternen Hungers.
Und so antwortend, wende ich mich nochmals denen zu, die mei-
ner Stadt spotten, und ich gebe ihnen den Spott zurück und sage:
Kommt und zeigt mir eine andere Stadt, die erhobenen Hauptes
singt, so stolz lebt, so wild und stark und schlau.
Beim Schuften hinreißende Flüche schleudernd und Arbeit auf
Arbeit häufend, das ist ein großer, kühner Raufbold, der sich ab-
hebt von den kleinen sanften Städten.
Wild wie ein Hund, der mit der Zunge lechzt nach Tat, listig wie
ein Wilder kämpft sie gegen die Wildnis,
Barhäuptig,
Schaufelnd,
Zertrümmernd,
Bauend, niederreißend, wiederbauend,
Unter dem Rauch, mit staubverschmiertem Mund, mit weißen
Zähnen lachend,
Unter der schrecklichen Bürde des Schicksals lachend, wie ein jun-
ger Mensch lacht,
Lachend, wie ein unkundiger Kämpfer, der nie eine Schlacht ver-
lor,
Sie strahlt und lacht. In ihren Pulsen kreist das Leben, unter ihren
Rippen schlägt das Herz des Volkes,
sie lacht!

Sie lacht das stürmische, rauhe, lärmende Lachen der Jugend, halbnackt, schwitzend, stolz, Schweinemetzger zu sein, Werkzeugfabrik, Weizenstapelplatz, Spieler mit Eisenbahnen und Warenhändler der Nation.

1915

Selbstaussagen

Aus dem *Arbeitsjournal*

23. 11. 38
DAS LEBEN DES GALILEI abgeschlossen. brauchte dazu drei wochen.
die einzigen schwierigkeiten bereitete die letzte szene. ähnlich wie
in der JOHANNA brauchte ich am schluß einen kunstgriff, um auf
jeden fall dem zuschauer den nötigen abstand zu sichern. selbst der
unbedenklich sich einfühlende muß zumindest jetzt, auf dem weg
der einfühlung selber in den galilei, den v-effekt verspüren. bei
streng epischer darstellung kommt eine einfühlung erlaubter art
zustande.

8. 12. 39
ich besitze:
ein chinesisches rollbild DER ZWEIFLER
3 japanische masken
2 kleine chinesische teppiche
2 bayerische bauernmesser
1 bayerisches jägermesser
einen englischen kaminstuhl
kupferne fußwanne, kupferne krüge, kupferne aschbecher
messingwännchen
2 große bretter von neher, ALTER MANN und BAAL
6 bretter von neher DIE MASSNAHME
ein paar abzüge DER HERR DER FISCHE von neher
eine silberne whiskyflasche
eine dunhillpfeife
CAESAR in schweinsleder
LUKREZ alte ausgabe
vollständige NEUE ZEIT
ME-TI in leder
alte hölzerne bettstelle
graue bettdecke
stählerne taschenuhr
2 bände der VERSUCHE
einen leica-fotoapparat mit theaterlinse
gips- und erzabgüsse meines gesichts und kopfes
büste der weigel von SANTESSON

eine mappe mit fotos
die manuskripte der HEILIGEN JOHANNA, RUNDKÖPFE, GALILEI,
COURAGE
2 bände BREUGHELBILDER
ein ledernes taschennotizbuch
einen ledernen tabakbeutel
einen schwarzen ledermantel
einen alten runden tisch

30. 6. 40

es ist unmöglich, ohne die bühne ein stück fertigzumachen. the
proof of the pudding . . . wie soll ich feststellen, ob etwa die 6.
szene des GUTEN MENSCHEN noch die erkenntnis der li gung von
dem (sozialen) grund der schlechtigkeit ihres freundes aushält oder
nicht? nur die bühne entscheidet über die möglichen varianten. außer MUTTER und RUNDKÖPFE ist seit der JOHANNA alles, was ich
schrieb, ungetestet.

6. 9. 40

tief im PUNTILA. das ganze beruht auf einem tonfall. es macht mir
viel vergnügen. die engländer und franzosen haben nach dem
17. jahrhundert nur noch die komödie, die deutschen haben sie im
19. jahrhundert noch nicht. PUNTILA und sein knecht KALLE passen
gut in die galerie der BAAL, KRAGLER, ANNA BALICKE, GAVESTON,
GALY GAY, WITWE BEGBICK, JOHANNA DARK, MAULER, PÄCHTER
CALLAS, GALILEI, COURAGE, SHEN TE.

7. 9. 40

dem GOETHE floß aus seiner zeit mehr zu als dem SCHILLER. er be-
sorgte die private, nicht die politische befreiung, nicht die des kol-
lektivs, sondern die des individuums. im ideologischen sehen wir
deshalb den schiller reichlicher versehen mit zeitgemäßem.

11. 1. 41

anlangend die rolle der *einfühlung* auf dem nichtaristotelischen
theater: die einfühlung ist hier eine maßnahme der *probe*. voraus-
geht das *einrichten* der rolle (der schauspieler legt sich alle äuße-
rungen, verrichtungen, reaktionen zurecht, so daß sie ihm bequem
liegen, wobei er noch nicht eine besondere figur kreiert, wenn er
auch einige allgemeinste eigenschaften anlegt). dann kommt, im

grund sprungweise, die kreierung der figur (wobei er seine erfahrungen hinzuzieht, bestimmte menschen kopiert, züge verschiedener menschen kombiniert usw.) schon das einrichten der rollen kann einen abschluß dadurch erfahren, daß der schauspieler sich selber einfühlt, zunächst in die situationen (wie er selber in solcher lage sich verhielte). beim kreieren der figur kann er wieder eine einfühlung vornehmen, nunmehr in die person, die er darstellen, kopieren will. jedoch ist auch diese einfühlung nur eine phase, eine maßnahme, die ihm zu vollerer erfassung eines types verhelfen soll. wichtig aber ist, daß die jeweilige einfühlung ohne suggestion stattfindet, dh. es soll nicht auch ein zuschauer zur einfühlung veranlaßt werden. dies ist schwierig, aber möglich. dem schauspieler des jetzigen theaters allerdings ist eigene einfühlung und verleitung des zuschauers zur einfühlung (suggestive einfühlung) identisch. er kann sich schwer das eine ohne das andere vorstellen und das eine schwer ohne das andere praktizieren. in wirklichkeit kommen die beiden maßnahmen getrennt vor, und ihre kombination ist eine besondere kunst. nicht *die* kunst. der schauspieler des jetzigen theaters kann sich auch wirkung ohne einfühlung und wirkung ohne suggestion nicht vorstellen. einfühlung ohne suggestion praktiziert der schauspieler auch jetzt in der komödie. wirkung ohne suggestion erzielt der artist.

12. 1. 41

bei keiner betrachtung dürfte vergessen werden, daß *nichtaristotelisches theater* zunächst nur *eine* form des theaters darstellt; es dient bestimmten gesellschaftlichen zwecken und hat keine usurpatorische bedeutung, was das theater im allgemeinen angeht. ich selber kann aristotelisches theater bei gewissen aufführungen neben nichtaristotelischem verwenden. bei einer heutigen aufführung etwa der HEILIGEN JOHANNA DER SCHLACHTHÖFE kann es vorteilhaft sein, mitunter eine einfühlung in die johanna herbeizuführen (zuzulassen, vom heutigen standpunkt aus), da diese figur ja einen erkenntnisprozeß durchmacht, so daß der einfühlende zuschauer von diesem punkt aus sehr wohl die hauptpartien der geschehnisse überblicken kann. jedoch wird es heute schon immer zuschauer geben, welche es vorziehen, diese figur von außen zu betrachten. ihnen ist mit nichtaristotelischem theater besser gedient.

zu *nichtaristotelischem theater*: wünschbar erscheint für gewisse phasen der probe das sicheinfühlen des schauspielers in die vorgestellte person des stückes, jedoch nicht auf suggestiver basis, dh nicht so, daß ein eventueller zuschauer getrieben würde, diese einfühlung mitzumachen. die frage, ob die einfühlung von der suggerierung, sich ebenfalls einzufühlen, getrennt praktiziert werden kann, wird von greid und weigel zunächst verneint. ich verweise auf den komiker, der – bei der aufführung – sich zb in einen kleinbürgerlichen rechtsfanatiker einfühlt und damit das gelächter des publikums erntet. fragt sich, ob vorkehrungen, wie die komödie sie trifft zur verhütung einer einfühlung des publikums, auch vom tragischen schauspieler getroffen werden können. nun ist das suggestive spiel etwas durchaus künstliches. anspannung gewisser muskelpartien, bewegungen des kopfes, so ausgeführt, als zerre er an einem gummiband, der füße, als hingen sie an pech, starrheiten, plötzlichkeiten, verhaltenheiten, sowie monotonie der stimme, aus der litanei erinnerbar, all das fördert die hypnose, und man kann sagen, daß schlangen, tiger, habichte und schauspieler in dieser kunst wetteifern. das überzeugende, plastische spiel hat damit nichts zu tun, es kann ohne suggestion ausgeführt werden.

28. 1. 41

die formalistische kritik kann man nur ausschalten, wenn man halbwegs intelligente und leicht anwendbare kriterien für die gesellschaftliche wirkung von kunstwerken ausarbeitete. aus dem *erbe* werden oft genug lediglich verpflichtungen abgeleitet, und zwar nicht nur qualitativer art, sondern solche zu ganz bestimmten qualitäten, dh, die ästhetischen kriterien werden zu fixen größen ernannt. der realismus als literarische gattung, etwa als balzac-tolstoi-typus, ist natürlich eine geschichtliche spielart und nicht *der* realismus. gesellschaftliche kriterien zuziehend, kann man überhaupt nur von realismus in dem sinn sprechen, als von einem realistischen herangehen des schriftstellers an die welt und an das geschäft des schreibens (wozu der ganze verkehr mit dem leser gehört) die rede ist. einen realistischen roman etwa hat nicht einer geschrieben, der einen roman wie balzac oder tolstoi (dh ihre schreibart benützend) geschrieben hat, sondern der wirklichkeitssinn beim schreiben bekundete, also so schrieb, daß dem leser die wirklichkeit ausgehändigt wurde. dazu muß man vermutlich im jahr 1940 anders schreiben als im jahr 1830. das sind gemeinplätze, aber auf ihnen spielt sich ja der kampf ab. es ist ein kriterium des realismus vom gesellschaftlichen standpunkt aus, daß der appell an den leser als denkenden und fühlenden menschen zu geschehen hat. jedoch ist zb die einfühlung (mit ihrem ganzen apparat sensueller imagination) nicht der einzige weg dabei, nur der einzige der alten ästhetik bekannte weg. den motiven menschlicher handlungen muß in einem tieferen stratum nachgegraben werden, als dem subjektiven bewußtsein des handelnden, nämlich der sphäre des gesellschaftlichen seins. das formale *wie* hierbei muß man aber dem schriftsteller freistellen. usw.

30. 1. 41
DER GUTE MENSCH VON SEZUAN ist das 6. stück, das zunächst nicht wird aufgeführt werden können. (DIE HEILIGE JOHANNA DER SCHLACHTHÖFE. FURCHT UND ELEND DES DRITTEN REICHES. LEBEN DES PHYSIKERS GALILEI. MUTTER COURAGE UND IHRE KINDER. HERR PUNTILA UND SEIN KNECHT MATTI.) ebenfalls 6 stücke sind es, die aufgeführt sind, wenn ich von TROMMELN IN DER NACHT und IM DICKICHT DER STÄDTE absehe, die mir fremd geworden sind (BAAL. LEBEN EDWARDS II. VON ENGLAND. MANN IST MANN. DREIGROSCHENOPFER. RUNDKÖPFE UND SPITZKÖPFE. DIE MUTTER.)

1. 2. 41
zu *nichtaristotelischem theater*: die kopien der wirklichkeit, welche das theater verwendet, können einen sehr hohen grad von ungenauigkeit haben, ohne daß der zweck der verwendung, im allgemeinen die erregung gewisser emotionen, darunter leidet. daß der kopie eine wirklichkeit entspricht, wird dem ›geneigten‹ zuschauer schon dadurch suggeriert, daß die schauspieler den vorgang vorstellen können. die täuschung benutzt die beweiskraft, welche die ausführung eines bestimmten sprungs durch artisten für die ausführbarkeit dieses sprungs besitzt. in wirklichkeit können völlig ungenaue kopien geschluckt werden, wenn zwei verschiedene methoden angewendet werden: die einfühlungstechnik und die verfremdungstechnik (auf ›dämonischer‹ basis).

21. 3. 42
die ›natur‹ spiegelt sich merkwürdig in meinen arbeiten. in BAAL ist landschaft und sexualität dem großen asozialen ausgeliefert. in

TROMMELN und DICKICHT ist die stadt das schlachtfeld. im EDUARD gibt es artistische landschaft, in MANN IST MANN ist sie ein knockaboutapparat. in JOHANNA ist sie wieder schlachtfeld (der schneefall ist eine soziale erscheinung). MUTTER hat keine landschaft, SPITZKÖPFE UND RUNDKÖPFE haben auch keine, der GALILEI hat ein stückchen interieur (in der mönchszene), das SEZUANSTÜCK ein stückchen stadtansicht, der UI benutzt DICKICHT- und EDUARD-cartoons, die COURAGE gibt landschaft wie die JOHANNA. aber PUNTILA hat beinahe BAALsche landschaft. menschliche beziehungen direkter art sind nur in der MUTTER wiedergegeben.

22. 5. 44

die prozession der figuren wird länger. BAAL, GARGA, SHLINK, MAE GARGA, EDUARD, GAVESTON, KÖNIGIN ANNA, GALY GAY, BEGBICK, JOAN DARK, MAULER, WLASSOWA, CALLAS, IBERIN, JUDITH CALLAS, GALILEI, SHEN TE, SUN, DER WASSERVERKÄUFER, MUTTER COURAGE, DIE STUMME KATTRIN, PUNTILA, MATTI, UI, MALFI, DER HERZOG, SIMONE, GRUSCHE, DER AZDAK.

Aus den Briefen

[...] unsere Briefe haben sich gekreuzt. Das Stillschweigen kam von einer letzten Kraftanspannung für die »Rundköpfe«, die wir, nachdem Madamme Lou in die Flucht geschlagen war, ganz befriedigend in Ordnung bringen konnten. Neulich hörte ich unsern 8. Heinrich im Radio den Macbeth sprechen: ausgezeichnet! Wenn ich in London wäre, würde ich versuchen, ihn für den Mauler in der »Johanna« zu interessieren.
[Skovsbostrand, Mai/Juni 1934; an Karl Korsch]

[...] ich bekam ziemlich spät Deine erste Nachricht, daß Du abgereist bist, und die Adresse. Vielleicht kannst Du ein paar Leute für Svendborg keilen unterwegs. (Kläbers, Brentanos.) Hast Du Sternberg gesehen? Was ist mit den »Rundköpfen«? Gasbarra? Schändlich, daß er niemals schreibt! In Wien wirst Du sicher Kraus treffen. Geh ihm nicht aus dem Wege, er erfährt es doch. Er soll ziemlich krank (gewesen?) sein. Venenentzündung. Ich würde an Deiner Stelle nett zu ihm sein. Von mir kannst Du ihm erzählen, daß ich eben bekümmert gewesen sei, weil er gegen Arbeiter Stellung genommen hat, die sich wehrten (und für die Beauftragten von Unternehmern, Bankiers und Grundbesitzern). Frag ihn, ob er die Gedichte bekommen hat, die ich an Jaray für ihn schickte. Frag auch in Wien, ob es wahr ist, daß man eventuell tschechischer Staatsbürger werden kann. Das habe ich hier gehört. Ich kenne allerdings nur Camill Hoffmann in Berlin. Die Freunde von Kraus kennen wohl noch mehr Leute. Ich hätte gern die Shakespeareübertragungen von Kraus, die man bei Lanyi bekommt. – Die 10 Pfund sind eingelaufen, ebenso zwei »Drei Soldaten«. Danke. Bräuchte noch die »Johanna«. Kauf gleich mehr Exemplare. – Grüß Deinen Vater herzlich von mir. Lad ihn ein. Grüß auch Frank. – Wie wirst Du zurückfahren? Wenn übers Saargebiet, dann schick ich Dir die letzten Arbeiterlieder von mir und Eisler mit Musik. (Sehr einfach, Marschlieder.) Hier geht alles langsam, aber es geht. Ich versuche Filmstories zu verkaufen, das würde einbringen. Habe aber langsam genug von London. Schreib auch meinem Vater von unten.
[London, November 1934; an Helene Weigel]

[...] natürlich habe ich nichts gegen eine Verschiebung der von Ihnen gewünschten Besprechung zwischen uns auf den Herbst. Was aber den Umfang der Vorarbeit betrifft, die für eine Inszenierung der »Johanna« geleistet werden muß, so glaube ich, daß Sie ihn überschätzen. Die Einfügungen, die es dem Publikum erleichtern sollen, jenen Teil der Handlung zu verstehen, der aus Geschäften besteht, sind inzwischen von mir fertiggestellt und stehen Ihnen zur Verfügung. Die Chöre stellen keineswegs nur Skizzen dar. Ihre Inszenierung ist eine rein technische Arbeit bei den Proben: sie stellt nach mannigfachen Erfahrungen auf der deutschen Bühne kein prinzipielles Problem mehr dar. Auch die Verwandlungen sind bei einer Drehbühne leicht zu bewältigen. Es sind nur 5 Grundschauplätze nötig. Ich schreibe Ihnen dies, weil ich nicht möchte, daß mein Stück als unfertig betrachtet wird. Es ist vollständig fertiggestellt. Wenn eine breite Ausmalung der einzelnen Szenen fehlt, so ist das künstlerische Absicht.
[Svendborg, 12. 6. 1935; an Thorkild Roose]

[...] ich habe Ihnen zwei Drittel des ersten Dramenbandes schicken lassen, haben Sie sie bekommen? Mit dem Rest »Die Rundköpfe und die Spitzköpfe« verhält es sich folgendermaßen:
Sie können sie, wenn Sie mir telegrafieren, sofort haben, das Stück ist fertig. Aber ich wäre sehr froh, wenn Sie mir's noch 8 Tage lassen könnten, nachdem ich noch einige Retuschen gemacht und ein Nachwort geschrieben habe, evtl. auch eine Biographie, die Sie wünschten. Ich würde Ihnen dann auch das Bild schicken. Es sind leider ziemlich viele Umänderungen nötig gewesen, ich habe das Stück eben hier inszeniert und dabei – glaube ich – eine Menge verbessern können, was doch bei so aktuellen Dingen sehr wichtig ist. Es gibt doch immer allerhand politische Mißverständnisse usw.
Es tut mir leid wegen der Mühe, die ich dem Verlag mache. Ich will die alte Geschichte, daß ich im Mai schon schrieb, wegen Änderungen möchte ich die Fahnen gern haben, gar nicht zur Entschuldigung heranziehen, ich will Ihnen lieber anbieten, daß Sie mir evtl. vom Honorar einen Ihnen billig erscheinenden Teil der Mehrkosten für das Umsetzen abziehen. Sollten Sie aber zeitlich zu sehr ins Gedränge kommen, schlage ich vor, daß Sie statt der »Rundköpfe« die »Heilige Johanna der Schlachthöfe« mit in den ersten Band nehmen, allerdings müßte ich davon unbedingt wenig-

stens eine Korrektur haben, die ich Ihnen innerhalb 5 Tagen zu-
rückschicken würde.

Ich habe Sie lange warten lassen, ich weiß es, aber außer dieser
Premiere, die ungeheure Arbeit machte, hatte ich noch das Pech,
daß meine Gr[ete] St[effin] monatelang im Krankenhaus lag, sie
kennt sich, was Korrekturlesen und Manuskripte angeht, viel besser aus als ich. Aber nun ist sie in den nächsten Tagen heraus, und
Sie können sich darauf verlassen, daß alles pünktlich erledigt wird.

Lieber Genosse Bork, ich wäre Ihnen *sehr* dankbar, wenn Sie mir
helfen könnten, daß diese neuen »Rundköpfe« doch in den Band
kommen, bitte schreiben Sie mir gleich mit Luftpost oder schicken
Sie mir ein Brieftelegramm, damit ich Bescheid weiß. Ich freue
mich auf die Ausgabe und möchte natürlich auch für meinen Teil
dafür sorgen, daß sie so gut wie möglich wird. Sie wissen ja, die
Emigration schreibt mehr oder weniger auf Vorrat. Die Arbeit
muß also aus möglichst dauerhaftem Material bestehen.

Ich danke Ihnen sehr für die nochmalige Übersendung der »Drei-
groschenromane«. Der Roman ist wunderschön gedruckt, weit
besser als beim holländischen Verlag.

[Skovsbostrand, 30. 11. 1936; an Otto Bork]

[...] Ich freue mich wirklich *sehr,* daß die Dramen jetzt heraus-
kommen, und sehr, daß es im Malik-Verlag geschieht.

Die »Maßnahme«, die also anscheinend bei der VEGAAR verloren-
gegangen ist, suche ich noch heute heraus.

Du hast recht, es wäre gut, wenn die beiden Bände gleich stark
wären, nur ist es so: Innerhalb der Bände ist die Anordnung nicht
von mir starr gedacht, Du hast völlig freie Hand. Aber was die
Auswahl der Stücke für jeden Band anlangt, so hätte ich das doch
noch sehr artistische »Mahagonny« nicht so sehr gern im zweiten
Band in unmittelbarer Nähe der »Mutter«. Viel lieber hätte ich
dann die »Rundköpfe« im zweiten Band, aber vielleicht würde
dann der zweite Band zu dick werden? Ich kann Dir auch noch ein
kleines, ca. 30 Schreibmaschinenseiten umfassendes Stück über
Spanien (für eine Pariser deutsche Truppe geschrieben) schicken,
mit dem Du ausgleichen könntest.

Wenn Du die »Rundköpfe« in den zweiten Band gäbest, wo sie
gut hinpaßten, könntest Du die »Johanna« in den ersten geben, wo
sie auch hinpaßt. Und die »Johanna« ist ja auch nicht sehr bekannt.

Schreibe mir doch noch einmal darüber.

[. . .]

Du solltest mal wieder nach Dänemark kommen. Ich selber sitze in meinem »Tui-Roman«. Im Herbst will ich nach Moskau. Wann bist Du wieder dort?
[Skovsbostrand, 24. 8. 1937; an Wieland Herzfelde]

[. . .] ich würde mich sehr freuen, wenn Sie etwas für »Die Gewehre der Frau Carrar« in Amerika tun könnten. Ich bevollmächtige Sie gerne, für Druck und Aufführung des Stückes Verträge abzuschließen, und bin überzeugt, daß Sie das zu den bestmöglichen Bedingungen tun.

Für eine Aufführung ist entscheidend, daß man für die Frau Carrar eine Schauspielerin von Format bekommt. Die Rolle ist dankbar, aber auch schwierig, und Aufführungen von nichtprofessionellen Truppen ohne eine große Schauspielerin in der Hauptrolle haben in Skandinavien nur den Minimumerfolg erzielt, den Stücke mit diesem Thema ja haben müssen. Möglich ist dagegen eine Kombination von Laienschauspielern *mit* einer qualifizierten Schauspielerin.

Auf den Rat Hanns Eislers schicken wir Ihnen auch 2 andere Stücke, »Die heilige Johanna der Schlachthöfe« und »Die Rundköpfe und die Spitzköpfe«. Es würde mich sehr interessieren, Ihre Meinung darüber zu hören. Allerdings ist für diese Stücke eine Übersetzung sicher schwerer zu beschaffen als für »Die Gewehre der Frau Carrar«.

Darf ich Sie bitten, Jerome von mir aufs herzlichste zu grüßen?
[Skovsbostrand, 25. 3. 1938; an Ernestine Evans]

[. . .] ich habe nachgedacht, was in einer *Einleitung* zu den gesammelten Stücken stehen müßte, damit die Leser eine profitable Einstellung bekommen können. (Und ich setze dabei voraus, daß Bentley nicht als Kritiker, sondern als Erklärer schreiben will.)

Ich denke, er muß z. B. feststellen, daß die Stücke in einer Zeit der Kriege und Revolutionen geschrieben sind. (Und in diesem Sinn ist es eine »Übergangszeit«, nicht in dem Sinn, daß die geschätzten Leser im Augenblick, gesättigt mit Ibsen, einen Ibsen II erwarten und einstweilen B. durchblättern.) In Phasen der Auflösung sozialer Ordnungen löst sich nicht auch unbedingt die Literatur auf; ein Teil gehört zu den auflösenden Faktoren. Dem amerikanischen Leser wird es vielleicht interessant sein, daß ich zugleich Lyrik und

Episches schreibe und zugleich Theoretisches. Auf allen diesen Gebieten ist einiges Altes zu finden, was man eine Zeitlang nicht mehr gesehen hat, und Neues, das man, wie ich hoffe, eine Zeitlang (von anderen Autoren) sehen wird.

Zunächst ist die Tradition zu untersuchen. Da sind die großen Themen, die großen Fabeln (Erfindungen) und die großen Individualitäten (Rollen), und Bentley sollte vielleicht diese neue Galerie schildern, die *Kragler, Garga, Galygay, Begbick, Uria, Callas, Judith, Dark, Mauler, Galilei, Courage, Puntila, Matti, Simone, Schweyk, Grusche, Azdak, Shen-Te, Baal, Macheath, Peachum, Polly*. Als Beispiel für die Themen: »Der gute Mensch von Sezuan« (Tödlichkeit bürgerlicher Ethik in bürgerlichen Verhältnissen); »Der kaukasische Kreidekreis« (Eigentum und Justiz); »Galilei« (Wissenschaft und Gesellschaft).

Dann kommen die neuen Elemente (traditionsbildend). Da sind zwei Versuche realistischer Art. (Es muß unbedingt festgestellt werden, daß ich Realist bin, nichts anderes, das poetische Element ist natürlich nichts Unrealistisches!) 1) die realistische Haltung gegenüber dem Thema (das als gesellschaftliches Thema behandelt wird). 2) die realistische Haltung gegenüber dem Publikum (angesprochen als Repräsentant der Gesellschaft, interferierend mit der Gesellschaft).

Die »doktrinäre« Haltung, als dominierend über die unterhaltende, muß behandelt werden, da sie von vielen kommentiert und kritisiert wird. Der Kritizismus ist hauptsächlich eine Folge der Klassenspaltung im Publikum. Wenn ihre Interessen angegriffen werden, fühlen sich die Leute selten unterhalten. In den Zeiten der bürgerlichen Klassiker wurde kein Widerspruch zwischen dem unterhaltenden und belehrenden Element gefühlt, obgleich damals beides da war. Sogar die Methode (dialektischer Materialismus) widersteht dem bürgerlichen Teil des Publikums.

Schade, daß Bentley nicht im Sommer hierherkommen kann. Ich werde ihm jedoch eine kleine Sammlung meiner theoretischen Schriften vorbereiten. (Wer übersetzt übrigens die »Bemerkungen« zur »Dreigroschenoper«? Das sollte Bentley tun – und sein Vorwort nicht vorher schreiben!)

Ich bin im übrigen froh, daß ich Bentley für die Herausgabe habe, und hoffe, daß er die unike Gelegenheit wahrnimmt, eine wissenschaftliche, d. h. vorsichtige Arbeit zu machen; es gibt beinahe nur noch Feuilletons.

[Santa Monica, Juli/August 1946; an Elisabeth Hauptmann]

Eventuelle Punkte:

Daß die Stücke in einer Zeit der Revolutionen und Weltkriege geschrieben sind. In Phasen der Auflösung sozialer Ordnungen löst sich nicht auch unbedingt die Literatur auf; ein Teil gehört zu den auflösenden Faktoren.

1) Fortführung der *Tradition*. (Bedeutendes Thema, reiche Fabel, große »Rollen«). Untersuchung der Themen. Tödlichkeit bürgerlicher Ethik in bürgerlichen Verhältnissen in »Der gute Mensch von Sezuan«. Produktivität als Basis einer neuen Sittlichkeit im »Kaukasischen Kreidekreis«. Die Wahrheit als Ware im »Galilei«. Die unwissende Güte in »Die heilige Johanna der Schlachthöfe«. Usw.

Untersuchung der Fabeln.

Untersuchung der Rollen. *Baal, Galygay, Callas, Jane Dark, Mauler, Galilei, Courage, Simone, Schweyk, Grusche, Azdak, Shen-Te, Peachum, Polly* usw.

(Vergleiche die Bemühungen, zu klassischen Formen Stellung zu nehmen, von *Picasso* und *Strawinski*.)

2) Das *Neue*. Der dialektische Realismus.

a) Realistische Haltung gegenüber dem Thema.

b) Realistische Haltung gegenüber dem Publikum.

Bekämpft werden sollte die Legende, daß das »Doktrinäre« hier über das »Unterhaltende« dominiere. Dieser Eindruck kommt von der Klassenspaltung im Publikum. (Klassen, deren Interessen angegriffen werden, fühlen sich selten unterhalten!) Bei den bürgerlichen Klassikern und in den antiken Werken hat man beides, das Belehrende und das Unterhaltende, und es wird kein Widerspruch empfunden.

[Santa Monica, August 1946, Anlage zu einem Brief an Eric Bentley]

Sehr geehrter Herr Gründgens!

Sie fragten mich 1932 um die Erlaubnis, »Die heilige Johanna der Schlachthöfe« aufführen zu dürfen. Meine Antwort ist ja.

Ihr

bertolt brecht

[Berlin, 1. 1. 1949; an Gustaf Gründgens]

Fabrikaufführung, Bochum 1979.
Foto: A. Tüllmann

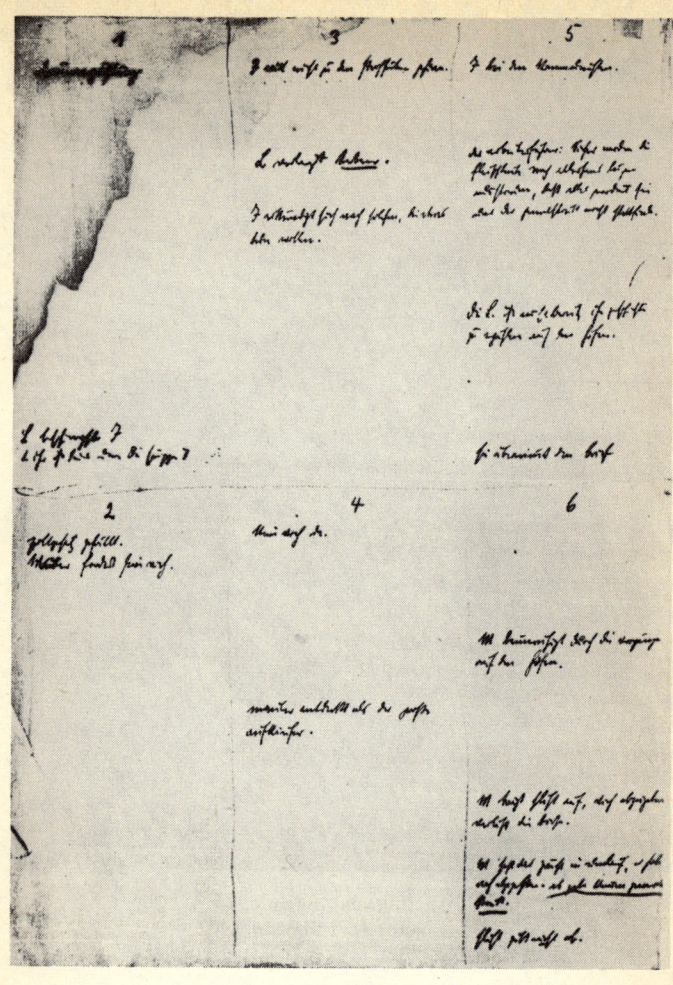

BBA 220/47-48: Großer Stückplan

9

11

426

8

10

12

1	3	5
traum-erzählung	J will nicht zu den strohhüten gehören	J bei den kommu-nisten
	L verlangt *taten*.	der arbeiterführer: Sicher werden die fleischleute noch allerhand lügen aus-streuen, daß alles geordnet sei und der generalstreik nicht stattfinde.
L beschimpft J (ihr ist leid um die suppe)	J erkundigt sich nach solchen, die etwas tun wollen.	
		die L. ist nicht bereit, ihre geschichte zu erzählen auf den höfen.
		sie übernimmt den brief

2	4	6
zollgesetz gefällt. mauler fordert sein vieh.	kein vieh da.	
	mauler entdeckt als der große aufkäufer.	M beunruhigt durch die vorgänge auf den höfen.
		M trägt slift auf, vieh abzugeben u. verläßt die börse. M setzt das gerücht in umlauf, er habe vieh abgegeben. *es gebe keinen general-streik*. slift gibt *nicht* ab.

wirkung des grüchts

J erfährt, der general-
streik komme.

L. und die chöre 426

sie rauft mit der L
um den brief.

L erkennt die lage

Sie waren zu kurz
arbeitslos!

die stimmen

J gibt den brief *nicht*
ab.

J kehrt um mit dem
brief

arbeiter: sie sind da-
gewesen und weg-
gegangen. dann ist eine
frau gekommen und
hat nach ihnen gefragt.
wir haben ihr die rich-
tung gezeigt.

M im haus der SS

arbeiter dringen im
haus der SS ein und
suchen „eine frau,
die . . .“ und sie er-
zählen die geschichte
der Luckerneedle.
„Nein, das ist sie
nicht.“

M erfährt, daß er
ruiniert ist

Vorarbeiten

Dan Drew (Auszug)

Szene 3

Wallstraße.
Plakate mit Gerüchten über den unglaublich guten Stand der glor-
reichen Eriebahn, dem solidesten Unternehmen der neuen Welt! –
Kurs: Einhundertundfünf. – Leute studieren die Plakate. – New
York ist groß und steinern.
Gould und Fisk kommen.

FISK

Onkel Dan sorgt für Unterhaltung in der Wallstraße.

Er gehört zu den erstklassigen Leuten, die einen anderen Zug in
die Geschäfte brachten.

Das da ist Präriesturm in New York City.

GOULD

Ich denke, wir verkaufen alles, was Erie heißt, denn es ist faul,
seit wir in dem Kuchen sitzen.

FISK

Oh, die Erie gibt noch einige Zeit Neues für die Wallstraße.

Dort ist der alte Jakob J. Astor.

Er studiert die Überraschungen der Börse. Es ist ihm neu.

Er hat sein Vermögen noch durch solide Grundstücksspekula-
tion verdient.

Er hat in seinem Notariat Erbschaften vollstreckt und die besten
Bissen behalten.

ASTOR *mit Tweed:*

Früher war es Fleiß und Ehrlichkeit, jetzt scheinen es skrupellose Geschäftsleute zu sein, die verdienen.

JOSIE

Jimmie, schau, dort ist ein neues Kaufhaus.

Ich geh hin und warte auf dich.

FISK

Man baut die Kaufhäuser jetzt neben die Börse, weil man weiß,
wo die reichen Herrn aus- und eingehen.

GOULD

Dort kommt der Kommodore Vanderbilt.

FISK

Er ist ein komischer Mann.

Er glaubt an Amerikas Zukunft, und wenn er alles verliert.

Er sagt auf der Börse immer, nichts verkaufen, alles wird wertvoll, was ihr habt, in Amerika.

ASTOR

Die Erieeisenbahn, Herr Vanderbilt, scheint ein glückliches Unternehmen zu sein, trotz mancher Gerüchte.

VANDERBILT

Es ist kein größeres Unternehmen in ganz Amerika, aber es sitzen manche Schweine in der Leitung.

Doch ich denke, das wird sich bald bessern. *Heftige Eidschwüre.* Sobald ich noch mehr Geld freimachen kann, kaufe ich alles, was angeboten wird. Ich glaube an die Eisenbahnen!

ASTOR

Die Wallstraße ist eine Räuberhöhle, Kommodore.

Und es ist Zeit aufzuräumen.

Doch mir eilt es, ich muß zur Testamentsvollstreckung des Jacob Little. Guten Tag. *Er geht.*

Die Erieleute sind gekommen.

VANDERBILT

Herr Patterson, warum lassen sie die Köpfe hängen?

FISK

Jetzt fragt er die Erieleute.

ZWEITER

Es geht uns nicht so gut, Herr Vanderbilt.

VANDERBILT

Wie das? Euer Tunnel ist fertig. Die Bahn nach Jersey City bringt mehr Geld als die nach New York. Sind eure Aktionäre unzufrieden?

ERSTER

Es hat uns zu viel Geld gekostet, Geld, das uns nur kurz geliehen war. Und wir mußten viel Eigentum der Gesellschaft an den Gläubiger abtreten.

VANDERBILT

Warum haben Sie keine neuen Aktien ausgegeben?

ZWEITER

Herr Kommodore, unser Gläubiger war der Direktor, es war ein Unglück mit dem Tunnel.

Die Aktionäre haben ihr Geld verloren, die Erieeisenbahn ist gänzlich zerstört.

VANDERBILT

Warum?

ERSTER

Daniel Drew verkauft alles, was er hat und wie er will!

VANDERBILT

Wie ist dieser Tiger in eure Herde eingebrochen?

Laßt es meine Sache sein, ich habe genug der Aktien in Händen, um diesen Augiasstall zu säubern. Lassen sie den alten Mann jetzt nur mir, kein Fettfleck soll von dem Gesindel mehr in der Erie stecken. Er soll den Kommodore kennenlernen.

Dan Drew ist gekommen.

FISK

Onkel, wir haben alles verkauft,

aber schau dorthin, die Erieleute klagen dem Kommodore ihre Schmerzen.

DREW

Jimmie, es gefällt mir nicht, daß alle Aktien aufgekauft werden und abgehen wie warme Semmeln.

GOULD

Onkel, ich sage es schon lange,

warum glaubst du nicht an die Zukunft, du hättest leicht die Erie noch behalten können und schönes Geld damit verdienen können. Jetzt ist mehr als die Hälfte verkauft.

DREW

Warum habt ihr Schlafmützen nicht versucht wiederzukaufen?

FISK

Die Agenten sind wie verrückt. Wenn du nach Erie schreist, steigt der Kurs gleich um zehn.

DREW

Das ist der Kommodore. Er ist ein schlimmer Feind.

Ich möchte ihm gern auf den Zahn fühlen.

FISK

Onkel, sei vorsichtig.

DREW

Ich weiß es. Es hängt alles ab, wie wir auskommen in dem ersten Gespräch.

Guten Tag, Kommodore, wie geht es Ihnen?

VANDERBILT

Onkel, es ist gut, daß wir uns sehen. Wir haben einiges zu besprechen miteinander.

DREW

Es gibt etwas Neues. Ich weiß nichts.

VANDERBILT

Onkel, macht kein Versteckspiel. Es nützt euch nichts mehr. Ich habe den Entschluß gefaßt, die Erie vor euren Räubereien zu hüten. Ich habe genug von den Aktien in den Händen, um euch ein Feuer unter den Hintern zu setzen, und ihr seid klug, wenn ihr mich anhört.

DREW

Kommodore, ihr wißt nicht, wie leid es mir tut, gerade mit einem Mann wie euch auf unangenehmen Fuß zu kommen. Das ist mein Herz. Haben wir nicht beide zusammen angefangen, mit den Dampfschifflinien. Als ihr noch euer Fährboot hattet und ich im Ochsenhof Vieh verkaufte.

VANDERBILT

Oh, ihr seid ein alter Fuchs, und wenn ihr in der Klemme sitzt, dann heult ihr.

Aber es ist jetzt genug, und wenn ich euch auch gern sehe, weil ihr ein alter Kauz seid, Onkel, so seid ihr doch der größte Lump, der herumläuft.

Ihr habt der Erie genug geschadet, und wenn ich nicht gekommen wäre, hättet ihr dies prachtvolle Unternehmen zerstört und verkauft.

Von heute ab seid ihr nicht mehr Direktor.

Und ich rate euch, gebt mir auch die letzten Aktien, die ihr habt. Denn ihr macht mir eine Freude, wenn es heißt, Erie und Onkel Dan sind zwei Dinge, die nicht mehr zusammenhängen.

DREW

Oh, Kommodore, das sind harte Worte, die ich nicht verdient habe.

Habe ich die Erie nicht gut geführt?

Plakate über Eisenbahnunfälle.

VANDERBILT

Dan, warum seid ihr auch unverbesserlich.

DREW

Kommodore, seht, wie sollte ich wissen, daß Sie alle Aktien in den Händen haben. Sie haben sich hinter meinem Rücken mit den Leuten aus Boston und Hartford zusammengetan und halten nun die ganze Erie.

Ich habe viel Aktien verkauft, um das Geld zu haben, neue Schienen zu legen; sehen Sie Kommodore!

Es passieren schon Unglücke auf der Strecke.

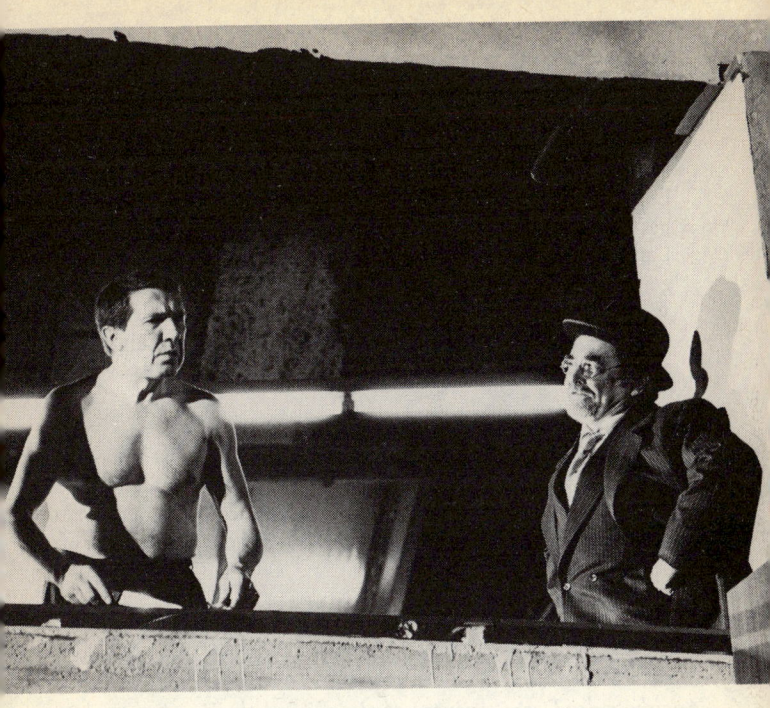

Fabrikaufführung, Bochum 1979. Foto: A. Tüllmann

Ach, da ich ja genau wußte, daß wir bald ein Herz und eine Seele
sein würden, wenn wir nur erst in ein kleines Gespräch gekommen wären, habe ich gleich zwei junge Leute mitgebracht, die
besser sind wie alle andren.
Er ruft Gould und Fisk.
Das ist Jimmie Fisk und Jay Gould.

FISK

Es freut mich, Herr Vanderbilt, daß Sie nun endlich in der Erie
stecken, die drauf und dran war, eine gesundheitsschädliche
Einrichtung zu sein.
Es passieren mehr Unglücke, als Züge hinüberfahren.
Alle Zeitungen stehen voll.

53

VANDERBILT

Machen Sie kein Gesicht, Onkel. Herr Fisk hat ganz recht, und wenn er es ehrlich meint, wie er sagt, so ist er mir im Geschäft sehr recht.

Vanderbilt geht in die Börse.

DREW

Es ist gutgegangen, ich dachte es mir gleich, der Kommodore hat ein Herz und fällt auf warme Worte leicht herein.

Laßt uns drei jetzt wie Brüder zusammenstehen, gegen unseren gemeinsamen Feind, den Kommodore.

Wir haben ein großes Glück, wieder in der Erie zu sitzen, denn wir waren schon fast draußen, und wir wollen die Zeit gut ausnutzen, um unsere Geschäfte zu machen.

[. . .]

[Dan Drews Argument, neue Schienen zu kaufen, ist nur vorgeschoben; in Wirklichkeit läßt er die alten Schienen einfach drehen; zugleich setzt er durch, daß für die angeblichen Schienenkäufe neue Aktien ausgegeben werden, die Drew auf der Börse verkaufen läßt.]

Szene 5

Börse.

Angebote der Drew-Agenten. Ankauf durch die Vanderbilt-Agenten. – Die große Szene Vanderbilts, der den Anstürmen nicht unterliegt. – Makler und Agenten.

PRÄSIDENT

Wabash?

. . .

New York Central!

. . .

VANDERBILT

Macht schneller. Kommt auf die Erie.

PRÄSIDENT

Erie-Bahn.

VANDERBILT

Erie. *Sturm.*

AGENT DREWS

Tausend Erie-Aktien zu dreiundachtzig.

ZWEITER DREW-AGENT

Tausend Erie-Aktien! *Die Agenten handeln.*
Es werden von seiten Drews zwei-, dann drei-, dann fünftausend
Erie-Aktien geboten.

EIN VANDERBILT-AGENT

Herr Vanderbilt, was ist das? Woher kommen die Aktien in
Drews Hand. Wir müssen sie aufkaufen, sonst wankt in einer
Minute, in der wir schweigen, der Kurs.

VANDERBILT

Kauft schneller.

EIN AGENT VANDERBILTS

Er will den Teich rasch ausschöpfen, daß er endlich Onkel Dan
am nackten Leib sitzt und ihn gänzlich fertig macht. *Leute zäh-*
len. Sechstausend, siebentausend, achttausend.

EIN AGENT DREWS

Zehntausend Erie.

AGENT VANDERBILTS

Herr Vanderbilt, die Hölle ist losgegangen. In den letzten Minuten sind zwanzigtausend Eries hereingeregnet. Und es scheint
kein Ende zu nehmen.

VANDERBILT

Es können nicht mehr viel sein.
Kauft!
Stützt den Markt!
Man verkauft bis zu fünfzigtausend Eries.

EIN MANN *zu einem Vanderbilt-Agenten:*

Wie erklären Sie sich das?
Aber der Kurs ist noch nicht um einen Strich gefallen.
Die Nachfrage Vanderbilts ist noch genauso stark wie Drews
Aktienströme.

DIE AGENTEN

Herr Vanderbilt, es sind fünfzigtausend.
Sprechen Sie einige Worte, denn ihre Anhänger hängen an ihnen.
Man mißtraut Ihrem Glück, wenn es so weitergeht und Sie
schwach werden, wird der Kurs hinunterrasen – wie ein Wasser-
fall.

VANDERBILT

Kauft Erie-Aktien.

DER MANN

Sehen Sie, er gibt nicht nach.

Das macht einen zuversichtlich, ich spekuliere gleich wie er und hatte schon etwas Angst.

Nach einer kleinen Pause setzen die Agenten Drews mit dem Hauptschlag ein.

DER AGENT VANDERBILTS

Sehen Sie, die Angebote stocken schon. Ha, hat er nicht die fünfzigtausend Eries geschluckt wie ein Glas Schnaps.

DER MANN

Ihm kann keine sterbliche Hand etwas antun, das sehe ich.

DER AGENT

Und nun wird sich das Blättchen gegen Onkel Dans Leute wenden.

DIE DREW-AGENTEN *untereinander*:

Es ist jetzt Zeit, die zweiten fünfzigtausend auf den Markt zu werfen.

Auf einmal!

Fünfzigtausend Erie-Aktien! *Ein Sturm bricht los.*

Fünfzigtausend Erie-Aktien.

VANDERBILT

Betrug!

Es können nicht soviel Aktien frei sein, und die Neuausgaben sind verboten.

Prüfen Sie die Aktien.

LEUTE

Wo ist Drew?

Betrug!

EIN AGENT DREWS

Herr Präsident, beobachten Sie diese richterliche Erlaubnis zu der Neuausgabe der Aktien, die die umgetauschten Pfandbriefe sind.

Wir haben fünfzigtausend Aktien angeboten.

PRÄSIDENT

Fünfzigtausend Eries!

LEUTE

Der Kurs, der Kurs! *Der Kurs sinkt jetzt rasch bis einundsiebzig.*

Vanderbilt!

DIE AGENTEN VANDERBILTS

Was sollen wir tun?

EIN AGENT

Das ist ungeheuer.

Er zögert jetzt. Das ruiniert ihn, es ist nicht anders auszuden-
ken. Das ist die ungeheuerste Transaktion der Wallstraße.
Wenn die Aktien auf legalem Weg herauskamen, ist er ruiniert.

DER MANN
Ruiniert?

LEUTE
Vanderbilt.

EIN AGENT *zu Vanderbilt:*
Es nützt Ihnen nichts, die Aktien untersuchen zu lassen. Der
Kurs fällt sonst unter siebzig. In Ihrer Partei ist eine Panik aus-
gebrochen. Die Leute verkaufen ihre eigenen Aktien, wenn Sie
den Markt nicht stützen.
Sie müssen der Führer Ihrer Partei sein.

VANDERBILT
Stützt den Markt!
Die Agenten handeln.
Kauft die Aktien, obwohl sie ein Betrüger ausgegeben hat.
Doch die Erie wird bald gereinigt sein von diesem Schlag Leute,
so wahr ich Kornelius Vanderbilt heiße.
*Hinten erscheint die Nachricht von dem Eisenbahnunglück im
Mohawktal.*

LEUTE
Ein Eisenbahnunglück. Was ist mit der Erie?
Wieviel kauft Vanderbilt? Der Kurs!

DIE AGENTEN VANDERBILTS
Es ist unmöglich, den Kurs zu halten.

DER MANN *zu Vanderbilt:*
Kommodore, geben Sie selbst zu, daß die Erie faul ist!
Ich verkaufe meinen Anteil. Ich werfe ihn auf den Markt.
Ihre Geschäftsführung war doch nicht so unbedingt sicher, wie
es schien.

VANDERBILT
Warten Sie bis morgen.
Das Gericht wird die Aktien untersuchen.

DER MANN
Nein, nein, der Kurs fällt, das spricht für sich.
Und das Unglück!

LEUTE
Nieder mit den Erie-Leuten. Was ist Vanderbilt?

EIN ANDRER MANN

Herr Vanderbilt, ich bitte Sie, zahlen Sie mir meinen Anteil in dieser Aktion wieder. Ich bin ruiniert.

VANDERBILT

Jetzt, in dieser Minute, in der ich hunderttausend Aktien bezahlen soll, die mich überschwemmen? Warten Sie!

DER MANN

Nein, nein.
Wer weiß, was Sie morgen noch haben, es sind nur achttausend Dollars, Herr Vanderbilt, aber mein alles.

LEUTE

Wo ist Vanderbilt?

VANDERBILT

Sperren Sie die Börse. Drew hat unrechtmäßig diese Aktien gedruckt.

EIN AGENT VANDERBILTS

Es ist sein dunkelster Tag. Wer hätte das gedacht?
Es ruiniert ihn völlig.
Sehen Sie, seine Anhänger machen sich an ihn. Man traut ihm nicht mehr. Die Leute wollen abspringen. Die Erie und Vanderbilt verlieren ihren guten Namen.

EIN ANDRER

Hunderttausend Aktien, das sind fast siebeneinhalb Millionen. Er ist mit seinem ganzen Vermögen hineingegangen, und nun hat Drew ihn vollkommen erschöpft.

VANDERBILT

Drew hat die Erie zerstört. Die Schienen sind nicht neu, die alten ließ er umdrehen.

DIE AGENTEN

Die Aktien sind noch naß, sie sind vor wenigen Stunden gedruckt worden.

DIE LEUTE

Drew, Drew! Wo ist Drew?
Hinten erscheint Fisk.

FISK

Herr Präsident, hören Sie nicht auf das Geschrei der Vanderbiltleute, sondern beschauen Sie sich diese Schriftstücke, die Ihnen erklären, daß zwei Richter die Aktienemission erlaubten.
Wenn Herr Vanderbilt und seine Anhänger kaufen wollten, so ist es ihre Sache.

PRÄSIDENT

Die Aktien sind in Ordnung.

AGENTEN

Er hat uns keinen Auftrag gegeben, die angebotenen Aktien nicht zu kaufen.

Sehen Sie, der Kurs fällt.

DER MANN

Ja, es ist wahr, Vanderbilt kauft doch alle auf.

Er kann noch.

AGENT

Ja.

DREWS AGENTEN *zu Fisk:*

Er kauft alle. Er nimmt uns alle weg.

Aber wir haben ihn vorhin gesehen. Er ist ganz rasend.

FISK

Es kostet ihm das Leben, es kostet ihm das Leben.

Aber wenn er nur erst gezahlt hat.

EIN AGENT VANDERBILTS

Es ist der dunkle Tag für ihn.

DER ANDRE

Wenn das durchgeht, so ist Amerika Räubern verfallen, die es zerstören.

(BBA 194/15, 17, 18, 26–29; Schreibung vom Herausgeber normalisiert.)

Joe Fleischhacker (Aufzeichnungen)

Der Sturm am Getreidemarkt

10. 3.

Über die Ursachen der amerikanischen Weizenbaisse und deren
Wirkungen auf den Weltmärkten erhalten wir von fachmännischer
Seite folgende Aufklärung:

Seit einigen Tagen wird von den amerikanischen Getreidebörsen
ein panikartiges Fallen des Weizenpreises gemeldet. Der Rückgang
des Weizenpreises betrug innerhalb zweier Tage 80 Cents. Der
Preis sinkt weiter, der Zustand an der Chicagoer Börse wird als
unkontrollierbar geschildert. Sollte der Preissturz noch längere
Zeit anhalten, so ist bei dem Umfang dieser Spekulation, denn um
eine solche handelt es sich zweifelsohne, nicht vorauszusagen,
welche Maßnahmen, auch von Regierungsseiten, in den Staaten
und den übrigen in Frage kommenden Ländern ergriffen werden,
um einem zu rapiden und gefahrvollen Herabsetzen der Korn- und
Brotpreise entgegenzutreten.

10. 3. HERABSETZUNG DER BROTPREISE IN BUDAPEST.

10. 3. ANTRAG DER KANADISCHEN FARMER IM UNTERHAUS AUF ER-
HÖHUNG DER KORNZÖLLE.

12. 3.

DIE PANIK AM INTERNATIONALEN GETREIDEMARKT – EIN MANÖVER
DER CHICAGOER BAISSEGRUPPE? EIN NEUER CORNER?

Die ungeheure Weizenbaisse der letzten Tage ist zurückzuführen
auf die Machinationen Joe Fleischhackers. Wie wir erfahren, handelt es sich um den Zusammenbruch eines Riesencorners, wie er
während des ganzen laufenden Jahrhunderts nicht zu verzeichnen
gewesen ist. Wir erhalten folgende Einzelheiten:

Joe Fleischhacker war bis zum Frühjahr 19 . . Mitglied der Baissegruppe Barnes, die drei Jahre lang den Chicagoer Getreidemarkt
beherrschte. Unerwarteterweise schwenkt Fleischhacker ins feind-
liche Lager über. Diese Maßnahme rentierte sich ungeheuer, da er
bald als stärkster Bulle bezeichnet wurde. Daß Fleischhacker einen
Corner plante, war an der ganzen Börse unbekannt. Im Herbst
wurden jedoch Riesenaufkäufe von einem unbekannten Bullen getätigt, den viele schon damals mit Joe Fleischhacker identifizierten.
Leider hatte sich Fleischhacker mit seinem Corner verrechnet. In

dem Augenblick, wo Fleischhacker glaubte, allen Weizen im
Lande bis auf das letzte Körnchen erfaßt zu haben und seines Sieges
sicher war, tauchte auf einmal ein Riesenangebot auf, das die Preise
sofort drückte. Dieses Angebot erwies sich als so bedeutend, daß
es die jetzt herrschende Panik am internationalen Getreidemarkt
zur Folge hatte. Man hofft, daß Joe Fleichhacker mit einem blauen
Auge davonkommt.

14. 3.

KRIEG ZWISCHEN X U. Y? ABBERUFUNG DER DIPLOMATISCHEN VER-
TRETER?

   14. 3.

Im Zusammenhang mit den Kriegsgerüchten der letzten Tage meldet uns unser Chicagoer Korrespondent: Die Börse erlebte gestern
eine noch nie dagewesene Sensation. Die Kriegsgerüchte verwandelten über Nacht Joe Fleischhackers verhängnisvollen Weizen-
vorrat, in dem er bald vollends ersoffen wäre, in eine von ihm selbst
nicht geahnte Goldgrube. Die Auswirkungen auf den Weltmarkt
sind nicht abzusehen.

(BBA 524/90)

Aus *Weizen*

Corner – das ganze Angebot aufkaufen.
J[oe Fleischhacker], ein »starker« Mann, vereint sich mit einigen
anderen Spekulanten, um ein großes Geschäft zu machen.
(BBA 524/117)

Fleischhacker

1) Schwierigkeiten eines Corners
      Welche Feinde macht sich Fl[eischhacker]?
      Welche Freunde macht sich Fl[eischhacker]?
      Wo muß er sich hereinmischen?
      Verhältnis zu Bank, Eisenbahn, Farm, Presse
2) Welche Aktionen der Baissiers kann er abfangen, wenn er um
   sie weiß
3) Welche seiner neutralen Mitarbeiter kann er finanziell mit hin-
   einziehen?
4) *Wen ruiniert er?*

5) Wer ist die Mittelsperson zwischen ihm und seinen Mitspeku-
   lanten (auf Baisse)?
6) Zeit und Dauer?
(BBA 524/84)

J's Corner: Börsenschlacht im April: Maiweizen zu Anfang 98 5/8,
am Schluß Dollarweizen. Aktionsplan der Bären: wollen Markt
mit Verkaufsorders überschwemmen, Handelsblatt aufkaufen etc.
J kauft weiter. Ende März hat er bereits die volle Hälfte der Vorräte
in Chicago, Duluth, Liverpool etc. gegen bar aufgekauft. Verkauft dagegen großen Posten Juliweizen ohne Deckung (ging
der Preis herauf, verdient er an seinem Vorrat, geht er herunter,
deckt er die Verkäufe mit Profit). Kauft weiter. Bis 40 Millionen
Bushels. Um ihre Lieferungen an ihn zu decken, müssen Bären von
ihm kaufen. Um Situation zu verwirren, läßt J verkaufen. Börsen-
kampftage: Bären verkaufen, J verkauft, Preis sinkt sofort, Preis
geht in wenigen Tagen auf 95 Cents. Dann läßt J zurückkaufen.
Preis geht, trotz Anstrengungen der Bären, hoch. Will Weizen
wieder auf Dollarstand bringen. Kleine Bären fangen an zu decken,
treiben durch Nachfrage Preis weiter hoch (bis auf 1 3/8). Als die gesamte Bärenclique dann Deckungskäufe machen will, ist auf einmal kein Weizen mehr zu haben. Jemand besitzt einen Riesenhau-
fen Weizen, der nicht auf den Markt kommt. Die sichtbare Versorgung Chicagos ist gecornert! Der Hauptanstifter der Bärenclique
deckt seinen Anteil zwar mit großem, aber eben noch erträglichen
Verlust und geht raus. J kauft gegen bar von den Farmern, die reich
werden und wieder große Anschaffungen in elektrischen Maschinen etc. machen können. Mitte Mai Riesenweizenkalamität im eigenen Lande. J will auf 2 Dollar, will Julilieferungen kaufen trotz:
Aussicht auf hervorragende Ernten. Verkäufe ohne Deckung
durch zuverlässige, routinierte Händler, obgleich immer mehr
Weizen angebaut wird. Diese ungeheure Zunahme des Weizen-
baus will J stoppen durch Berichte in den von ihm aufgekauften
Zeitungen. Ende Mai deckt er seinen im April ohne Deckung verkauften Juliweizen. *Muß* jetzt kaufen und kaufen! »Der Weizen
hat mich gecornert.« Im Moment, wo er nicht mehr kauft, muß
Preis heruntergehen. Juni: Selbstmord eines Hauptbären. Immer
bessere Ernteaussichten.

Regierungsbericht: Mehr als 4 Millionen Acres mehr bebaut als

Chicago. Getreidespeicher. Foto: E. Mendelsohn

sonst. Muß alles kaufen, um einziger Lieferant zu sein. Im Moment, wo sie seine Angebote ausschlagen, wird Preis heruntergehen. Sein ›langes Lager‹ kostet J ungeheuer viel, muß abstoßen, da kaum Käufer im eigenen Land. Einzige Rettung Ausland. Kauft und kauft, nimmt sogar Kredit in Anspruch. Nachricht von Riesen-ernten, Paris und Liverpool lehnen J's Angebote trotz ermäßigter Preise ab. Börsensituation ganz unkontrollierbar.

Letzte Börsenschlacht: Günstige Chancen für Bären. Desparate Lage für J, der verzweifelt weiterkaufen will. Preis geht herunter. J kann Geld für Deckung nicht mehr aufbringen. Selbst zur Börse, bietet erfolglos 1 Dollar, sein Makler läßt Liquidation ausrufen. (BBA 524/103–104; normalisierte Schreibung durch den Heraus-geber)

Die ökonomische Handlung
und ihre Quellen

Der Schauplatz: Chicago und seine Schlachthöfe

Motto: »Circum ago – I act all around– das ist ›Chicago‹«.

»Chicago« stand bereits in den Zwanziger Jahren als Schlagwort für die Mischung von Gangstertum und Slums, von Arbeiterelend und Schlachthäusern, von Geschäften und Geld. Wer »Chicago« sagte, machte sich mit einem Wort verständlich; vielfach war sein Inhalt durch Kriminalroman, Film oder Zeitungsbericht bestätigt worden, und der Ruf festigte sich zweifellos mit einem der traurigen Höhepunkte, dem Massaker am St. Valentins-Tag 1929, als Al Capones Bande, verkleidet in Polizeiuniformen, mit dem großen Widersacher Bugs Moran und seiner Gang abrechnete. Das Ereignis machte Film- und Literaturgeschichte, gilt aber auch so als denkwürdiges Datum einer (bürgerlichen) Kriegsgeschichte anderen Kalibers (Brecht verarbeitete das Massaker in seinem Stück *Der aufhaltsame Aufstieg des Arturo Ui*). – Die *Heilige Johanna* in Chicago spielen zu lassen, bedeutete, *den* typischen Spielort zu wählen, typisch für skrupellose Geschäfte, typisch für modernste kapitalistische Produktionsweisen (vor allem auf den Schlachthöfen), typisch für die Verbindung von Geschäft und Verbrechen, typisch für Auseinandersetzungen zwischen Arbeitern und Trustherren, und zwar für gewalttätige Auseinandersetzungen (erster Einsatz von Dynamit im Klassenkampf). Der Spielort des Stücks hat folglich nichts Exotisches: Chicago gab es längst auch in Europa, und immer da, wo das Schlagwort fiel, verwies es auf den Import der dort herrschenden Verhältnisse.

Bereits in den letzten Jahrzehnten des 19. Jahrhunderts radikalisierten sich in Chicago die Klassenauseinandersetzungen; so schrieb z. B. die *Arbeiter Zeitung* am 21. 4. 1886:

Wer sich der bestehenden Gesellschaftsordnung ohne Widerstand unterwirft, der hat kein Recht sich über kapitalistische Ausbeutung und kapitalistische Gewalt zu beklagen, denn kapitalistische Herrschaft bedeutet nichts anderes als Ausbeutung und Gewalt. Und wer sich wehrt und rebelliert, der hat kein Recht, sich zu beklagen, wenn er von Bullen und Soldaten geschlagen oder verletzt wird. Jede Klasse verteidigt sich und ihre Interessen so gut sie kann. Wer also rebelliert und dem bis an die Zähne bewaffneten Feind mit bloßen Händen entgegentritt, ist ein Idiot.

(Zitiert nach Louis Adamic, *Dynamit. Geschichte des Klassenkampfes in den USA (1880–1930)*, München 1974, S. 66; vgl. Szene 12: »Es hilft nur Gewalt, wo Gewalt herrscht«; 2, 783)

Mit der »Haymarket«-Bombe, die am 4. Mai 1886 explodierte, gehen die Klassenauseinandersetzungen in ein neues Stadium über; auch hier zeigte sich Chicago in der Rolle des »Pioniers«. Brecht kannte die Haymarket-Ereignisse aus Alfons Paquets Stück *Fahnen*, das Erwin Piscator 1924 als erstes »episches« Drama mit großem Erfolg aufgeführt hatte.

Wie in allen großen Fabrikstädten des Westens fanden auch in Chicago Arbeitseinstellungen statt. Dieselben schlossen sich zum Teil an Lohnstreitigkeiten an, welche in den vorhergehenden Monaten nicht zum Austrag gelangt waren. Im Februar waren 1200 Arbeiter des großen Mähmaschinen-Etablissements von *McCormick* entlassen worden, weil sie sich mit einigen ihrer Führer, welche in der Fabrik nicht weiter geduldet werden sollten, solidarisch erklärt hatten. Arbeiter, welche die Stelle der Ausgeschlossenen einnahmen, wurden von den letzteren fortwährend belästigt und von der Fabrik mit Gewalt ferngehalten, so daß die Polizei zum Schutze der Neuangestellten wiederholt eingreifen mußte.

Es kam zu stürmischen Szenen, und die Redner der Internationalen versäumten nicht, in öffentlichen Versammlungen allabendlich die Aufregung zu steigern. Man war allgemein auf die Ereignisse des 1. Mai gespannt, an welchem man in allen Teilen der Stadt die Forderung der Achtstundenarbeit erwartete. Dieselbe wurde nun auch mehrfach gestellt, bisweilen aber auch mit der Bedingung, daß der Lohn in der gleichen Höhe fortgezahlt werden solle. Einige Unternehmer gaben diesen Wünschen nach, der größere Teil derselben verweigerte die Forderung, einige schlossen ihre Fabriken, ohne mit ihren Leuten in Verhandlung getreten zu sein.

Am 1. Mai 1886 betrug die Anzahl der Feiernden etwa 25000, am 4. Mai war sie bereits auf das Doppelte gestiegen. Am meisten waren von der Bewegung betroffen die Möbel-, Eisen- und Stahlfabrikanten, die Holzhändler und die Sägemühlenbesitzer. Bedenklich und nachteilig für die Geschäftsleute im allgemeinen war der Streik der Frachtverlader an einigen Eisenbahnen, weil dadurch die Versendung von Frachtgütern erschwert und zum Teil gehemmt wurde.

Am 3. Mai begannen die Straßenunruhen. Die Frachtverlader marschierten in voller Zahl von Bahnhof zu Bahnhof, da es hieß, daß Ersatzarbeiter von Milwaukee eintreffen würden. Die Polizei wurde verstärkt und durchzog die Straßen, um die Menschenmassen zu zerstreuen, die sich auf größeren Plätzen der Stadt zusammengefunden hatten. Am Nachmittag kam es in der Nähe der

*McCormick*schen Fabrik zum Blutvergießen. Die Holzhofarbeiter hielten dort eine Versammlung ab, um ein Komitee zu wählen, welches dem Ausschuß der Holzhofbesitzer die Forderungen unterbreiten sollte. Eine riesenhafte Menschenmenge wogte hin und her. Mehrere Mitglieder der Union der Holzhofarbeiter sprachen zu denselben auf englisch, böhmisch, deutsch und polnisch. Die Zuhörer verhielten sich still. Da trat als Redner *August Spies* auf. Er sagte den Streikern, »daß sie sich stark fühlen müßten gegenüber dem kleinen Häuflein der Holzbesitzer, daß sie von ihrer einmal gestellten Forderung nicht abweichen dürften – die Entscheidung liege in ihrer Hand. Sie brauchten nur zu wollen und die ›Bosses‹ müßten zu Kreuze kriechen«.

In diesem Augenblick schrien einige böhmisch oder polnisch in der Menge: »Auf nach *McCormick*, laßt uns die Scabs (die Ersatzarbeiter) vertreiben.« 200-300 Mann, zum Teil mit Revolvern bewaffnet, trennten sich von der Menge und stürzten zu der Mähmaschinen-Fabrik. Ein Polizist wollte sie zurückhalten. Ein Steinhagel war die Antwort und streckte ihn zu Boden. »Heraus ihr verfluchten Scabs, elende Verräter«, brüllten die Streiker und zertrümmerten die Fenster der Fabrik mit Steinen. Das kleine Wachthäuschen wurde demoliert. Da brauste ein telefonisch beorderter Patrouillewagen mit 13 Polizisten heran. »Zurück, auseinander!« rief der Leutnant. Mit Steinwürfen wurde die vordringende Polizei empfangen. Einen Augenblick später krachte es; von beiden Seiten wurde mit Revolvern geschossen. Die Polizei erhielt Verstärkung; ein erneuter Angriff trieb die Streiker auseinander.

Auf beiden Parteien gab es Tote und Verwundete. Ein sterbender Knabe wurde auf einem Expreßwagen von zwei Polizisten heimgefahren. Die Anführer sahen nur die letzten. »Lyncht die Halunken!« schallte es aus der Menge. Schon hatte man dem einen die Schlinge um den Hals geworfen, da kam ein Patrouillewagen herbei und rettete das Opfer vor der Volkswut. Die Erbitterung der Polizei gegen die wütende Masse in den nächsten Tagen ist begreiflich.

Spies, außer sich über die Niederlage der Arbeiter, eilte auf das Redaktionslokal der »Arbeiter-Zeitung« und verfaßte dort die für ihn so gravierenden Rachezirkulare in englischer und deutscher Sprache, von denen 2500 Exemplare noch am selben Abend in der Stadt verteilt wurden. Das deutsche hat folgenden Wortlaut:

»Rache! Rache!

Arbeiter, zu den Waffen!

Arbeitendes Volk, heute nachmittag mordeten die Bluthunde eurer Ausbeuter 6 Brüder bei *McCormick*. Warum mordeten sie dieselben? Weil die letzteren den Mut hatten, mit dem Los unzufrieden zu sein, welches eure Ausbeuter ihnen beschieden haben. Sie forderten Brot, man antwortete ihnen mit Blei, eingedenk der Tatsache, daß man damit das Volk am wirksamsten zum Schweigen bringen kann! Viele, viele Jahre habt ihr alle Demütigungen ohne Widerspruch ertragen, habt euch vom frühen Morgen bis zum späten Abend geschunden, habt Entbehrungen jeder Art ertragen, habt eure Kinder selbst geopfert – alles um die Schatzkammern eurer Herren zu füllen, alles für sie! Und jetzt, wo ihr vor sie hintretet und sie ersucht, eure Bürde etwas zu erleichtern, da hetzen sie zum Dank für eure Opfer ihre Bluthunde, die Polizei, auf euch, um euch mit Bleikugeln von der Unzufriedenheit zu kurieren. Sklaven, wir fragen und beschwören euch bei allem, was euch heilig und wert ist, rächt diesen scheußlichen Mord, den man heute an euren Brüdern beging und vielleicht morgen schon an euch begehen wird. Arbeitendes Volk, Herkules, du bist am Scheideweg angelangt. Wofür entscheidest du dich? Für Sklaverei und Hunger oder für Freiheit und Brot? Entscheidest du dich für das letztere, dann säume keinen Augenblick; dann, Volk, zu den Waffen! Vernichtung den menschlichen Bestien, die sich deine Herrscher nennen. Rücksichtslose Vernichtung ihnen – das muß deine Losung sein. Denk der Helden, deren Blut den Weg zum Fortschritt, zur Freiheit und zur Menschlichkeit gedüngt – und strebe, ihrer würdig zu werden.

Eure Brüder.«

Das Circular in englischer Sprache hatte einen ähnlichen Inhalt, war nur etwas national amerikanisch gefärbt, indem es auf die Unabhängigkeits-Kämpfe des 18. Jahrhunderts hinwies.

Am Morgen des 4. Mai vermutete die Polizei einen neuen Zusammenstoß mit den streikenden Arbeitern. Die Miliz, welche schon vorher aufgeboten worden war, erhielt Verstärkung und war zum Ausrücken bereit. Der Vor- und Nachmittag verlief ruhig. Für den Abend war eine Versammlung zur Besprechung der Ereignisse der letzten Tage auf den Heumarkt durch ein Flugblatt einberufen, das von *August Fischer,* einem schon erwähnten Mitglied der Internationalen, verfaßt worden war. Es lautete:

»*Arbeiter, Achtung!*

Heute abend um 7.30 Uhr findet auf dem Heumarkt zwischen der Deplaines und Halsted Straße eine Massenversammlung statt. Gute Redner werden anwesend sein, um die jüngsten Polizeischandtaten – die gestern nachmittag stattgefundene Ermordung unserer Mitarbeiter zu brandmarken. Arbeiter, bewaffnet Euch und erscheint vollzählig.«

Der letzte Satz wurde bei einer zweiten Auflage des Flugblattes fortgelassen, weil dessen Ausgeber glaubten, daß derselbe einen Teil der Arbeiter von dem Besuch der Versammlung abhalten würde. [...]

Des Abends um 8 Uhr fanden sich etwa 2000 Arbeiter auf dem Heumarkt ein. Zuerst sprach *Spies* von einem Wagen herab über die Vorgänge bei *McCormicks* Fabrik, dann *R. A. Parsons* über die Achtstundenfrage. Der Bürgermeister von Chicago, *Harrison*, war bis gegen 10 Uhr anwesend, um die Versammlung aufzulösen, falls es erforderlich sein sollte. [...]

Zuletzt sprach, als der Bürgermeister, überzeugt von dem maßvollen Verhalten der Redner, fortgegangen war, *Fielden*, welcher sofort einen ganz anderen Ton anschlug und die Zuhörer in große Aufregung versetzte, so daß viel Lärmen um den Wagen herum entstand. Er forderte dazu auf, die Kapitalisten in derselben Nacht noch auszurotten und rief: »Ihr habt weiter nichts mit dem Gesetz zu tun, als Eure Hände daran zu legen und es zu erdrosseln. Haltet Euer Auge auf es! Erdrosselt es, tötet es, stecht es, tut alles, um es zu verwunden.« Diese Worte wurden sofort durch einen Geheimpolizisten einer nahen Polizeistation gemeldet, wo eine größere Mannschaft zusammengezogen worden war, nachdem der Aufruf zur Heumarktversammlung bekannt wurde. Nach Empfang dieser Nachricht entschied sich der kommandierende Offizier, der Polizeiinspektor *Bonfield*, dahin, die Versammlung aufzulösen, ließ seine Leute, 176 an der Zahl, aufmarschieren und führte sie in geschlossener Kolonne dem Heumarkte zu. Hier wurde Halt gemacht; die Frontlinie war nur wenige Schritte von dem Wagen, auf dem *Fielden* stand, entfernt. Einer der Offiziere rief nun: »Ich befehle Euch im Namen des Volkes von Illinois, sofort und friedlich auseinander zu gehen.«

Jetzt stieg *Fielden* vom Wagen herab und gebrauchte zugleich die Worte: »We are peacable.« Kaum waren diese Worte verklungen, als aus einer nahegelegenen Seitenstraße eine Dynamitbombe zwischen die Polizisten geworfen wurde und dort mit lautem Knall explodierte. Wenige Sekunden später wurde eine Salve von Schüssen abgefeuert. [...]

Unmittelbar nach der Bombenexplosion und dem Revolverfeuer stob die Versammlung nach allen Seiten auseinander. Viele Leute waren schon vorher fortgegangen, da der Himmel dunkel geworden war, und ein Regenguß bevorstand, dieser vielberühmte Abkühler der leidenschaftlich erregten Masse bei Straßenrevolten.

Durch die herumfliegenden Bombensplitter und das Revolverfeuer wurden 7 Polizisten getötet und 60 schwer verwundet. [...]

Das Revolverfeuer der Polizei dauerte zwei Minuten ununterbrochen. Die Zahl der hierdurch Verwundeten konnte nicht festgestellt werden. Zwölf Schwerverwundete blieben auf dem Kampfplatz, weit mehr wurden von ihren Freunden und Kameraden fortgetragen. Später fand sich in Arbeiterblättern die Angabe, daß zwei Arbeiter getötet und 40-50 verwundet worden seien.

Während der Nacht auf den 5. Mai und an den folgenden Tagen wurden zahlreiche Verhaftungen vorgenommen, Schriftstücke mit Beschlag belegt und verdächtiges Material, wie Dynamitbomben und Waffen, vorgefunden. Die meisten Verhafteten gehörten der Internationalen an.

(A. Sartorius, Freiherr von Waltershausen, *Der moderne Sozialismus in den Vereinigten Staaten von Amerika*, Berlin: Hermann Bahr 1890, S. 286–290, 293. Diese Darstellung über die Haymarket-Ereignisse gilt als »klassisch«; zuerst dürfte Brecht mit diesen Arbeiteraufständen und ihrer brutalen – womöglich auch vorsätzlich angezettelten – Niederschlagung über das Stück *Fahnen* von Alfons Paquet bekannt geworden sein; Piscator inszenierte es 1924 in Berlin und erregte großes Aufsehen; das Stück interpretiert den Bombenwurf als Inszenierung der Polizei. Direkte Zeugnisse über Brechts Kenntnisse sind noch nicht nachgewiesen.)

Den verhafteten Arbeiterführern, denen übrigens keinerlei persönliche Schuld nachzuweisen war, wie auch die wirklichen Täter nie gefunden wurden, wurde der Prozeß gemacht (z. T. Mitarbeiter, Redakteure der *Arbeiter Zeitung*), der in den meisten Fällen mit Todesurteilen endete. »Haymarket« zeigte zum erstenmal in der Geschichte, daß die Klassenauseinandersetzungen Kriegscharakter hatten, daß also zwischen Bourgeoisie und Arbeiterschaft ein stets schwelender innerer Krieg herrschte.

Krieg herrschte auch auf Chicagos Straßen bereits seit Ende des 19. Jahrhunderts. Der Massenverkehr sowie die ungeheuren, den einzelnen total nivellierenden Menschenmassen prägten die Stadt schon zu Zeiten, als man in Europa noch Idyllen nachhing. Ein Bericht von 1894:

Wenn der erste Eindruck von Chicago auf den Fremden sein primitives schachbrettartiges Straßennetz ist, so ist der zweite der von der Vielzahl von verstümmelten Menschen auf Krücken, die ihm begegnen. Abgesehen von Zeiten, die einem langen Kriege folgen, habe ich nie so viel verstümmelte Menschheit gesehen, wie man sie in Chicago findet. Prothesen- und Krückenhändler müssen in Chicago bessere Geschäfte machen als in allen anderen Städten, die ich je besucht habe. Bei Erkundigungen stellte ich fest, daß dieses zweite Hauptmerkmal Chicagos das direkte Ergebnis des ersten ist. Die Eisenbahnen, die die Stadt auf ebener Erde in allen Richtungen durchkreuzen, mähen dauernd, obwohl Geschwindigkeiten durch Gesetze und Verordnungen begrenzt sind, harmlose Bürger an den Überkreuzungen nieder, und jene bein- und armlosen Männer und Frauen, denen man auf der Straße begegnet, sind lediglich die verstümmelten Überreste des Blutbades, das sich da ein Jahr nach dem andern abspielt. [...]

Chicago. Die Schlachthöfe.

Chicago. Die Schlachthöfe.

Die Dampfeisenbahnen sind, was Menschenleben betrifft, die schlimmsten Tyrannen, aber vom Standpunkt des Raubbaus und der Beeinträchtigung von Gesundheit und Lebensfreude lassen die Straßenbahnen sie weit hinter sich. In einer Stadt wie Chicago, wo die Entfernungen groß genug sind, um ständig das Bedauern aufkommen zu lassen, daß der Aufbau der Stadt nicht verschoben wurde, bis die Menschenrasse Flügel entwickelt hat, sind Straßenbahnen so unentbehrlich wie die Straßen selbst, und sie sollten den spekulativen Konzernen ebensowenig überlassen werden wie die Landstraßen. Vom praktischen Standpunkt her ist es so ziemlich dasselbe, denn der Besitzer der Straßenbahn hat nicht nur die Bahn, sondern auch die Straße. Er zerstört die Fahrbahn und behandelt die Straße, als gehöre sie ihm. [...]

Die Überfüllung der Wagen ist geradezu ein öffentlicher Skandal. Die Straßenbahngesellschaften der Stadt haben genügend Wagen und reichlich Strom, denn die Kabel laufen sowieso, ob da wenige oder viele Wagen auf der Linie laufen, aber um Gehälter von Wagenführern zu sparen, zwingen sie die Hälfte des Fahrpublikums von Chicago zynisch, die Fahrt im Stehen zu machen. Ein Wagen zur Hauptverkehrszeit in Chicago, inmitten am Tag oder am frühen Morgen oder spät abends, ist ein Anblick, den man nicht so leicht vergißt. Jeder Sitz ist besetzt, und jeder Zoll zwischen den Sitzen ist vollgewürgt von zusammengedrängter Menschenmasse. Die Pechvögel halten sich an einer Strippe unter dem Wagendach fest. Auf den Perrons an beiden Enden des Wagens hängen mit Müh und Not Menschenmengen wie Bienen beim Schwärmen. Als ich das zum ersten Mal sah, erinnerte es mich an ein Bild von Doré zu einer Szene in Dantes Hölle.

(Zitiert nach: *Chicago. Die Stadt der Superlative,* hg. v. Esther Gallwitz, Frankfurt a. M.: Insel 1985, S. 383–385; sie zitiert William T. Stead, *If Christ came to Chicago,* Chicago 1894, übersetzt v. Eva Braun.)

Die riesigen Schlachthöfe (»stockyards«) waren dazu nur die Entsprechung in der »Arbeitswelt«; sie bildeten regelrechte Städte für sich. Einer der Großbetriebe war z. B. der des J. O. Armour, der die Verwertung des Viehs bis zum letzten Zehennagel in seinem Betrieb organisiert und längst auch dafür gesorgt hatte, daß sämtliche Nebenarbeiten (Verwaltung, Verpackung, Vertrieb) sich in seiner »Armourstadt« konzentrierten. Gern veranstaltete Armour »Führungen« durch seine Stadt und weidete sich mit Wonne am Staunen und Entsetzen seiner Besucher. Brecht verwendete für sein Stück nicht primär historische Dokumente, sondern literarische Darstellungen der sog. »muckraker«-(Nestbeschmutzer-)Literatur der Jahrhundertwende, Literatur, die erstmals die schier unglaublichen Verhältnisse (aber auch Dimensionen) der neuen kapitalistischen Warenproduktion an den Tag brachte. Von der konservativen Presse beschimpft, von der Arbeiterbewegung begrüßt, sorgte sie erstmals für gewisse Reformansätze unter der Präsidentschaft Theodore Roosevelts (1901–1909); freilich wurden nur Symptome, nicht die Ursachen bekämpft.

Hauptquelle Brechts für die Darstellung der »Porcopolis«-Zustände war Upton Sinclairs Roman *The Jungle* (1906; deutsch *Der Dschungel,* 1906). Sinclair (1878–1968) gehört mit seinem Frühwerk zu den wichtigsten Repräsentanten des amerikanischen Naturalismus; er arbeitete in der Arbeiterbewegung, war sozial engagiert und sorgte mit seinen hautnahen Darstellungen des Arbeiterelends für großes Aufsehen. Der Roman *The Jungle* (deutsch z. T. auch als *Der Sumpf* bekannt) erzählt die Leidensgeschichte von Jurgis Rudka. Jurgis wandert mit großen Illusionen in die neue Welt Amerika aus; er trifft dort seine Jugendliebe Ona wieder und muß mit ihr zusammen das Leid der amerikanischen Arbeiter erfahren. Sie kaufen sich zwar vom letzten Geld ein Haus, werden aber betrogen; Arbeit haben sie nur sporadisch, und sie sind deshalb auch mit der übelsten Arbeit zufrieden. Ona muß sich, um ihren Arbeitsplatz zu halten, vom Aufseher mißbrauchen lassen. Jurgis, der ihn zusammenschlägt, kommt ins Gefängnis. Ona stirbt bei der Geburt ihres Sohnes Antanas, weil das Geld für einen Arzt fehlt, und schließlich verliert Jurgis auch noch seinen Sohn im Dschungel Chicagos. Vor Leid erstarrt, vegetiert er als Landstreicher, findet dann aber Anschluß an die Arbeiterbewegung. Der Roman trägt autobiografische Züge und entbehrt in seinem »positiven« Schluß durchaus nicht kitschig-illusionärer Züge; die Schilderungen des Arbeiteralltags jedoch sind bis heute nicht überboten (eben weil sie damaliger Realität entsprachen) und wirken immer noch aufrüttelnd. Was Brecht bei Sinclair an Einzelheiten übernahm, beweist, daß Brechts Stück in keiner Weise übertreibt; im Gegenteil.

Sinclair beschreibt die Besichtigung der »Porcopolis« des Herrn Durham & Co., die offenbar ganz dem Muster des historischen Schlachthofkönigs Armour folgt:

Dann wurden die Besucher zu den anderen Teilen der Gebäude geführt, um zu sehen, was mit jedem Teilchen des Abfallmaterials, das in den Löchern verschwunden war, gemacht wurde. Sie lernten noch die Pökelräume kennen, die Salzräume, die Büchsenräume und die Packräume, wo ausgewähltes Fleisch für die Eiskeller der Schiffe vorbereitet wurde, dazu bestimmt, in allen Teilen der zivilisierten Welt gegessen zu werden. Nachher gingen sie hinaus und wanderten in dem Gewirre von Gebäuden umher, in welchen alles das, was für das Werk der gewaltigen Industrieanlage nötig ist, gemacht wird. Es gab kein Ding im Geschäft, das Durham & Co. nicht selbst anfertigte. Da war eine große Dampfmaschinenanlage und eine elektrische Anlage, da war eine Faßfabrik und eine Kesselreparaturwerkstatt. Da war ein Gebäude, wo Talg zu Seife und Schmalz gekocht ward, und eine Fabrik für Schmalzbüchsen, eine andere für Seifenbüchsen. Da war ein Haus, in welchem Borsten gereinigt und getrocknet wurden, ein Haus, in dem die Felle getrocknet und gegerbt wurden, ein anderes, wo aus den Knochen Düngemittel bereitet wurden. Nicht das kleinste Atom der organischen Abfälle ging bei Durham verloren. Aus den Hörnern der Rinder machten sie Kämme, Knöpfe, Haarnadeln und imitiertes Elfenbein; aus den Schienbeinknochen Messer- und Zahnbürsten-Griffe und Mundstücke für Pfeifen. Aus den Hufen schnitten sie Haarnadeln und Knöpfe, bevor sie zu Leim gekocht wurden. Von den Füßen, Knöcheln, Knochen und Sehnen machten sie die seltsamsten Dinge, wie Gelatine, Hausenblase und Phosphor,

Chicago. Die Schlachthöfe.

Ofenschwärze, Wichse und Knochenöl. Sie hatten Kräuselwerke
für die Rinderschwänze und eine Wollspinnerei für Schafwolle. Sie
machten Pepsin aus den Schweinemagen, Albumin aus dem Blut,
und Geigensaiten von den übelriechenden Eingeweiden. Wenn
sonst nichts mehr mit einem Dinge zu machen war, wurde es zuerst
in eine Tunke getan, alles Fett herausgezogen und zu Dünger zer-
mahlen. Alles das geschah in nebeneinander liegenden Häusern,
welche alle durch Gallerien und Eisenbahnen mit dem Haupteta-
blissement verbunden waren. – Seit der Gründung der Anlage war
nach einer Abschätzung eine Viertel Billion Tiere von dem älteren
Durham abgeschlachtet und verarbeitet worden. Wenn man dazu
die andern großen Anlagen rechnet, die mit dieser vereinigt waren,
so war hier wohl die gewaltigste Vereinigung von Kapital und von
Arbeit vorhanden. Durham & Co. beschäftigt dreißigtausend
Mann, gibt direkt zweihunderttausend Menschen Arbeit und indirekt einer halben Million. Durham sendet seine Produkte in jedes
Land der zivilisierten Welt und fabriziert die Nahrung für nicht
weniger als dreißig Millionen Menschen!
(Sinclair, S. 39 f.; vgl. bei Brecht das gesamte Schlachthöfe-»Milieu«.)

Nach langer Arbeitslosigkeit ist Jurgis jede Arbeit recht; er hat »Glück«; er bekommt Arbeit in der sog. »Knochenmühle«, in der die Tierknochen zu Düngemittel verwertet werden. Diese Arbeit gilt als die schlimmste:

Die Düngerfabriken lagen von den übrigen Werken weit entfernt. Wenige Besucher sahen sie, und die wenigen wollten Dante nachahmen, der die Hölle gesehen haben sollte. – Nach diesen Fabriken wurde aller Schmutz geschafft, der verfaulende Abfall aller Art. Dort wurden die Knochen getrocknet, und in erstickenden Kellern, wohin nie ein Schimmer des Tageslichtes drang, beugten sich Männer, Frauen und Kinder über wirbelnde Maschinen, welche Knochen in allen Größen zermalmten. Sie atmeten den giftigen Staub in ihre Lungen, und atmeten sich so zu Tode. Sie verwandelten dort das Blut in Albumin und faulriechende Dinge in noch fauler riechende um. Auf den Korridoren und in den Höhlen, wo diese scheußliche Arbeit getan wurde, konnte man sich, wie in den großen Höhlen von Kentucky, verirren. Das elektrische Licht schien nur wie von weither durch Staub und Dampf, wie rote und blaue, grüne und purpurne Sterne, je nach den Farben des Gemisches, von dem der Staub und Dampf emporstieg. Für die Gerüche in diesen unheimlichen Gerippenhäusern mag es in der lithauischen Sprache Worte geben, in einer andern nicht. Wer hier eintritt, muß vorher allen seinen Mut sammeln wie zu einem Sprung in eisiges Wasser. Er nimmt sein Taschentuch vor die Nase und hustet und würgt. Und wenn er trotzdem bleibt, hört er ein Brausen um seinen Kopf, und die Adern an seinen Schläfen klopfen, bis endlich der überwältigende Geruch des Ammoniaks ihn fast erstickt, und er, um sein Leben zu retten, hinausstürzen muß. Über dieser Hölle wird der Abfall getrocknet, die Masse von braunem, zähem, klebrigem Stoff, der Abfall alles Abfalls. Ist es genügend trocken, dann wird er zu einem feinen Pulver zerrieben, mit einer geheimnisvollen braunen Erde vermischt. Dann ist er fertig zum Gebrauch und wird in Säcke gepackt und als eine von den hundert Sorten Phosphorpräparaten in die Welt geschickt.

[...]

In einer Minute hatte er die Arbeit erlernt. Er stand vor einer der Öffnungen der Mahlmaschine, und aus ihr floß ein dicker brauner Strom, umwölkt von einem feinen spritzenden Staubregen. Mit sechs andern Arbeitern schaufelte Jurgis den Dünger in die Wagen. Er sah seine Gefährten in dem Staube nicht, er hörte nur, daß sie da waren und schaufelten. Sie berührten sich zuweilen. Wenn der

Wagen gefüllt war, tastete er umher, bis ein anderer kam. In fünf Minuten war er vom Kopf bis zu den Füßen die reine Düngermasse. Man gab ihm eine Maske vors Gesicht, weil er sonst nicht atmen konnte. Aber die Maske verhinderte es nicht, daß seine Lippen und Augenlider mit dem Düngermehl bedeckt, seine Ohren damit gefüllt wurden. Er glich in dem Zwielicht einem Gespenst – braun wie die Gebäude, braun wie alles in ihnen und 100 Yards im Umkreis. Die Türen der Gebäude mußten offen bleiben, und wenn der Wind blies, verloren Durham & Co. eine Menge Dünger.

Jurgis arbeitete in Hemdärmeln und bei einer Hitze von über 100 Grad; die Phosphate drangen ihm in jede Pore, und in 5 Minuten brannte sein Kopf, in 15 Minuten war er fast betäubt. Das Blut brauste in seinem Hirn wie eine Dampfmaschine, ein heftiger Schmerz bohrte in seinem Schädel, kaum war er fähig, seine Hände zu regieren. Doch er erinnerte sich der Schrecken vergangener Monate und kämpfte mit wütender Energie weiter. Eine halbe Stunde später erbrach er sich – als ob sein Inneres in Stücke gerissen wurde. – Der Aufseher hatte ihm gesagt, ein Mann könne sich an die Düngermühle gewöhnen, wenn er seine Kraft zusammennähme. Jetzt aber sah Jurgis ein, daß auch sein Magen dabei ein Wort mit zu sprechen hatte. Am Ende des Schreckenstages vermochte er sich kaum aufrecht zu halten. Auf dem Heimwege mußte er sich oft zusammenraffen und irgendwo festhalten. Die meisten der Männer gingen nach der Arbeit in eine Trinkhalle – sie gossen Dünger und Klapperschlangengift in einen Becher. Jurgis aber fühlte sich zu elend, um zu trinken, er dachte nur daran, zu dem Stadtbahnwagen zu kommen. Er hatte Sinn für Humor, und später, als er länger in Düngerwerken gewesen war, fand er Spaß daran, in einen Wagen zu steigen und abzuwarten, was dann geschah. Am ersten Tage aber war er zu elend, um zu bemerken, wie die Leute im Wagen schnüffelten und spieen, ihre Taschentücher an die Nase drückten und ihn mit wütenden Blicken durchbohrten. Er merkte nur, daß ein Mann vor ihm plötzlich aufstand, und dann zwei Minuten später die beiden Männer an seinen Seiten ihre Plätze verließen – in kürzester Zeit war der vorher ganz besetzte Wagen fast leer. Die Passagiere, welche auf der Plattform keinen Raum fanden, waren ausgestiegen.

Selbstverständlich machte Jurgis sein Haus bei seinem Eintritt sofort zur reinen Düngermühle. Der Dünger saß einen halben Zoll tief in seiner Haut, sein ganzer Körper war damit angefüllt, und es

hätte nicht nur wochenlangen Scheuerns, sondern auch der einge-
hendsten weiteren Kuren bedurft, um es wieder heraus zu bringen.
Er stank so, daß das Essen auf dem Tische Geschmack davon annahm und die ganze Familie zum Brechen brachte. Er selbst
konnte drei Tage nichts genießen. Seine Hände konnte er waschen
und Messer und Gabel gebrauchen, aber das Gift verstopfte ihm
Mund und Kehle.

(Sinclair, 131–133; vgl. Szene 4: ein Bursche berichtet dem Makler Slift, er
sei sehr heruntergekommen, habe deswegen Luckerniddles Jacke an sich
genommen. »Zwanzig Cent, die man in den Kunstdüngerkellern mehr
verdient, haben mich voriges Jahr verlockt, an der Knochenmühle zu arbeiten. Da bekam ich es an der Lunge und eine langwierige Entzündung an
den Augen. Seither ist meine Leistungsfähigkeit zurückgegangen [...]«;
2, 690.)

Die Fabriken verfügen bereits um die Jahrhundertwende über ausgeklügelte Automatisation; Sinclair berichtet von der Schweine-»Verwertung«
(wiederum sind Besucher da):

In diesem Raume stand ein großer fetter Neger, mit bloßen Armen
und bloßer Brust. Im Augenblick ruhte er aus, weil das Rad gereinigt wurde; in einer oder zwei Minuten jedoch begann es sich zu
drehen und die Arbeit begann. Dem ersten Schweine wurde eine
Kette um das eine Bein gelegt, das andere Ende der Kette an einem
Radringe befestigt. Das Rad dreht sich, das Schwein wird empor-
gezogen. In demselben Augenblick ertönt ein schrecklicher Schrei
– der schwarze Schlächter hat zugestoßen – die Besucher werden
unruhig, die Frauen ziehen sich erbleichend zurück. Dem Schrei
folgt ein anderer durchdringender, verzweifelter. Das Schwein
wird von der Spitze des Rades auf einen Karren geschoben und se-
gelt hinunter. Inzwischen wird ein anderes heraufgezogen und
noch eins, noch eins, immer weiter, bis sie in doppelter Reihe auf
dem Boden liegen – jedes zuckt mit den Füßen und quiekt erbärm-
lich. Der Lärm war erbarmenswürdig, furchtbar anzuhören; man
fürchtete, der Ton würde zu mächtig für den Raum, er müsse die
Mauern sprengen. Es gab da hohes und niedriges Gekreisch,
Grunzen und Wimmern der Todesangst; dann trat eine augen-
blickliche Stille ein und dann kam ein frischer Ausbruch, lauter als
je, zu einer betäubenden Höhe anschwellend. Einigen Besuchern
wird es zu viel, die Männer sahen einander an und lachten nervös,
die Frauen standen mit verschlungenen Händen, das Blut stieg

ihnen ins Gesicht, Tränen traten in ihre Augen.

Indessen arbeiteten die Männer, ohne auf etwas zu achten, auf dem Fußboden weiter. Weder das Gequieke der Schweine noch die Tränen der Besucher machten auf sie irgend welchen Eindruck. Sie hockten bei den Schweinen und schnitten ihnen ein nach dem andern die Kehle ab. Eine endlose Reihe von Schweinen starb hier zusammen unter Geschrei und fließendem Herzblut, bis zuletzt ein jedes noch einmal auffuhr und dann mit Geplätscher in einem ungeheueren Kessel voll kochendem Wasser verschwand.

Es wurde alles so geschäftsmäßig gemacht, daß man wie bezaubert zusah; das war Schlachterei mit Maschinen, mathematisch berechnet, und doch konnte selbst der nüchternste Mensch es nicht unterlassen, an die Schweine zu denken; sie waren so unschuldig, sie kamen so vertrauensvoll und es lag so viel Menschliches in ihrem Protest. Und sie waren so schuldlos, hatten nichts getan, um alles das zu dulden. Und wie die Blutarbeit hier abgetan wurde, in dieser kaltblütigen, unpersönlichen Weise, ohne Vorrede, ohne Entschuldigung, ohne eine Träne! – Das machte die Untat schier zu einer Beleidigung. Dann und wann weinte einer der Besucher, aber die Schlachtmaschine ging weiter, ob Besucher da waren oder nicht. Es war wie ein schreckliches, in einer Höhle begangenes Verbrechen, unbeachtet und unbedauert.

(Sinclair, S. 35 f.; vgl. Brechts Beschreibung des sich selbst schlachtenden Schweins, »fallend von Stock zu Stock« = 3. Szene; 2, 681.)

Obwohl die Arbeit unzumutbar war und es ständig zu Unfällen kam, waren die Arbeiter froh, überhaupt Arbeit zu erhalten, in der Regel nur deshalb, weil ein anderer gerade zu Schaden gekommen war. Sinclair erzählt vom Arbeiter Jonas und dessen sowie Jurgis' Beobachtungen, was alles als Durhams »Rindfleisch« oder Blattspeck in die Welt ging; daß ab und zu auch ein Arbeiter »mitverwurstet« wurde, entspricht ebenfalls den Verhältnissen auf den Schlachthöfen:

Merkwürdig wars eigentlich, daß auch Jonas seine Stellung durch das Unglück eines andern bekommen hatte. Jonas mußte mit Schinken beladene Karren von den Rauchzimmern nach dem Lift, von dort nach den Packräumen schaffen. Die Karren waren von Eisen und schwer, und sechzig Schinken lagen darin, ein Gewicht von einer viertel Tonne. Auf dem unebenen Boden war es schwer mit den Karren vorwärts zu kommen für einen Mann, besonders wenn er kein Riese war. Dabei spionierte ein Aufseher beständig um ihn herum und fluchte über den kleinsten Aufenthalt. Lithauer und Slovaken und solche, die nicht verstanden, was er sagte, wurden von den Aufsehern gestoßen und geschlagen wie Hunde. Deshalb befanden sich die Karren in ewiger Hetze. Der Vorgänger von Jonas war nun von einem Karren an die Mauer gedrückt und in schrecklicher Weise gequetscht worden.

Das waren alles traurige Fälle, aber es waren Kleinigkeiten im Verhältnis zu dem, was Jurgis bald mit eigenen Augen sehen mußte. Schon am ersten Tage hatte er etwas Sonderbares entdeckt, bei seiner Anstellung als Schaufler der Eingeweide. Das war der Kniff der Aufseher, wenn eine tragende Kuh an die Reihe kam. Jeder, der etwas von der Schlachterei versteht, weiß, daß das Fleisch einer tragenden Kuh zur Nahrung nicht geeignet ist. Solche Tiere hätten ja auch leicht zurückbehalten werden können, bis sie gekalbt hatten, aber um Zeit und Futter zu sparen, war es Regel, daß solche Kühe ruhig zwischen die andern gestellt wurden. Dem Aufseher wurde dann ein Zeichen gegeben, und dieser fing ein Gespräch mit dem Inspektor an und beide entfernten sich ein wenig. Die Kuh wurde mit den andern ausgenommen, und die Eingeweide verschwanden. Es war nun Jurgis Arbeit, diese Eingeweide in das Loch zu werfen, die neugeborenen Kälber und alles das andere, und – unten, im Flur, nahmen andere Arbeiter diese ungeborenen Kälber und verarbeiteten sie zu Fleisch, und ließen sogar nicht die Felle unbenutzt.

Eines Tages glitt ein Mann aus und verletzte sich am Bein. Abends, als das letzte Stück Vieh besorgt war, und die Männer nach Hause gingen, ward Jurgis zum Bleiben beordert, um die Arbeit des verletzten Mannes zu besorgen. Es war spät, beinahe dunkel, und die Inspektoren alle fort. Nur noch einige Männer arbeiteten am Boden. Es waren am Tage 4000 Rinder geschlachtet, welche mit Frachtwagen von fernen Staaten gekommen waren. Viele von ihnen waren verletzt, einige hatten gebrochene Beine und andere blutende Seiten. Einige waren gestorben, woran, wußte niemand. Alle diese Tiere wurden nun in der Stille und Dunkelheit »besorgt«. »Täuscher« nannten die Arbeiter diese Tiere, und das Packhaus hatte einen besonderen Lift, auf dem sie zu den Schlachtbänken geleitet wurden, wo die Bande sie mit einer geschäftigen Gleichgiltigkeit behandelte, welche besser als Worte zeigte, daß es eine alltägliche Sache war. Sie brauchten ein paar Stunden, um sie aus dem Weg zu räumen und zuletzt sah Jurgis die Kadaver nach den Kälteräumen bringen und zwar mit den andern Fleischresten, so daß sie nicht erkannt werden konnten. Als er an diesem Abend heimkam, war er in sehr düsterer Stimmung, er hatte angefangen, endlich einzusehen, daß jene wohl recht gehabt, welche ihn ob seines Glaubens an Amerika verlacht hatten.

[...]

Und dann die Männer, die in den Kochräumen, inmitten von Dampf und betäubenden Gerüchen, bei künstlichem Licht arbeiten! In diesen Räumen arbeitet ein Tuberkulöser vielleicht zwei Jahre. Jeden Tag geht einer zugrunde. – Und da waren die Fleischträger, welche 200 Pfund in die Gefrierräume trugen, deren Arbeit um vier Uhr morgens begann und die kräftigsten Männer in wenigen Jahren aufbrauchte. Das spezielle Leiden der Männer war Rheumatismus – fünf Jahre hielten sie es dort aus. – Die Hände der Wollpflücker wurden früher noch als die der Pökelmänner zerstört, denn die Schaffelle waren mit Säuren getränkt, um die Wolle zu lockern, und die Arbeiter mußten mit bloßen Händen die Wolle zupfen, bis die Säure die Finger zerfressen hatte. Die Hände der Büchsenschließer waren eine Landkarte von Schnitten – auch sie waren immer der Gefahr einer Blutvergiftung ausgesetzt. Die Arbeiter an der Stampfmaschine konnten nicht lange arbeiten, ohne einmal die Vorsicht außer acht zu lassen, und in einem Augenblick war ihnen oft die Hand zerquetscht.

Die »Aufzieher«, welche den Lift für die toten Tiere besorgten, gingen in Dampf und Rauch auf einem Sparrenwerk umher, und da die Baumeister die Schlachträume nicht zur Bequemlichkeit der Aufzieher gebaut haben, mußten diese sich bei jedem Schritt unter einem Balken bücken. Sie wurden dadurch das Bücken so gewohnt, daß sie in wenigen Jahren immer wie Schimpansen umhergehen. Am schlimmsten aber waren die Düngermänner und Leimsieder daran. Diese Leute konnten keinem Besucher gezeigt werden, denn der Geruch, den sie verbreiteten, würde jeden Besucher auf 100 Yards Entfernung zurückschrecken. Die Männer aber, welche in den Tunkräumen arbeiten, wo die ungeheuren dampfenden Kessel auf dem Boden stehen, sind stets in Gefahr, in diese Kessel zu fallen. Werden sie herausgefischt, dann ist von ihnen nichts übrig geblieben, das sich zum Zeigen eignete. Zuweilen werden sie auch tagelang gar nicht gefunden und gehen bis auf die Knochen als Durhams reines Büchsenfleisch in die Welt hinaus.

Uraufführung, Hamburg 1959. Hanne Hiob (links) als Johanna.
Foto: Rosemarie Clausen

(Sinclair, S. 61–63, 101; vgl. Szene 4: der Fall Luckerniddle ist also keine Erfindung Brechts wie auch nicht die weiteren Einzelheiten des Kampfes der Arbeiter um – unwürdige – Arbeit und Lebensunterhalt.)

Was Kälte bedeutet, die Johanna nicht auszuhalten vermag, davon geben folgende zwei Passagen aus Sinclairs Roman einen Eindruck. Die erste schildert den Alltag in einem Arbeiterhaus während des Winters, die zweite die Strapazen des täglichen Wegs zur Arbeit:

Sie machten schreckliche Erfahrungen mit der Kälte. Sie behielten alle ihre Kleider an und häuften alle ihre Betten auf sich. Die Kinder schliefen zusammen in einem Bette, und doch konnte niemand warm werden. Die, welche an der Kante des Bettes schliefen, mußten frieren und weinten, krochen über die andern hinweg und versuchten in die Mitte zu kommen, was oft geradezu eine Schlacht hervorrief. Das alte Haus mit dem undichten Dach war sehr verschieden von ihren einstigen Hütten mit den dicken Mauern. Die Kälte kam wie ein lebendes Wesen, wie ein böser Geist ins Zimmer. Wenn sie um Mitternacht aufwachten, und alles um sie dunkel war, so vernahmen sie voll Schrecken ein Heulen draußen, oder es war auch totenstill, und das war wohl noch furchtbarer. Sie konnten es förmlich fühlen, wie die Kälte durch alle Fugen kroch, wie sie mit eisigen Totenfingern nach ihnen griff. Wenn sie sich auch verkrochen, es war vergebens, das grausige Gespenst kam doch, das in den dunklen Höhlen des Schreckens geboren war, welche die Qualen der verlorenen Seelen verbergen. Es war entsetzlich! Stunde um Stunde krümmten sie sich unter seinem Griff – aber, da war niemand, der ihren Schrei hörte, es gab keine Hilfe für sie, keine Gnade. – Und kam der Morgen – dann gingen sie wieder hinaus an ihre harte Arbeit, ein wenig schwächer, ein wenig näher dem Zeitpunkt, da sie ihrerseits von dem Baum des Lebens geschüttelt wurden.

[...]

Vier oder fünf Meilen von der Ostseite der Stadt entfernt lag der See, über den die scharfen Winde dahinrasten. Manchmal fiel zur Nacht das Thermometer auf zehn oder zwanzig Grad unter Null, und der Schnee lag in den Straßen bis zum ersten Stockwerk. Die Wege, auf denen unsere Freunde zur Arbeit gehen mußten, waren ungepflastert und voll tiefer Löcher und Kuhlen. Wenn es im Sommer stark regnete, mußte ein Mann häufig bis zum Rumpf im Wasser waten, um ins Haus zu kommen, und jetzt im Winter war

Uraufführung, Hamburg 1959. Foto: Rosemarie Clausen

es wahrhaftig kein Vergnügen, durchzukommen, besonders vor Tagesgrauen und nach Einbruch der Nacht. Sie wickelten sich in alte Kleider, die sie noch besaßen, aber gegen die furchtbare Kälte half kein Einwickeln. Und manch einer von den Männern mußte im Kampf gegen die Schneewehen unterliegen – er legte sich hin und schlief ein.

Und wenn es schon schlimm für die Männer war – wie viel schlimmer war es noch für die Frauen und Kinder! Einige von ihnen fuhren hin mit der Bahn, aber wenn man nur 5 Cent in der Stunde verdient, wie der kleine Stanislovas, wendet man nicht soviel an, um zwei Meilen zu fahren. Die Kinder kamen zu den Höfen und hatten große Tücher um die Ohren gewickelt, kaum daß man sie in allem Zeuge finden konnte, und trotzdem kamen einige von ihnen jämmerlich um. An einem bitterkalten Morgen im Februar kam der Knabe, welcher mit Stanislovas an der Schmalzmaschine arbeitete, eine Stunde zu spät und weinte vor Schmerzen. Sie wickelten ihn aus, und die Männer rieben seine Ohren, diese waren aber schon so steif gefroren, daß sie sofort abfielen.

(Sinclair, S. 83 f., 81 f.; vgl. Szene 9 a, c, g, insbesondere 9 g und 2, 750 f.)

Die Wirtschaftshandlung: Der »Corner«

Bis in jüngste Darstellungen hinein gilt die Wirtschaftshandlung der *Heiligen Johanna* als undurchsichtig, chaotisch, zumindest kompliziert. Es scheint so, als bestätigte das Stück seine eigenen – eigentlich ironisch gemeinten – Kommentare: »Wehe! / Ewig undurchsichtig / Sind die ewigen Gesetze / der menschlichen Wirtschaft!« Diese Einschätzung ist um so erstaunlicher, als Käthe Rülicke-Weiler bereits 1966 den »Schlüssel« für die Wirtschaftshandlung vorgelegt hat und die gesamte Forschung in West und Ost ihr bis heute gefolgt ist. Danach bildet die ökonomische Handlung den von Marx im *Kapital* beschriebenen kapitalistischen Krisenzyklus nach. Marx schreibt: »Das Leben der Industrie verwandelt sich in eine Reihenfolge von Perioden mittlerer Lebendigkeit, Prosperität, Überproduktion, Krise und Stagnation. Die Unsicherheit und Unstetigkeit, denen der Maschinenbetrieb die Beschäftigung und damit die Lebenslage des Arbeiters unterwirft, werden normal mit diesem Periodenwechsel des industriellen Zyklus« (Marx/Engels, *Werke* [MEW], Bd. 23, S. 476). Die Perioden dieses Zyklus bestimmten, so Rülicke-Weiler, den Bau der Fabel; sie seien Inhalt und Form zugleich. In vier Phasen laufe demnach die Fabel ab: »Szene 1-4: Ende der Prosperität / Szene 5-8: Überproduktion / Szene 9 (1-10): Krise / Szene 10-12: Stagnation« (danach Neubeginn des Zyklus) (Rülicke-Weiler, 138 und ff.). Die weiteren Einzelheiten brauchen hier nicht referiert zu werden: Sie haben ebensowenig wie die Phaseneinteilung die Wirtschaftshandlung des Stücks wirklich verständlicher und durchsichtiger machen können. Das verwundert allerdings auch nicht; denn dem Marxschen Krisenzyklus ist die Fabel höchstens sekundär, wenn überhaupt verpflichtet. Sie folgt vielmehr einem klassischen »Corner«.

Den Begriff des »Corners« verwendet das Stück selbst: Brecht läßt die Packherren sagen, nachdem Mauler von ihnen das zugesagte Vieh gefordert hat: »Wie sollen wir jetzt Vieh nehmen bei steigenden Preisen? / Denn da ist einer, der's gekornert hat / Den niemand kennt – / Laß, Mauler, uns heraus aus dem Vertrag!« (2, 736) Brecht übersetzte »to corner« mit »das ganze Angebot aufkaufen« (BBA 524/117), d. h., der Spekulant hortet eine (lebenswichtige) Ware, die er zu Zeiten, als die Preise niedrig waren, aufgekauft hat, und diktiert nun den (hohen) Preis. Die Packherren müssen ihn zahlen, weil sie – ohne Deckung (ohne Ware zu haben) – bereits spekulative Verkäufe getätigt haben.

Der »Corner« besteht aus einer kombinierten und damit besonders raffinierten »Baisse«- und »Hausse«-Spekulation. Die »Baisse«-Spekulation rechnet, nachdem die Preise eine gewisse Zeit stabil gewesen sind, mit stetig fallenden Preisen einer lebensnotwendigen Ware. Lebensnotwendig muß die Ware für einen »Corner« deshalb sein, weil sonst die Nachfrage nach ihr nicht gewährleistet ist (die Spekulationen betrafen deshalb in erster Linie Weizen, dann auch Kohle oder Fleisch). Die Gründe für fallende Preise können sein: Überangebot durch Überproduktion, Marktverknappung (z. B. ein Abnehmerland erläßt Einfuhrverbot) oder auch Börsenmanöver (Ausstreuen von Gerüchten).

Die »Baisse«-Spekulation geht folgendermaßen vor sich. Der Spekulant verkauft in dem Moment, in dem er merkt, daß der Preis zu fallen beginnt, Ware. Er tut dies »ungedeckt«, das heißt, er hat die Ware nicht, sondern tut nur so. Er erzielt dabei einen relativ hohen Preis, sorgt zugleich aber dafür, daß das Angebot noch größer wird, unterstützt damit zugleich das, womit er rechnet: daß die Preise fallen. Die Aufkäufer sind die Verlierer: Sie kaufen die Ware zu einem relativ hohen Preis, müssen dann aber sehen, daß sie ihren Preis nicht wert ist. Diese »Baisse«-Spekulation läßt sich – vorausgesetzt, die Preise fallen stetig weiter – mehrfach wiederholen. Der Gewinn besteht in der jeweiligen Differenz zwischen Verkaufspreis und tatsächlichem Warenwert. Dieser Warenwert ist deshalb anzusetzen, weil im Zweifelsfall der »Baisse«-Spekulant auch die Ware liefern muß, die er ohne Deckung verkauft hat.

Der Umschlag erfolgt, wenn der Spekulant merkt, daß der Markt sich konsolidiert, daß folglich der Preis nicht mehr weiter fallen wird. Jetzt geht er einen scheinbar völlig irrwitzigen Schritt: Er kauft – die Preise haben Tiefststand – die gesamte Ware auf, eine Ware, die niemand mehr haben will und die deshalb (beinahe) wertlos und unverkäuflich erscheint. Damit setzt die »Hausse«-Spekulation ein. Der Aufkauf der gesamten Ware heizt die Nachfrage an; Folge, die Preise steigen wieder. Zugleich verlangt der Markt nach der lebensnotwendigen Ware, die vom »Corner«-Spekulanten jedoch gehortet wird (vgl. die riesigen Getreidespeicher, die bereits seit der Jahrhundertwende in den USA errichtet worden sind). Folge wiederum, die Preise steigen.

Ist der »Corner« gelungen, d. h., hat sich der Spekulant tatsächlich in den Besitz der gesamten Ware (oder wenigstens ihres größten Anteils) bringen können, so vermag er nun, den Preis zu diktieren. Das läßt sich um so wirkungsvoller bewerkstelligen, wenn man in den »Corner« noch Ware einbezieht, die noch gar nicht produziert ist, bei Weizen z. B. die kommende Ernte. Dann kann der Spekulant, zusätzlich zu den Konsumenten und den mit dem Konsum verbundenen Handel, auch noch die Produzenten bzw. Rohstofflieferanten ausräubern, indem er sie zwingt, die gerade produzierte oder zu produzierende Ware bei ihm zu überhöhten Preisen zu kaufen. Die Grenzen des »Corners« setzt der jeweilige Markt: Nicht jeder Preis ist zahlbar (sog. Überreizen, das die Preise wieder jäh fallen läßt) oder plötzliche Angebote eben der »gecornerten« Ware von dritter, nicht eingeplanter Seite kommen auf den Markt (auch das kann natürlich spekulativ geschehen); Folge, die gehortete Ware ist plötzlich wertlos.

Die Wirtschaftshandlung der *Heiligen Johanna* folgt einem solchen »Corner«. Brecht hat sie entworfen im Zusammenhang mit seinem Fragment gebliebenen Stück *Joe Fleischhacker* (1924 begonnen). Die Fabel dieses Fragments folgt sehr eng dem Roman *Die Getreidebörse* von Frank Norris (1870-1902). Norris gilt als der »Pionier des Naturalismus« in den USA; in Sujet-Wahl und Stil orientierte er sich an Zola. Als Hauptwerk gilt das als Trilogie angelegte *Epos des Weizens (Epic of the Wheat)*; wegen seines frühen Todes konnte Norris jedoch nur zwei Romane, *The Octopus* (1901; deutsch *Der Oktopus*) und *The Pit* (posthum 1903; deutsch *Die Getreidebörse*) realisieren. Die Romane thematisierten den Interessenkonflikt zwischen Landwirtschaft und Eisenbahnkonzernen, konkret die Auseinandersetzung der kalifornischen Weizenfarmer mit der »Southern Pacific Railroad«; sie gehen durchweg auf reale Ereignisse zurück und wirkten auch entsprechend wie historische Dokumente. Die amerikanische Öffentlichkeit stufte die Romane deshalb als »muckraker«-Literatur (Nestbeschmutzer-Literatur) ein; sie enthüllten die Machenschaften in Wirtschaft und Politik und wirkten – zusammen mit anderen Enthüllungsdarstellungen (u. a. Upton Sinclairs Romanen, die Norris verpflichtet sind) – auf die spätere Politik Theodore Roosevelts ein (Versuch der Reform der übelsten Mißstände).

Die Getreidebörse. Eine Geschichte aus Chikago erschien 1912 in der Übersetzung von Eugen von Tempsky auf Deutsch (Stuttgart und Berlin: Deutsche Verlags-Anstalt); es ist die Ausgabe, die Brecht las. Der Roman erzählt die Geschichte des Curtis Jadwin, der sich von einem Makler, Sam Gretry, überreden läßt, in Weizen zu spekulieren. Aus der anfänglichen »Baisse«-Spekulation wird mit der Zeit, als Jadwin Geschmack am Spekulieren gefunden hat, ein »Corner«. Der »Corner« geht schief, weil eine – durch Jadwins Weizenkäufe mitverursachte – Riesenernte den gehorteten Weizen wertlos macht. Eingebettet ist die Wirtschaftshandlung in eine sentimentale Liebesgeschichte mit Laura, Jadwins späterer Frau; sie sorgt auch für das unvermutete Happy Ending.

Jadwins »Corner« wird im folgenden mit den Originaltexten der deutschen Übersetzung dokumentiert. Die Dokumentation ist mit Kommentaren und notfalls mit Überleitungstexten versehen.

Ausgangspunkt der Spekulation ist die Nachricht darüber, daß sich der Markt durch hohe Einfuhrzölle für Weizen verknappen, folglich der Weizenpreis fallen wird. Wie in Brechts Stück kommt die Nachricht per Depesche (»Brief«). Der Makler Sam Gretry gibt den Anstoß:

Er griff nach einer Depesche auf seinem Schreibtische und las:
»›Utica – Hauptquartier – Modifikation – organisch – gleichzeitig – in einem Monat‹, es bedeutet nämlich«, fuhr er fort, »das hier. Ich hab's eben dechiffriert.« Er reichte Jadwin einen Zettel, auf dem geschrieben war: »Ein Gesetz für hohe Eingangszölle auf ausländisches Getreide wird in der französischen Deputiertenkammer sicher innerhalb eines Monats eingebracht werden.«

Fabrikaufführung, Bochum 1979. Foto: A. Tüllmann

»Haben Sie's?« fragte er und ließ sich den Zettel zurückgeben. »Werden Sie's nicht vergessen?« Dann knüllte er das Papier zusammen und verbrannte es sorgfältig im Spucknapfe.

»Nun, machen Sie mit?« begann er von neuem. »Nur wir beide, J, und ich denke, der Porteousclique wird speiübel davon werden. [...] Hören Sie! Lassen Sie mich eine Million Bushel*) für Sie verkaufen.**) Ja, ich weiß, es wird der größte Auftrag sein, den ich je

---

*) bushel = 36½ Liter.
**) Das Geschäft ist so geplant: Gretry verkauft für Jadwins Rechnung, der als Auftraggeber unbekannt bleibt, eine Million Bushel Weizen. Der Preis sinkt in dem Maße, wie die in der französischen Deputiertenkammer eingebrachte Vorlage allgemein bekannt wird, immer mehr. Die Käufer können schließlich die Ware nicht mehr halten und müssen sie zu einem viel niedrigeren Preise, wie der ihnen von Gretry gezahlte, losschlagen. Gretry kauft alle Ware auf, und er bzw. Jadwin diktiert dann den Preis.

für Sie ausgeführt habe. Aber diesmal will ich mitten 'rein in die Bande fahren, den Kopf tief und die Fersen hoch; diese Porteouskerls will ich so anfassen, daß ich sie glatt aus ihren Stiefeln hebe. Wir erwarten heute morgen einen Erntebericht, und wenn die sichtbare Versorgung so groß ist, wie ich annehme, so wird der Preis 'runtergehen und den ganzen Markt erschüttern. Ich werde für Sie ohne Deckung verkaufen zu den höchsten Preisen, die wir bekommen können, und Sie können zu irgend 'ner Zeit zwischen jetzt und Ende Mai decken.«

Jadwin zögerte. Trotzdem er sich dagegen sträubte, fühlte er, daß eine günstige Gelegenheit, wie vielleicht nie wieder, sich ihm darbot. Wieder einmal warnte ihn der seltsame sechste Sinn, der unerklärliche, nur dem geborenen Spekulanten eigne Instinkt. Während seiner geschäftlichen Laufbahn hatte er hin und wieder eine derartige Ahnung, ein unbestimmtes Vorgefühl gehabt; er witterte etwas, das in der Luft zu liegen schien, und eine geheimnisvolle Stimme raunte ihm zu, daß er die nie wiederkehrende Gelegenheit ergreifen müsse, wenn das Glück, das ihm so lange treu zur Seite gestanden hatte, ihn nicht verlassen sollte. Es war, als ob die Luft um ihn einen neuen Bestandteil, eine neue Kraft hätte, die auf ihn wirkte. Das mußte das Glück sein, die große machtvolle Göttin; aus dem Unsichtbaren war sie herniedergeschwebt, und er konnte noch das Rauschen ihrer flüchtigen, schimmernden Schwingen über seinem Haupte hören.

Die »Baisse«-Spekulanten nennt die Börsensprache »Bären«. Die Bären sind diejenigen, die am wirtschaftlichen Niedergang verdienen und, indem sie (scheinbar ausschließlich) den objektiven Gegebenheiten des Marktes folgen, weniger aggressiv erscheinen als die »Bullen« (oder »Stiere«), die »Hausse«-Spekulanten, die die Preise möglichst künstlich in die Höhe treiben und deshalb als »Angreifer« gelten. Die »Baisse« greift in vollem Umfang:

Von dem Tage ab, an dem Jadwin, im Vertrauen auf seine Vorkenntnis von dem französischen Eingangszolle, eine Million Bushel ohne Deckung verkauft hatte, war der Weizenpreis fortwährend heruntergegangen. Von dreiundneunzig und vierundneunzig war er bis auf einige achtzig gefallen. Reiche Ernten in der ganzen Welt hatten zu dem Preissturze beigetragen. Niemand mochte Weizen kaufen. Die Führer der Bären waren stark und unangreifbar. Tiefer und tiefer sank der Preis; auf fünfundsiebzig, schließ-

Chicago. Getreidespeicher 6. Foto: E. Mendelsohn

lich auf zweiundsiebzig ging er herunter. Von allen Teilen des
Landes her überfluteten die immer mehr den Preis drückenden
Weizenmassen in mächtigen, wellenlosen Strömen Chikago und
die Getreidebörse. In der ganzen Welt machten die Bauern eine

gute Ernte nach der andern. In der Argentinischen Republik wie in den russischen Steppen waren die Ernten gut. In Indien, auf den kleinen Farmen von Birma, von Mysore und Sind reiften ein Übermaß mehlreicher, schwerer goldfarbener Körner heran. Im weiten San-Joaquin-Tale Kaliforniens erstickten die Ranchos fast in ihrer Fruchtbarkeit. Von überallher in den Vereinigten Staaten, von den Dakotas, von Nebraska, Iowa, Kansas und Illinois, vom ganzen Weizengürtel kamen fortwährend gute Ernteberichte.

Die Farmer aber blieben infolge der niedrigen Getreidepreise arm. Auf Farmen, die schon schwer belastet waren, wurden neue Hypotheken aufgenommen; selbst die anstehenden Ernten verpfändete man im voraus. Auf den zahlreichen Farmen des mittleren Westens wurden keine Buggies, keine Harmoniums mehr gekauft. Hier und dort, in abgelegenen Erdenwinkeln, lebten die Leute gut bei den niedrigen Weizenpreisen, die das Brot verbilligten, und wurden dabei noch wohlhabend. In den Vereinigten Staaten aber wirkte die Armut des Farmers hemmend auf das gesamte verwickelte Räderwerk der großen Maschinerie von Handel und Gewerbe. Es war, als ob das Schmieröl eingetrocknet wäre. Die Kamm- und Zahnräder arbeiteten langsam und griffen nicht recht ineinander. Nichts war recht in Ordnung. Die Wallstreet litt unter dem Tiefstande aller Papiere. Mit einem Worte: Die Zeiten waren schlecht. So ging es schon seit drei Jahren.

»Wer auf die schnellste Weise Geld verdienen will, der muß Weizen ohne Deckung verkaufen« – das war zu einer sprichwörtlichen Redensart an der Chikagoer Börse geworden. Mit fast völliger Sicherheit konnte man darauf rechnen, billiger zu kaufen als man verkauft hatte. Und das eigenartige, unerklärliche Etwas, das die am wenigsten sentimentalen Männer der Welt »Sentiment« nennen, neigte immer mehr und mehr zu niedrigen Preisen.

»Das Sentiment«, so sagten die Marktberichte, »ist der Baissespekulation günstig«; und die Händler, Spekulanten, Achteljäger, Skalper, Makler und Winkelbankiers – die ganze Welt der La-Salle-Straße – hatten sich an diese »Baissetendenz« derartig gewöhnt, daß sie an deren Aufhören kaum glauben konnten.

Jadwin war natürlich wieder in den Strudel der Börse hineingezogen worden. Als Bär, wie gleich von Anfang an, hatte er wieder einmal durch plötzliche Erregung einer Panik die Preise gestürzt und seine Beute eingeheimst. Zwei Monate nach diesem Handstreiche plante er und Gretry einen neuen Raubzug, der weit größer angelegt war als irgendeiner, den die beiden bisher unternommen hatten. Laura, die sehr wenig von den Geschäften ihres Mannes wußte – er sprach nur selten und flüchtig davon –, erfuhr erst aus den Zeitungen, daß das schlau ersonnene Unternehmen auf einer gewissen Stufe seiner Entwicklung bedenklich ins Schwanken geraten war.

Dem schon längst jeder Lage gewachsenen Jadwin war die Leidenschaft für die Spekulation in Fleisch und Blut übergegangen; von Gretry brauchte er nicht mehr angespornt zu werden. Er hatte sich zu einem verwegenen Strategen von unglaublicher Kühnheit entwickelt, dessen Wonne der Kampf war, und der sich nie wagemutiger, nie zuversichtlicher zeigte, als wenn er den ungestümsten, erbittertsten Angriff abzuweisen hatte. Als nun die »andre Seite« die ihr geläufige Taktik anwenden wollte, um ihn vom Schlachtfelde der Börse zu vertreiben, da verlockte er seine Gegner zu einem einzigen falschen Schritte. Gretrys dringende Mahnungen zur Vorsicht mißachtete er. Wie der General, der das Feuer seiner schweren Artillerie auf einen Punkt vereint, so brachte Jadwin die ganze Wucht seines ungeheuern Vermögens zur vollen Wirkung und erdrückte den Gegner mit erstaunlicher Geschwindigkeit.

Als Triumphator ging er aus diesem erbitterten Kampfe hervor; erst lange nachher erfuhr Laura, wie nahe seiner Niederlage Jadwin während einiger Stunden gewesen war.

Und wieder fiel der Weizenpreis. In der ersten Aprilwoche, am Ende des dritten Winters seit Jadwins Verheiratung, wurde Maiweizen an der Chikagoer Weizenbörse zu vierundsechzig, der im Juli lieferbare zu fünfundsechzig, und Septemberweizen zu sechsundsechzig und ein Achtel gehandelt. Im Verlaufe des Februar desselben Jahres hatte Jadwin fünfmalhunderttausend Bushel Maiweizen ohne Deckung verkauft. Er ebenso wie Gretry und die Mehrzahl der berufsmäßigen Händler waren der Ansicht, daß der Preis bis auf sechzig fallen würde.

Jadwin bemerkt – vom Autor freilich ziemlich mystisch begründet –, daß sich ein Umschwung vorbereitet und folglich eine weitere »Baisse«-Spekulation falsch und unsinnig wäre. Er entdeckt die Möglichkeit zu »cornern«. Dem Makler Gretry bleibt Jadwins Vorgehen rätselhaft und – in dieser Situation – absolut unverständlich.

Der März verging ohne ein weiteres Sinken. Während dieses ganzen Monats und noch in den ersten Tagen des April war Jadwin ungemein nachdenklich. Wegen des ohne Deckung verkauften

Weizens machte er sich keine Sorgen. Er war jetzt so reich, daß die Kleinigkeit von einer halben Million Bushel ihn nicht beunruhigen konnte. Die »Situation« war es, die seine Aufmerksamkeit in hohem Grade fesselte.

Jener rätselhafte sechste Sinn, der ihn zu dem erfolgreichen Spekulanten gemacht hatte, der er war, rief in Jadwin das ihm selbst unerklärliche Gefühl hervor, daß im Laufe des Winters irgendwo und irgendwie unauffällig und allmählich ein Wechsel eingetreten war, ein Wechsel, der sich auch jetzt noch vollzog. Konnte der Zustand, der drei Jahre hindurch ununterbrochen angehalten hatte, sich jetzt nicht ein wenig geändert haben? Er wußte es nicht, er konnte es nicht sagen. Aber in dem Netzwerke der Geschäftswelt, in der er lebte und sich bewegte, fühlte er einen Unterschied. Es konnte Jadwin nicht entgehen, daß Handel und Wandel sich hoben. In Schnitt-, in Eisen-, in Manufakturwaren schien eine andre Stimmung zu herrschen, und Jadwin hatte den Eindruck, daß diese Stimmung optimistisch war. Hier in dieser Stadt, in der das Herz der Nation schlug und in der die Schlaffheit ungesunder wie die treibende Kraft gesunder Zeiten sofort ihre Einwirkung zeigte, fühlte Jadwin, daß der Puls von Handel und Wandel schneller, leichter und regelmäßiger schlug. Das Geld, das Lebensblut des Gemeinwesens, schien in seinem Kreislaufe leichter zu fließen. Die Leute schienen reicher geworden zu sein, die gegebenen Sicherheiten schienen besser und zuverlässiger. In Neuyork gingen die Kurse rasch in die Höhe. Wieder wurde Geld verdient, unter die Leute gebracht und ausgeliehen. Das Geld war nicht mehr in Gewölben, in diebes- und feuersicheren Kassenschränken, in Kisten und Kasten angehäuft, fest versperrt und gleichsam eingefroren – nein, es wurde wieder frei, es taute auf; von neuem flüssig geworden, breitete es seine das ganze Gemeinwesen durchdringenden Fluten immer weiter und weiter aus. Die Leute hatten Geld und waren bereit, damit etwas zu wagen.

So viel zum Stande des Geldmarktes.

[...]

Gretry schüttelte den Kopf und begann eine lange Auseinandersetzung, um Jadwin zu beweisen, daß er sich irrte.

Der aber ließ sich nicht überzeugen.

»Sam«, erklärte er, »der Markt ist auf seinem niedrigsten Tiefstande.« Wie um seinen Worten Nachdruck zu geben, ließ er die flache Hand schwer auf das Billard fallen. »Ich sag' Ihnen, der ganze Markt ist auf dem niedrigsten Stande angekommen; 'nen Zehncentzettel gegen das Unterschatzamt!«

»Der ganze übrige Markt ist mir egal. Weizen geht bis auf sechzig 'runter«, behauptet hartnäckig der auf einer Ecke des Billards sitzende Makler. Er reckte sein Kinn nach den Bällen hin. »Wollen Sie anspielen?«

Jadwin spielte an und machte seine Points; der Ball blieb drei Zoll vor einer Eckentasche stehen. Jadwin zog sein Queue zurück und sagte bedächtig:

»So sicher, wie ich den Ball mache, wird Weizen – nicht – einen Cent – weiter – 'runtergehen.«

Mit dem letzten Worte machte er den Ball und richtete sich dann auf. Gretry legte sein Queue hin und warf einen raschen Blick auf Jadwin. Aber er sagte nichts. Jadwin setzte sich auf einen der hochlehnigen Stühle, die auf der sich an der Wand hinziehenden, über den Fußboden erhöhten Plattform standen, und ließ seine Arme auf den Oberschenkeln ruhen.

»Sam«, sagte er, »die Zeit ist gekommen für einen großen Umschwung.« Er bekräftigte das letzte Wort durch einen Stoß des Queues auf den Fußboden. »Wir können's nicht so weitertreiben, wie wir's die letzten drei Jahre getrieben haben. Wir haben den Weizenpreis 'runtergehämmert, 'runter und 'runter, bis wir ihn bis unter die Produktionskosten gebracht haben; weiter 'runter bringt ihn alles Hämmern in der Welt nicht. Die andern Kerls, die übrige Bärengesellschaft, sehen das nicht, aber ich seh's. Noch vor dem Herbste werden wir höhere Preise haben. Der Weizen wird in die Höhe gehen, und wenn's so weit ist, werd' ich mit dabei sein.«

»Wir werden bis zum Winter einen flauen Markt haben«, behauptet hartnäckig Gretry.

»Sagen Sie mir das nur wieder beim Eintritte des Winters«, gab Jadwin zurück. »Hören Sie, Sam, ich hab' bis Mai fünfmalhunderttausend Bushel zu liefern. Morgen werden Sie Ihre jungen Leute auf die Börse schicken und die Sache zu Ende bringen.«

»Sie sind verrückt, ›J‹. Halten Sie noch einen Monat durch, und ich sag' Ihnen, Sie werden mir's danken.«

»Nicht einen Tag, nicht eine Stunde länger. Unsre Bärenkampagne ist zu Ende. Das ist gesagt und unterschrieben.«

»Nein, sie fängt erst recht an«, widersprach der Makler. »Gerechter Himmel, Sie dürfen jetzt nicht 'rausgehen, nachdem Sie drei Jahre daran festgehalten haben.«

»Ich geh' ja nicht 'raus.«

»Herrgott«, rief Gretry, »Sie wollen doch nicht sagen, daß –«

»Daß ich zur andern Partei übergehe. Jawohl, gerade das hab' ich vor. Ich werd' das so schnell machen und werd' auf der andern Seite sein, ehe Sie noch Ihren Hut abnehmen können. Mit der Bärensache bin ich fertig. Sie war gut, solange sie dauerte, aber ich hab' alles 'rausgeholt, was drin war. Ich will nicht nur meine Mailieferung decken und aus dem Geschäft 'rausgehen« – Jadwin beugte sich vor und schlug mit der flachen Hand auf sein Knie – »sondern ich will auch kaufen. Ich will Septemberweizen kaufen, und zwar morgen, fünfmalhunderttausend Bushel, und wenn der Markt sich später so macht, wie ich mir denke, so kauf' ich mehr. Ich bin kein Bär mehr. Ich will den Markt in die Höhe treiben, bis die letzte Glocke läutet, und von nun ab buchstabiert sich Curtis Jadwin B – u – Doppel-l – e – Bulle.«

»Sie werden Sie abschlachten«, sagte Gretry, »kaltblütig werden sie Sie abschlachten. Sie sind einer gegen eine ganze Bande – eine Bande von Halsabschneidern. Die Bären haben Millionen über Millionen hinter sich. Sie denken doch nicht etwa, daß Sie bei dem alten Crookes, oder Kenniston, oder dem kleinen Sweeney, oder bei der ganzen übrigen Bande auch nur die geringste Aussicht haben, am Leben zu bleiben, wenn die Sie erst mal gefaßt haben, wie? Decken Sie Ihre Verkäufe, wenn Sie durchaus wollen, aber fangen Sie um Gottes willen nicht in demselben Atemzuge zu kaufen an. Warten Sie noch ein bißchen. In ein paar Tagen können wir's sagen, ob der Markt wirklich auf seinen tiefsten Stand 'runtergegangen ist. Ich will meinetwegen zugeben, daß 'ne Pause eingetreten ist. Aber niemand kann jetzt schon sagen, ob der Preis steigen oder weiter fallen wird. Jetzt muß man vorsichtig sein und nichts riskieren.«

»Wenn ich vorsichtig sein und nichts riskieren wollte«, antwortete Jadwin, »so hätte ich meine Nase überhaupt nicht in solche Geschäfte gesteckt. Da würd' ich vierprozentige Vereinigte Staaten Bonds gekauft haben. Das ist eben der große Irrtum, den alle diese Leute begehen. Sie gehen in 'ne Sache 'rein, wobei nur diejenigen 'ne Gewinnmöglichkeit haben, die was Ordentliches riskieren – mit Vorsicht ist da nichts zu machen. Wenn ich warte, bis der Preis in die Höhe geht und jedermann kauft, bin ich da etwa besser dran? Nein, mein Freund, morgen kaufen Sie Septemberweizen für mich – fünfmalhunderttausend Bushel. Ich hab' heute nachmittag die

Deckung beim Illinoistrust für Sie eingezahlt.«

Beide schwiegen eine ganze Weile. Gretry ließ einen Ball wie einen Kreisel sich auf dem grünen Billardtuche drehen.

»Ja«, sagte er schließlich zögernd, »ja – ich weiß nicht, J – entweder sind Sie ein zweiter Napoleon – oder – oder ein kolossaler Idiot.«

Was Gretry napoleonisch bzw. idiotisch anmutet, bedeutet für Jadwin lediglich, den »gesunden Menschenverstand« anzuwenden. Tatsächlich greift Jadwins »Coup«. Das Bullen-Geschäft, in dem Jadwin nun ist, erweist sich als wesentlich kampffreudiger und aggressiver; die Sprache wird »militanter«, wie auch die Gegner sichtbar werden: Crooke, Jadwins Widersacher, erscheint als greifbarer Gegner auf der Szene:

Freitagabend wurde in Jadwins Zimmer im Grand-Pacific-Hotel eine Besprechung zwischen Gretry, Landry Court, zwei von Gretrys zuverlässigsten Vertretern und Jadwin selbst abgehalten. Sie zeitigte zwei Ergebnisse. Das eine war eine chiffrierte Kabeldepesche an den Agenten Jadwins in Liverpool; sie lautete in der Übersetzung: »Jedes Weizenangebot kaufen, bis Markt einen Penny steigt.« Das zweite bestand in dem Landry Court und den vier andern Vertretern des Hauses Gretry-Converse gegebenen Auftrage, am nächsten Morgen auf die Börse zu gehen und unauffällig mit dem Rückkauf all des Weizens zu beginnen, den sie die ganze Woche hindurch verkauft hatten; jeder von ihnen sollte eine Million Bushel einkaufen. Jadwin hatte Crookes, wie Gretry sich ausdrückte, »bis auf eine gespaltene Sekunde« richtig taxiert und genau den Augenblick vorausgesehen, in dem jener seine Kräfte bis aufs äußerste anstrengen würde. Und wirklich verkaufte Crookes an jenem Sonnabende noch flotter als bisher. Denn er war fest davon überzeugt, daß der Bulle zusammenbrechen mußte, noch ehe der Gong das Signal zum Börsenschlusse gab. Noch war es früh am Morgen, und schon war der Weizen um zwei Cent in die Höhe gegangen. Kauforders regneten nur so auf den Markt. Der Preis hatte beinahe von selbst angezogen. Über dem großen Zifferblatte schien ein unsichtbarer Magnet angebracht zu sein, der den Zeiger trotz der heftigsten Anstrengungen der Bären, ihn herunterzudrücken, immer höher und höher zog.

Man begann nervös zu werden. Die kleinen Händler, die bei den steigenden Preisen in den ersten Tagen ganz versessen darauf waren, Verkäufe ohne Deckung abzuschließen, begannen am Montag hier und da kleine Deckungskäufe zu machen.

»Jetzt«, erklärte Jadwin an jenem Abende, »jetzt ist's Zeit, auf der ganzen Linie draufloszugehen. Wenn wir uns morgen mit aller Kraft ins Zeug legen, wird der Preis ganz von selbst bis zum Dollar steigen.«

Und so kauften die Vertreter des Hauses Gretry-Converse am Dienstagmorgen wieder fünf Millionen Bushel. Wie eine Flaumfeder wirbelte der Preis in die Höhe. Die kleinen Baissespekulanten wurden immer unruhiger; ganze Dutzende von ihnen begannen zu decken und trieben den Preis dadurch natürlich noch höher. Die allgemeine Nervosität nahm zu. Vielleicht war Crookes doch nicht so allmächtig. Vielleicht besaß der »unbekannte Bulle« doch noch die Kraft zu einem neuen Kampfe. Und jetzt machten sich auch die »Outsiders« auf dem Markte bemerkbar. Sofort sprachen alle Händler nur noch von »höheren« Preisen. Jedermann war jetzt so aufs Kaufen versessen wie eine Woche vorher aufs Verkaufen. In jähen Sprüngen ging der Preis in die Höhe. Crookes wagte nicht, den zur Einhaltung seiner Lieferfristen erforderlichen Weizen zu kaufen, weil er dadurch den Preis noch weiter in die Höhe zu treiben fürchtete. Entmutigt, sorgenvoll und sich ihrer Niederlage schämend, beobachteten Crookes und Genossen in erzwungener Untätigkeit die Wirkungen des furchtbaren Rückschlages und hofften gegen ihre bessere Überzeugung, daß der Preis wieder fallen würde.

Schließlich war Weizen überhaupt nur noch schwer zu bekommen. Auf einmal wollte niemand mehr verkaufen. Die Käufer an der Börse begannen gegeneinander zu bieten und waren bereit, einen Dollar und zwei Cent zu zahlen. Der Weizen »kam nicht heraus«. Sie boten einen Dollar und zweieinhalb, einen Dollar und zwei fünf Achtel; noch immer gab es keinen Weizen. Wütend fuchtelten sie mit den Fingern Landry Court und den andern Leuten Gretrys vor dem Gesicht herum und schrien: »Einen Dollar zwei sieben Achtel! Einen Dollar drei! Drei und ein Achtel! Ein Viertel! Drei Achtel!« Kopfschüttelnd wurden ihre Gebote abgelehnt. Erhöhte sich der Preis nicht gleich um einen ganzen Cent, so war kein Weizen zu haben.

Bei dem zuletzt genannten Preise gab Crookes seine Niederlage zu. Irgendwo in seiner großen Maschine mußte eine Schraube sich gelockert, irgendwo mußte er falsch kalkuliert haben. Solange wie er und seine Leute verkauften und verkauften, ging der Preis fortwährend herunter. Im selben Augenblicke aber, in dem sie Dekkungskäufe zu machen suchten, war kein Weizen mehr zu haben, und der Preis schnellte wieder in die Höhe mit einer Sprungkraft, die keine Macht der Erde niederzuhalten vermochte.

Crookes sah nun ein, daß er und die Seinen mit einem Verluste von mehreren Cents an jedem der von ihnen verkauften fünf Millionen Bushel zu rechnen hätten. Es war ihnen nicht gelungen, auch nur einen einzigen Verkauf zu decken; die Lage war genau dieselbe wie vor der Schlacht, und die Stellung des »unbekannten Bullen« gesicherter als je zuvor. Crookes begann aber schließlich doch den wahren Sachverhalt zu argwöhnen, und als nun der Markt stündlich immer knapper und zurückhaltender wurde, bestätigte sich sein Verdacht. In seinem Privatkontor eingeschlossen, sagte er sich nach reiflicher Überlegung: »Jemand besitzt einen riesigen Haufen Weizen, der gar nicht auf den Markt kommt. Dieser Jemand verfügt über allen Weizen, der überhaupt da ist. Ich glaube, seinen Namen zu kennen. Mir scheint, daß die sichtbare Versorgung von Maiweizen auf dem Chikagoer Markt gecornert ist.«
[...]
Einige Tage darauf saß Crookes in seinem Kontor in dem seinen Namen tragenden Gebäude der La-Salle-Straße. Es war etwa elf Uhr vormittags. Sein vertrocknetes, schmales, bartloses Gesicht legte sich an den Mundwinkeln in leichte Falten, als er hinter sich den Telegraphenapparat ticken hörte. Er wußte wohl, was auf dem sich abwickelnden Papierstreifen stehen würde. An jenem Morgen – vor kaum einer halben Stunde – hatte es wieder an der Börse gegärt – der Weizen ging schon wieder in die Höhe. Innerhalb der letzten sechsunddreißig Stunden war der Preis um drei Cent gestiegen. Crookes wußte, daß in dieser selben Minute die »Jungens« auf der Börse neun Cent über den Dollar für Maioption boten und doch keinen Weizen bekamen. Der Markt war in wildem Aufruhre. Crookes glaubte fast, das Donnergetöse der in tollem Wirbel kreisenden Börse hören zu können. Die ganze La-Salle-Straße, ganz Chikago, die ganze Nation, die ganze Welt lauschte mit atemloser Spannung. Kein »Faktor« an der Londoner Börse, der nicht, das Ohr dem Winde zugewandt, einen Widerhall jenes Getöses aufzufangen suchte, kein »agent de change« im Säulengange der Pariser Börse, der sich nicht mühte, jede Schwingung, jede Abstufung des in der Ferne rollenden Donners zu erhaschen.

Der Gegner ist geschlagen; der »Corner« auf dem Höhepunkt, als sich nun auch der französische Markt öffnen läßt (seine Schließung war ja der Ausgangspunkt des »Corners«). Jadwin meint nun, einen allgemeinen Vernichtungszug antreten zu können. Der Umschlag deutet sich an.

Eine Woche darauf verkaufte Jadwin durch seine Pariser Agenten gegen bar einen riesigen Posten zu einem Dollar sechzig den Bushel. Die Nachfrage im Auslande war geradezu unsinnig. Der Preis spielte keine Rolle – danach wurde nicht gefragt, es hieß nur: »Gebt den Weizen her, koste er, was er wolle – zu jedem Preise! Nur werft ihn so schnell auf unsre Märkte, wie Stahl und Dampf ihn hinbringen können.« An der Chikagoer Produktenbörse hatte Jadwin den Markt ebenso wie seine eigne rechte Hand in der Gewalt. Alles stand still, wenn er nur den Finger hob, und sein bloßes Kopfnicken genügte, um wieder die fieberhafteste, rasendste Tätigkeit hervorzurufen. Sein Reichtum wuchs mit solch verwirrender Schnelligkeit, daß er zu keiner Zeit imstande war, den ihm aus seinem Corner zufließenden Gewinn auch nur annähernd zu berechnen. Es waren mehr als zwanzig und weniger als fünfzig Millionen. Das war alles, was er wußte. Und die Berge der Urzeit waren vor Angriffen menschlicher Feinde nicht sicherer als er. Aus den Reihen der Besiegten selbst kam nicht einmal ein Flüstern der Feindschaft. Noch kein Zar, kein Satrap, kein Kaiser hatte so uneingeschränkt von jeglichem Widerstande in seinem Gebiete geherrscht.

»Sam«, sagte Curtis Jadwin eines Tages zu dem Makler, »Sam, jetzt kann nichts in der Welt mich mehr aufhalten. Die Leute denken, ich hätte mit diesem Corner was Großartiges geleistet, wie? Wahrhaftig, ich hab' eben erst angefangen. Nur einen Fühler hab' ich vorgestreckt. Jetzt will ich den Leuten erst mal zeigen, was für eine große Kanone C. J. wirklich ist. Ich will die Sache bis in den Juli hinein weiterführen. Ich werde für Lieferungen im Juli kaufen.«

Die beiden Männer waren wie gewöhnlich in Gretrys Kontor. Der Makler blickte bei Jadwins Worten ungläubig auf.

»Jetzt sind Sie aber wirklich verrückt!«

Jadwin sprang auf.

»Verrückt!« schrie er. »Verrückt! Was soll das heißen? Verrückt! Um Gottes willen, Sam . . . sagen Sie mir das nicht wieder, hören Sie? Ich – das paßt mir nicht! Was ich geleistet habe, ist doch nicht die Arbeit eines – eines – da gehört Verstand dazu, kann ich Ihnen sagen. Also hören Sie, hören Sie, was ich sage. Ich will bis in den Juli rein durchhalten. Glauben Sie, ich werde jetzt loslassen, wo ich gerade angefangen habe, fest zuzugreifen? Ein verdammter Narr müßte ich sein, wenn ich jetzt 'rausginge – selbst wenn ich's könnte. Rausgehen? Wie sollen wir denn unsern Haufen Weizen abladen, ohne unsre Preise zu drücken? Nein, lieber Freund, fällt mir nicht ein! Dieser Markt wird noch auf zwei Dollar 'raufgehen.« Er schlug sich mit der geballten Faust aufs Knie, und sein Gesicht wurde plötzlich dunkelrot. »Zwei Dollar, sage ich!« schrie er. »Zwei Dollar, hören Sie? So hoch kommt er. Sie werden sehen, Sie werden sehen.«

»Im Juni kommen die Berichte über die neue Ernte!« Gretrys Warnung war fast ein Jammerschrei . . .

Der »Corner« geht in die Binsen. Die hohen Preise haben dazu geführt, daß die Farmer ihre Anbauflächen vergrößert haben, in der Hoffnung, zu gutem Preis verkaufen zu können. Jadwin übersieht diese Entwicklung und überreizt.

Mit einem Rucke wandte sich Jadwin nach ihm um. »Wahrhaftig«, rief er, »wenn man Sie so reden hört, da sollt' man meinen, daß ich jeden Augenblick Bankrott machen könnte.«

Gretry antwortete nicht. Eine Weile schwiegen beide. Dann begegnete das Auge des Maklers einen Moment dem seines Auftraggebers.

»Nun«, sagte er, »Sie haben doch gesehen, wie flott sie uns gestern an der Börse verkauften. Wir müssen kaufen und kaufen und kaufen, um den Preis zu halten. Und hier, sehen Sie sich mal die Berichte unsrer Vertreter an – alles deutet auf eine riesige Ernte hin. Überall hat sich durch unsre hohen Preise die Anbaufläche vergrößert. Sehen Sie das hier von Travers« – er griff nach einem Telegramm und las: »Vorläufige Berichte über Sommerweizen in beiden Dakotas, Nachprüfung vorbehalten, melden Gesamtanbaufläche von 16 Millionen Acker. Macht zusammen mit Fläche in Winterweizen bauenden Staaten dreiundvierzig Millionen oder annähernd vier Millionen Acker mehr als im Vorjahre.«

»Verdammtes Geschwätz«, rief Jadwin, der sich nicht überzeugen lassen wollte. »Zwei Drittel von dem Weizen sind nicht sortierfähig, und Europa wird ziemlich alles davon abnehmen. Wissen Sie, was wir tun könnten? Wir schicken unsre Leute auf die Börse und kaufen noch eine Million – wir kaufen mehr, als diese Narren überhaupt abzugeben haben. Wir kaufen, bis sie zum Stillstand kommen.«

[. . .]

Es war nunmehr für Jadwin zu einer Lebensfrage geworden, seine Vorräte abzustoßen. Sein »langes Lager« kostete ihn ungeheure Summen. Versicherungs- und Speichergelder zehrten rasch die Profite auf. Er mußte sich der Last, die er trug, nach und nach entledigen. Um das mit Gewinn tun zu können, war er auf das Hilfsmittel verfallen, die Börse im letzten Augenblicke vor deren Schluß mit Kaufaufträgen zu überschwemmen und dann, während der Preis unter diesem Anreize stieg, schnell wieder zu verkaufen, ehe er noch Zeit hatte zu fallen. Zuerst war ihm das auch gelungen; in der letzten Zeit aber mußte er immer mehr und mehr kaufen, um den Preis zu halten. Im selben Augenblicke jedoch, in dem er zu kaufen anfing, begann auch der Preis zu fallen, so daß er jetzt, um einen Bushel zu verkaufen, zwei kaufen mußte.

[...]

Aber sein gesamtes Vermögen lag in der Waagschale. Es war der letzte Kampf, das letzte Wagnis – der letzte, alle Kräfte einsetzende Ansturm; das Vorgefühl seines Sieges, der glänzender, entschiedener und endgültiger sein würde als alle, die er bisher erfochten hatte, durchzitterte Jadwins Brust, als er während des ganzen elften Juni in den Kontoren der Jackson-, Adams- und La-Salle-Straße aus und ein ging.

Aber er kannte die Gefahr – er wußte, wie furchtbar dieses Ringen sein würde. Bei der Erledigung aller geschäftlichen Einzelheiten führte ihn sein Weg in die Nähe des Einganges zum Börsensaale. Obgleich Jadwin nicht einmal hineinblickte, so schlug doch das Donnergebrause der Börse an sein Ohr, und trotz seiner festen Überzeugung, daß er in wenigen Stunden als triumphierender Sieger aus dem Kampfe da drinnen hervorgehen würde, befiel ihn einen Augenblick doch etwas wie Furcht. Das Getöse war grauenerregend; wieder wirbelten die wilden Wasser, wieder war der Mahlstrom entfesselt. Während des Bruchteiles einer Sekunde glaubte er aus dem ihm wohlbekannten donnernden Brausen einen andern Grundton herauszuhören, einen Ton so seltsam dumpf und hohl, wie er ihn noch nie vernommen hatte – etwas wie das harsche Reiben und Knirschen einer sich in Bewegung setzenden Lawine, die mit ihrer aus dem Chaos geborenen, alles mit sich reißenden Gewalt zu Tal rollt.

Der Weizen war es, der Weizen! Seine Riesenmassen gerieten wieder in Bewegung. Von den Farmen in Illinois und Iowa, von den Ranchos in Nebraska und Kansas, von allen Weiten des mittleren Westens rollte der Weizen heran in einer ungeheuren, stetig steigenden Flutwelle.

Allgewaltig, der Bruder des Erdbebens, dem Vulkan und dem Wirbelsturm ebenbürtig, wuchs seine die Welt bewegende Macht an, jene ungeheure Woge, die Ernährerin der Völker, und rollte unaufhaltsam vorwärts.

Dort im Saale der Börse drehten sich bereits die ersten warnenden Wirbel. Wenn schon diese ersten Kräuselwellen der Flut sein Herz stocken ließen, was sollte dann werden, wenn erst der Ozean selbst auf seiner ewigen Bahn von Westen nach Osten durchbrach? Einen Augenblick sah Jadwin klar. Was waren denn diese schreienden, sich wie toll gebärdenden Männer in der Produktenbörse, alle diese Makler, Händler und Spekulanten? Nicht gegen die kämpfte er an. Nein – es war die verhängnisvolle neue Ernte, es war die Masse des Weizens, es war – wie Gretry gesagt hatte – die Erde selbst, gegen die er focht. Was waren diese paar hundert über den mittleren Westen verstreuten Farmer, die, weil der Preis von ihm so hochgetrieben war, mehr Weizen gebaut hatten wie je zuvor? Nein, der Weizen war eben gewachsen; Nachfrage und Angebot, das waren die beiden großen Gesetze, denen der Weizen gehorchte. Frevelhaft und beinahe Gott versuchend hatte er mit diesen Gesetzen gespielt und einen Titanen aus dem Schlummer geweckt. Er hatte mit seiner schwachen Menschenhand nach der Schöpfung gegriffen, und die Erde selbst, die große Allmutter, hatte das von dem Menscheninsekt um sie gesponnene Spinnwebennetz gespürt; sie regte sich im Schlummer und sandte ihre Allmacht hinaus in die Welt, um den Vorwitzigen zu finden und zu zermalmen, der ihre Kreise gestört hatte.

Die neue Ernte wurde eingebracht; die erbauten Weizenmassen waren so ungeheuer, daß sie sich der Berechnung entzogen und daß kein Geld sie hätte kaufen können. In so gewaltigen, reißenden Fluten strömten die goldgelben Körner herbei, daß kein Sterblicher sie zu meistern und in klug geplante Bahnen zu lenken vermocht hätte. Jadwin eilte weiter und ließ die brüllende Brandung der Börse hinter sich. Nein, nein! Noch war das Glück mit ihm; so oft schon hatte er den Strom der Börse gemeistert – er würde auch diesmal seiner Herr werden. Der Tag ging dahin und die Nacht; um neun Uhr am folgenden Morgen trafen er und Gretry sich wieder im Kontore des Maklers.

Gretrys Gesicht war bleich, als er seinen Auftraggeber anredete. »Eben habe ich«, sagte er, »die Antworten auf unsre Kabeldepeschen nach Liverpool und Paris erhalten. Wie Sie ja wissen, habe ich den Plätzen den Weizen billiger angeboten wie bisher.«

»Ja – nun?«

»Nun«, antwortete Gretry und sah ernst in Jadwins Augen, »nun – sie wollen ihn nicht.«

Das Ende erfolgt auf dem der Ökonomie angemessenen Schlachtplatz: der Börse. Zunächst stürzt sich Jadwins Prokurist Landry ins Gefecht; dann folgt Jadwin der Große selbst nach. Kein Heldenepos hat eine pathetischere und großspurigere Sprache für den Untergang seiner Protagonisten gefunden. Jadwins heroischer Trotz steht dem der Nibelungen nicht nach.

Landry und seine Mitarbeiter eilten hinauf in den Börsensaal. Landrys Herz arbeitete schwer und langsam, seine Zähne waren fest aufeinander gebissen. Jeder Nerv, jede Fiber straffte sich, um für die nächsten Stunden gerüstet zu sein, wie scharf angespannter Draht. Der Entscheidungskampf stand unmittelbar bevor. Eine derartige Krise hatte er noch nicht erlebt. Würde er siegen, würde er den Kopf oben behalten? Würde er die tausend Listen und Kniffe vereiteln, würde er all den Fallstricken entgehen, die schlaue Feinde ihm so schnell und unvermutet legten, daß selbst die gespannteste, schärfste Wachsamkeit auf eine harte Probe gestellt wurde?

Wollte denn der Gong immer noch nicht dröhnen? Landry fand sich plötzlich am Rande der Weizenbörse. Die ungeheure Aufregung, die sich in all den bleichen Gesichtern und funkelnden Augen der in ihr eingezwängten Menge feilschender Händler malte, konnte einen schwach und krank machen. Rechts und links von Landry brüllten aufgeregte Männer unzusammenhängende Worte, auf die niemand hörte. Andre waren still, bissen sich aber die Fingernägel bis aufs Fleisch ab; sie atmeten schnell, ja hörbar, wobei ihre Nüstern sich ausdehnten und zusammenzogen. Ringsumher brauste jenes unbeschreibliche, donnernde Getöse, das schon vom frühen Morgen an das Gebäude erschüttert hatte. Im Saale sprangen die Gebote hin und her, obgleich die Börse noch gar nicht eröffnet war; selbst die Dielen des Fußbodens schienen sich in dem rasenden Wirbel zu drehen, der den krampfhaften, einem gemeinsamen Mittelpunkte zustrebenden Zuckungen der Börse vorausging. Die Luft war dick und wie geladen mit Elektrizität. Ein unbestimmbares Etwas, eine unermeßliche Kraft stürmte auf ihren ewigen Bahnen heran und rüttelte die Börse in eisernem Griffe. Jenes unbeschreibliche, furchtbare Etwas betäubte die Ohren, blendete die Augen und verwirrte den Verstand mit seinem Donnergetöse, mit dem von der Windsbraut auf seinem Wege aufgewirbelten Wolken von Spreu und Staub, mit seinem die Sinne lähmenden, alles vor sich niederreißenden Ansturme, dem Erdbeben und dem Gletscher ebenbürtig, allmächtig und erbarmungslos wie das Kreißen der Urschöpfung, unangreifbar, unverletzlich und ungebändigt. Hatte die Börse begonnen, war der Gong angeschlagen worden? Landry wußte es nicht; er hatte nicht das geringste von dem Dröhnen des Tamtams gehört. Er war plötzlich mitten im Kampfe; wie von einer Riesenhand war er jäh emporgerissen und kopfüber mitten in die tobende Börse hineingeschleudert worden. Landry konnte nicht sagen, was er tat, nicht unterscheiden, was um ihn herum vorging. Er wußte nur, daß Gebrüll auf Gebrüll folgte, daß in seinen Ohren, ja in seinem Hirne das vereinigte Donnergebraus von hundert Niagaras toste. Hände packten ihn und rissen an ihm, und auch seine Hände packten und rissen. Die Börse tobte im Wahnsinne, in toller, trunkener Raserei; nicht einer von all den Männern, die, wie Besessene brüllend, sich miteinander balgten, wußte, was er oder sein Nachbar tat. Sie wußten nichts weiter, als daß eine Stütze, die sie lange für sicher gehalten hatten, auf einmal unter ihnen nachgab, und zwar nicht allmählich und gleichmäßig, sondern in jähem, furchtbarem Zusammenstürzen, um dann in ebenso furchtbaren Rucken wieder emporgestoßen zu werden. Jetzt hielt die eben noch wankende Stütze stand, jetzt brach sie von neuem, jetzt richtete sie sich wieder auf, dann aber fiel sie unter den Füßen der Entsetzten in gräßlichem Sturze noch tiefer hinab als zuvor. Der amtliche Berichterstatter lehnte hilflos in seinem Stuhle. An der Wand über ihm schwankte der Zeiger auf dem Zifferblatte hin und her wie der Mast eines Schiffes im Monsun. Den Preis des Juliweizens konnte niemand auch nur annähernd schätzen. Bei den Schwankungen handelte es sich nicht mehr um die Bruchteile eines Cents, sondern um zehn und fünfzehn, ja um fünfundzwanzig Cent auf einmal. Auf der einen Seite der Börse wurde der Weizen zu neunzig Cent, auf der andern zu einem und einem viertel Dollar verkauft.

All das wüste Getöse, das Trampeln und die wilden Schreie übertönend, schwoll, furchtbar und grausig, das Brüllen der entfesselten Weizenkatarakte immer mehr an, die in riesigen, alle Schranken durchbrechenden, alle Hindernisse wegreißenden Flutwellen über die Börse hereinbrachen und mit stets neuem, unerschöpflichem Zuflusse von den Farmen Iowas, von den Ranchos Kaliforniens in majestätischem Strome weithin gen Osten zogen, in die Bäkkerläden und hungrigen Mäuler Europas.

[...]

Mitten in dem tobenden Kampfgetümmel der Börse, auf dem Schauplatze so vieler seiner Siege, auf dem Schlachtfelde, das die geschlagenen Feinde so oft in wilder Flucht vor dem unbestrittenen Sieger geräumt hatten, erschien plötzlich, furchtlos wie immer, der »große Bulle«.

Kaum hatte er den Fuß in den Saal gestellt, so flog die Kunde davon auch schon blitzschnell von Mund zu Mund. Mit Windeseile verbreitete sich diese erstaunliche Nachricht auf der Zuschauergalerie, in den dem Publikum zugänglichen Räumen, an den Apparattischen der Western-Union-Telegraphengesellschaft, in den Telephonzellen und schließlich an der Weizenbörse selbst, die ja durch die von eben diesem Manne entfesselte Kraft zerwühlt, zerrissen, erschüttert und jetzt von atemloser Furcht erfaßt war.

Denn so groß war seine Macht gewesen, so unumschränkt seine Herrschaft und so tief eingewurzelt die Furcht vor ihm, daß auch dieser letzte Zug in dem großen Spiele, das er gespielt hatte, dieses unerwartete, unmittelbare persönliche Eingreifen selbst seine kühnsten Gegner mit Schrecken erfüllte.

Jadwin selbst, der große Mann, der »große Bulle«, erschien auf der Börse! Was würde nun kommen? War die Hoffnung auf seine Niederlage verfrüht gewesen? Hatte er in aller Heimlichkeit ein unerwartetes Manöver vorbereitet? Eine Sekunde zögerten die Feinde, dann aber drangen sie, von einem gemeinsamen Antriebe erfaßt und geschoben von den ihnen den Rücken deckenden Massen der wunderbaren neuen Ernte, in geschlossenen Reihen zum letzten, entscheidenden Angriffe vor und warfen von neuem den Weizen auf den Markt; zu Tausenden und Tausenden von Busheln boten sie ihn aus und schütteten die Ernten ganzer Fürstentümer auf den Fußboden der Börse.

Schon stand Jadwin im dichtesten Kampfgewühle. Und die Körnerlawine, der uneingedämmte, vom Sturme aufgewühlte Weizenozean schlug ihm mitten ins Antlitz.

Jetzt hörte er ihn, nichts andres hörte er. Der Weizen hatte seine Fesseln gebrochen. Monatelang hatte er ihn mit der Kraft seines Armes zurückgehalten; jetzt aber erhob er sich wie eine zu ungeheurer Höhe aufsteigende riesige Woge. Sie türmte und türmte sich auf, verharrte einen Augenblick im Gleichgewichte und stürzte dann mit einem Donnergetöse, als ob chaotische Welten einander zermalmend zusammenkrachten, auf ihn herab, durchbrach die Börse und raste dann weiter und weiter gen Osten zu den hungernden Völkern.

Und jetzt zersprang unter dem Drucke und dem Ungestüm der Stunde etwas in seinem Hirne. Das Dunkel hinter seinen Augäpfeln war jäh von einem weißen Blitzstrahle zerrissen worden. Die seltsamen schwindel- und krampfartigen Nervenanfälle der letzten Monate gipfelten plötzlich in einer unbeschreiblichen Krise, und alle Zahn- und Triebräder seiner Gehirntätigkeit standen mit einem Male still bis auf eins. Nur dieses eine arbeitete in der ganzen verwickelten Maschine noch weiter, aber mit einer Umdrehungsgeschwindigkeit, die alle Gewebe seines Körpers in Fetzen zu reißen drohte; immer und immer wieder formte sich aus jenen rasenden Schwingungen taktgemäß und eintönig das alte, furchtbare: »Weizen – Weizen – Weizen – Weizen – Weizen – Weizen.«

Blind und empfindungslos kämpfte Jadwin gegen den reißenden Weizenstrom an. Mitten im Börsensaale, umkreist und angefallen von Rudeln und Rudeln heulender, nach seinem Blute lechzender Wölfe, stand er starr und straff auf festen Füßen, seine Hand, die große, knochige Hand, die einst die ganze Börse in eisernem Griffe umklammert hatte, war mit trotziger, herausfordernder Gebärde hoch erhoben, während seine Stimme wie das Schmettern der zum Verzweiflungskampfe rufenden Trompeten weithin schallte und immer wieder das Getöse seiner Feinde übertönte:

»Gebe einen Dollar für Juli – gebe einen Dollar für Juli.«

Alle stürzten sich gleichzeitig auf ihn. Die kleine Anzahl seiner Leute wurde zur Seite geschleudert. Nur Landry, Landry Court, der mit ihm aus Gretrys Kontor gestürmt und nicht einen Augenblick von seiner Seite gewichen war, hielt stand – Landry Court allein, der einzige ihm gebliebene Streiter, harrte treu bis zum bitteren Ende, totenblaß, an allen Gliedern bebend und die Schluchzer in seiner Kehle hinabwürgend, mit dem Mute der Verzweiflung bei ihm aus. Eine neue Weizenwoge türmte sich auf. Die beiden – der geschlagene Feldherr und sein junger Schildträger – hörten sie kommen; zischend und heulend stürzte ihr Riesenschwall auf sie hernieder. Landry schrie auf; Fleisch und Blut ertrugen das nicht länger. Er sank an seines Gebieters Seite in sich zusammen; seine

Schultern krümmten sich, und der Arm war wie zur Abwehr eines wirklichen, seinem Kopfe geltenden Schlages erhoben.

(Norris, *Die Getreidebörse*, Stuttgart u. Berlin 1912, S. 87, 89 f., 192-194, 194 f., 198-201, 300 f., 333, 350 f., 374, 375, 379-381, 393-395, 398-400.)

Brecht hat Jadwins »Corner« bis in die Einzelheiten hinein für die Handlung seines *Fleischhacker*-Stücks nachgezeichnet (vgl. BBA 524/103–104): »J als bär«, »J als bulle«, »J's corner«, so die Abschnittsüberschriften). *Joe Fleischhacker* kam nicht zustande, weil Brecht sich durch die entworfene Fabel auf Hintergrundinformationen verwiesen sah, die ihm jedoch – so Brecht später – niemand geben konnte: »Niemand [. . .] konnte mir die Vorgänge an der Weizenbörse hinreichend erklären. Ich gewann den Eindruck, daß diese Vorgänge schlechthin unerklärlich, das heißt von der Vernunft nicht erfaßbar, und das heißt wieder einfach unvernünftig waren. [. . .] Das geplante Drama wurde nicht geschrieben, statt dessen begann ich Marx zu lesen, und da, jetzt erst, las ich Marx. Jetzt erst wurden meine eigenen zerstreuten praktischen Erfahrungen und Eindrücke richtig lebendig.« (20, 46) Die Marx-Lektüre führt nun nicht dazu, wie bisher stets vermutet, daß Brecht die Fabel nach dem Marxschen Krisenzyklus völlig neu organisiert, vielmehr gibt er ihr neue Begründung und siedelt sie da an, wo die wirklichen Kämpfe ausgefochten werden. Zunächst überträgt Brecht die Fabel in neues »Milieu« – von der Weizenbörse in die Schlachthöfe. Diese Übertragung lag nahe; bereits das *Fleischhacker*-Stück trug den »sprechenden« Namen im Titel; die Börsentitulierungen (»Bär«, »Bulle«) taten ein übriges, den blutrünstigeren Schauplatz aufzusuchen, der nun die »Welt« zu bilden hatte. Entscheidender jedoch ist die prinzipielle Verlagerung der handlungstragenden Figuren: Im *Fleischhacker* blieb Brecht bei der Figur des bloßen Spekulanten, in der *Johanna* dagegen läßt er mit Mauler einen Fabrikanten agieren. Das heißt, Mauler ist Produktionsmittelbesitzer; seine Spekulation bleibt nicht auf die Ware beschränkt, sie bezieht unmittelbar die Produzenten und damit verbunden den Klassenkampf mit ein. Maulers Aktionen haben stets (unmittelbare) Wirkung auf die Arbeiter, wie sie auch nicht bloß abstrakten »Werten«, sondern dem Produktionsmittel-Besitz direkt gelten. Damit wird die Börsenaktion nicht nur greifbarer, anschaulicher und durchsichtiger, sie wird nun auch in der kapitalistischen Wirtschaft direkt verankert und deckt zugleich ihre Auswirkungen handgreiflich auf. Als quasi Nebeneffekt ergibt sich, daß die bei Norris ganz auf die »großen« Helden zugeschnittene Handlung sich entschieden relativiert – andere als bloß die ökonomischen Kämpfe an der Börse werden sichtbar. Entscheidend aber ist, daß Brecht die Börsenspekulation als typisch kapitalistisch markiert und somit konkret zu zeigen vermag, daß sich mit der Spekulation eines einzelnen die »Schicksale« von Massen verbinden. – Ansonsten jedoch folgt die Handlung der *Heiligen Johanna,* soweit sie die Ökonomie betrifft, einem »Corner«. Ist er einmal erkannt, so löst sich die angeblich so chaotische, unübersehbare Wirtschaftshandlung relativ einfach auf. Da der Herausgeber sie als Nicht-Eingeweihter – ohne Verbindung zu Börse, Wirtschaft etc. etc. – verstanden hat, ist es an der Zeit, noch einmal den wohl wiederum hilflosen Versuch zu starten, den Leser darüber aufzuklären, was mit ihm tagtäglich geschieht.

Übersicht über die Wirtschaftshandlung:

1. Ausgangspunkt: Der Inlandsmarkt ist gesättigt; eine Erweiterung ist vorerst nicht möglich (Zollgesetze); es beginnt eine Absatzkrise; Mauler, mit guten Verbindungen zur Börse, erfährt davon eher als seine »Kompagnons« (= 1. Szene)

2. Folge der Absatzkrise wird sein, daß die Aktienkurse der Fleischfabriken fallen (Baisse); Mauler verkauft deshalb seine Anteile zu 10 Millionen an seinen Kompagnon Cridle (= 1. Szene)

3. Cridle bindet den Kauf an ein Junktim: Nur wenn Mauler mithilft, die Konkurrenz auszuschalten, übernimmt er die Anteile Maulers. Er merkt nicht, daß er damit die – Mauler schon bekannte – Baisse-Entwicklung nur noch verschärft (= 1. Szene)

4. Cridle und Mauler konkurrieren Lennox nieder, und zwar mit Niedrigpreisen; die Folge ist zwar, daß Lennox aufgeben muß, zugleich jedoch ist der Markt noch mehr vollgepumpt worden, das heißt, die Absatzkrise verschärft sich rapide, die Anteilwerte fallen intensiv (= Szenen 2 und 3)

5. Mauler fordert von Cridle die Einlösung des Kaufvertrags; aufgrund des rapiden Wertverlusts der Anteile durch die Baisse sind nun die gesamten Anteile nicht mehr wert als die geforderten 10 Millionen. Das heißt, so die scheinbar merkwürdige Konsequenz: Indem Mauler seine Anteile (ein Drittel) an Cridle verkauft, erwirbt er – durch die Baisse – die gesamten Anteile (nämlich die zwei Drittel von Cridle); Mauler ist »Fleischkönig« geworden (= 3. Szene, auch 5. Szene)

6. Mauler erhält Nachricht, daß die Auslandszölle fallen werden, daß folglich der Markt sich erweitern wird. Das z. Zt. scheinbar unverkäufliche Fleisch wird bald in großen Mengen absetzbar sein. Da die Baisse für Niedrigstpreise sorgt, ist jetzt die Gelegenheit zum Aufkauf. Die Baisse kommt an ihr Ende, der Umschlag erfolgt, der »Corner« beginnt (= 5. Szene)

7. Scheinbar als humane Geste und auf dringliche Bitten Johannas hin kauft Mauler sämtliches Büchsenfleisch sowie die Produktion der kommenden zwei Monate auf, und zugleich erwirbt er heimlich das gesamte angebotene Vieh; Mauler hat das Fleisch, das auf dem Markt ist, gecornert (den anderen erscheint dies irrwitzig) (= 5. bis 7. Szene)

8. Mauler fordert von den Packherren (Konkurrenz) die Lieferung des Büchsenfleischs (Produktion der kommenden zwei Monate); diese können jedoch nicht produzieren, weil kein Vieh mehr auf dem Markt ist; ihr einzi-

ger Ausweg: das Vieh bei Mauler kaufen, und zwar zu Preisen, die weit über dem des Endprodukts liegen (ruinöses Auspressen der Konkurrenz durch Mauler); die Hausse-Entwicklung ist auf vollen Touren (= 7. und 8. Szene)

9. Die Hausse-Entwicklung kommt auf ihren Höhepunkt und schlägt um: Slift überreizt im Auftrag Maulers an der Börse, die zusammenkracht; die hohen Viehpreise kann niemand mehr zahlen; alle sind pleite. Der Corner bricht zusammen, und Maulers Bestände sind praktisch wertlos geworden. Eine bloße Spekulationshandlung müßte hier ihr Ende haben; Brechts Handlungsverlagerung jedoch ermöglicht einen erneuten Umschlag (bis hierher Szenen 9 b, d, f, h, 10)

10. Die New Yorker Briefe erinnern Mauler, der sich selbst ruiniert wähnt, daß er ja noch über die Produktionsmittel verfügt, daß folglich mit ihnen die Produktion wieder aufzunehmen ist. Voraussetzung dafür ist ein Kontrakt mit den Viehzüchtern über Fleischlieferungen. Mauler veranlaßt, die Produktionsmittel zusammenzulegen und einen »Fleischring« zu bilden (= Monopol); die Phase des Konkurrenzkampfes ist beendet. Um den Markt wieder flott zu bekommen, ist es notwendig, das Überangebot künstlich zu drosseln (Fleisch- und Viehvernichtung), und, um die Macht der Arbeiter zu schwächen, ist es notwendig, ein Drittel der Arbeiter auszusperren (Erhaltung des Konkurrenzkampfes unter den Arbeitern – um Arbeitsplatz und unmittelbaren Lebensunterhalt). Ergebnis ist, daß der Markt sich langsam wieder konsolidiert, daß die Preise wieder steigen und das »System« wieder funktioniert (= 10. Szene).

Die Geschäftemacherei

Für die Darstellung des Hintergrunds von Maulers Geschäften (Börse, Wallstreet) benutzte Brecht neben seiner Hauptquelle für die Wirtschaftshandlung, Norris' *Getreidebörse*, den Briefroman *Letters from a Self-Made Merchant to his Son* (1902; deutsch *Briefe eines Dollar-Königs an seinen Sohn*, 1904) von George Horace Lorimer sowie vor allem die fingierte Autobiografie *Dan Drew* von Bouck White (1910; deutsch 1922). Lorimers Quellenwert ist nicht sehr hoch anzusetzen. Es handelt sich um eine Art Erziehungsroman, den der Vater John Graham seinem Sohn Pierrepont per Brief verabreicht; der Sohn erhält keinerlei Chance, selbst zu Wort zu kommen, weil der Vater vor allem von sich selbst zu berichten geruht, stets in der selbstverständlichen Absicht, daß Sohn Pierrepont ihn zum Vorbild nehme und die mühsam zusammengerafften Dollars, wuchernd in der Schweinefleisch-Versand-Großhandlung Graham & Co., weiter vermehre. Lorimers Briefroman, zunächst in einer großen Zeitung, der *Saturday Evening Post*, publiziert, war einer der ganz großen Erfolge der Geschäfts- und Wirtschaftsdarstellung der »anderen«, »seriösen« Seite (im Gegensatz zur »muckraker«-Literatur). Mehr als kurzen Tagesruhm brachte das angeblich »drollige, kluge, wahrhaft warmherzige Buch« (so eine deutsche Zeitungsempfehlung) seinem Verfasser Lorimer (1867-1937) freilich nicht ein. Brecht übernahm von Lorimer höchstwahrscheinlich die Namen »Graham« für einen der Fleischfabrikanten des Stücks und »Pierrepont« für Maulers Vornamen, allerdings in der Schreibung »Pierpont«; und auf diesen Vornamen hörten allerdings sowohl Vater und Sohn Morgan, die Magnaten der *United Steel Corporation*. Auch könnte sich Brecht bei Lorimer über das »Milieu« der Fleischfabrikanten, ihre »hehren«, bildungsbeflissenen Interessen und über Geschäftliches informiert haben (die Realität der Schlachthöfe kommt bei Lorimer kaum vor). Direktere Abhängigkeiten von dieser Quelle lassen sich nicht markieren. Gelegentliche Vermutungen, die Briefeschreiberei zwischen Mauler und Wallstreet sei von Lorimer angeregt, ist nicht haltbar. Dazu haben die Briefe des Dollar-Königs einen viel zu sehr abweichenden Charakter.

Brecht verwendete die Ausgabe Berlin 1904 (Verlag Egon Fleischel), in der Übersetzung von O. von Oppen (7. Auflage). Lorimers Buch war auch Quelle für die frühen Entwürfe zu *Im Dickicht [der Städte]* (1920).

Großen Quellenwert hat dagegen die literarische Autobiografie *The Book of Daniel Drew. A Glimpse of the Fisk-Gould-Tweed Regime from the Inside* (New York 1910; deutsch *Das Buch des Daniel Drew. Leben und Meinungen eines amerikanischen Börsenmannes*, übersetzt von Maria Ewers-aus'm Weerth, eingeleitet von Hanns Heinz Ewers, München: Georg Müller 1922) von Bouck White. Das Buch war im Gegensatz zu Lorimers überhaupt kein Erfolg, und es bedurfte der sehr merkwürdig positiven Einschätzung Ewers, der es »ein köstliches Kunstwerk und ein sehr wichtiges Kulturdokument« nennt, um es für den deutschen Markt aufzubereiten. White berichtet in der Rolle Drews, also in Ich-Form, von dessen Machenschaften. Drew hat sich sein Grundkapital mit Viehgeschäften erworben (z. B., indem er seine Rinder vor dem Verkauf Salzwasser saufen läßt, was ihr Gewicht entschieden hochtreibt) und kauft sich damit ins Schiffahrtsgeschäft ein. Als er zu weiterem Kapital gekommen ist, versucht er sich mit dem Eisenbahn-Magnaten Vanderbilt zu messen, vermag es, sich ins Direktorium der Erie-Eisenbahn-Gesellschaft einzuschmuggeln und Verbindungen zur Wallstreet zu bekommen. Mit der Zeit jedoch booten ihn Vanderbilt und vor allem die Self-Made-Merchants Gould und Fisk aus, die zunächst mit Drew zusammengearbeitet hatten. Drew verliert seine Beziehungen zum »Ring« (Wallstreet) und endet als armer, aber gottesfürchtiger Mann. Kennzeichnend für Whites einfühlsames Buch ist, daß die Skrupellosigkeit, mit der die Dollar-Könige vorgehen, selbstverräterisch ausgebreitet und gerechtfertigt wird. Nichts freut Drew so sehr, als einen »Partner« hereingelegt zu haben (das sind die eigentlichen Siege), nichts grämt ihn dagegen mehr, als selbst hereingelegt zu werden: Da wird gepoltert und geschimpft oder tiefstes Selbstmitleid ausgebreitet. Überdies belegt White sehr schön die übliche Trennung von Geschäfts- und Privatleben sowie die geringe Bildung der »Bosse« und ihre geringen Fähigkeiten in den geschäftlichen Alltäglichkeiten (Drew hat z. B. keinerlei Kenntnisse in Buchführung und spekuliert, es heißt durchweg »spikuliert«, sozusagen aus dem Sparstrumpf). – White war bereits Hauptquelle für das – schon relativ weit ausgearbeitete – Dramenfragment *Dan Drew* (1925/26), das dem *Joe Fleischhacker*-Projekt unmittelbar vorausging.

Als allgemeinere Informationsquelle diente Brecht überdies *The History of Great American Fortunes* (1907; deutsch *Geschichte der großen amerikanischen Vermögen,* Berlin: S. Fischer 1916, 2 Bände). Dieses über 800 Seiten starke Monumentalwerk über alle wichtigen Trustbildungen in den USA – von Astor über Rockefeller, Vanderbilt, Pullman, Carnegie bis zu Morgan – stellt eine einzige Gangstergeschichte dar: »Alles, was auf geschäftlichem Gebiete Profit abwarf, ob es Betrug, Raub oder Meuchelmord war, wurde durch irgendeinen Sophismus gerechtfertigt. Astor reizte nicht zum Trunk, verwüstete keine Dörfer und veranlaßte keine Metzeleien, weil er daran Vergnügen fand. Vielleicht – um das Beste anzunehmen – wäre es ihm lieber gewesen, wenn er es hätte vermeiden können. Aber das gehörte mit zu den unumgänglichen Notwendigkeiten des Geschäftsbetriebes, weil eben humane und ethische Erwägungen mit der eifrigen Jagd nach Reichtümern nicht vereinbar waren.« Myers war für Brecht eine vielfältig benutzbare Quelle. Nachweisbar ist ihr Einfluß auf *Dan Drew, Joe Fleischhacker, Happy End* (das Stück von Elisabeth Hauptmann, an dem Brecht mitgearbeitet hat), auf den *Dreigroschenroman*, den *Caesar*-Roman und auf die Erzählung *Safety first* (wahrscheinlich auch noch auf weitere Werke). Brecht las das Buch erstmals 1926 (in der 2. deutschen Auflage von 1923) und empfahl es für »die Liebhaber kriminalistischer Lektüre« als ein »Fressen«: »Bekanntlich sind Angelegenheiten, die mit Geld zusammenhängen, in der guten Gesellschaft und ihrer Literatur verpönt. Ich nehme an deswegen, weil so viel Geist drin steckt (in den Geldangelegenheiten)« (18, 52). Obwohl der Einfluß von Myers auf ökonomische Darstellungen in Brechts Werk kaum zu überschätzen ist, bleibt der direkte Einfluß auf die *Heilige Johanna* relativ gering. Hier war deshalb vor allem auf Myers zu verweisen, in den folgenden Nachweisen ist er nur einmal berücksichtigt.

White berichtet, wie sich Dan Drew in die Erie-Eisenbahn-Gesellschaft hineinkauft. Drew hat als Baisse-Spekulant Geld verdient, u. a. auch an den ständig fallenden Aktien der Erie-Eisenbahn, die in akuten Geldnöten steckt. Obwohl er keinerlei Kenntnisse hat, wird er Direktor, indem er sich den Gesellschaftern als Retter präsentiert:

Als ich merkte, daß sie völlig niedergeschlagen und ratlos waren, sagte ich, daß ich der Retter der Gesellschaft sein wolle. Da die andern Geldleute kalte Füße hätten und wie es schien, das Vertrauen in das Unternehmen verloren hätten, böte ich ihnen eine Anleihe von meinem Gelde an, und zwar soviel ich flüssig machen könne. Wenn sie einundeinehalbe Million haben müßten, so würde ich es auf die eine oder die andre Weise ermöglichen, sie zu beschaffen.

Sie hielten mich beim Wort. Ich zahlte das Geld und erhielt als Sicherheit dafür einen Pfandbrief auf das rollende Eigentum der Gesellschaft. Nun endlich hatte ich die Sau am Ohre. Von dem Augenblick an hatte ich für beinahe zehn Jahre die Erie-Eisenbahn sozusagen in meiner Tasche. Es ist bei den Geschäften in der Wallstraße immer ein Vorteil, wenn man innerhalb des Ringes einer Eisenbahngesellschaft oder eines andern großen industriellen Werkes ist. Man kennt dann die monatlichen Einnahmen, ehe sie der Öffentlichkeit bekanntgegeben werden. Man erfährt sofort von jeder günstigen oder ungünstigen Wendung. Man hat Einblicke in die Geschäftsbücher und weiß, wo das zirkulierende Geld sich befindet. Jede Gefahr, die dem Eigentum der Gesellschaft drohen könnte, erfährt man viel eher, als die andern Aktieninhaber nur eine Ahnung davon haben, so daß man zur Börse gehen und mit offenen Augen spikkilieren kann, während die andern Spikkilierer blind sind. Die Stellung eines Mannes, der zu den Wissenden gehört, ist so gut wie Geld im Kasten.

(White, S. 39 f.; vgl. vor allem Szene 1, Beginn: Mauler hat »Freunde in New York«, die ihn – vor allen anderen – unterrichten.)

Wer zum »Ring« (Wallstreet) gehört, kann – es sei denn durch eigene Dummheit – kaum mehr verlieren. White beschreibt Drews Aktionen, nachdem er »eingestiegen« ist:

Außerdem aber kamen mir noch andere Vorteile zugute. Ich konnte jetzt nicht nur jedes Steigen und Sinken der Erie-Aktien vorhersagen, ich konnte noch mehr tun. Ich konnte die Dinge nach meinem Belieben drehn. Ich hatte sozusagen das Pferd am Zügel und konnte es führen, wohin ich wollte. Wenn es meine Operationen an der Bank notwendig erscheinen ließen, daß der Kurs der Aktien stieg, konnte ich das Gerücht verbreiten, daß die Erie gute Geschäfte mache – und sofort stiegen die Papiere. Wenn ich auf der andern Seite wünschte, daß die Aktien sänken, dann stand es in meiner Hand, ungünstige Nachrichten zu verbreiten und sie herunterzudrücken, soviel ich wollte. Ich machte das ungefähr so: Die Erie-Aktien standen, sagen wir, auf neunzig. Dann gab ich meinem Sensal den Auftrag, die Erie-Aktien »kurz« zu verkaufen. Wenn man dies tut, stellt man Papiere aus, worin man sich verpflichtet, die Aktien, sagen wir sechzig Tage vom Datum des Verkaufstages an gerechnet, zu dem abgemachten Preise abzugeben. Wenn aber nun innerhalb dieser sechzig Tage der Preis sinkt, kann man sie zu diesem niedrigeren Preise ankaufen und sie zu dem höheren festgelegten Preise verkaufen. Nun, nachdem ich also solche Verträge abgeschlossen hatte, nahmen die andern Burschen natürlich meine Anerbieten an, weil sie damit rechneten, daß die Aktien voraussichtlich noch höher steigen und nicht sinken würden. Dann aber sprengte ich das Gerücht aus, daß ich als Eigentümer der Pfandverschreibung der Gesellschaft ernstlich daran denke, mich zurückzuziehen. Oder ich verbreitete durch einen meiner Gehilfen die Nachricht, daß die Erie demnächst keine Dividenden mehr auszahlen könne; oder daß die Erie gar vor direktem Ruin und Bankrott stehe. Sofort entstand dann eine Panik unter allen Inhabern der Erie-Anteile. Die Aktien fielen und ehe die sechzig Tage vorüber waren, war der frühere Preis von neunzig auf fünfundsechzig gesunken. So konnte ich nun meine Anteile zu fünfundsechzig ankaufen und sie zu dem im Kontrakt vereinbarten Preise von neunzig verkaufen und gewann dann an jedem Papier fünfundzwanzig Dollar. Wenn dieses Manöver sich über zwanzigtausend Aktien erstreckte und ich bei jeder Aktie fünfundzwanzig Dollar einstrich, wird jeder verstehen, daß ich kein schlechtes Geschäft machte.

[. . .]

Das ist der Vorteil, den man davon hat, wenn man innerhalb des Ringes ist. Man gewinnt, gleichviel wie die Dinge sich gestalten. Steigen die Preise, so spielt man »Stier« und gewinnt Geld dadurch. Sinken die Preise – so spielt man »Bär« und macht ebenfalls ein Geschäft! In der Tat arbeitete ich mit soviel Glück, daß es sprichwörtlich wurde. Es hieß von mir: »Daniel sagt ›hoch‹ – die Erie steigt. Daniel sagt ›herunter‹ – die Erie sinkt. Daniel sagt ›hin und her‹ und der Kurs schwankt auf und nieder.«

[. . .]

Da ich von Scherzen spreche, so denke ich, daß der beste Streich, den ich je ausführte, der war, als ich einige meiner Kirchenbrüder anführte. Einige von ihnen, die mich öfter in meinem Hause besuchten, fingen an, mit mir über Wallstreet-Angelegenheiten zu sprechen. Sie wußten, daß ich innerhalb des Ringes der Spikkilierer war, und daß Winke, die ich erteilte, Goldes wert waren. Sogar einige der Professoren aus meinem Theologischen Seminar in New Jersey waren von dem Wallstraßen-Fieber ergriffen. Während bei ihren bisherigen Besuchen in meinem Hause an Winterabenden sich das Gespräch nur um Sachen des Glaubens und des Christentums drehte, war das plötzlich anders geworden, sie redeten nur von dem modernen Leben und dem Tun und Treiben in der Wallstraße. Im Anfang war ich etwas empfindlich, weil man geschäftliche Angelegenheiten in unsre Unterhaltung zu bringen sich bestrebte. Sehr bald aber merkte ich, daß sie selbst sehr geneigt waren, ihr Glück zu versuchen und ein oder zwei Spikkilationen zu wagen.

Als daher nach einiger Zeit die Besuche dieser Herren sehr häufig wurden, wußte ich einmal selbst die Unterhaltung auf die gegenwärtige Lage der Geschäfte in der Wallstraße zu lenken. Ich sagte dann in einer gewissen freimütigen Weise: »Ich bin willens, Ihnen eins der Geheimnisse der Straße zu verraten, wenn Sie es für sich behalten wollen. Es ist eine aufwärtsstrebende Bewegung geplant. Natürlich wissen nur die darum, die innerhalb des Ringes sind. Das außenstehende Publikum denkt, daß eine Baisse der Papiere bevorsteht. Die, welche innerhalb sind, wissen seine Unwissenheit zu benutzen. Diejenigen, die jetzt kaufen, werden großen Gewinn einheimsen, wenn der Schlachttag kommt. Bruder Soundso, ich habe Ihnen diesen kleinen Wink gegeben, weil Sie und ich uns schon seit so langer Zeit kennen. Aber sagen Sie es ja keinem andern!« Als dann ein oder zwei Tage später ein andrer der Brüder zu mir kam, sagte ich ihm genau dasselbe. Und ich war eine gute Hebamme für Geschäfte, da ich selbst von Natur geduldig und kühl bin.

Auf diese Weise gelang es mir, die Kurse einer guten Menge von Papieren, die ich natürlich auf Baisse verkaufte, in die Höhe zu treiben – wie Wabash-Quecksilber-Bergwerk-Aktien, Baleegooh-Eisenbahn, sowie Anteile an der Canton-Land-Gesellschaft in Baltimore. Weil, wenn man einem Außenstehenden einen Wink aus dem Kreise der Eingeweihten gibt und ihm sagt, daß er es ja nicht weitersagen soll, er sofort drei oder vier anderen das Geheimnis verrät. Diese drei oder vier andern sagen es wieder ihren Freunden. Und die Sache verbreitet sich so rasch wie ein Feuer im Walde.

Als ich die Sache festgemacht hatte, ging ich hin und warf eine Menge von Effekten auf den Geldmarkt, groß genug, den Kurs sofort um einige Punkte sinken zu lassen. Das war genug, da diese frommen Brüder nicht grade verschwenderisch mit irdischen Gütern ausgestattet und ihre Mittel bald erschöpft waren. Sie wurden ausverkauft und ich deckte meine Verkäufe mit gutem Nutzen. Ich denke, es war einer dieser Burschen aus meinem Theologischen Seminar, der in einem kleinen Spottliede verhöhnt wurde, das um diese Zeit in den öffentlichen Blättern erschien. [. . .] es zeigt, daß man sich nicht in Wallstraßen-Geschäfte einlassen soll, wenn man sich darin nicht wirklich ein und aus kennt. Es zeigt vor allem, wie leicht die Menschen von dem Wallstraßen-Fieber erfaßt werden. Aber wenn man tanzen will, muß man den Fiedler bezahlen. Das ist mal so.

(White, S. 135–137, 324–326; vgl. Maulers »Scherz« mit seinem Kompagnon Cridle in Szene 1 und 3.)

Briefe und Depeschen spielen bei den Börsen-Aktionen eine entscheidende Rolle. Brecht übernahm den Ausgangspunkt seines Dramas direkt von Norris (Getreidebörse); der Makler Gretry übermittelt Jadwin eine geheime Nachricht, wonach in Frankreich Einfuhrzölle auf Weizen erhoben werden, so daß der Markt eng wird. Aber auch Drew setzt Briefe ein bzw. erhält wichtige Nachrichten per Depesche; auch da ergeben sich direkte Bezüge zu Brechts Drama.

Beide schwiegen eine ganze Weile. Endlich begann Gretry mit einer bei ihm außergewöhnlichen Lebhaftigkeit:

»Also, ich wollte wegen 'ner Sache mit Ihnen reden.« Mit gedämpfter Stimme fuhr er fort. »Sie wissen, ich habe einen oder zwei Korrespondenten in Paris – wie alle Makler – und wir machen kein Geheimnis draus, wer die Leute sind. Ich hab' aber während der letzten sechs Monate einen ganz besonderen Mann sich dort für mich umtun lassen – ganz im stillen. Ihnen will ich so viel sagen, daß der Betreffende nicht gerade das untergeordnetste Mitglied der Gesandtschaft der Vereinigten Staaten ist. Und der schickt mir von Zeit zu Zeit, was die Reporter so nennen, ›exklusive Nachrichten‹ – dafür bezahl' ich ihn nämlich, und ich könnt' mir 'ne eigne Dampfjacht dafür halten, was mich der Mann kostet. Aber ich bekomme dafür gewisse Nachrichten einen Tag oder zwei früher als sonst jemand. Bis jetzt hat er mir nichts besonders Wichtiges geschickt. Das hier habe ich eben bekommen.«

[. . .]

[Gretry griff zur Depesche und dechiffrierte:] »Ein Gesetz für hohe Eingangszölle auf ausländisches Getreide wird in der französischen Deputiertenkammer sicher innerhalb eines Monats eingebracht werden.«

(Norris, *Die Getreidebörse,* Stuttgart u. Berlin 1912, S. 87; vgl. den Stückbeginn = Szene 1: »Wie wir deutlich merken, lieber Pierpont, ist der Fleischmarkt seit kurzer Zeit recht verstopft. Auch widerstehen die Zollmauern im Süden allen unseren Angriffen«; 2, 667.)

Das Briefchen war kurz. Es lautete so:

»Drew:
Ich bin diesen ganzen verdammten Handel leid. Komm und besuche mich.

Vanderbilt.«

Ich versuchte, das Papier so rasch wie möglich verschwinden zu lassen.

[. . .]

Eines Tages kurz nachher ging ich eiligst in den Union-Klub auf der fünften Avenue. Die meisten Leute dort kannten mich. Ich tat so, als ob ich die größte Eile hätte. Als ich eingetreten war, zog ich mein Taschentuch heraus und wischte mir Gesicht und Nacken ab. Während ich das tat, ließ ich ein Papier aus meiner Tasche gleiten, als ob es ganz zufällig geschehe. Es fiel auf den Boden. Ich tat so, als ob ich dies gar nicht bemerkt hätte. Ich blickte dann für eine oder zwei Minuten rings umher, so, als ob ich jemanden suche, dann eilte ich auf die Straße zurück. Natürlich hoben die Leute, sobald ich außer Sicht war, das Papier auf und fanden darauf einige Worte, die so aussahen, als ob sie eine Order für einen meiner Agenten wären:

»Kaufen Sie sofort so viele Oshkosh auf, wie Sie bekommen können, gleichviel zu welchem Preise.

D. Drew.«

Sofort setzte eine Bull-Bewegung in »Oshkosh«-Aktien ein. Wie es stets in solchen Fällen geht, hatten sie es gleich ihren Freunden gesagt und diese hatten es wieder ihren Freunden gesagt. Man begehrte »Oshkosh« zu kaufen und ich verkaufte meinen Vorrat dieser Papiere zu gutem Preise. In der Tat lud ich all meine »Oshkosh« auf sie ab – Effekten, von denen ich stets gefürchtet hatte, daß ich sie niemals los werden würde. Nachher lachten sie dann nicht mehr über mich. Sie sahen nun, wie es tut, wenn man sich von seinem guten Gelde trennen muß.

(White, S. 243, 364 f.; vgl. alle Briefszenen des Stücks: Szene 1 = 2, 667, Szene 5 = 2, 698, Szene 6 = 2, 713 f., Szene 9 b = 2, 735 und Szene 10 = 2, 768 f.)

Auch in Verbindung von Geschäft und Religion ist bereits eine Erfindung des 19. Jahrhunderts; White dokumentiert das neue Geschäftsprinzip, »Gott als Partner« aufzunehmen:

Ich war in diesen Tagen sehr geschäftig, der Sonntag war beinahe der einzige Ruhetag. Die Wochentage waren Arbeitstage. Manchmal arbeitete ich sogar nachts. Wenn die Börse in der Broadstraße geschlossen war, pflegte ich in das Hotel der fünften Avenue zu gehen, wo ein Makler eine Art Abendbörse in dem unteren Stockwerk eröffnet hatte. Der Eintritt kostete fünfzig Cents. Dort wurden von sieben bis neun Uhr Papiere gekauft und verkauft. Wenn der Sonntag kam, ging ich oft für einen Tag aufs Land. Aber ich hatte es zu einer strengen Gewohnheit gemacht, selbst dann zur Kirche zu gehen, wenn ich nicht in der Stadt war. Ich erinnerte mich, daß in meinem früheren Leben meine Entgleisungen vom Pfad der Tugend stets dann stattgefunden hatten, wenn ich vergessen hatte, zur Kirche zu gehen und den Sabbat gebrochen hatte. Die Entweihung des Sonntages ist meine einzige große Sünde gewesen, die ich im Leben begangen habe. Von Zeit zu Zeit habe ich deshalb den Herrn um Vergebung bitten müssen. Jetzt aber versuchte ich, wie jeder wachsame Christ es sollte, mich meiner Schwäche zu erinnern und mich davor zu hüten.

Ich erinnere mich, daß es an einem dieser Tage, die ich auf dem Lande zubrachte, gewesen ist, daß ich eine Predigt hörte, die großen Eindruck auf mich machte. Sie berührte Dinge, von denen ich bisher niemals etwas gehört hatte. Der Titel dieser Predigt war: »Nimm Gott als Partner in dein Geschäft auf.« Als der Prediger das Thema seiner Predigt verkündete, spitzte ich die Ohren. Das war etwas Neues. Seitdem – und ich bin traurig, es sagen zu müssen – habe ich viele Predigten gehört, die ein gutes Teil dieser neuen und seltsamen Lehre verkündeten: »Ein Himmel hier auf Erden«, »Eine bessere Welt hier und dort!« und ähnlichen Unsinn. Ich vermisse mehr und mehr die gute alte Hallelujapredigt. Die Prediger von heute sprechen so, als ob die Religion etwas mit den Dingen dieser Welt zu tun habe, während in der guten alten Zeit wir direkt vor der Sünde der Weltlichkeit gewarnt wurden. Ich glaube sogar, daß in meinem Seminar, in dem junge Geistliche ausgebildet werden, und das mit meinem Gelde gegründet wurde, diese modernen Ideen Raum fanden.

Nun, was ich sagen wollte, ist, daß diese Predigt, die den Gedanken »Gott als Partner ins Geschäft aufzunehmen« erläuterte, mich sehr erregte. Es war dies eine vollständig neue Idee für mich. Ich war ganz davon erfüllt.

Als ich aus der Kirche in das Hotel zurückkehrte, in dem ich logierte, sprach ich mit einem Freunde, der mich begleitete, über die Predigt.

»Denken Sie«, sagte ich, »daß etwas Wahres an dem ist, was dieser Prediger uns heute morgen gesagt hat?«

»Aber ja«, sagte er, »ich denke, daß sehr viel Wahres dabei ist. Ich denke, daß Gott gern ein Teilhaber unseres geschäftlichen Lebens sein würde, so gut, wie er es in unserm häuslichen und kirchlichen Leben ist.«

»Und denken Sie, daß er wirklich einen Menschen segnen würde, der ihn zu seinem Partner machte?« fragte ich. Ich wünschte meiner Sache sicher zu sein, ehe ich einen weiteren Schritt in dieser Sache tat.

»Ja«, sagte er, »ich denke, daß, wer die Lehren dieser Predigt befolgt, auf die Dauer gesegnet sein wird.«

Das brachte mich zu einem Entschluß. Ich ging in mein Zimmer im Hotel und beschloß, mit dieser Sache einen Versuch zu machen. Nicht, daß ich je der Mann gewesen, rasch und ohne Überlegung einen Entschluß zu fassen. Aber die Predigt jenes Morgens kam grade, als ich bei mir überlegte, ob ich nicht doch noch mal eine große Wallstraßen-Spikkilation wagen sollte.

Wie ich bereits irgendwo in diesen Blättern geschrieben habe, sah ich, als ich mich darauf einließ, mit Gould und Fisk das Bargeld festzulegen, daß diese auf einen Niedergang der Preise rechneten. Ich trennte mich von ihnen. Aber sie hatten ihren Plan weiter verfolgt. Und ich überlegte, ob es nicht ein guter Plan sein würde, es zu machen wie sie, also auf Baisse zu spikkilieren. Indem ich unabhängig von ihnen war, konnte ich vielleicht mehr Geld machen, als wenn ich ihr Partner geblieben wäre, weil dann der Gewinn von dreien geteilt werden mußte, während er jetzt nur in meine eigene Tasche wanderte. Ich überlegte mir die Sache von allen Seiten, ohne jedoch zu einer Entscheidung zu kommen. Und nun ganz plötzlich hatte diese Predigt in mein Leben eingegriffen. Es schien wie eine Schicksalsbestimmung zu sein. Ich nahm es für einen Fingerzeig des Herrn.

Als ich daher in jener Nacht allein in meinem Hotelzimmer war, ließ ich mich auf meine Knie nieder – nur kniend erringt man Gottes Segen. Ich sagte dem Herrn, daß ich die Sache versuchen wolle und sehen würde, ob er wirklich wünsche, als Partner in mein Geschäft zu treten. Ich betete inbrünstig und lange – in der Tat betete ich mit lauter Stimme, so ernst war es mir mit dem Handel, den ich mit Gott machen wollte. Wenn er als mein Partner eintreten und mir bei meiner Arbeit helfen wollte, dann begriff ich, nach allen Erfahrungen, die ich bisher mit Partnern gemacht hatte, daß ich einen Teil des Gewinnes mit ihm teilen müsse. So sagte ich ihm, daß, wenn er mir bei dem Börsenmanöver, das ich eben jetzt plante, beistehen wolle, ich bereit sei, die Versprechungen, die ich bei Gründung der Wohltätigkeitsstiftungen, die meinen Namen trugen, gemacht hätte, nun auch wirklich zu erfüllen. Weil, obgleich ich den Administratoren von Drews Theologischen Seminar, als sie die Schule nach mir benannten, gesagt hatte, daß ich ihnen eine Viertelmillion Dollar als Schenkung überweisen werde, ich doch eine Art von Widerwillen davor empfand, eine so große Summe wirklich auszuzahlen. Der Grund war, daß ein solches Kapital, wenn ich es zu Börsenspikkilationen verwandte, mir hohen Gewinn zu bringen versprach. Selbst jetzt, wo ich wirklich ein reicher Mann war, haßte ich es, eine solche Geldsumme aus meinem Geschäft zu ziehen. Eine gefüllte Tasse muß sehr vorsichtig getragen werden. Anstatt ihnen also das versprochene Geld bar auszuzahlen, schrieb ich ihnen alle Jahre einen Scheck über die Zinsen der Schenkung aus. Natürlich war das ja gradesogut für die Schule, weil sie dadurch ein jährliches Einkommen hatte. Aber die Administratoren waren doch sehr hinter mir her und drängten mich, die ganze Summe bar auszuzahlen, um, wie sie sagten, der Sache sicher zu sein. Und erinnerten mich fortwährend da ran, daß ich gesagt hatte, ich würde die Stiftung bis zu einer halben Million anwachsen lassen. Also tat ich in jenem Zimmer, auf meinen Knien liegend, dem Herrn ein Gelübde. Ich wollte ihn als Partner in das Geschäft, das ich eben jetzt plante, aufnehmen und, falls er mich segnen und die Sache zu glücklichem Ende führen wollte, dann gelobte ich, daß ich – und diesmal ohne jeden Rückhalt – alle die Gelder voll und ganz auszahlen wollte, die ich seinerzeit zu spenden versprochen hatte.

Als dieser Sonntag vorüber war, kehrte ich frohen Herzens in die Stadt zurück. Ich ging am nächsten Morgen in die Wallstraße und fühlte mich so leicht und tatenlustig, als sei ich wieder jung geworden. Ohne auf irgend etwas oder irgendwen zu warten, ging ich auf die Börse und begann meine Arbeit. Durch meine Verbindung mit Gould und Fisk hatte ich erfahren, daß sie in Erie-Aktien »kurz« gehen wollten.

(White, S. 328–332; vgl. die gesamte Heilsarmee-Handlung, vor allem Maulers Entschluß, die Religion in Dienst zu nehmen, Szene 10 = 2, 769 f., sowie die Schlußszene, die die Religion als Partner zeigt.)

Als »Philanthropen« pflegten sich alle Dollar-Könige gern zu stilisieren, indem sie Gelder, die eigentlich dem Fiskus und damit ohnehin der Allgemeinheit gehörten, in »Stiftungen« anlegten. Damit war gesichert, daß der Name sich ehrenvoll ins Gedächtnis eingrub (noch heute haben Namen wie Astor – als noble Zigarettenmarke oder als Name für ein Luxusschiff –, wie Rockefeller – mit seiner »Foundation« –, wie Carnegie – eine große Konzerthalle ist u. a. nach ihm benannt – etc. »großen Klang«); so wurde der Name verewigt, und zwar gerade nicht im Zusammenhang mit den Geschäften. Myers berichtet von Carnegie:

In den Annalen des amerikanischen Kapitalismus gibt es kein bemerkenswerteres Beispiel von einem Multimillionär, der seinen Namen fortpflanzt und den Beifall der ganzen Welt gewinnt, indem er ungeahnte Summen für öffentliche Zwecke stiftet – als Andrew Carnegie. Noch vor wenigen Jahrzehnten sah man in der Stiftung von einer Million Dollar, oder auch eines Teiles davon, für

wohltätige, religiöse oder erziehliche Zwecke durch einen Multimillionär eine Großtat. Mit der üblichen Phrase des Tages be-
grüßte man sie als »fürstliche Gabe« und pries den Stifter als freige-
bigen Philanthropen. Manche Leute sprachen freilich den Verdacht aus, er würde sich für seine Verschwendung schon schadlos
halten, indem er die Preise für die Waren erhöhen oder dem Volke
eine andere Form industrieller Besteuerung auferlegen würde.
Aber diese zynische Haltung war weder üblich noch populär. Die
Kreise, die von der Gunst und Güte der reichen Männer profitier-
ten, waren ja gerade diejenigen, welche die öffentliche Meinung
beherrschten. Kirchen, Universitäten, Verleger und Politiker waren dem Reichtum im großen Ganzen ebenso unterwürfig wie
heutzutage.

Nun zeigte sich unwandelbar immer wieder dieselbe Erscheinung: wie rücksichtslos und brutal die Laufbahn des Multimillio-
närs auch gewesen war, durch was für fortlaufende Betrügereien
und Räubereien er sein Vermögen auch erworben haben mochte –
sobald er einen Bruchteil davon für philanthropische Zwecke weg-
gab, durchlief sein Charakter, soweit das breite Publikum in Betracht kommt, eine vollständige Wandlung. Man bezeichnete ihn
nicht länger als den gierigen Räuber; die Stimmen derer, die sein
Siegeswagen zermalmt hatte, wurden von dem lauten Lobgeschrei
übertönt, das seinen Wohltaten folgte. Seine Opfer wurden begraben, und der Bericht von seinen Missetaten wurde obskuren Straf-
registern anvertraut, die mehr und mehr in Vergessenheit gerieten.
Die Bibliothek aber und das Hospital, die er gebaut, oder das Asyl
und die Universität, die er gegründet oder beschenkt hatte, dauer-
ten fort als sichtbare, bleibende Zeugnisse seiner philanthropischen Güte.

So war die soziale Absolution, so war der erbliche Glanz aristo-
kratischer Gesinnung leicht zu gewinnen. Und gleichzeitig wurden weit größere Vorteile für die ganze Kapitalistenklasse erzielt:
die Institutionen, die die Schenkungen der großen Kapitalisten an-
nahmen, wurden dadurch der sozialen Ordnung, die diese großen
Vermögen erzeugte, noch ergebener. Die direkten Schenkungen
baren Geldes waren bindend genug; noch bindender aber waren
die Schenkungen von Aktien und Anteilen, wodurch Kirchen,
Universitäten und andere Institutionen interessierte Verteidiger
des Systems wurden, das den »sicheren Papieren«, aus denen ein so
großer Teil ihres Einkommens floß, ihren Wert verlieh.

(Myers, S. 677 f.; vgl. Szene 2 b: »Philanthrop P. Mauler begibt sich zu der Eröffnung der P. Maulerschen Krankenhäuser, der größten und teuersten Hospitäler der Welt!«; 2, 671. Die »Detektive«, die Mauler begleiten, waren übrigens in der Regel die »Leibgardisten«, und das heißt: bezahlte Killer im Dienst des »Bosses«.)

Zum Abschluß noch einige »geflügelte Worte« aus berufenen Mündern:

So lange du es auf dieser Welt nicht beiden Parteien recht machen kannst, bleibt es immer das Sicherste, es dir selbst recht zu machen. (Lorimer, S. 252)

Ein kitzliges Gewissen ist ungefähr so wie eine weißseidne Schürze für einen Schmied. (White, S. 130)

Wer aber keine Briefmarken geleckt hat, wird auch keine richtigen Briefe schreiben. (Lorimer, S. 19)

Manchmal läßt es sich beim Geldverdienen nicht vermeiden, daß die Hände dabei schmutzig werden – aber damit ist durchaus nicht gesagt, daß das verdiente Geld darum auch schmutzig wäre. Schwarze Hennen legen weiße Eier. (White, S. 130)

Es ist unmöglich, tagsüber für die Firma zu sorgen und nachts für sich. Ein Mann, der das versucht, ist gewöhnlich ein trauriger Phantast und wird in keiner Hinsicht etwas leisten. Auf jeden Fall schädigt er seine Firma. (Lorimer, S. 65)

Woraus man keine Butter macht, das muß man zu Käse machen! (White, S. 144)

Ich weiß, daß es viele Geschäftsleute gibt, die nicht weiterkommen, weil sie dem Herrn niemals etwas von ihrem Gewinn abgeben. Sie versuchen, alles selbst zu fressen, wie die Schweine. (White, S. 171)

Geschäft ist dem Wollkopf des Negers sehr ähnlich – es sieht nicht sehr tief aus, ist aber mächtig kraus und verwickelt. (Lorimer, S. 150)

Selbst wenn du das volle Vertrauen deiner Kunden besitzest, mußt du den ganzen Tag auf dem Posten sein, um dir deine Aufträge zu sichern und die ganze Nacht darüber nachdenken, wie du der Konkurrenz einige wegschnappen könntest. Geht das Geschäft gut, so muß man es forcieren, weil die Konjunktur günstig ist, und geht es schlecht, so muß man es erst recht forcieren, denn dann brauchen wir Aufträge. (Lorimer, S. 163)

Auf hohen Bergen geht der Wind scharf. (White, S. 230)

Der Schein trügt, und so lange das so ist, müssen wir dafür sorgen, daß er zu unseren Gunsten trügt und nicht gegen uns. (Lorimer, S. 174)

Es genügt nicht, daß alles wirklich in Ordnung ist, man muß das auch zur Schau tragen, denn zwei Drittel eines Erfolges werden dadurch erzielt, daß die Leute glauben, es sei alles in Ordnung. (Lorimer, S. 175)

Natürlich hat jeder Mensch das Recht auf etwas Erholungszeit, gerade so wie ein Junge am Schluß der Mahlzeit sein Stück Kuchen haben darf – nur darf er keine ganze Mahlzeit daraus machen. (Lorimer, S. 221)

Und gleichviel was der Mensch besitzt, wenn er zu einem Punkte kommt, wo er aufhört reicher zu werden, fühlt er sich sehr geniert. (White, S. 129)

Die literarischen Quellen

Der Johanna-Stoff

Zeittafel

1339-1453
»Hundertjähriger Krieg« zwischen Frankreich und England um die englischen Festlandsbesitzungen (Ende nach der Schlacht bei Castillon mit dem Verlust aller englischen Besitzungen außer Calais).

1413-1422
Heinrich V. von England; versucht durch kriegerische Auseinandersetzung sowie unter Ausnutzung der inneren Thronstreitigkeiten in Frankreich seine Ansprüche auf den französischen Thron durchzusetzen.

1422-1461
Heinrich VI. von England, Sohn Heinrichs V., zur Zeit der Ereignisse um Johanna ein Kind unter der Vormundschaft eines Kronrats; 1422 zum König von Frankreich proklamiert, 1431 auch gekrönt, verliert jedoch ab 1429 (Sieg der Franzosen unter Beteiligung Jeannes in Orléans) ständig an Boden.

1380-1422
Karl VI. von Frankreich; aufgrund von »Vorgaben« seiner Frau Isabeau von Bayern läßt er seinen Sohn, den Dauphin und späteren König Karl VII., enterben (Vertrag von Troyes 1420); der Dauphin ist deshalb nur von einem Teil der französischen Fürsten anerkannt, wie umgekehrt die Engländer aufgrund des Vertrags die französische Krone beanspruchen.

1422-1461
Karl VII. von Frankreich; er leitet mit dem Sieg in Orléans den Umschwung in den französisch-englischen Auseinandersetzungen zugunsten Frankreichs ein; 1429 in Reims gekrönt, 1437 allgemeine Anerkennung als rechtmäßiger König mit Einzug in Paris.

6. Jan. 1412 (?)
Geburt der Jeanne d'Arc in Domremy, Dorf an der Maas in Lothringen.

Sommer 1424
Jeanne hört erstmals die »Stimmen«: Sie soll im Auftrag Gottes Frankreich vor den Engländern retten.

Dezember 1428
Jeanne verläßt ihr Elternhaus, um den »Stimmen« zu folgen.

Februar 1429
Jeanne kommt ins Hoflager des noch ungesalbten Karls VII. in Chinon.

März 1429
Karl VII. empfängt nach anfänglichem Zögern Jeanne, die ihn angeblich sofort erkennt (umstrittene »Erkennungsszene«); Jeanne weiß Karl von ihrer Mission zu überzeugen.

April 1429

Unter Beteiligung Johannas (die wahrscheinlich nie wirklich mitgekämpft, sondern vor allem – allerdings in vorderster Linie – die Kampfmoral angeheizt und gestützt hat) sprengen die Franzosen die englische Besatzung Orléans.

Mai 1429

Orléans wird von den Engländern befreit; Jeannes Ruhm als »Jeanne la Pucelle«, wie sie sich selbst genannt hat, beginnt; die historische »Tat« scheint ihre Sendung zu bestätigen (Beginn der Legendenbildung).

Juli 1429

Zug Karls VII. nach Reims – mit Jeanne an seiner Seite; in Reims wird Karl gesalbt, d. h., er erhält die eigentliche »Weihe« zum König Frankreichs (Reims ist geheiligter Ort durch Chlodwigs Taufe).

1429-1430

Nach diesen Höhepunkten beginnt Jeannes Ruhm bereits zu verblassen, weil ein Vorstoß auf Paris trotz ihrer Beteiligung scheitert.

März 1430

Jeanne eilt dem belagerten Compiègne zu Hilfe, fällt dort jedoch Burgundern in die Hände. Sie wird den Engländern ausgeliefert. Karl unternimmt nichts.

9. Jan. 1431

Beginn des Ketzerprozesses gegen Jeanne in Rouen durch die Kirchenbehörden nach ihrer Auslieferung durch die Engländer.

24. Mai 1431

Jeanne schwört ab; wird zu lebenslanger Haft verurteilt, worauf Jeanne ihre Abschwörung zurücknimmt.

28. Mai 1431

Jeannes Rückfälligkeit wird verhandelt; Urteil: Tod auf dem Scheiterhaufen.

30. Mai 1431

Johanna wird auf dem alten Markt in Rouen verbrannt.

7. Juli 1456

Auf Veranlassung Karls VII. hebt ein Revisionsgericht das Urteil auf und verkündet Jeannes »Ehrenrettung«.

14. April 1909

Pius X. spricht Johanna selig.

16. Mai 1920

Benedikt XV. spricht Johanna heilig.

Geschichte und Legende der Jeanne d'Arc spielen für Brechts Stück eine relativ geringe Rolle; sie bilden offenbar nur die allgemeine Folie für seine vor allem auf spätere Bearbeitungen zurückgehende Adaption. Ob Brecht überhaupt eine Darstellung über die historische Jeanne fürs Stück benutzt hat, muß offenbleiben. Nachweisbar ist die Verarbeitung historischer (bzw. auch legendenhafter) Quellen erst für das Stück von 1952 *Der Prozeß der Jeanne d'Arc zu Rouen 1431* (nach Anna Seghers). Möglich wäre es, daß Brecht für die *Heilige Johanna* die Darstellung von Richard Mahrenholtz *Jeanne Darc in Geschichte, Legende, Dichtung auf Grund neuerer Forschung* (Leipzig: Rengersche Buchhandlung 1890) zu Rate gezogen hat: Die Schreibung »Darc« könnte Brechts Zusammenziehung und Interpretation des Namens angeregt haben: »Dark« = »die Schwarze«.

An die historische Johanna erinnern in Brechts Stück folgende Einzelheiten: 1. die Erkennungsszene zwischen Johanna und Mauler (letzterer in der Rolle des Königs, allerdings der Schlachthöfe); Szene 3 (2, 685). 2. Johannas Traum von ihrer Sendung, die Arbeiter zu befreien; sie sieht sich an ihrer Spitze, übrigens keine (positive) Utopie, sondern eine illusionäre, überzogene, selbstsüchtige Vision Johannas, die vor den Realitäten der Schlachthöfe jämmerlich scheitert; Szene 9a (2, 733 f.). 3. Johannas Vision, in der sie sich als Verbrecherin »außerhalb der vertrauten Welt« sieht; Szene 9g (2, 754 f.). Und 4. die Stimmen, die Johanna auf den Schlachthöfen »erscheinen« und sie aufhalten; es sind Stimmen der Arbeiter (im Schneetreiben), die Johanna ihren Verrat bewußt werden lassen; Szene 9j (2, 758–760). Damit die historischen Zusammenhänge mitgeteilt und der Grad möglicher Übernahmen nachprüfbar wird, sind im folgenden die wichtigsten Prozeß-Dokumente über die Visionen bzw. Stimmen sowie über die Erkennungsszene zwischen Karl und Jeanne aufgeführt und teilweise durch die Darstellung von Mahrenholtz kommentiert:

MAGISTER BEAUPÈRE
    Wie war das mit den Stimmen?
JOHANNA
    Mit dreizehn Jahren hatte ich eine Stimme, die von Gott kam.
    Sie half mir und leitete mich. Das erstemal empfand ich große
    Angst. Die Stimme kam um die Mittagsstunde, im Sommer, in
    Vaters Garten.
MAGISTER BEAUPÈRE
    Hattet ihr tags zuvor gefastet?
JOHANNA
    Nein, ich hatte nicht gefastet.

MAGISTER BEAUPÈRE

Woher kam die Stimme?

JOHANNA

Ich hörte sie von rechts, d. h. von der Seite der Kirche her, meist von einem Lichtstrahl begleitet. Er kommt von der gleichen Seite her, von der die Stimme ertönt, und es ist dort meist ein heller Lichtschein. Als ich dann nach Frankreich kam, hörte ich die Stimme oft.

MAGISTER BEAUPÈRE

Wie könnt ihr denn euren Lichtstrahl sehen, wenn er doch von der Seite her kommt?

Johanna gibt keine Antwort, sondern geht auf anderes über.

MAGISTER BEAUPÈRE

Hört ihr die Stimme jetzt auch?

JOHANNA

Wenn ich in einem Walde wäre, so würde ich sicher Stimmen auf mich zukommen hören.

MAGISTER BEAUPÈRE

Wie klang die Stimme?

JOHANNA

Es schien mir eine gar edle Stimme zu sein, sie muß mir wohl von Gott geschickt worden sein. Als ich sie zum drittenmal vernommen hatte, wurde es mir klar, daß es die Stimme eines Engels war.

MAGISTER BEAUPÈRE

Was hat sie euch gesagt?

JOHANNA

Sie hat mich immer wohl behütet und ich habe sie gut verstanden.

MAGISTER BEAUPÈRE

Was für Ratschläge hat sie euch denn für euer Seelenheil gegeben?

JOHANNA

Sie hat mich gelehrt, brav zu sein und oft in die Kirche zu gehen. Auch sagte sie mir, ich müsse unbedingt nach Frankreich kommen.

MAGISTER BEAUPÈRE

Unter welcher Gestalt erschien euch die Stimme?

JOHANNA

Das werdet ihr diesmal nicht aus mir herausbringen.

MAGISTER BEAUPÈRE

Sie hat euch also gesagt, ihr sollt nach Frankreich kommen?

JOHANNA

Ja, zwei- oder dreimal in der Woche sagte sie zu mir, ich müsse fort und nach Frankreich.

MAGISTER BEAUPÈRE

Wußte euer Vater etwas davon?

JOHANNA

Nein, er wußte nichts von meinem Fortgehen. Die Stimme sagte mir, ich solle nach Frankreich, und ich konnte es dort, wo ich war, nicht länger aushalten.

MAGISTER BEAUPÈRE

Sagte die Stimme sonst nichts?

JOHANNA

Doch, sie sagte noch, ich würde Orléans von der Belagerung entsetzen. Ferner, ich solle nach Vaucouleurs gehen zu Robert de Baudricourt, dem Kommandanten dieses Platzes. Er würde mir Leute mitgeben. Ich gab zur Antwort: »Ich bin ja nur ein armes Mädchen und verstehe nichts vom Reiten und vom Kriegführen.«

(Nach: *Jeanne d'Arc. Die Akten der Verurteilung*, übertragen und eingeleitet von Josef Bütler, Köln 1943, hier S. 65 f., Verhör Johannas.)

Mit diesen Visionen beginnt das Schwärmerisch-Eigenartige in Johannas Wesen sich zu äußern, zuerst in einfach naturgemäßer, dann in außergewöhnlicher Art. Anfangs kniet sie vor den Heiligen mit gefalteten Händen nieder, küßt den Boden, auf dem sie erschienen sind, weint über ihr Verschwinden, bekränzt ihre Bilder in der Dorfkirche, später aber glaubt sie den Geruch der heiligen Frauen wahrzunehmen und sich ihrer Umarmung zu erfreuen.

Ob sie diese Visionen und Mahnungen in stiller Brust verschloß, oder ihren Eltern und Freunden mitteilte, bleibt ungewiß, ihre eigenen Angaben und die der Rehabilitationszeugen lassen aber auf das zweite schließen. Schon zwei Jahre vor ihrer Flucht aus dem väterlichen Hause träumte ihr Vater, daß seine Tochter mit gewaffnetem Volke davonzöge, er sagte, lieber würde er sie mit eigenen Händen ertränken, als das geschehen lassen, er wollte sie verheiraten und ließ sie streng bewachen. Wie hätte er den Befehl der Heiligen ahnen können, wenn seine Tochter nicht ihm selbst oder anderen davon gesprochen?

Eine alte Weissagung, daß Frankreich durch ein Weib zu Grunde gehen und durch eine Jungfrau von der lothringischen Grenze errettet werden würde, war auch nach Domremy und zu Johanna gedrungen, nach den Verheißungen der Heiligen mußte sie sich für diese Retterin halten und die späteren Aussagen ihrer Landsleute lassen kaum zweifeln, daß sie dieser Meinung Ausdruck gegeben hat. Bestimmter tritt diese auf Isabeau, Karls VII. Mutter, als Verderberin des Landes und dann auf Johanna als dessen Retterin bezogene Weissagung in der Verkündigung des Zauberer Merlin, eine Jungfrau werde aus einem Eichwalde zur Rettung Frankreichs kommen, hervor. Nun gehörte zu dem Besitze Jacques Darcs auch ein Eichenhain auf einer Höhe von Domremy, aber erst später, als Johanna schon ihr Rettungswerk begonnen hatte, ist diese Prophezeiung zu ihrer Kenntnis gebracht worden.

(Mahrenholtz, S. 30f.)

31. Artikel. In ihrer Mädchenzeit und auch seither hat Johanna damit großgetan und sie tut es noch tagtäglich, sie habe viele Offenbarungen und Visionen bekommen und bekomme solche auch jetzt noch. Doch wollte sie dafür keinen Beweis vorlegen, noch will sie das jetzt tun, obschon man sie liebevoll dazu ermahnte, sowie sie nach Brauch und Recht unter Eidespflicht dazu aufforderte. Sie will dieselben nicht einmal hinlänglich durch Worte oder Zeichen erklären, sondern hat eine Erklärung aufgeschoben, verweigert und abgelehnt, und tut das auch jetzt noch. Sie hat sogar förmlich widersprochen, indem sie vor Gericht und sonst steif und fest behauptete, sie werde euch diese Offenbarungen und Visionen auch dann nicht offenbaren, wenn man ihr den Kopf abhauen oder sie in Stücke zerreißen sollte. Auch werde man das Zeichen, das Gott ihr geoffenbart, und woran man erkannt habe, daß sie von Gott gekommen sei, ihrem Munde nie entreißen.

JOHANNA

Es kann schon sein, daß ich gesagt habe, ich werde diese Dinge nicht offenbaren. In einem Geständnis, das ich früher ablegte, muß stehen, daß ich das Zeichen nicht offenbare ohne Erlaubnis von unserm Herrn.

(Aus der Urteilsschrift mit Johannas Stellungnahme, nach Bütler, S. 176.)

MAGISTER BEAUPÈRE

Wie kamt ihr zu eurem sogenannten König?

JOHANNA

Ohne Schwierigkeit. Als ich nach Sainte-Catherine de Fierbois gekommen war, schickte ich ihm erst einen Boten; dann ging ich selbst nach Schloß Chinon, wo mein König sich aufhielt. Um die Mittagszeit kam ich dort an und kehrte in einer Herberge ein. Nach dem Hauptessen ging ich zu meinem König, der im Schloß war.

MAGISTER BEAUPÈRE

Wie habt ihr den König erkannt?

JOHANNA

Sobald ich in das Zimmer des Königs trat, erkannte ich ihn unter allen andern durch den Beistand meiner Stimme, die es mir offenbarte.

MAGISTER BEAUPÈRE

Was habt ihr zu ihm gesagt?

JOHANNA

Ich sagte zu ihm, ich wolle ausziehen und Krieg führen gegen die Engländer.

MAGISTER BEAUPÈRE

Als die Stimme euch euren König zeigte, war da in seinem Zimmer ein Lichtschein?

JOHANNA

Geht auf etwas anderes über!

MAGISTER BEAUPÈRE

Habt ihr über eurem König einen Engel gesehen?

JOHANNA

Laßt mich damit in Ruhe und geht auf etwas anderes über! Eines kann ich euch sagen, bevor der König mich ans Werk ließ, hatte er viele Erscheinungen und schöne Offenbarungen.

MAGISTER BEAUPÈRE

Was für Offenbarungen und Erscheinungen denn?

JOHANNA

Das sage ich euch nicht. Jetzt bekommt ihr keine Antwort. Aber schickt zum König, und er wird es euch sagen.

MAGISTER BEAUPÈRE

Hat der König euch gleich vorgelassen?

JOHANNA

Die Stimme hatte mir versprochen, er würde mich recht bald

nach meiner Ankunft vorlassen.

MAGISTER BEAUPÈRE

Wie kam das?

JOHANNA

Die Leute von meiner Partei sahen recht wohl ein, daß die Stimme mir von Gott geschickt war. Sie haben die Stimme gesehen und verstanden, das weiß ich ganz gut.

MAGISTER BEAUPÈRE

Haben denn auch andere eure Stimmen gehört und gesehen?

JOHANNA

Mein König und viele andere haben gehört und gesehen, wie die Stimmen zu mir kamen. Karl de Bourbon war dabei und zwei oder drei andere.

MAGISTER BEAUPÈRE

Hört ihr die Stimmen oft?

JOHANNA

Es vergeht kein Tag, ohne daß ich die Stimme höre, und ich habe sie auch bitter nötig.

MAGISTER BEAUPÈRE

Habt ihr auch schon etwas von ihr erbeten?

JOHANNA

Ich habe sie nie um eine andere letzte Belohnung gebeten, als um die Rettung meiner Seele.

(Aus dem Verhör, nach Bütler, S. 68 f.)

Die Legende stellt die Sache anders, aber viel unwahrscheinlicher dar, nach ihr hat Johanna sich durch anscheinend übernatürliche Zeichen als Botin Gottes kundgegeben. So habe sie den König inmitten der Hunderte von Rittern und Hofleuten herauserkannt, trotzdem er sich wohlweislich versteckte und Dunois' Rolle zu spielen versuchte. Aber diese verschieden erzählte Hofgeschichte findet sich nur in späteren, mehr oder minder zweifelhaften Quellen, Johanna selbst hat ihren Richtern davon nichts mitgeteilt und im Rehabilitationsprozeß gehen zwei Augenzeugen, Alençon und Magister Gaucourt, darüber hinweg. Allerdings hat sie der Biograph Karls VII., Jean Chartier, bestätigt, aber er ist ein fabelsüchtiger, abergläubischer Mann. Ein unmittelbar nach den Vorfällen in Chinon über Johanna berichtender Greffier von la Rochelle, der gleichfalls diese Anekdote auftischt, steht örtlich fern und schöpft daher vielfach aus zweifelhaften Quellen, ist auch sonst weder

urteilsfähig, noch sachlich genau. Die nach dem Rehabilitationsprozeß schreibenden Chronisten kommen für diese Frage nicht in Betracht, da sie ihre Berichte erst nach den Aussagen der Zeugen
dieses Prozesses anfertigten. Johanna selbst rühmt sich nur, den
König erkannt zu haben, ohne daß sie ihn vorher gesehen hatte,
darin liegt weder etwas übernatürlich Wunderbares, noch ein be-
weiskräftiges Zeichen ihrer Mission, das den zweifelnden König
zum Glauben an sie hätte führen können. Es ist daher nicht auffal-
lend, daß Johanna ihren Richtern über die Beglaubigung in Chinon
und besonders über das Zeichen, welches sie dem König gegeben,
nichts Bestimmtes sagen wollte, sie mochte weder lügen, noch den
legendenhaften Traditionen, die sich schon vor dem Prozesse ge-
bildet hatten, widersprechen. Natürlich hat sie dem König von der
ihr verheißenen Befreiung Orleans' und seiner Salbung zu Reims
gesprochen, ihren Auftrag aber kannte Karl schon, ehe sie ihm
denselben mitteilte und doch zweifelte er an ihr. Von den Richtern
gedrängt, erfand sie dann eine erbauliche Wundergeschichte, in der
die Engel des Himmels und der Erzbischof von Reims eine Rolle
spielen, gestand aber die Unwahrheit dieser Erzählung ein.

(Mahrenholtz, S. 37f.)

Paul Wiegler
Die Jungfrauen

Jeanne d'Arc, die lothringische Bauernmagd, ist gleich der Sienese-
rin ein Kind der Zeit, da überall bei den Großen der Erde inspi-
rierte Weiber und Männer sich meldeten und mit erschreckten,
glänzenden Augen zur Buße mahnten. Zu Karl VI. waren die
Dame Marie de Maillé gekommen, die ihm die Tiefen der Vorse-
hung kundtat, und Marie-Robine von Avignon, die den offenen
Himmel erblickte. Heinrich V. beugte sich dem Einsiedler von
Gent. Wort für Wort hat Jeanne in Chinon die Reden wiederholt,
mit denen fünfundsiebzig Jahre zuvor ein Landmann aus der
Champagne Johann den Guten gewarnt hatte. Um sie her
schwärmt eine Sekte, die wünscht, sie solle an der Spitze der französischen Truppen Jerusalem erobern. Sie verwechselt die Heiden
mit den Hussiten, die sie verabscheut, obwohl sie des nämlichen
chiliastischen Geistes voll sind. Ihr Gefährte ist der Franziskaner

Bruder Richard, dem syrische Juden die Geburt eines Messias zu Babylon angesagt haben, der gellend vom Widerchrist spricht und Glücksspiele und Frauenzierat verdammt. Er hält die Magd von Greux für höllisches Blendwerk. Dann folgt er ihr mit dem Bruder Pasquerel, um erst nach ihrer Verbrennung von ihr zu lassen. Mit ihm zieht ein ganzer unruhiger Troß echter und unechter Beginen; denn eine Begine ist Jeanne d'Arc, wie nicht nur ihre durch zwei Frauenkommissionen, eine in Poitiers und eine in Rouen, bestätigte Keuschheit vermuten läßt, gewesen. Cathérine la Rochelle macht ihr den Ruhm streitig, die zwar schon mehrfach geboren hat, aber wie eine Jungfrau Gottes in Nächten eine weiße, in Gold gehüllte Heilige schauen will, und zwei Bretoninnen sind da, arme, der Jeanne ergebene Kranke. Die eine rettet sich durch Widerruf, die andere, die Pierronne, beharrt, als der Scheiterhaufen schon lodert, bei ihrer Versicherung, Gott habe wie ein Mensch, in langem, weißem Kleid mit ihr gesprochen. Doch alle überwindet die Begine aus Greux, die in Rouen vor ihrem Sterben zwei Holzstäbchen, die ein Engländer ihr gibt, zum Kreuz zusammenlegt, sie küßt und lächelnd sich zwischen Brust und Gewand steckt.

In blindem Drang steht sie eines Tages unter den Armagnacs, den groben Soldaten, die, da sie häßlich ist, sie wieder heimschicken möchten. »Nimm sie nach Hause zu ihrem Alten und gib ihr ein paar Ohrfeigen«, spricht der Ritter von Baudricourt zu ihrem Oheim Lassois, der sie gen Vaucouleurs führt. Als sie nochmals kommt und sagt, sie werde drei Söhne, einen Papst, einen Kaiser und einen König gebären, bietet der Ritter ihr seine Hilfe zum ersten der drei an. Sie läßt sich nicht spotten und erzwingt das verweigerte Gehör. Über den Landsknecht Jean de Metz, auf dessen Rat sie ihren Kittel mit Hosen vertauscht und ihr Haar kurz trägt, über den Herzog von Lothringen, der trotz ihrem Geheiß seine Konkubine Alison nicht verjagt und die Bäuerin mit vier Sols und einem Gaule abfertigt, dringt sie nach Chinon vor. Dort wird sie vom halbreifen und schon dekrepiten König empfangen und, da die Menge ihr zuläuft, in seiner Umgebung geduldet. Der Herzog von Alençon, Karls Vetter, ahnt mit einfältigem Sinn ihre Größe. Messire Regnault de Chartres, der Reimser Erzbischof, erkennt, wie nützlich diese Besessene ist, die hellen Antlitzes gelobt, mit dem König nach Reims zu ziehen, wo vor Zeiten Chlodwig aus der wundervollen Ampulla gesalbt worden ist. Sie versucht den Entsatz des belagerten Orléans, in weißem Küraß, auf einem bejahrten

Pferde, das Schwert von Fierbois und ein Banner mit Gott und der Weltkugel in ihren schwachen Händen. In ihrem Gefolge reitet, sie überragend, Herr Gilles de Rais, der spätere Marschall von Frankreich, Zauberer und Kinderwürger. Die Priester senden der guten Jeanne Proklamationen voraus, die den Engländern drohen, als ob sie Judith wäre. Die Soldaten gehen mit ihr einen falschen Weg. Dicht vor Orléans sieht sie, daß die Loire sie von Talbot trennt. Sie spürt den Verrat und nähert sich dem Bastard von Orléans, der in der mitnichten abgeschnittenen Stadt befehligt. Sie tadelt seine Hinterlist und hält ihm vor, daß Gott der Herr mit ihr im Bunde sei. Der Bastard gehorcht ihr zum Schein; denn er ist klug, Grammatiker, Sterndeuter und ein Meister der Heuchelei. Aber Jeanne verwirrt sich, als Taten gefordert werden. Es grämt sie, daß Talbot nicht demutsvoll die Schanzen räumt. »Kuhhirtin!« »Hurenmensch!« schmähen auf dem Wall die betrunkenen Briten, die sie wie die Leute in Lothringen ›les Godons‹ nennt, weil sie stets ›Goddam!‹ fluchen. Ihr hoffender Glaube wankt. Sie will nach Blois, und schwer nur überredet der schlaue Bastard sie, zu bleiben. In Orléans ist sie, wenn sie in den Straßen sichtbar wird, die Heldin der Miliz. Von der Schlacht wollen Sires und Soldaten sie in jedem Falle zurückhalten. Beim großen Ausfall schläft sie. Träumend hört sie das Stampfen. Sie erwacht und ruft ihrem Pagen Mugot zu: »Ha, scheußlicher Knabe! Was ließest du mich nicht wissen, daß französisches Blut vergossen wird?« Nicht sie selbst verschafft den Franzosen den Sieg, vielmehr ihre Fahne, die ein nur als ›le Basque‹ bekannter Söldner von der Kompanie des Herrn von Villars hoch durch die Luft schwenkt. Zu spät ist Jeanne vom Gebet in den Weinbergen heimgekehrt, zu spät hat sie sich an ihr weißes Banner geklammert, das die nervige Faust des Basken ihr entreißt. Hinfort mißbraucht die Kanzlei des Königs ihren Namen und rechnet in Briefen an die Städte ihr die Erfolge zu, die der Connétable und der Bastard mit starken Schwertern erringen. In ihrer planlosen Ekstase nimmt sie am Zuge durch die Champagne teil, der den Briten gestattet, den Krieg zu verschleppen. Sie ist bei dem Heer von Paris, das, während sie nichts ahnte, bestürmt wird, obwohl der Tag von Mariä Geburt ein Tag des Gottesfriedens sein soll, und wird in dem abgebrochenen Treffen gefährlicher als zuvor verwundet. Sie erliegt der Doppelzüngigkeit des Königs, der um ihretwillen Alençon, ihren ›beau duc‹, ins Exil schickt. Taumelnd wird sie vor Compiègne von Lyonnel, dem britischen Bogenschützen, abgefangen. Messire de Chartres ersetzt sie durch Guillaume, einen Schafhirten. Dieser Jüngling ist ›Le Puceau‹ nach der ›Pucelle‹ und zeigt an Füßen und Händen und Hüften stigmatisierte Wunden. Bei Beauvais überwältigen ihn die Feinde. Nach Heinrichs VI. Triumphgang durch Paris wird er in einen Sack genäht. Das Wasser der Seine spült seinen Leichnam fort. So hat er das Schicksal seiner Vorgängerin, die in Rouen verbrannt wird, und auch von seiner Stirn wird der Opferwahn geleuchtet haben, der ihre Stirn verklärte.

Erschüttert hat selbst France in seinem traurigen und gelehrten Buch den Elan ihres Martyriums bestaunt, die wilde, schweigende Kraft, mit der sie für einen König starb, der sie nichts anging. Die Hoheit stiller Gegenden ist um sie. Vor den schwarzen Häschern in Rouen sehnte sie sich nach ihrer Heimat, nach dem rauschenden Baum der Feen, der alten Buche, unter der Sainte Cathérine, Sainte Marguérite und Saint Michel ihr erschienen. »Wäre ich inmitten meiner Wälder«, entgegnete sie dem Cauchon, »würde ich ihre Stimmen hören.« Sie hat zwei Freundinnen gehabt, Hauviette, deren Lager sie teilt, und Mengette, mit der sie zur Arbeit des Webens und Nähens zusammentrifft. Sie ist fromm gewesen wie ihre Mutter, die im Dorfe ›la Romée‹, die ›Rompilgerin‹ heißt; niemals streift sie einen Messingreif, der Mutter bescheidenes Geschenk, vom Finger. Als dörfliche Halluzinierte, als ein von Prophezeiungen, von Mord und Brand, von hundert Kriegsnächten erregtes Geschöpf, ist sie hinaus auf die Heerstraße gewandert.

Es traten Nachahmerinnen auf, die mit ihrer Passion wucherten. Fünf Jahre war sie tot, da eilte durch Lothringen das Gerücht, Jeanne d'Arc lebe und habe in einem Orte bei Metz sich ihren Brüdern vorgestellt, die nun von des Königs Gnaden adelige Herren du Lys waren. Die Brüder prüften die Fremde und sagten, daß sie ihre Schwester sei. Das Weib saß trefflich im Sattel und sprach wie eine Prophetin. Freudig huldigte ihr das Volk, der König, der zum wenigsten den Jean du Lys beschenkte, und der Rat von Orléans. Die Herzogin von Luxembourg nahm sie auf. Sie bestrickte den jungen Grafen Ulrich von Württemberg, der ihr einen Küraß gab, und zog mit ihm nach Köln. Doch da sie unzüchtige Kleider trug, mit Männern tanzte und sich der Jongleurkunst befliß, erweckte sie den Argwohn des Theologieprofessors Kalt Eysen; der Inquisitor verhängte den Bann über sie. In Arlon heiratete sie Robert des Armoises, Herrn von Tichemont, von dem sie zwei Kinder bekam.

›Jeanne du Lys, Jungfrau von Frankreich‹, nannte sie sich in einem Kaufvertrag. Zwei Jahre hauste sie in Metz mit einem Priester. Dann zog sie nach Orléans, wo derselbe Schenke sie bewirtete, der Jeanne d'Arc den Wein serviert hatte. Sie sah sich Tours an, befreundete sich in Poitou mit Gilles de Rais, der schon der im Blute watende Magier war, und wurde erst in Paris entlarvt. Sie gestand, daß sie in Rom unter dem Papst Eugen Heeresdienste geleistet hatte. Die Richter begnadigten sie, nachdem sie auf steinernem Pranger ausgestellt worden war. Sehr glimpflich ging es einer dritten Jeanne d'Arc, der von Sarmaize, der nur die männliche Tracht verboten wurde. Eine vierte, die von Dämonen geplagte Jeanne La Féronne, stand, vor das geistliche Gericht gezerrt, mit papierener Mütze auf dem Markt von Tours. Dann ließ man sie frei. Antoine du Faur erzählt, daß sie später ein Sündenhaus betrieben habe.

Unter der Präsidentschaft Sadi Carnots litt Schwester Jeanne-Marie an Periostitis; sie genas durch die Fürbitte der Jungfrau von Orléans. Es folgten Schwester Julie Anthier von Sankt Norbert, der die Selige einen Brustkrebs, und Schwester Therese von Sankt Augustin, der sie einen Magenkrebs wegnahm. Die Hügel von Domrémy wurden durch kirchliche Bauten ihrer Anmut entkleidet. Eine Kapelle, ein Eudistenhaus, ein frommer Gasthof, ein Karmeliterkloster, Läden und Buden erhoben sich, und als Maurice Barrès hinreiste, um zwischen Wald und Fluß der Tradition seine Andacht zu zollen, seufzte er über die mönchische Entweihung einer Gestalt, die dann in den neuesten Tagen vollends für die Intelligenz der Curés zurechtgemacht worden ist.

(Paul Wiegler, *Figuren. Literarische Porträts,* Leipzig und Weimar: Gustav Kiepenheuer 1979, S. 40-45; zuerst 1914 in Berlin erschienen.)

Schillers *Jungfrau von Orleans*

Erkennungsszene

RAOUL
Hört ihr den Auflauf? Das Geläut der Glocken?
Sie ists, das Volk begrüßt die Gottgesandte.

KARL *zu Du Chatel:*
Führt sie herein –

      Zum Erzbischof:
            Was soll ich davon denken!
Ein Mädchen bringt mir Sieg und eben jetzt,
Da nur ein Götterarm mich retten kann!
Das ist nicht in dem Laufe der Natur,
Und darf ich – Bischof, darf ich Wunder glauben?

VIELE STIMMEN *hinter der Szene:*
Heil, Heil der Jungfrau, der Erretterin!

KARL
Sie kommt!

      Zu Dunois:
           Nehmt meinen Platz ein, Dunois!
Wir wollen dieses Wundermädchen prüfen,
Ist sie begeistert und von Gott gesandt,
Wird sie den König zu entdecken wissen.

*Dunois setzt sich, der König steht zu seiner Rechten, neben ihm
Agnes Sorel, der Erzbischof mit den Übrigen gegenüber, daß der
mittlere Raum leer bleibt.*

ZEHNTER AUFTRITT

*Die Vorigen. Johanna begleitet von den Ratsherren und vielen
Rittern, welche den Hintergrund der Szene anfüllen; mit edelm
Anstand tritt sie vorwärts, und schaut die Umstehenden der
Reihe nach an.*

DUNOIS *nach einer tiefen feierlichen Stille:*
Bist du es, wunderbares Mädchen –

JOHANNA *unterbricht ihn, mit Klarheit und Hoheit ihn an-
schauend:*
Bastard von Orleans! Du willst Gott versuchen!
Steh auf von diesem Platz, der dir nicht ziemt,

Brechts *Heilige Johanna*

Erkennungsszene

DER DETEKTIV
Herr Mauler, da sind einige, die mit Ihnen sprechen wollen.

MAULER
Abgerissenes Pack, was? Neidisch aussehend, was? Und gewalt-
tätig, wie? Ich bin nicht zu sprechen.

DER DETEKTIV
Es sind ein paar von der Organisation der Schwarzen Strohhüte.

MAULER
Was ist das für eine Organisation?

DER DETEKTIV
Sie sind weit verzweigt und zahlreich und angesehen bei den unteren Ständen, wo man sie die Soldaten des lieben Gottes nennt.

MAULER
Ich hörte schon von ihnen. Seltsamer Name: Des lieben Gottes
Soldaten . . . aber was wollen die von mir?

DER DETEKTIV
Sie haben mit Ihnen zu sprechen, sagen sie.
*Währenddessen geht jetzt der Börsenlärm weiter: Ochsen 43,
Schweine 55, Rinder 59 usw.*

MAULER
Gut, sag ihnen, ich will sie sehn.
Sag ihnen aber auch, daß sie selbst nichts sagen dürfen, was ich
Nicht selber frag. Auch Tränen oder Lieder
Besonders rührselige, dürfen sie nicht plärren.
Sag ihnen noch, am meisten könnt's ihnen nützen
Wenn ich den Eindruck hätt, sie seien
Gutgesinnte Menschen, gegen die nichts vorliegt
Und die nichts wollen von mir, was ich nicht hab.
Und noch was: sag nicht, daß ich der Mauler bin.
Der Detektiv geht hinüber zu Johanna.

DER DETEKTIV
Er will euch sprechen, aber
Ihr sollt nichts fragen, sondern nur antworten
Wenn er euch fragt.
Johanna tritt auf Mauler zu.

An diesen Größeren bin ich gesendet.
Sie geht mit entschiedenem Schritt auf den König zu, beugt ein
Knie vor ihm und steht sogleich wieder auf, zurücktretend. Alle
Anwesenden drücken ihr Erstaunen aus. Dunois verläßt seinen
Sitz und es wird Raum vor dem König.

KARL

Du siehst mein Antlitz heut zum erstenmal,
Von wannen kommt dir diese Wissenschaft?

JOHANNA

Ich sah dich, wo dich niemand sah als Gott.
Sie nähert sich dem König und spricht geheimnisvoll.
In jüngst verwichner Nacht, besinne dich!
Als alles um dich her in tiefem Schlaf
Begraben lag, da standst du auf von deinem Lager,
Und tatst ein brünstiges Gebet zu Gott.
Laß die hinausgehn und ich nenne dir
Den Inhalt des Gebets.

(Schiller, I., 9-10, Verse 994-1018)

JOHANNA
  Sie sind der Mauler!
MAULER
  Nicht ich bin's. *Zeigt auf Slift.* Der ist's.
JOHANNA *deutet auf Mauler:*
  Sie sind der Mauler.
MAULER
  Nein, der ist's.
JOHANNA
  Sie sind's.
MAULER
  Wie kennst du mich?
JOHANNA
  Weil du das blutigste Gesicht hast.
  Slift lacht.
MAULER
  Du lachst, Slift?
  Graham ist inzwischen weggelaufen.
MAULER *zu Johanna:*
  Wieviel Geld bekommt ihr für den Tag?
JOHANNA
  Zwanzig Cent, aber das Essen und die Kleidung.
MAULER
  Dünne Kleider, Slift, und sicher magere Suppen, wie?
  Ja, die Kleider mögen dünn sein und die Suppen nicht fett.
JOHANNA
  Warum, Mauler, sperrst du die Arbeiter aus?
MAULER *zu Slift:*
  Daß sie arbeiten ohne Verdienst
  Das ist merkwürdig, nicht? Niemals noch hört ich
  Daß solches vorgefallen wär, daß einer arbeitet
  Für nichts und ist's nicht leid. Auch find ich keine Furcht
  In ihrem Aug vor Brückenbog' und Elend.

(2, 684 f.)

Schlußszene

Die Szene verwandelt sich in das Schlachtfeld.

VIERZEHNTER AUFTRITT

*Soldaten mit fliegenden Fahnen erfüllen den Hintergrund. Vor
ihnen der König und der Herzog von Burgund, in den Armen
beider Fürsten liegt Johanna tödlich verwundet, ohne Zeichen
des Lebens. Sie treten langsam vorwärts. Agnes Sorel stürzt herein.*

SOREL *wirft sich an des Königs Brust:*
Ihr seid befreit – Ihr lebt – Ich hab Euch wieder!

KÖNIG
Ich bin befreit – Ich bins um diesen Preis!
Zeigt auf Johanna.

SOREL
Johanna! Gott! Sie stirbt!

BURGUND
                         Sie hat geendet!
Seht einen Engel scheiden! Seht, wie sie da liegt,
Schmerzlos und ruhig wie ein schlafend Kind!
Des Himmels Friede spielt um ihre Züge,
Kein Atem hebt den Busen mehr, doch Leben
Ist noch zu spüren in der warmen Hand.

KÖNIG
Sie ist dahin – Sie wird nicht mehr erwachen,
Ihr Auge wird das Irdsche nicht mehr schauen.
Schon schwebt sie droben ein verklärter Geist,
Sieht unsern Schmerz nicht mehr und unsre Reue.

SOREL
Sie schlägt die Augen auf, sie lebt!

BURGUND *erstaunt:*
                         Kehrt sie
Uns aus dem Grab zurück? Zwingt sie den Tod?
Sie richtet sich empor! Sie steht!

JOHANNA *steht ganz aufgerichtet und schaut umher:*
                         Wo bin ich?

BURGUND
Bei deinem Volk, Johanna! Bei den Deinen!

[...]

JOHANNA

Darum, wer unten sagt, daß es einen Gott gibt
Und ist keiner sichtbar
Und kann sein unsichtbar und hülfe ihnen doch
Den soll man mit dem Kopf auf das Pflaster schlagen
Bis er verreckt ist.

SLIFT

Hört ihr, ihr müßt etwas sagen, womit ihr diesem Mädchen das
Wort abschneidet. Ihr müßt reden, irgend etwas, aber laut!

SNYDER

Johanna Dark, fünfundzwanzig Jahre alt, erkrankt an Lungen-
entzündung auf den Schlachthöfen Chicagos, im Dienste Gottes, Streiterin und Opfer!

JOHANNA

Und auch die, welche ihnen sagen, sie könnten sich erheben im
     Geiste
Und steckenbleiben im Schlamm, die soll man auch mit den
     Köpfen auf das
Pflaster schlagen. Sondern
Es hilft nur Gewalt, wo Gewalt herrscht, und
Es helfen nur Menschen, wo Menschen sind.

ALLE *singen die erste Strophe des Chorals, damit Johannas Reden
nicht mehr gehört werden:*
Reiche den Reichtum dem Reichen! Hosianna!
Die Tugend desgleichen! Hosianna!
Gib dem, der da hat! Hosianna!
Gib ihm den Staat und die Stadt! Hosianna!
Gib du dem Sieger ein Zeichen! Hosianna!
[...]

ALLE *singen die zweite und dritte Strophe des Chorals, Johanna ist
nicht mehr hörbar:*
Schenke dem Reichen Erbarmen, Hosianna!
In deinen Armen, Hosianna!
Schenk deine Gnad, Hosianna!

KÖNIG

In deiner Freunde, deines Königs Armen!

JOHANNA *nachdem sie ihn lange starr angesehen:*

Nein, ich bin keine Zauberin! Gewiß
Ich bins nicht.

KÖNIG

Du bist heilig wie die Engel,
Doch unser Auge war mit Nacht bedeckt.

JOHANNA *sieht heiter lächelnd umher:*

Und ich bin wirklich unter meinem Volk,
Und bin nicht mehr verachtet und verstoßen?
Man flucht mir nicht, man sieht mich gütig an?
– Ja jetzt erkenn ich deutlich alles wieder!
Das ist mein König! Das sind Frankreichs Fahnen!
Doch meine Fahne seh ich nicht – Wo ist sie?
Nicht ohne meine Fahne darf ich kommen,
Von meinem Meister ward sie mir vertraut,
Vor seinem Thron muß ich sie niederlegen,
Ich darf sie zeigen, denn ich trug sie treu.

KÖNIG *mit abgewandtem Gesicht:*

Gebt ihr die Fahne!

*Man reicht sie ihr. Sie steht ganz frei aufgerichtet, die Fahne in
der Hand – Der Himmel ist von einem rosigten Schein beleuchtet.*

JOHANNA

Seht ihr den Regenbogen in der Luft?
Der Himmel öffnet seine goldnen Tore,
Im Chor der Engel steht sie glänzend da,
Sie hält den ewgen Sohn an ihrer Brust,
Die Arme streckt sie lächelnd mir entgegen.
Wie wird mir – Leichte Wolken heben mich –
Der schwere Panzer wird zum Flügelkleide.
Hinauf – hinauf – Die Erde flieht zurück –
Kurz ist der Schmerz und ewig ist die Freude!

*Die Fahne entfällt ihr, sie sinkt tot darauf nieder – Alle stehen
lange in sprachloser Rührung – Auf einen leisen Wink des Königs
werden alle Fahnen sanft auf sie niedergelassen, daß sie ganz davon bedeckt wird.*

(Schiller, V, 14, Verse 3505-3544)

Und deine Hilf dem, der hat, Hosianna!
Hab mit dem Satten Erbarmen, Hosianna!

Man sieht, daß Johanna zu sprechen aufhört.

Hilf deiner Klasse, die dir hilft, Hosianna!
Aus reichlichen Händen, Hosianna!
Zerstampfe den Haß, Hosianna!
Lach mit dem Lachenden, laß, Hosianna!
Seine Missetat glücklich enden, Hosianna!

*Während dieser Strophe haben die Mädchen versucht, Johanna
einen Teller Suppe einzuflößen. Sie hat den Teller zweimal zurückgewiesen. Das dritte Mal ergreift sie ihn, hält ihn hoch und
schüttet ihn aus. Dann sinkt sie zusammen und liegt jetzt in den
Armen der Mädchen, tödlich verwundet, ohne Zeichen des
Lebens. Snyder und Mauler treten zu ihr.*

MAULER
Gebt ihr die Fahne!
Man reicht ihr die Fahne. Die Fahne entfällt ihr.

SNYDER
Johanna Dark, fünfundzwanzig Jahre alt, gestorben an Lungen-
entzündung auf den Schlachthöfen, im Dienste Gottes, Streiterin und Opfer.

MAULER
Ach, das Reine
Ohne Fehle
Unverderbte, Hilfsbereite
Es erschüttert uns Gemeine!
Weckt in unsrer Brust die zweite
Bessere Seele!
*Alle stehen lange in sprachloser Rührung. Auf einen Wink Sny-
ders werden alle Fahnen sanft auf sie niedergelassen, bis sie ganz
davon bedeckt wird. Die Szene ist von einem rosigen Schein be-
leuchtet.*
[...]

(2, 782f., 784f.)

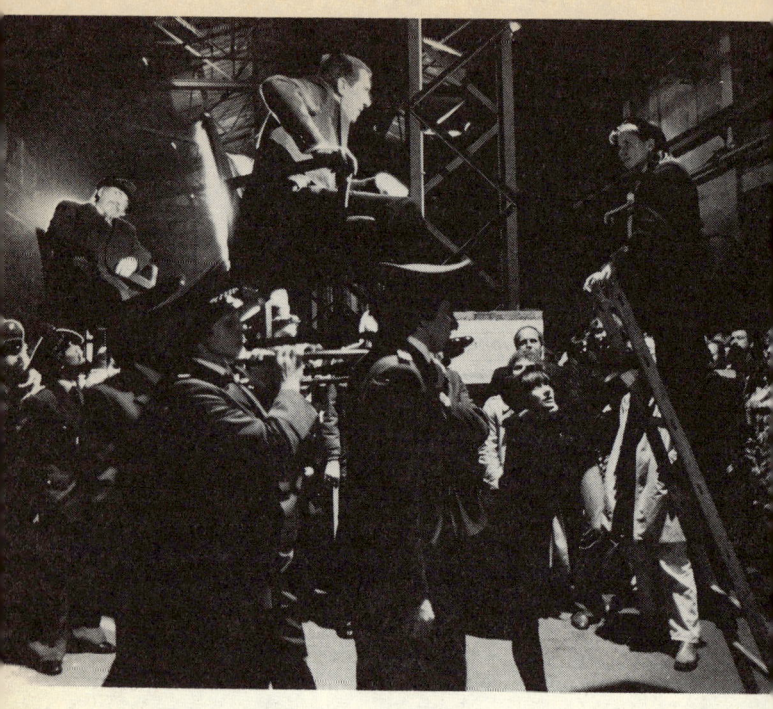

Fabrikaufführung, Bochum 1979. Foto: A. Tüllmann

Einbau von Goethes *Faust* in die Schlußszene

Brecht baut in seine Schlußszene (Szene 12) Teile aus dem berühmt-berüchtigten Ende von *Faust II* ein und verbindet sie mit zentralen Faust-Motiven aus dem ersten Teil des Goethe-Stücks. Damit überlagern sich zwei Klassikerparodien: Die Schlußapotheose ist nach Schillers *Jungfrau von Orleans* angelegt, zusätzlich aber auch noch mit der Verklärung des *Faust*-Schlusses versehen, der Faust und Gretchen in den »höheren« Gefilden wieder vereinigt und zugleich Fausts »Schuld« aufhebt. Brecht deutet die Zwei-Seelen-Lehre materialistisch um. – Die Ausschnitte aus Goethes *Faust* erscheinen in der Reihenfolge von Brechts Übernahmen; sie sind oft nur vage anspielend bzw. im Zitat von Metrum und »Stimmung« häufig nur atmosphärisch ausgeprägt.

FAUST, *erblindet:*
Die Nacht scheint tiefer tief hereinzudringen,
Allein im Innern leuchtet helles Licht;
Was ich gedacht, ich eil' es zu vollbringen;
Des Herren Wort, es gibt allein Gewicht.
Vom Lager auf, ihr Knechte! Mann für Mann!
Laßt glücklich schauen, was ich kühn ersann.
Ergreift das Werkzeug, Schaufel rührt und Spaten!
Das Abgesteckte muß sogleich geraten.
Auf strenges Ordnen, raschen Fleiß
Erfolgt der allerschönste Preis;
Daß sich das größte Werk vollende,
Genügt ein Geist für tausend Hände.

(*Faust II*, Verse 11499-11510; zu 2, 777.)

DIE JÜNGEREN ENGEL
Jene Rosen aus den Händen
Liebend-heiliger Büßerinnen
Halfen uns den Sieg gewinnen,
Uns das hohe Werk vollenden,
Diesen Seelenschatz erbeuten.
Böse wichen, als wir streuten,
Teufel flohen, als wir trafen.
Statt gewohnter Höllenstrafen
Fühlten Liebesqual die Geister;
Selbst der alte Satansmeister

War von spitzer Pein durchdrungen.
Jauchzet auf! es ist gelungen.

(Faust II, Verse 11942-11953; zu 2, 777.)

CHOR DER ENGEL
Blüten, die seligen,
Flammen, die fröhlichen,
Liebe verbreiten sie,
Wonne bereiten sie,
Herz wie es mag.
Worte, die wahren,
Äther im Klaren,
Ewigen Scharen
Überall Tag!
[...]
CHOR DER ENGEL
Wendet zur Klarheit
Euch, liebende Flammen!
Die sich verdammen,
Heile die Wahrheit;
Daß sie vom Bösen
Froh sich erlösen,
Um in dem Allverein
Selig zu sein.

(Faust II, Verse 11726-11734, 11801-11808; zu 2, 778.)

DER HERR
Solang' er [Faust] auf der Erde lebt,
Solange sei dir's nicht verboten [ihn zu führen].
Es irrt der Mensch, solang' er strebt.

(Faust I, Verse 315-317; zu 2, 778.)

DER HERR
[...]
Ein guter Mensch in seinem dunklen Drange
Ist sich des rechten Weges wohl bewußt.

(Faust I, Verse 328f.; zu 2, 779.)

CHORUS MYSTICUS

    Alles Vergängliche
    Ist nur ein Gleichnis;
    Das Unzulängliche,
    Hier wird's Ereignis;
    Das Unbeschreibliche,
    Hier ist's getan;
    Das Ewig-Weibliche
    Zieht uns hinan.

(*Faust II*, Verse 12104-12111; zu 2, 779.)

DIE VOLLENDETEREN ENGEL

    Uns bleibt ein Erdenrest
    Zu tragen peinlich,
    Und wär' er von Asbest,
    Er ist nicht reinlich.
    Wenn starke Geisteskraft
    Die Elemente
    An sich herangerafft,
    Kein Engel trennte
    Geeinte Zwienatur
    Der innigen beiden,
    Die ewige Liebe nur
    Vermag's zu scheiden.

DIE JÜNGEREN ENGEL

    Nebelnd um Felsenhöh'
    Spür' ich soeben,
    Regend sich in der Näh',
    Ein Geisterleben.
    Die Wölkchen werden klar,
    Ich seh' bewegte Schar
    Seliger Knaben,
    Los von der Erde Druck,
    Im Kreis gesellt,
    Die sich erlaben
    Am neuen Lenz und Schmuck
    Der obern Welt.
    Sei er zum Anbeginn,

Steigendem Vollgewinn
Diesen gesellt!

(*Faust II*, Verse 11954-11980; zu 2, 779; vgl. 785 f.)

PATER SERAPHICUS
  Steigt hinan zu höherm Kreise,
  Wachset immer unvermerkt,
  Wie, nach ewig reiner Weise,
  Gottes Gegenwart verstärkt.
  Denn das ist der Geister Nahrung,
  Die im freisten Äther waltet:
  Ewigen Liebens Offenbarung,
  Die zur Seligkeit entfaltet.
  [...]
  Dir, der Unberührbaren,
  Ist es nicht benommen,
  Daß die leicht Verführbaren
  Traulich zu dir kommen.
  [...]
PATER SERAPHICUS
  Knaben! Mitternachts-Geborne,
  Halb erschlossen Geist und Sinn,
  Für die Eltern gleich Verlorne,
  Für die Engel zum Gewinn.
  Daß ein Liebender zugegen,
  Fühlt ihr wohl, so naht euch nur;
  Doch von schroffen Erdewegen,
  Glückliche! habt ihr keine Spur.
  Steigt herab in meiner Augen
  Welt- und erdgemäß Organ,
  Könnt sie als die euern brauchen,
  Schaut euch diese Gegend an!
  Er nimmt sie in sich.
  Das sind Bäume, das sind Felsen,
  Wasserstrom, der abgestürzt
  Und mit ungeheurem Wälzen
  Sich den steilen Weg verkürzt.
SELIGE KNABEN *von innen:*
  Das ist mächtig anzuschauen,

Doch zu düster ist der Ort,
Schüttelt uns mit Schreck und Grauen.
Edler, Guter, laß uns fort!

(Faust II, Verse 11918-11925, 12020-12023, 11898-11909; zu 2, 780f.)

CHOR DER BÜSSERINNEN
Du schwebst zu Höhen
Der ewigen Reiche,
Vernimm das Flehen,
Du Ohnegleiche,
Du Gnadenreiche!

(Faust II, Verse 12032-12036; zu 2, 781.)

CHOR DER ENGEL *Rosen streuend:*
Rosen, ihr blendenden,
Balsam versendenden!
Flatternde, schwebende,
Heimlich belebende,
Zweigleinbeflügelte,
Knospenentsiegelte,
Eilet zu blühn.

Frühling entsprieße,
Purpur und Grün!
Tragt Paradiese
Dem Ruhenden hin.

(Faust II, Verse 11699-11709; zu 2, 782.)

Der Handelnde ist immer gewissenlos; es hat niemand Gewissen
als der Betrachtende.

(Maximen und Reflexionen, Nr. 251; zu 2, 782.)

ZU DREI
Die du großen Sünderinnen
Deine Nähe nicht verweigerst
Und ein büßendes Gewinnen
In die Ewigkeiten steigerst,
Gönn auch dieser guten Seele,

Die sich einmal nur vergessen,
Die nicht ahnte, daß sie fehle,
Dein Verzeihen angemessen!

UNA POENITENTIUM *sonst Gretchen genannt. Sich anschmiegend:*
Neige, neige,
Du Ohnegleiche,
Du Strahlenreiche,
Dein Antlitz gnädig meinem Glück!
Der früh Geliebte,
Nicht mehr Getrübte,
Er kommt zurück.

(*Faust II,* Verse 12061-12075; zu 2, 785.)

CHOR SELIGER KNABEN *um die höchsten Gipfel kreisend:*
Hände verschlinget
Freudig zum Ringverein,
Regt euch und singet
Heil'ge Gefühle drein!
Göttlich belehret,
Dürft ihr vertrauen;
Den ihr verehret,
Werdet ihr schauen.

ENGEL *schwebend in der höheren Atmosphäre, Faustens Unsterb-
liches tragend:*
Gerettet ist das edle Glied
Der Geisterwelt vom Bösen,
W e r immer strebend sich bemüht,
D e n können wir erlösen.
Und hat an ihm die Liebe gar
Von oben teilgenommen,
Begegnet ihm die selige Schar
Mit herzlichem Willkommen.
[...]

DIE EINE BÜSSERIN *sonst Gretchen genannt:*
Vom edlen Geisterchor umgeben,
Wird sich der Neue kaum gewahr,
Er ahnet kaum das frische Leben,
So gleicht er schon der heiligen Schar.
Sieh, wie er jedem Erdenbande

Der alten Hülle sich entrafft
Und aus ätherischem Gewande
Hervortritt erste Jugendkraft.
Vergönne mir, ihn zu belehren,
Noch blendet ihn der neue Tag.

MATER GLORIOSA
Komm! hebe dich zu höhern Sphären!
Wenn er dich ahnet, folgt er nach.
[...]

MEPHISTOPHELES *sich umsehend:*
Doch wie? – wo sind sie hingezogen?
Unmündiges Volk, du hast mich überrascht,
Sind mit der Beute himmelwärts entflogen;
Drum haben sie an dieser Gruft genascht!
Mir ist ein großer, einziger Schatz entwendet:
Die hohe Seele, die sich mir verpfändet,
Die haben sie mir pfiffig weggepascht.

(*Faust II*, Verse 11926-11941, 12084-12095, 11825-11831; zu 2, 785.)

FAUST
Du bist dir nur des einen Triebs bewußt;
O lerne nie den andern kennen!
Zwei Seelen wohnen, ach! in meiner Brust,
Die eine will sich von der andern trennen;
Die eine hält, in derber Liebeslust,
Sich an die Welt mit klammernden Organen;
Die andre hebt gewaltsam sich vom Dust
Zu den Gefilden hoher Ahnen.

(*Faust I*, Verse 1110-1117; zu 2, 785 f.)

Hölderlins *Hyperions Schiksaalslied*

Ihr wandelt droben im Licht
  Auf weichem Boden, seelige Genien!
    Glänzende Götterlüfte
     Rühren euch leicht,
       Wie die Finger der Künstlerin
       Heilige Saiten.

Schiksaallos, wie der schlafende
  Säugling, athmen die Himmlischen;
   Keusch bewahrt
    In bescheidener Knospe,
     Blühet ewig
      Ihnen der Geist,
       Und die seeligen Augen
      Bliken in stiller
       Ewiger Klarheit.

Doch uns ist gegeben,
  Auf keiner Stätte zu ruhn,
   Es schwinden, es fallen
    Die leidenden Menschen
    Blindlings von einer
    Stunde zur andern,
      Wie Wasser von Klippe
      Zu Klippe geworfen,
       Jahr lang ins Ungewisse hinab.

Nachweis der Bibelzitate

Und der Herr sprach: Ich habe gesehen das Elend meines Volks in Ägypten und habe ihr Geschrei gehört über die, so sie drängen; ich habe ihr Leid erkannt und bin herniedergefahren, daß ich sie errette von der Ägypter Hand und sie ausführe aus diesem Land in ein gutes und weites Land, in ein Land, darin Milch und Honig fließt [. . .].
(2. Mose 3, 7-8; zu 2, 675.)

[. . .] und sie kamen gen Ophir und holten daselbst vierhundertundzwanzig Zentner Gold und brachten's dem König Salomo.
(1. Könige 9, 28; zu 2, 675.)

Und Gott sprach: Lasset uns Menschen machen, ein Bild, das uns gleich sei, die da herrschen über die Fische im Meer und über die Vögel unter dem Himmel und über das Vieh und über die ganze Erde und über alles Gewürm, das auf Erden kriecht.
(1. Mose 1, 26; zu 2, 675.)

Schauet die Lilien auf dem Felde, wie sie wachsen: sie arbeiten nicht, auch spinnen sie nicht.
(Matthäus 6, 28; zu 2, 675.)

Ihr Heiligen, lobsinget dem Herrn; danket und preiset seine Heiligkeit.
(Psalm 30, 5; zu 2, 675.)

Wer tut' und macht es und ruft alle Menschen nacheinander von Anfang her? Ich bin's, der Herr, der Erste und der Letzte.
(Jesaja 41, 4; vgl. Jesaja 52, 6 und Hesekiel 29, 9; zu 2, 685.)

Als nun Jesus zu ihnen sprach: Ich bin's! wichen sie zurück und fielen zu Boden. [. . .] Jesus antwortete: Ich habe es euch gesagt, daß ich's bin. Suchet ihr denn mich, so lasset diese gehen!
(Johannes 18, 6, 8; vgl. Johannes 8, 18 und Markus 14, 62; zu 2, 685.)

Und er stand auf und bedrohte den Wind und sprach zu dem Meer: Schweig und verstumme! Und der Wind legte sich, und es ward eine große Stille.
(Markus 4, 39; zu 2, 697.)

Die Stimme des Herrn geht über den Wassern; der Gott der Ehren donnert, der Herr über großen Wassern.
(Psalm 30, 3; zu 2, 697.)

Und Mose verhüllte sein Angesicht; denn er fürchtete sich, Gott anzuschauen.
(2. Mose 3, 6; zu 2, 697.)

Du sollst dem Ochsen, der da drischt, nicht das Maul verbinden.
(5. Mose 24, 4; zu 2, 708.)

Und Jesus ging in den Tempel hinein und trieb heraus alle Verkäufer und Käufer im Tempel und stieß um der Wechsler Tische und die Stühle der Taubenkrämer und sprach zu ihnen: Es steht geschrieben: »Mein Haus soll ein Bethaus heißen«; ihr aber macht eine Räuberhöhle daraus.
(Matthäus 21, 12-13; vgl. Markus 11, 15-18, Lukas 19, 45-48, Johannes 2, 13-16; zu 2, 717 und ff.)

[...] und sandte ihn wieder zu Pilatus.
(Lukas 23, 11; zu 2, 723.)

Und sie hörten die Stimme Gottes des Herrn, der im Garten ging, da der Tag kühl geworden war. Und Adam versteckte sich mit seinem Weibe vor dem Angesicht Gottes des Herrn unter die Bäume im Garten. Und Gott der Herr rief Adam und sprach zu ihm: Wo bist du? Und er sprach: Ich hörte deine Stimme im Garten und fürchtete mich; denn ich bin nackt, darum versteckte ich mich. Und er sprach: Wer hat dir's gesagt, daß du nackt bist? Hast du nicht gegessen von dem Baum, davon ich dir gebot, du solltest nicht davon essen? Da sprach Adam: Das Weib, das du mir zugesellt hast, gab mir von dem Baum, und ich aß.
(1. Mose 3, 8-12; zu 2, 728.)

Leget von euch ab den alten Menschen [Adam] mit seinem vorigen Wandel, der durch trügerische Lüste sich verderbt.
(Epheser 4, 22; zu 2, 737.)

Tue weg den Hut und hebe ab die Krone! Denn es wird weder der Hut noch die Krone bleiben; sondern der sich erhöht hat, soll erniedrigt werden, und der sich erniedrigt, soll erhöht werden.
(Hesekiel 21, 31; zu 2, 760 und ff.)

Und also vollendete Gott am siebenten Tage seine Werke, die er machte, und ruhte am siebenten Tage von allen seinen Werken, die er machte.
(1. Mose 2, 2; zu 2, 763.)

Übernahme von Versformen

Motto: »Diese ›Helden‹ will ich in shakespeareschen Versen sprechen lassen. Das Verse-Sprechen steht ihnen von Rechts wegen zu; denn die Unternehmungen der Händler und Wechsler sind nicht weniger folgenschwer – Leben oder Tod Zehntausender bestimmend – als die Schlachten der Heerführer in den Kriegen [...] bei Shakespeare« (Brecht nach Bernhard Reich).

Blankvers

Beispiel Shakespeare: *König Richard II.:*

[RICHARD] Kommt her!
　　Vernehmt, was wir mit unserm Rat verfügt. –
　　Auf daß nicht unsers Reiches Boden werde
　　Befleckt mit teurem Blut, das er genährt;
　　Weil unser Aug den grausen Anblick scheut
　　Von Wunden, aufgepflügt durch Nachbarschwerter;
　　Und weil uns dünkt, der stolze Adlerflug
　　Ehrsücht'ger, himmelstrebender Gedanken
　　Und Neid, der jeden Nebenbuhler haßt,
　　Hab euch gereizt, zu wecken unsern Frieden,
　　Der, in der Wiege unsers Landes schlummernd,
　　Die Brust mit süßem Kindesodem schwellt;
　　Der, aufgerüttelt nun von lärm'gen Trommeln,
　　Samt heiserer Trompeten wildem Schmettern
　　Und dem Geklirr ergrimmter Eisenwehr,
　　Aus unsern stillen Grenzen schrecken möchte
　　Den holden Frieden, daß wir waten müßten
　　In unsrer Anverwandten Blut: – deswegen
　　Verbannen wir aus unsern Landen euch.

(1. Aufzug, 3. Szene; Übersetzung von August Wilhelm Schlegel.)

Beispiel Schiller: *Die Jungfrau von Orleans:*

[JOHANNA] Das will ich!
　　Daran soll niemand mich verhindern. – Horch!

Das ist der Kriegsmarsch meines Volks! Wie mutig
Er in das Herz mir schallt und siegverkündend!
Verderben über England! Sieg den Franken!
Auf, meine Tapfern! Auf! Die Jungfrau ist
Euch nah, sie kann nicht vor euch her wie sonst
Die Fahne tragen – schwere Bande fesseln sie,
Doch frei aus ihrem Kerker schwingt die Seele
Sich auf den Flügeln eures Kriegsgesangs.

(5. Aufzug, Elfte Szene.)

Beispiel Brecht: *Die heilige Johanna der Schlachthöfe:*

MAULER
Erinnere, Cridle, dich, wie wir vor Tagen –
Wir gingen durch den Schlachthof, Abend war's –
An unsrer neuen Packmaschine standen.
Erinnere, Cridle, dich an jenen Ochsen
Der blond und groß und stumpf zum Himmel blickend
Den Streich empfing: mir war's, als gält er mir.
Ach, Cridle, ach, unser Geschäft ist blutig.
CRIDLE
Die alte Schwäche, also, Pierpont?
Unglaublich fast, du, der Gigant der Packer
Des Schlachthofs König, vor dem Schlächter zittern
Zergehst in Schmerz um einen blonden Ochsen!
Verrat's, ich bitt dich, niemand außer mir.

(2, 667)

Beispiel einer direkten Übernahme, Schiller–Brecht:

Gegessen sind die zwanzig Mittagessen.
Fall nicht in Zorn, daß du mich wieder hier siehst.
Von meinem Anblick gern befreit ich dich.
Das ist die Grausamkeit des Hungers, daß er
Wenngleich befriedigt, immer wieder kommt.

(2, 721 f.)

Das eben ist der Fluch der bösen Tat,
Daß sie, fortzeugend, immer Böses muß gebären.

(*Wallenstein, Piccolomini,* Verse 2452 f.)

Die Blankverse sind fünffüßige reimlose Jamben (alternierender Wechsel von Senkung und Hebung: v – / v – / v – / v – / v – [v]) mit beliebig wechselndem starken (Hebung) oder schwachen (Senkung) Schluß. Im elisabethanischen Theater ausgeprägt, bei Shakespeare klassisch geformt, wurde der Vers von Lessing (mit dem *Nathan*) in Deutschland eingeführt und bildete dann *den* Vers der deutschen Klassik (Schiller, Goethe, Kleist, Hölderlin, Grillparzer u. a.). Brecht knüpft sowohl an die Tradition Shakespeares an (schon im *Eduard*), als auch parodiert er – seine Vorlage – Schiller. Der Blankvers ist bei Brecht recht frei behandelt; er ist der »Grundvers« des Dramas.

Hexameter

Beispiel Vergils *Aeneis*:

Turnus, als er gewahrt, Aeneas weich aus dem Treffen,
Und ihm folgen bestürzt die Herzög, flammt er vor Hoffnung,
Fordert sich Waffen und Rosse zugleich; frohlockenden
                                    Sprunges
Steht er im Wagengestühl und schwenkt mit Händen die Zügel,
Fliegt einher und weiht dem Tod viel tapfere Leiber,
Wälzt viel Sterbende vor sich her, durchstürmt auf dem Wagen
Schlachtreihn, wendet den Speer, den eroberten, gegen
                            den Flüchtling,
Solchergestalt wie Mars am Strom des winternden Hebrus,
Triefend von Blut ans Schildrund schlägt und hetzt seine Renner
Mitten hinein in die tobende Schlacht, in offener Weite
Fliegen ihm Notus und Zephir voran, und Thrakiens Enden
Dröhnen vom Hufschlag; rings um ihn her die Larven des
                                Heerschrecks,
Tummeln sich, Arglist, Wut und Grimm, des Gottes
                                Gefolgschaft:
Siehe, so wendet geschwind Held Turnus mitten durchs Treffen
Renner, beflogen von Schaum und Schweiß, die
                            Niedergeworfnen
Greulich zertrampelnd; es stiebt vom Schlag der fliehenden
                              Hufe
Roter Tau, Blut sprüht, vermengt dem Staube des Blachfelds.
Sthenelus warf er und Thamyrus schon zu Boden und Pholus,
Den im Nahkampf, den von fern, von ferne die beiden
Imbrasussöhne, den Lades und Glaucus: Imbrasus zog sie

Fern in Lykien auf, gab beiden die nämlichen Waffen;
Schwertschlacht lernten sie, lernten zu Roß den Wind
                                        überflügeln.

(12. Buch, Verse 324-346; übersetzt von Rudolf Alexander Schröder.)

Beispiel Brecht: *Die heilige Johanna der Schlachthöfe:*

                [...] Und die Bankinstitute
Tränenüberflutet stürzten sich in den Endkampf.
Denn sie mußten liefern und also kaufen.
Levi selbst schlug einen von Slifts Maklern
Schluchzend in den Leib. Brigham riß sich den Bart aus
Schreiend: »Sechsundneunzig!« Zu diesem Zeitpunkt
Wäre ein Elefant, zufällig hineingeraten
Einfach zerdrückt worden wie eine Beere.
Selbst die Stifte, von Verzweiflung erfaßt, verbissen sich
Stumm ineinander, wie die Rosse in alter Zeit
Unter den kämpfenden Reitern sich in die Flanken verbissen.
Volontäre, berühmt durch mangelndes Interesse, hörte man
An diesem Tage mit den Zähnen knirschen.
Und immer noch kauften wir, denn wir mußten kaufen.
Da sagte Slift: »Hundert!« Man hätte
Eine Stecknadel fallen hören, so war die Stille.
Und so auch still fielen in sich zusammen die Bankinstitute
Zertretenen Schwämmen gleich, einstmals mächtig und fest
Einstellend wie die Atmung jetzt die Zahlung. [...]

(2, 766f.)

Spanischer Tetrameter

Beispiel Schiller: *Das Lied von der Glocke:*

[...]
Heilge Ordnung, segensreiche
Himmelstochter, die das Gleiche
Frei und leicht und freudig bindet,
Die der Städte Bau gegründet,
Die herein von den Gefilden
Rief den ungesellgen Wilden,

Eintrat in der Menschen Hüttcn,
Sie gewöhnt zu sanften Sitten
Und das teuerste der Bande
Wob, den Trieb zum Vaterlande!

Tausend fleißge Hände regen,
Helfen sich in munterm Bund,
Und in feurigem Bewegen
Werden alle Kräfte kund.
Meister rührt sich und Geselle
In der Freiheit heilgem Schutz.
Jeder freut sich seiner Stelle,
Bietet dem Verächter Trutz.
Arbeit ist des Bürgers Zierde,
Segen ist der Mühe Preis,
Ehret den König seine Würde,
Ehret *uns* der Hände Fleiß.

[. . .]

Jetzo mit der Kraft des Stranges
Wiegt die Glock mir aus der Gruft,
Daß sie in das Reich des Klanges
Steige, in die Himmelsluft.
   Ziehet, ziehet, hebt!
   Sie bewegt sich, schwebt,
Freude dieser Stadt bedeute,
Friede sei ihr erst Geläute.

Beispiel Schiller: *An die Freude:*

   [. . .]
   Freude heißt die starke Feder
     In der ewigen Natur.
   Freude, Freude treibt die Räder
     In der großen Weltenuhr.
   Blumen lockt sie aus den Keimen,
     Sonnen aus dem Firmament,
   Sphären rollt sie in den Räumen,
     Die des Sehers Rohr nicht kennt.

CHOR
   Froh, wie seine Sonnen fliegen,
      Durch des Himmels prächtigen Plan,
      Laufet, Brüder, eure Bahn,
   Freudig wie ein Held zum Siegen.

   [. . .]

   Festen Mut in schwerem Leiden
      Hülfe, wo die Unschuld weint,
   Ewigkeit geschwornen Eiden,
      Wahrheit gegen Freund und Feind,
   Männerstolz vor Königsthronen –
      Brüder, gält es Gut und Blut, –
   Dem Verdienste seine Kronen,
      Untergang der Lügenbrut!

CHOR
   Schließt den heilgen Zirkel dichter,
      Schwört bei diesem goldnen Wein:
      Dem Gelübde treu zu sein,
   Schwört es bei dem Sternenrichter!

   Rettung von Tyrannenketten,
      Großmut auch dem Bösewicht,
   Hoffnung auf den Sterbebetten,
      Gnade auf dem Hochgericht!
   Auch die Toten sollen leben!
      Brüder trinkt und stimmet ein,
   Allen Sündern soll vergeben,
      Und die Hölle nicht mehr sein.

CHOR
   Eine heitre Abschiedsstunde!
      Süßen Schlaf im Leichentuch!
      Brüder – einen sanften Spruch
   Aus des Totenrichters Munde!

Beispiel Brecht: *Die heilige Johanna der Schlachthöfe:*

Und so ist es uns gelungen
Gott hat wieder Fuß gefaßt

Höchstes haben wir bezwungen
Niederstem uns angepaßt.
In den Höhn und Niederungen
Wißt ihr, was ihr an uns habt:
Endlich ist es uns gelungen
Endlich hat das Ding geklappt!

[...]

Auch in unsrer Mitte fehle
Nicht die kindlich reine Seele
Auch in unserm Chor erschalle
Ihre herrlich lautre Stimme
Sie verdamme alles Schlimme
Und sie spreche für uns alle.

(2, 777f.)

Antiker Chorgesang (Klagelied)

Beispiel Aischylos: *Perser:*

CHOR
[...]
Aber die dort ihr Geschick traf – Oh!
Erstlingsopfer des Todes – Weh!
Am Kychreiagestade – Weh uns!
Fault ihr Leib nun! O weint, o weh-
Klaget, zum Himmel aufschreit
Im tiefsten Gram – oh!
Lasset das wilde, schmerzhelle Weh
Weit und weiter hallen!

(Verse 566-573; übersetzt von Johann Gustav Droysen.)

Beispiel Brecht: *Die heilige Johanna der Schlachthöfe:*

DIE ARBEITER
Wehe!
Die Hölle selbst
Schließt ihr Tor für uns!
Wir sind verloren. Der blutige Mauler hält

Unsern Ausbeuter am Hals, und
Uns geht die Luft aus!

(2, 670)

Zeitgenössische Bezüge und Quellen

Erich Mendelsohn
Amerika

Die Tatsache U.S.A. – Vereinigte Staaten von Nordamerika – wird von Europa gern mehr mit bewundernden Augen angesehen, als mit Gewissenhaftigkeit.

Solche romantische Voreingenommenheit ist der eine Grund für die Unruhe, mit welcher der Neuankommende sich dem breiten Querschnitt dieses Landes nähert.

Der andere liegt in der physischen Gewalt, mit der über die tagelange Horizontale der Meerfahrt plötzlich Manhattans Türme in den Himmel stoßen. Aber zunächst schlägt Amerika auch dem objektiven Beobachter, der die bewegten Bilder auf ihre relative Größe zurückzuführen weiß, kräftig gegen den Schädel.

Veränderte, gesteigerte Dimensionen der Lebensenergie, der Raumverhältnisse und des Verkehrs.

Verstörter Beobachter der Straßen, Avenuen wie Hochhaustäler, verstört durch das ungeahnte Ausmaß des kolonialen Eindrucks, dieses ungeordneten wilden Wachstums, in dem die einzelnen Geldmachtwillen ihre 20-50 Stock hohen Individualitäten aufgerichtet haben.

Hochgetrieben von unvorhergesehener Geldhäufung, aufgepumpt in beispiellos kurzer Zeit vom Einwandererhafen zum Geschäftszentrum der Welt. Ein Konglomerat von märchenhaftem Reichtum und Notarmeen.

Aber bald legt sich die erste Erregung und der veränderte Maßstab wird zur Gewohnheit. Damit beginnt die Erkenntnis der Ursachen dieser außergewöhnlichen Aktivität.

Amerika, das reichste Land der Welt, hat sein Geld eben erst errafft. Dafür seinen weiten Boden gemartert, seine Bevölkerung in das Schwungrad der Ausbeutungsmaschine gehängt und seiner Existenz einen Ausdruck verliehen, dessen Kulturlosigkeit weder durch Farbanstrich noch durch gesteigerte Vertikalen verhüllt werden kann.

Eine Kolonie der despotischen weißen Zivilisation. Ruckweise, der großen Tiefenausdehnung des Landes entsprechend, hineingetrieben, um den Ursprungsländern Platz zu machen, Absatzgebiete zu schaffen und wie die freundliche Ökonomie solche Dinge eben benennt.

Seine Bevölkerung, eine aus allen Erdteilen zusammengewirbelte Masse, bildet den Unterwind dieses babylonischen Kessels. Vakuum, das ansaugt, immer von neuem, immer die Kühnsten, den Auswurf und die Abenteurer, das Glücksrittertum und die spekulativen Naturen, damit dem Ganzen aber jene Energie gibt, die zunächst betäubt und im Grunde ein Wahnsinn ist. Aber da die Geschichte der Völker sich nach Gesetzen zu regulieren pflegt, die dem bereitgehaltenen Maßstab sich entziehen, scheint dieser Wahnsinn geschichtlich logisch.

Denn während der alte Kontinent seine bisher geschlossene Kultur aufgibt, dazu gezwungen wird von dem zersetzenden Einfluß der Naturwissenschaften, kann selbst ein Jahrhundert der Menschenhäufung und der maschinellen Produktionssteigerung den Rückhalt eines kulturellen Jahrtausends nicht vollständig brechen. Und während der alte Kontinent den Schiffen der ersten Pioniere die Grundlagen seiner kulturellen Blüte freimütig als letztes Geschenk mitgibt, vermag der neuentdeckte Kontinent über die ersten Anfänge hinaus sie nicht zu schützen, sondern verpraßt das Gut schnell in der sich überstürzenden und somit völlig ungeordneten Glückssucht. Tauscht gern das mitgebrachte Gut, dessen Wert er nicht zu schätzen weiß, gegen das primitive Geschenk des Reichtums und der Macht. Was vor kaum 100 Jahren ins Land einfällt, das Land erkämpft, sich eint, wächst ungeheuer und erringt im Weltkrieg die Herrschaft über die Welt. Zunächst im Kapital.

Dieser Weg erscheint ganz regulär und ohne jede Gewalt. Denn der unerwartet frühzeitige Anfall der im Goldhaufen ausgedrückten Weltherrschaft hat die Geschwindigkeit seines Motors vervielfacht und reißt den Einzelnen auf Gnade und Ungnade mit sich. Die Tollheit seines täglichen Lebens hat den Amerikaner um allen Maßstab gebracht. Denn was ist verboten, was erlaubt, wo die Dimension sich selbst jede Freiheit genehmigt und vor überkommener Begriffsweite keinen Respekt kennt.

Man sucht sie sich und uns angenehm zu machen, indem man selbst für ihre Ausgeburt menschenmaßstäbliche Schnörkel verwendet. Erkennt noch nicht, daß die eigene Dimension nur eine Seite der Gleichung ist, die für sich allein also wertlos und keine Lösung ist.

Amerika steckt heute noch so tief in der Periode der Ausbeutung, der primitiven Funktion des täglichen Bedürfnisses, daß es für Gedanken über sich selbst, über den Sinn seiner lebendigen Leblosigkeit keine Zeit hat.

Nur kleine Gemeinden versuchen, nicht viel anders wie bei uns, hinter die Dinge zu kommen, die Menge prüft nur, was möglichst schnell auf möglichst faßbare Formeln gebracht werden kann.

Kunst und geistige Ströme dienen heute noch zur Brillanz und zur Blendung. Ihre reichen Schätze, reich selbst an europäischem Sammlungsreichtum gemessen, sind Kaufware und allenfalls Tauschprodukte. Aber – auch technische Großleistungen werden nicht nach der Dimension gewertet, struktive aufbauende Macht nicht nach der Zahl der Goldmillionen.

Denn Geld und Technik, beide, sind zwangsläufig dazu verdammt, ihre Kapazität, ihre Grenzen zu sprengen, plötzlich zur Prüfung herangezogen zu werden ihres urwüchsigen, selbstgeschaffenen und über allem Rausch stehenden wahren Schöpferwillens.

Daß dieses Land alle Möglichkeiten in sich trägt, ist ohne Frage. Ob und wann es aber aus ihnen ein neues Faktum, eine neue Welt, einen neuen Glauben formen wird, ist zunächst vollkommen dunkel.

Auch im Schnellauf unserer Zeit braucht die Geschichte sich nicht zu hetzen und unser wissendes, ahnendes Bewußtsein weiß diese Wirbelwinde auf geschichtliche Parallelen zurückzuführen.

Unerwartet wenig hat Amerika zunächst für raumgeübte und voraussehende Augen an wirklichem Fortschritt, an wirklicher Veränderung der alten Gesetze aufzuweisen.

Unerhört viel an Energie und Dimension.

Das aber ist vorerst zu wenig für ein absolut positives Prognostikon. Denn verstehen wir erst die Gründe dieser Maschinerie, so werden wir ihre Geräusche, ihren Effekt auf den allgemein verständlichen Nenner bringen können. Ist Menschenzahl und Güterhäufung ein zwangsläufiges Größenverhältnis oder benutzt die zerfallende Welt die Zahl noch einmal zum Ausbeutungsspiel? Denn was Amerika hier auftürmt, ist für das Geschick des Menschen so unnötig wie irgendein Luxus für das Wachstum unserer Seele.

Also, warum die Dimension zur Unmeßbarkeit treiben, warum diese gigantische, diese groteske Fülle, wo endgültig der Wert nur entscheidet! Das Land rast, jeder Einzelne und noch der Beste frißt

Strawinsky wie falsche Perlen. Die Scheu vor allzu großem Reichtum ist lange abgeworfen, da alles wohlfeil ist und imitiert werden kann. Der Sexus ist durch Prohibition geregelt, wird bleich vor Heuchelei. Aber – irgendwo lebt auch in ihnen noch Scheu vor dem unbekannten Tatergebnis, das für sie Sensation ist und neuen Anreiz gibt. Heute noch zum noch größeren Ausmaß, zum Rekord und zu noch goldnerem Dreß. Und entweder bricht dieser Taumel in sich zusammen aus Logik, aus Natur, aus Notdurft – oder er ist zu leiten, vom Dollarbefund zur Innerlichkeit, vom Glanz zum Leuchten, vom Effekt zum kühnen Gedanken. Schon ist es interessant, wie jeder präzise Angriff den Amerikaner aus seiner Wohlgefälligkeit auftreibt und ihm den Geldwert plötzlich nur als die Oberfläche der Macht erklärt. Also – kann man dieses so junge Land nicht vom gegenwärtigen Augenblicke aus abtaxieren. Man muß ihm Zeit geben, sich zu konsolidieren, seinen unerwartet schnellen Geldanfall anzulegen und nicht nur alltägliche Güter zu schaffen.

Denn was wir heute allgemein als »typisch amerikanisch« bezeichnen, ist das Zerrbild der europäischen Mutterländer Amerikas. Auf den mitgebrachten Restgütern errichtet der Amerikaner die wilden Wahrzeichen der »gesteigerten Zivilisation«, erhebt sie als »Geldzentrum – als Weltzentrum« ins »Gigantische«, übersteigert sie zum »Grotesken«, um endlich mit kühnem Wurf »das Neue – das Kommende« zu gestalten.

Heute sind die Vorderfronten ihrer Geldburgen noch erborgte Machtzeichen, während ihre Rückfronten in der logischen Struktur oft schon überraschende Zeichen einer wahren Zukunft sind.

Amerika heute zu sehen, ist deshalb ein perspektivischer Rausch. Erst hier erkennen wir die ganze Ungeheuerlichkeit der verneinenden Zivilisation, aber gleichzeitig in diesem Schwimmbrei schon die ersten Fixpunkte einer neuen Zeit. Solche Perspektiven erlaubt sich die Geschichte sehr selten. Aber diese Extravaganz ist ihr bisher immer gut bekommen.

Westliche Bereitschaft und die wissende Gelassenheit des alten Ostens können beide einmal Amerikas Aktivität in die Bahn lenken, die lebens- und also menschenwürdig ist.

Wer Amerika kennt, dem fällt es leichter, nun von der Spitze der Zeit zurückzurechnen, auf sich selbst zu schließen, anstatt ohne seine Kenntnis vom alten Nullpunkt aufzusteigen zum höchsten Stand.

Dieses Land verlangt nichts von unserer Liebe, sondern will scharf angefaßt werden auf gegenseitiger Basis.

Dieses Land gibt alles: Schlechteste Ablagerungen Europas, Zivilisations-Ausgeburten, aber auch Hoffnungen einer neuen Welt.

(Erich Mendelsohn, *Amerika. Bilderbuch eines Architekten*, mit 100, meist eigene Aufnahmen des Verfassers, Berlin: Rudolf Mosse 1928, Vorwort.)

Börse, Börsenmanöver,
Überproduktion (1925–1932)

Das Getreide wird billiger
Der Preissturz in Amerika und der österreichische Markt

Seit einigen Tagen wird von den amerikanischen Getreidebörsen
ein panikartiges Fallen der Getreidepreise gemeldet. In Chicago
betrug der Rückgang des Weizenpreises 11'25, in New York 11'3
Cents. An der Budapester Börse ist gleichfalls ein wesentlicher
Preisrückgang eingetreten. Auf die Wiener Börse blieb die Tatsache vorläufig noch ohne Einfluß. Es zeigt sich in der Geschäftstä-
tigkeit jedoch eine gewisse Zurückhaltung, die darauf deutet, daß
die Wiener Getreidehändler sich vorläufig neutral verhalten und
den weiteren Verlauf der Ereignisse abwarten.

Über die Ursachen der amerikanischen Weizenbaisse und deren
Wirkungen auf unsere Märkte erhalten wir von fachmännischer
Seite folgende Aufklärungen:

»Die amerikanische Weizenhausse war bekanntlich ein Manöver
der Barnes-Gruppe, die über fünfzig bis sechzig Millionen Bushel
Getreide verfügt. Sie hat schon während der im vergangenen Monat eingetretenen Baisse große Verluste erlitten, es gelang ihr jedoch wieder, sich aufzuraffen. In der vorigen Woche wurde in
New York und Chicago die Nachricht verbreitet, Rußland hätte
auf amerikanischen Märkten ungefähr dreihunderttausend Tonnen
Weizen und Mehl aufgekauft. Auf diese Nachricht hin erhöhte sich
der Weizenpreis plötzlich um sieben Cents. Gleichzeitig hieß es
auch, daß in Indien infolge der Dürre eine um dreißig Prozent
niedrigere Ernte zu erwarten sei, als ursprünglich angenommen
wurde. All diese Nachrichten wurden von der Haussegruppe aus-
gesprengt und bald dementiert. Die amerikanischen Kaufleute er-
hielten auch die Verständigung, daß sich in Mitteleuropa die Ernteaussichten durch den Umschwung der Witterung wesentlich ge-
bessert hätten und daß die Geldknappheit die europäischen Firmen
zwinge, ihren Bedarf möglichst einzuschränken. Es wurde von
einzelnen europäischen Firmen die Übernahme der eingetroffenen
Weizentransporte verweigert. Dies bereitete dann der Weizenhausse ein jähes Ende. Sämtliche Kombinationen der Barnes-

Gruppe gingen in Trümmer. Ihre Hoffnungen, im Mai Weizen zum Preise von 250 Cents per Bushel absetzen zu können, wurden vernichtet. Wenn auf den amerikanischen Märkten entsprechende Baissepositionen vorhanden gewesen wären, wäre die Situation der Barnes-Gruppe verhältnismäßig noch eine leichtere gewesen. Dies war jedoch nicht der Fall. Es entstand ein Kampf auf Tod und Leben zwischen der Barnes-Gruppe und den schon seit Monaten auf der Lauer befindlichen Baissegruppen, die nur über unwesentliche Vorräte verfügten, daher die großen Differenzen, die die Barnes-Gruppe nicht ertragen konnte, weniger fühlten. Es gelang den Baissiers, die Position der Barnes-Gruppe zu untergraben und den Trust dazu zu zwingen, ihre gesamten Vorräte auf den Markt zu bringen. Das 50 bis 60 Millionen Bushels betragende Riesenangebot, das von der Barnes-Gruppe ausging, verursachte dann jene Panik, die den Niedergang der Preise zur Folge hatte. Mit einer Erhöhung der amerikanischen Weizenpreise ist vorläufig nicht zu rechnen. Der Trust hat solche Verluste erlitten, daß er durch längere Zeit hindurch keine Käufe wird durchführen können.«

(*Neues Wiener Journal* vom 10. 3. 1925; BBA 678/37.)

Wahnsinnsszenen an der New Yorker Börse
Eine Milliarde Dollars verspekuliert

Die Aktienverkäufe an der Börse erreichten die *Rekordziffer von 3 837 700*, während die bisherige Höchstziffer, die an dem »schwarzen« 10. November [1925] erreicht war, nur 3 427 000 betrug. Die Baisse ist auf der ganzen Linie siegreich. Vor Schluß *glich die Börse buchstäblich einem Tollhause*. Vor den Maklerständen wurden Besucher in manchen Fällen handgemein, *Kleider wurden zerrissen*, Hüte unter die Füße getrampelt. Der Hauptangriff richtete sich gegen *Eisenbahnwerte*. Von Seiten der Banken wird die *Kurseinbuße* am Dienstag und Mittwoch *auf eine Milliarde Dollars geschätzt*.

Allerdings fügen die Bankiers hinzu, daß sie nachdem in den letzten 14 Tagen die Kurse um durchschnittlich 15 Punkte zurückgegangen sind, nunmehr *die Liquidation für ziemlich beendet ansehen*, und daß der Markt sich jetzt in einer technisch gesunden Verfassung befindet. Sachverständige des Schatzamts und des Handelsministeriums erklären, daß sie *keinen Zusammenhang*

New York. Wallstreet
Foto: E. Mendelsohn

*zwischen dem Zusammenbruch an der Börse und der allgemeinen
Geschäftslage* sähen.

(*8-Uhr-Abendblatt* vom 4. 3. 1926; BBA 524/63-64.)

Wallstreet

Über Größe und Bedeutung der New Yorker Börse, der Stock Exchange, dürften heute nur noch wenige Leute auf der Welt nicht
unterrichtet sein. Die Engländer wollen es zwar immer noch nicht
wahrhaben, aber trotzdem: die New Yorker Börse ist die größte
der Welt, ihre Bedeutung hat die der Londoner längst erreicht,
wenn nicht gar überflügelt. Wie das englische Pfund als *Weltwäh-
rung* vom Dollar abgelöst ist, so hat New York als Börsenplatz
langsam, aber sicher London von der ersten Stelle verdrängt. Wall
Street regiert, und wenn einmal Zeichen gefunden werden können,
die gegen diese Behauptung zu zeugen scheinen, so resultieren sie
daraus, daß man in Wall Street noch nicht immer genügende Erfahrung im Regieren hat. Man läßt manchmal noch die Zügel schlei-
fen, und ein weniger Mächtiger, der über alte Erfahrungen verfügt,
kann häufig durch schnelles Zugreifen Situationen für sich entscheiden.

So sehr aber die Tatsache von der Bedeutung Wall Streets in die
Gemüter unserer Zeit gedrungen ist, so wenig ist im allgemeinen
über die *Geschichte* und *Organisation* der New Yorker Stock Exchange bekannt. Wenn es hoch kommt, erinnert man sich noch,
daß die ersten Anfänge der Börse in die Zeit der amerikanischen
Revolution zurückverfolgt werden können. Damals, als der Krieg
gegen das »Mutterland« die ersten amerikanischen Banken entstehen ließ, als die Finanzierung der Revolution die ersten amerikanischen Regierungsanleihen brachte, trafen sich *unter einem Baum*
vor dem Hause Wall Street 68 *zehn Makler* und tauschten aus, was
ihnen aus ihrem Bekanntenkreis an Obligationen zum Kauf überlassen wurde. 1792 waren es schon 24 geworden, und das Geschäft
hatte bereits derartigen Umfang angenommen, daß man es für
ratsam hielt, sich eine lose, aber immerhin *geschriebene Verfassung*
zu geben. Doch erst 1817 konnte man unter Dach und Fach ziehen.
Wo jetzt die Bank of the Manhattan Company ihr Hauptquartier
hat, wurde die erste richtige Verfassung beschlossen, die die Mitglieder der Börse gegen gegenseitige Übervorteilung schützen und

gleichzeitig die zu erhebenden Kommissionen einheitlich regeln sollte. Und wiederum dauerte es bis 1923, bis die Stock Exchange in ihr jetziges Prunkgebäude an der Ecke *Wall- und Bread-Street* einziehen konnte. Die Mitgliedschaft war inzwischen auf *elfhundert Personen* angewachsen, von denen 900 aktiv an der Börse handelten. Sie würde mindestens doppelt so groß sein können, wenn nicht die alten Mitglieder sich standhaft gegen jede Erweiterung wehren würden.

Das ist das überraschendste an der New Yorker Stock Exchange, daß sich an der Organisationsform bis auf äußerliche Einzelheiten von 1817 bis auf den heutigen Tag nichts geändert hat. Die Stock Exchange ist keine eingetragene Gesellschaft, sie ist immer noch ein *loser Verband von Einzelpersonen*, mehr oder weniger ein Klub. Firmen, Partnerschaften, Gesellschaften können keine Mitgliedschaft erwerben. Das einzelne Mitglied der Börse kann wohl seine Firma an der Stock Exchange registrieren lassen, er kann Anträge im Namen seiner Firma ausführen, und die von ihm erteilten Aufträge können gegen seine Firma verrechnet werden. *Verantwortlich* für alles, was seine Firma tut, ist aber, soweit die Börse selbst in Betracht kommt, immer nur das *Individuum.* Zweck dieser losen Vereinigung, die unter dem Namen »Stock Exchange« Geschichte gemacht hat und weiter macht, ist nach den Statuten, »Börsenräumlichkeiten und andere Einrichtungen für die gute Abwicklung der Geschäfte durch ihre Mitglieder bereitzustellen, die hohen Ideale von kaufmännischer Ehre und Unantastbarkeit aufrecht zu erhalten und die rechten und gerechten Grundsätze des Handels und der Wirtschaft zu fördern und zu sichern«. Um diesen Zweck zu erfüllen, hat sie sich einen Stab von Verwaltungsbeamten erwählt, der nun schon seit Jahren von dem Präsidenten E. H. H. Simmons geführt wird. Präsident, Schatzmeister und 40 gewählte Mitglieder der Börse bilden das sogenannte *Governing Committee*, das die Politik der Börse in allen wichtigen Fragen entscheidet und nebenbei gleichzeitig als höchstes Ehrengericht fungiert. Für alle Einzelfragen sind Extrakommissionen eingesetzt, deren Mitgliedschaft zwischen 5 und 15 variiert und die insgesamt dem Governing Committee entnommen sind.

(*Finanz- und Handelsblatt der Vossischen Zeitung,* Nr. 328, 3. Beilage, Juli 1927; Bericht von Wilhelm Schulze; BBA 678/51-52.)

Der Getreidemarkt hat zur Zeit Ähnlichkeit mit dem Wetter: unfreundlich und ohne entschiedene Tendenz. Man könnte von einer allgemeinen Feiertagsstimmung sprechen – bei der jedoch keinem Beteiligten wirklich feiertagsmäßig zumute ist. Die auf dem ganzen *Getreide- und Mehlverkehr* lastende Untätigkeit läßt im Gegenteil die oft beschriebenen und viel besprochenen Sorgen um so stärker zum Vorschein kommen.

Diese Sorgen kommen von den beiden polaren Interessenkreisen alles wirtschaftlichen Geschehens her: von der *Produktionsseite* und von der *Konsumseite*. Man kann, ohne sich großer Übertreibung schuldig zu machen, von einer *Preiskrise* und einer *Absatzkrise* sprechen. Unter Preiskrise ist natürlich nicht der Rückgang der Preise an und für sich zu verstehen; sie tritt erst ein, wenn die erzielbaren Preise zu nahe an oder sogar unter die Erzeugungskosten sinken. Die Gefahr besteht, daß dieser Zustand in diesem Wirtschaftsjahr erreicht ist oder erreicht wird. Denn es gibt, rund heraus gesagt, *zu viel Weizen in der Welt.*

(*Berliner Börsen-Courier* vom 15. 12. 1928; BBA 678/43.)

Kann der Weizenpreis gehalten werden?
Das enorme Superplus in den Vereinigten Staaten

Die Futtermittelnot in Mitteleuropa ist unter allen Umständen vom Standpunkt des wichtigsten Zweiges der Landwirtschaft, der Viehzucht, besorgniserregend. Nichtsdestoweniger darf nicht vergessen werden, daß heuer in der ganzen Welt in Weizen Rekorderträge geerntet werden, die ein derartiges *Superplus* ergeben, wie es seit langem schon nicht mehr erzielt wurde. Demzufolge bereitet die Verwertung dieser Riesenmengen den Erzeugungsländern keine geringe Sorge. Trotz der großen Futtermittelnot und der damit verbundenen, an Übertreibungen reichen Stimmungsmachereien der Spekulation hüben und drüben können die Weizenpreise nicht nur nicht gestützt werden, sondern weisen Tag für Tag *Rückgänge* auf. Wir bringen hierbei die vor Jahren in den Überseeländern praktizierten Gewaltmittel, die im Interesse der Preisstützung angewendet wurden, in Erinnerung. Bekanntlich sind in

Not und Elend.

Lebensmittelmangel in Berlin: Schlangestehen vor einem Buttergeschäft.
unten: Andrang bei der Suppenverteilung durch die Heilsarmee an alte Leute auf
offener Straße in Berlin.

Aus der *Berliner Illustrirten Zeitung*, 1924

Amerika Getreide und Baumwolle, nur um die Bestände zu verringern, ins Meer versenkt worden.

Auch heuer werden die Amerikaner zu ganz außergewöhnlichen Mitteln greifen müssen, um den weiteren Rückgängen der Preise, die bereits derart niedrig sind, daß sie die Erzeugungskosten den Farmern nur teilweise decken, entgegenzusteuern. Die bisherigen Versuche, durch Gründung von Pools, Getreidebanken und verschiedenen Aufwertungsaktionen, den Preisen eine Stütze zu bieten, waren bisnun zwecklos. Bei der amerikanischen Mentalität scheint es nun nicht ausgeschlossen, daß man unter den gegebenen Verhältnissen die vor Jahren erprobte Vernichtungsmethode wieder in Erwägung ziehen werde. Angesichts der Tatsache jedoch, daß heuer die fehlenden *Futtermittel ersetzt* werden müssen, dürfte auch dieses Superplus Aufnahme finden. Damit ist aber nicht gesagt, daß dieser Umstand den Preisen eine Stütze bieten wird, denn die Auswirkung dieser außergewöhnlichen Absatzmöglichkeit dürfte sich erst in der nächsten Kampagne fühlbar machen, als überaus große Vorräte nicht vorhanden sein werden.

(*Neues Wiener Journal* vom 20. 12. 1928; BBA 678/71.)

Kaffee billiger

Nur wenigen Sterblichen ist es heute noch beschieden, frei nach Hedwig Courts-Mahler »in Ruhe und Sorglosigkeit den köstlich duftenden Mokka zu schlürfen«. Das Viertelpfund Kaffee ist zum unerschwinglichen Luxusartikel geworden. Nichtsdestoweniger zeigen die Zeitschriften ein Photo von der neuesten Kulturtat in Brasilien. Man hat dort ein Verfahren gefunden, den mit Teer gemischten Kaffee als Heizmaterial zu verwerten. Es ist auf dem Bild sehr anschaulich dargestellt, wie ein halbnackter Heizer, umgeben von einer Reihe ungeheuer gelehrt und auch sachverständig aussehender Herren den neuesten Brennstoff in das Feuerloch eines riesigen Kessels schickt. Andere Zeitungen berichten ausführlich von den verschiedenen Methoden, die angewandt werden, um den profitverringernden Ernteüberschuß aus der Welt zu schaffen. Z. B. wird der Kaffee jetzt auch verbrannt, indem er kilometerlang zu beiden Seiten der Eisenbahnlinie zwischen Alemos und Santos in Streifen bis zu acht Meter Breite aufgehäuft und dann angezündet wird. Der Kaffee, so wird berichtet, verbrennt ohne Beifügung irgendwelcher Brennstoffe, entwickelt wenig Qualm und verbrennt vollkommen zu Asche. Auch starke Regengüsse bringen das Feuer nicht zum Verlöschen. Dann wird der Kaffee noch als Düngemittel verarbeitet oder einfach ins Meer geschüttet. 3 Millionen Sack Kaffee sind bereits in diesem Erntejahr zerstört worden, und weitere 12 Millionen sollen folgen. Trotzdem wird am 1. Juli 1932 noch ein Überschuß von mehr als 19 Millionen Sack vorhanden sein, da man aus der vorigen Ernte bereits 19 Millionen Sack übernehmen mußte und der Nationale Kaffeerat die neue Brasilernte auf 25 Millionen Sack geschätzt hat. Man muß also damit rechnen, daß ungefähr die Hälfte der brasilianischen Kaffeernte dazu bestimmt ist, zerstört zu werden.

Diese planmäßige Vernichtung der Lebensmittel zum Zweck der Hochhaltung des Weltmarktpreises wird von vielen nicht begriffen, die gottergeben als Wahnsinnsausbrüche des in den letzten Zügen liegenden Kapitalismus als unvermeidliche Notwendigkeit anzusehen gewohnt sind, denen aber von Kirche, Staat und Elternhaus gepredigt wurde, daß jede Ernte ein Gottessegen und ihre mutwillige Vergeudung eine schwere Sünde ist. Dabei sind sie die Leidtragenden dieser künstlichen Teuerung. Doch die Herrschaften in den Klubsesseln lesen schmunzelnd die Warenberichte und stellen mit Befriedigung fest, daß eine straffe Organisation auf der ganzen Linie jeden Preisrückgang unmöglich macht.

Denn »Preisabbau« ist ein ebenso schönes Schlagwort wie »Winterhilfe« und »Fürsorge«, ein behördlich empfohlenes Rezept, um dem darbenden Volk, der unter den täglichen Nahrungssorgen zusammenbrechenden Hausfrau Sand in die Augen zu streuen. Also müssen auch die Kaffeepreise gesenkt werden. Daß dies nicht in ungebührlichem Maße geschieht, dafür sorgt schon der Staat mit seinem Zoll, der für ein Pfund Kaffee 98 Pfennig beträgt, also soviel, wie vor dem Krieg ein Pfund Kaffee überhaupt kostete. Durch Personal- und Lohnabbau werden nun, wie auf dem Prospekt einer bekannten Kaffeefirma erklärt wird, Einsparungen erzielt, die aber durch die laut Notverordnung proklamierte Erhöhung der Umsatzsteuer für die Preisregulierung nicht in Betracht kommen. Und »bei der Beurteilung der neuen Preise der billigen Kaffeesorten ist zu berücksichtigen, daß bei diesen der Hauptbestandteil des Preises der völlig unverändert gebliebene Zoll ist«. Von 22 Kaffeesorten werden nur die teuren, von RM 4,20 bis RM 3,— herunter per

Pfund um 20 Pfennige verbilligt, die billigeren Sorten dagegen nur um 10-6 Pfennige. Also wird das Viertelpfund Kaffee um anderthalb Pfennige billiger. Noch beglückender ist die »Herabsetzung« der Preise von Misch- und Malzkaffee um 4 bis 2 Pfennig pro Pfund.

Die Preisfestsetzung der Rohkaffeesorten geschieht an den Hauptstapelplätzen; für Deutschland kommt Bremen und hauptsächlich Hamburg in Betracht. Der Zentner unverzollter Rohkaffee kostet im Großverkauf etwa 40 bis 100 Mark ab Hamburg, dazu kommen dann 98 Mark für Zoll, und den Rest der Preisspanne schluckt der Zwischenhandel. Hamburg hat seine eigene Kaffeebörse, und die großen Kaffeespekulanten verdienen dort ungeheure Summen. Schließlich müssen sie ja auch ein bißchen verdienen, um ihre Villen an der Alster und Unterelbe, ihre Segelschiffe und Motorjachten in Ordnung zu halten.

Ihr braucht ja keinen Kaffee trinken, wenn er euch zu teuer ist, sagen nun die hochwohlweisen Ernährungswissenschaftler. Und sie geben euch gute Ratschläge, wie sich eine Familie billig ernähren kann. Ihr sollt euch einrichten, sagen sie und vergessen zu berichten, daß die Lebenshaltung der Bevölkerung sich in der letzten Zeit wieder um mehr als 10 Prozent verteuert hat. Das geht aus den Zahlen des Lebenshaltungs-Index für den Monat Januar hervor, die nur um 5 bis 6 Prozent sanken, während Löhne und Gehälter durch die Vierte Notverordnung um 15 bis 20 Prozent gesenkt worden sind. Aber wozu haben wir denn den Preiskommissar Dr. Goerdeler, weiland Oberbürgermeister der Stadt Leipzig? Wir haben seinem segensreichen Wirken zu verdanken, daß die Schlafwagenplätze in den D-Zügen billiger wurden und daß man ohne Garderobe abzulegen, ins Theater gehen darf. Doch das Anziehen der Butterpreise durch eine beispiellose Erhöhung des Butterzolls – ein Geschenk der Regierung an die zur Grünen Woche nach Berlin fahrenden Großagrarier – hat Herr Goerdeler nicht verhindert, ebensowenig wie die Steigerung der Mehlpreise, die eine Brotverteuerung im Gefolge haben muß. Schließlich gibt es die Einrichtung der »Kartoffelflockenzentrale«, die Kartoffeln aufkauft und zu Futtermitteln, Spiritus oder dem aus der Kriegszeit berüchtigten Kartoffelmehl verarbeitet. Bezahlt wird das alles aus Reichsmitteln, die eure Steuergelder sind, und es geschieht einzig zu dem Zweck, um den Marktpreis für Kartoffeln künstlich hochzuhalten. Dafür kommt aus Holland die frohe Botschaft, daß in Bovenkarspel, dem größten holländischen Blumenkohlmarkt, für einen großen Blumenkohlkopf nur anderthalb Cent geboten und der größte Teil der Ware infolgedessen auf den Misthaufen geworfen wurde.

Vom Preiskommissar unbeachtet wuchert die Blume der Teuerung unbekümmert weiter. Da erscheint ein Inserat in der bürgerlichen Presse, das offen zur Preistreiberei auffordert.

Mit der Preiskontrolle kleiner Ladengeschäfte, zu der die Hausfrauen vom sozialdemokratischen »Vorwärts« aufgefordert werden, ist hiergegen nichts getan. Eine solche Aufforderung dient nur zur Ablenkung von den wirklichen Zusammenhängen und vertuscht die unwiderlegliche Tatsache, daß dieses System sterbensreif ist. Soll man es mit dem Hunger und Elend der arbeitenden Massen noch künstlich am Leben erhalten?

(*Der Weg der Frau*, Jg. 2, 1932, Nr. 3, März, S. 7f.)

Der Kaffee-Song [Auszug]

Sie werfen den Weizen ins Feuer
Sie werfen den Kaffee ins Meer
Und wann werfen die Säckeschmeißer
Die fetten Bäuche hinterher?

(Populäres Lied, Ende der zwanziger Jahre)

H. Georg
Tomaten-Krieg

Was die Reichsregierung mit den »Kontingenten« erreicht, ist nichts anderes als eine Hochhaltung und Höhertreibung der Lebensmittelpreise. Sie will nämlich bestimmen, daß künftighin *nach Deutschland höchstens halb soviel Butter, Schmalz, Speck, Käse, Kohl, Tomaten, Zwiebeln, Erbsen, Reisabfälle, Obst und Holz aus anderen Ländern eingeführt werde* als bisher. Das heißt aber die künstliche Fernhaltung billiger Auslandswaren, damit die Herren deutschen Großagrarier um so ungestörter und unverschämter die Preise diktieren können. Das Einkommen des kleinen Mannes, des Arbeiters, Handwerkers, des kleinen Kaufmanns sinkt unaufhörlich weiter, steigen aber sollen die Preise, damit die Gewinne der Junker und der Hunger. [. . .] – Ähnliches hat man bisher mit *Zöllen* erreicht. Jede Hausfrau weiß aus eigener Erfahrung, wie durch Zölle die Preise erhöht worden sind. Ohne diese Zölle hätten sie sogar fallen müssen. Denn durch den Zoll (eine hohe Gebühr, die der ausländische Verkäufer entrichten muß, damit er außerstande gesetzt wird, einheimische Ware durch niedrige Preise zu unterbieten) werden hohe deutsche Lebensmittelpreise »geschützt«. Daher heißen sie »Schutzzölle«. So schützt man beispielsweise durch Getreidezölle gegen das billige russische Getreide die hohen Brotpreise in Deutschland.

Nun aber überklettert das ausländische Rindvieh mitsamt der Tomate in erbittertem Konkurrenzkampfe mit den deutschen Agrariern auch die höchsten Zollmauern. Es müßten die Preise deutscher Lebensmittel fallen, denn wo die Käufer immer ärmer und seltener werden, unterbieten einander die deutschen Verkäufer selbst, um nur die Ware loszuwerden. Da lassen nun die bedauernswerten deutschen Großagrarier durch die Regierung beschließen: Das gibt es nicht! Lebensmittel sollen vom Ausland überhaupt nicht mehr hereinkommen, oder zumindest ihre beschränkte Einfuhrmenge derart auf die verschiedenen Einfuhrländer verteilt (»kontingentiert«) werden, daß sie keine preisdrückende Konkurrenz bilden können. Diese kunstvolle Verbindung von Zöllen und Kontingenten (d. h. teilweisen Einfuhrverboten) soll natürlich *die Preise erhöhen.* Die Herren Großagrarier reiben sich schon die Hände bei dem Gedanken, um wieviel besser es sich – für sie – leben läßt ohne italienischen Kohl, ohne holländische Butter-, Käse- und Tomatenkonkurrenz, ohne dänische Ochsen. – Die »Tomaten-Kommission« der Regierung machte eine Rundreise durch Europa, um den ausländischen Regierungen den »Tomatenkrieg« zu erklären. Diese aber schlugen zurück. Nicht etwa aus Liebe zum deutschen Arbeiter, dem sie die billigen Lebensmittel gönnen, sondern weil sie von ihren Großagrariern genauso dirigiert werden wie die Herrschenden in Deutschland. Also erklären die ausländischen Regierungen: lassen die deutschen Junker nicht die Waren ihrer ausländischen Standeskollegen herein, so werden *die Grenzen gegen deutsche Industriewaren gesperrt.* Die Folge? Deutsche Fabriken werden noch weniger absetzen, die Arbeit einschränken, Arbeiter entlassen, *die Arbeitslosigkeit wird wachsen.* So wird aus dem »Tomatenkrieg« ein frischfröhlicher Handelskrieg. Seine Kosten haben die Familien der Werktätigen mit Hunger und vermehrtem Elend zu bezahlen. Wir wissen aber, daß aus den wilden Konkurrenzkämpfen der Handelskriege auch der wirkliche, *der blutige Krieg* hervorwächst. Seine Kosten werden die werktätigen Familien nicht nur mit Hunger, sondern auch mit dem *Blut* ihrer Familienväter und Söhne zu bezahlen haben. Im »Tomatenkrieg« rollen Waggonladungen von Eiern, Schlachtvieh und Tomaten gegen die Grenzen. Sie bereiten aber den Weg für das Anrollen anderer Waggonladungen, wo statt Eier *Granaten*, statt Schlachtvieh *Soldaten* rollen werden.

(*Der Weg der Frau,* Jg. 2, 1932, Dezember, Nr. 12, S. 16f.)

Egon Erwin Kisch
Getreidebörse in Chicago

I. *Deine Sache ist's,* die verhandelt (ver-handelt) wird auf der Chicagoer Getreidebörse, Board of Trade of Chicago, dem entscheidenden Platz des Erdballs.

II. *Du mußt,* um dich einigermaßen zu orientieren, zuerst die Händlergruppe Nr. 1 vornehmen, die unwichtigere. Sie steht, geht und agiert zwischen den Tischen an der Fensterfront. Auf den Tischen liegen Papiersäckchen mit leibhaftigem Getreide, Proben, den in Chicago angekommenen Waggons entnommen und vom Landwirtschaftsinspektor des Staates Illinois gradiert. Die Kassenkunden (cash grain dealers, jene Gruppe Nr. 1) befühlen die Ware. Sie beriechen sie. Sie zerbeißen sie. In ihren Kontoren lassen sie die Körner sogar zwischen zwei feuchten Löschblättern wachsen, aber das hat mit dem Kauf nichts mehr zu tun, der ist dann schon abgeschlossen, und die Feldarbeit auf dem Löschpapier geschieht nur, um zu erfahren, wie das gekaufte Getreide am Ablieferungstag mit anderen Sorten gemischt, ›verschnitten‹ werden kann. So, das ist die Händlergruppe Nr. 1.

III. *Nun widme dich* der Gruppe Nr. 2. Das sind die Leute am ›Pit‹, einer flachen, rund ins Parkett geschnittenen Mulde von etwa vier Meter Durchmesser. Stiegenförmig ist der Umfang des Kreises erhöht, und auf der Rundtreppe stößt, drängt, beschreit und bedroht sich die Börsenmenschheit. Jeder will näher an die Mulde heran, in die Mulde hinein, und mit Recht! Denn was ist darin? Nichts ist darin. Hier werden weder Körner befühlt und berochen, zerbissen und zerfeilscht, noch geht's hier überhaupt um Getreide, hier wird mit edlerer Ware gehandelt: mit Kontrakten.

IV. *Du darfst beileibe nicht glauben,* daß das, was als Ernte verkauft wird, gesät ist. Ach nein! Man beabsichtigt nicht einmal, das alles zu säen und zu ernten – der Umsatz der Chicagoer Weizenbörse stellt ein Vielfaches des amerikanischen Weizenhandels dar, er ist sogar höher als die Welternte.

Aber wie gesagt, am ›Pit‹ wird ja nicht Getreide gehandelt, sondern Kontrakte.

V. *Heimgebracht sind nur die Lieferungsverträge* (›futures‹) für je 5000 bushels Weizen (ein bushel wiegt 60 amerikanische Pfund) ab

März, Mai, Juli oder Dezember. Nun werden sie in der Runde verkauft und gekauft.

An wen? Von wem? Der ›Pit‹ ist der innerste Kreis, an den nur Inhaber einer großen Getreidehandlung herangelassen werden oder ihre Vertrauensleute; jedem hat die Firma für fünfzigtausend Dollar einen auf seinen Namen lautenden Börsensitz gekauft.

VI. *Der Nachrichtendienst.* Los geht es täglich um 9 Uhr 20 vormittags mit einem Glockenzeichen und dem gestrigen Schlußkurs. Heute nacht hat in der Ferne, wo keine Nacht, sondern Tag war, das Gefecht weitergetost, und von dort, vom Frontabschnitt Liverpool, liegen nun Berichte vor: Schiffe aus Argentinien und Australien nähern sich dem Hafen, auf der Liverpooler Börse ist Angebot größer als Nachfrage, der Liverpooler Kurs notiert niedriger als gestern.

VII. *Ungünstige Meldungen.* Chicagos Firmen haben aus den Frühkabeln von den europäischen Vertretern erfahren, daß in Südungarn, Pommern und Rumänien fruchtbringender Regen eingesetzt hat. Die nach Oklahoma, Missouri, Panhandle, Texas und Salina-Kansas entsandten Reisenden depeschieren, die Felder seien genügend feucht. Es meldet der kanadische Geschäftsfreund, die dortige Regierung habe den Frachttarif herabgesetzt. In ›Chicago Tribune‹ steht: Die Kongreßmänner MacNerry und Haugen monierten gestern bei der Regierung Maßnahmen gegen die Spekulation.

All das sind schlimme Botschaften, man wird die Ware in der nächsten Zeit nicht vorteilhaft abstoßen können.

VIII. *Was wären günstige Meldungen?* Froher empfände es der Händler, wäre in Idaho ein jäher Frost, in Buenos Aires ein Streik der Hafenarbeiter, im Wolgagebiet eine Hungersnot oder gar im Calumet District, der Speichergegend Chicagos, eine schöne Feuersbrunst ausgebrochen, oder wenn der Staat die vollkommene Aufhebung der Börsenkontrolle beschlossen hätte. Am frohesten wäre der Makler freilich, könnte er riechen, ob Mr. Cotton, der König der Haussisten, seinen Leuten Aufträge zum Kaufen gegeben. Aber ›Big Bull‹ arbeitet geruchlos.

IX. *Und noch immer kein Erdbeben,* das unseren Nachbarstaat zerstört! Kanada handelt sein Getreide durch eine Vereinigung, die sich Pool nennt, und verkauft weit unter dem Weltmarktpreis, weil dort die Arbeitskräfte und die Fracht billiger sind und die Kooperative der Bauern den Zwischenhandel bis zu einem gewissen Grad ausgeschaltet hat. Das ist schlecht für die Chicagoer Börse. Und das Erdbeben kommt nicht, Kanada zu verschlingen.

X. *Nur eine einzige Freudenbotschaft* ist heute in den Blättern, aber sie reicht aus: Kansas meldet eine voraussichtliche Mißernte. Mißernte!

Trara, die Hausse ist da, Trara, die Hausse ist da, von weitem hört man schon den Ton . . .

Die gute Nachricht von einer bevorstehenden Katastrophe in Kansas wiegt für den Tag alle Gegenargumente auf. Bartlett-Frazier hat seinen Maklern Auftrag gegeben, viel zu kaufen, zu gleicher Zeit hat er seine Spekulationskunden davon überzeugt, daß durch diese Mißernte die Getreidepreise in die Höhe gehen werden; so bekam die mächtige Firma verschiedene Orders.

XI. *Du beobachtest jetzt* einen Makler von Bartlett-Frazier. Mit Aufträgen bewaffnet kommt er an den ›Pit‹. Er versucht, zum gestrigen Schlußpreis zu kaufen, der auf einer Tafel vermerkt ist: 1 Dollar 30 Cent per bushel. Heute schreiben wir März, also ist Mai der nächste Termin, und auf diesen konzentriert sich der Einkauf deines Freundes. Zuerst schreit er in den Saal, er möchte einen Kontrakt (5000 bushel) Maiweizen zum gestrigen Schlußkurs kaufen: ›Buy five May-weath one thirty.‹ Dabei hebt er den Arm, Handfläche zu sich gekehrt, Zeigefinger ausgestreckt.

XII. *Verstehst du seine Technik?* Warum beginnt er mit einer so kleinen Quantität? Damit die ihn geschlossen umringende Konkurrenz nicht sofort merke, wie sehr er mit Aufträgen beladen ist. Husch, husch, schnell würden da die Preise in die Höhe sprießen!

Das ist nicht seine einzige Vorsichtsmaßregel. Er hat die Aufträge an mehrere Makler verteilt, um den Verdacht, seine Firma wolle den heutigen Markt aufkaufen, im Keim zu ersticken. (›Im Keim zu ersticken‹, diese Redewendung stammt todsicher von der Getreidebörse.)

XIII. *Dein neuer Freund* hat außer der ausgestreckten oder auszustreckenden Hand noch eine zweite. In dieser hält er eine Karte, die ihrerseits zwei Seiten hat, eine rote für die Notierung der Käufe und eine blaue für die Verkäufe.

Vorläufig notiert er nichts, weder rot noch blau; denn auf sein Angebot ›1,30‹ hat ihm das eisige Schweigen der sonst so glühend Beredten geantwortet. Sie haben erkannt, daß sozusagen ihr Weizen blüht, und halten an ihrem blühenden Weizen fest.

XIV. *Er holt Rat ein!* Dein Vertrauensmann kehrt der unfreundlichen Tafelrunde den Rücken und gibt dem Telephonisten seiner Firma einen Wink: Ich kann für den Preis nichts kriegen.

Die Telephonisten, Vorposten der Getreidehandlungen, bilden eine geschlossene Kette, jeder Stift hält den Stift der direkten Leitung gezückt. Am andern Ende des Telephondrahts, fern vom Schlachtenlärm, sitzt in seiner Operationskanzlei am grünen Tisch der Disponent. Und er befiehlt: »Kaufen Sie zum nächstbesten Preis!«

Daraufhin stürmt unser wackerer Kämpe von neuem vor. Er steigert sein Angebot um ein achtel Cent pro Einheit.

XV. *Aha! Schon gerät die Phalanx* der Gegner ins Schwanken. Kleine Makler begnügen sich mit kleinen Profiten. Man hört ihre Antwort: "I sell five May-wheat one thirty and one eighth", und sieht ihre Antwort: die Hand ebenso ausgestreckt wie der Verkäufer, nur ist die Handfläche nach außen gekehrt.

Hüben wird auf der roten und drüben auf der blauen Seite der Kontrakt eingezeichnet, der eben seinen Besitzer gewechselt hat.

Es steigert sich der Lärm, es gibt kein Halten mehr, die Nachfrage wird größer als das Angebot, zeitweise hört man nur den Chor der Käufer, die Verkäufer schwingen höhnisch ihre Finger und ihre Stimme.

XVI. *Hoch oben* auf dem Auslug mitten im Saal, auf der »bridge«, steht ein Beamter der Börse. Ununterbrochen notiert er den Preis sämtlicher Verkäufe und steckt die Zettel in Tuben. Von seinem Verkehrsturm fährt eine Seilbahn die Getreidepreise zu dem Telegrafisten des Tickers, dessen Tastendruck sich gleichzeitig in Hunderttausenden von Handelshäusern, Banken, Zeitungsbüros und Börsen Amerikas äußert.

Die Seitenwand des Saales ist auf ihrer oberen Hälfte schwarz: die Kotierungstafel. Auf schmaler Galerie springt ein Mann rhythmisch umher. Auch ihm meldet der Ticker die Preise. Aber er braucht keinen Streifen zum Ablesen. So unartikuliert und alles übertönend dem Laien der Börsenlärm erscheint, der Mann auf der eisernen Estrade hört die Morsezeichen des Tickers heraus und schreibt die Ziffern in wahnwitzigem Tempo mit Kreide in die Rubriken März-, Mai-, Juli- und Dezemberweizen. 130 steht schon dort, er fügt nur $^1/_8$ hinzu, verlöscht die Zähler mit dem Schwamm und ändert sie: $^2/_8$, $^3/_8$, $^5/_8$, $^7/_8$, und nun ist Schluß mit den Brüchen, es geht aufs Ganze, statt 130 schreibt er 131 hin – das Getreide der Welt kostet einen Cent per bushel mehr.

XVII. *Telegramme, Telegramme, Telegramme.* Die beiden Tele-grafengesellschaften »Western Union« und »Postal Telegraph« un-terhalten Leitungen vom Board of Trade of Chicago nach den Knotenpunkten des Produktenverkehrs, nach Winnipeg, Minnea-polis, Kansas-City, Saint Louis, Duluth, Portland-Oregon, Gal-veston, New Orleans und allen Getreidehäfen und Börsenstädten von U.S.A. und Kanada. Überdies spannen sich den Großhänd-lern direkte Drähte zu ihren Einkaufsfilialen und zu den Maklern auf dem flachen Land. Ohn' Unterlaß rennen Angestellte an die Telegrafenschalter, um den Kommentar zu den kühlen Ziffern des Tickers in alle Richtungen der Windrose zu senden, die Stimmung dieses Saales, die Laune der am Pit sich balgenden Männer und die daraus folgenden Ratschläge:

hausse in chicago unserer ansicht nach anhaltend stop
ueberbietet konkurrenz um einen halben cent.

Und auch Antworten und Mitteilungen langen ein:

konkurrenz bietet dreiviertel cent über gestrigen markt.

Daraufhin steigert sich die Hausse, und es wird verdient.

XVIII. *Wer verdient, was wird verdient?* Der Makler verdient in erster Linie seine Kommission, einen halben Cent per bushel beim Barkauf, $1/8$ Cent beim Spekulationskauf, die Firma verdient zu-meist an den Preisschwankungen stufenweise vom Beginn bis zum Abschluß des Kurses und an den einsetzenden Kaufanträgen der spekulierenden Kundschaft; diese Käufe werden binnen kurzem wieder verkauft, und von neuem wird Provision verdient. Etwa 49 Millionen Dollar werden jährlich an der Chicagoer Börse allein an Kommission verdient, also über 30 000 Dollar pro Kopf der 1617 Börsenmitglieder. Und das ist nur der geringste Teil der Einnah-men.

XIX. *Der kleine Mann*, der spekuliert, wird fast immer zugrunde gerichtet: er kauft in der Hausse, weitere Aufwärtsbewegung er-hoffend, und gibt nicht ab, bevor die Baisse ihm Angst einjagt. Da die Ware nicht bar gekauft, sondern nur ein Vorschuß bezahlt wird, den das Fallen der Getreidepreise auffrißt, kann der kleine Spekulant bei einer Baisse nicht im Markt bleiben, er muß ausver-kaufen und verliert sein Geld.

XX. *Anders der Großhändler!* Auch er kauft viel, aber er verfügt entweder durch Export über seine wirkliche Ware, oder er deckt sich für spätere Exportkontrakte ein. Nimmt er Getreide zu einem Termin, so verkauft er dasselbe Quantum zum nächstspäteren

Termin, lagert es in seinem Speicher ein und verdient die Differenz zwischen dem Kostenpreis des einen Termins und den Zinsen und Lagergebühren des andern Termins. Das ist spreading, etwa Ausbreitung der Spannung.

Märzweizen notiert heute 1 Dollar 30, Maiweizen korrespondierend fünf Cent höher, also 1,35. Für die heute gekaufte und ab Mai verkaufte Ware hat der Großhändler 1,30 bezahlt, welcher Betrag sich bis zum Ablieferungstermin durch Zinsverlust und Lagerspesen um dreieinhalb Cent erhöht. So hat er beim Ein- und Verkauf am gleichen Tag kraft seiner Speicher anderthalb Cent per bushel verdient – oft viele tausend Dollar. Und außerdem sind seine Scheunen gefüllt mit Getreide, das er bei einer Hausse glänzend abstoßen kann.

Noch wichtiger aber als spreading ist hedging, die Taktik, sich einzudecken. Der Exporteur unterhält auf dem flachen Land Leute, die kleine Quantitäten von den Landspeichern zusammenkaufen; damit sichert er sich einen Preis, auf Grund dessen er anbieten kann, und macht seine wirkliche Ware vom Marktwert unabhängig.

Bleibt ihm die Ware in den Lagerräumen, dann kann er im April entscheiden, ob er seine Kontrakte mit wirklicher Ware erfüllen oder den Kontrakt zurückkaufen soll und zum übernächsten Termin weiterverkaufen.

XXI. *Vielerlei Waren.* So wird gehandelt, an jedem der ›Pits‹, an einem mit Weizen, am andern mit Korn, Hafer, Baumwolle und Leinöl und an einem dritten, an dem die Herren nicht stehen, sondern sitzen und korpulent sind, mit Rindvieh, Schweinen, Talg und Innereien.

Auch Provisionen sind hier ein Börsenartikel. (Mit Schiffsfrachten spekuliert man nur in New York und auf der erstaunlichen Baltic-Shipping-Exchange in London.)

XXII. *Finale furioso.* Um ein Uhr schellt die Glocke: Beginn des Endkampfs. Fünfzehn Minuten später werden die Waffen ruhen. Nur ein Viertelstündchen, jedoch was für eines, meine Freunde!

Die Telegraphenbeamtenfinger verfitzen sich.

Der Kotierungstafelanschreiber verlöscht die Ziffern mit der Kreide und schreibt mit dem Schwamm.

Die ausgestreckten Hände am ›Pit‹ sind heiser.

Die Stimmen bewegen sich matt in den Armgelenken.

Das Papier der Orderbücher fährt nur dünn und unleserlich über den Bleistift.

Die Pagen raufen sich die weißen Vollbärte.

Und dann glockt der Schlag.

Zwei bis drei ehemals menschliche Stimmen versuchen noch ein Geschäft abzuschließen, aber der Mann im Krähennest klimmt bereits herab. Man kann zwar Kulissenkontrakte tätigen, aber die sind nicht mehr legal.

XXIII. *Das Nachspiel* beginnt, die Rückversicherung derer, die zu große Quantitäten über ihren Bedarf gehandelt haben; wer hunderttausend bushel lang ist, einigt sich mit einem hunderttausend bushel Kurzen für den morgigen Börsentag auf ein Gegenseitigkeitsgeschäft, bid and offer, wodurch beide vor dem Risiko einer übertriebenen Kursschwankung gesichert sind. Eine gewisse Summe unter oder über dem heutigen Schlußkurs wird als Grundlage erfeilscht. Hier betätigen sich kleine Spekulanten, die entweder ihren Einsatz von zehn Dollar verlieren oder ihn doppelt und dreifach zurückgewinnen.

XXIV. *Opfer der Börse: der Kleinbauer,* der Landmann, der nicht Speicher noch Kapital hat, um dort mitspielen zu können, wo es um sein Produkt geht. Ist die Ernte gut, so läßt die Börse sie ihm oft am Hals; ist die Ernte schlecht, so hat er nichts, was er zum guten Preis verkaufen könnte. Oft muß er eine Anleihe für Maschinen, Arbeitskräfte und Instandsetzungen aufnehmen, die der Bankier zu einem Moment einfordert, da er weiß, daß die an Zahlungs Statt gegebene Frucht bald an Wert steigen wird.

Das alles interessiert die Börse nicht; denn sie ist ein Geschäft, und ihre Mitglieder wollen hier nichts weiter als Geschäftsleute sein. Oder doch . . .?

XXV. *Siehe, was sich begibt* nach Schluß der Börse: diese Menschen, die den Menschen Wölfe sind, diese Wölfe, die einander anfallen und zu zerfleischen versuchen, die Börsianer, deren Optimismus ein die Welternte vernichtendes Elementarereignis innigst erhofft, diese um die Provision heulenden und um den Spekulationsgewinn sich balgenden Kornwucherer – –

– – sie streuen, wenn sie das Gebäude verlassen, den nunmehr überflüssigen Inhalt der Mustersäckchen auf die Straße – –

– – sie füttern die Tauben.

(Aus: *Paradies Amerika,* Berlin 1930. Kisch berichtet über Ereignisse von 1929.)

Hunger und Hungerkünstler

Erdmann Graeser
Auf der Schattenseite . . .

Berlins Weichbild, früher deutlich erkennbar, ist jetzt fast ganz
verwischt, die Verschmelzung mit den Nachbarortschaften voll-
zogen, nur der Kundige erkennt noch die Übergänge zu den Städten und Dörfern, mit denen die ehemalige Stadt nun das »Groß-
Berlin« von heute bildet . . .

Trotzdem – Übergangsreste der einstigen Peripherie sind überall
geblieben, halten sich wie etwas Unausrottbares da und dort. Immer noch stößt man in den alten Verbindungsstraßen plötzlich auf
»Stätteplätze«, ehemals vor der Stadt gelegen – auf jene riesigen
Lagerstellen für unbrauchbar gewordene Eisenteile, deren rostiger
Wirrwarr undurchdringlich erscheint, oder auf unbebaut geblie-
benes Terrain, das ein langer, von Wind und Wetter schief gewor-
dener Zaun verbirgt. Späht man durch eine Ritze, sieht man – wie
zu Studienzwecken erhalten – ein Stück des ehemaligen Grenzlan-
des: Wiesengrün, auf dem Betten gesonnt oder Teppiche geklopft
werden, manchmal ein abgetriebener Großstadt-Gaul weidet und
Kinder spielen. Oftmals steht da auch noch ein hohler Weiden-
stumpf, seitwärts wuchern hohe Nesseln, und ein merkwürdiges
menschliches Wesen ist bei einer Hantierung, die man erst errät,
wenn man an dem Zaun nachher ein Schild findet, etwa mit der
Aufschrift: »Der Topfflicker und Hundescherer wohnt um die
Ecke.« Anderswo gerät man in ein Gewirr von Eisenbahndäm-
men, Friedhöfen, Kohlenplätzen und verbotenen Müllabladestel-
len. Ja – ein Schild besagt ausdrücklich, daß hier das Abladen von
Müll »bei Strafe verboten« sei – aber wie zum Hohn beginnen
gleich daneben die Ablagerungen von dem, was Berlin hat loswerden
wollen: verbeulte Konservenbüchsen, Sprungfedern aus Bettstellen,
Bauschutt, Emaillegefäße der Nacht. Die Menschen vegetieren.

Man wundert sich, daß sie noch am Leben sind, wenn man ihnen
nach Wochen wieder begegnet. Wer gab ihnen Nahrung, wie kam
es, daß sie in belebteren Gegenden nicht unter die Räder der Wagen
gerieten, daß sie nicht von der Schutzpolizei aufgegriffen wurden
und den Mut und die Widerstandskraft aufbrachten, ihre elende
Existenz weiterzufristen!

Der Wahnsinn unserer Zeit.

Nicht nur die vollen Kolben, sondern auch Berge von Mais werden als
Brennmaterial verwendet.
Unten: Argentinien heizt mit Lebensmitteln!

Aus der *Berliner Illustrirten Zeitung*, 1920

Sie haben alles verloren, was ein Mensch verlieren kann. Sind sie nicht besser daran als jene, die noch alles zu verlieren haben und mit dem letzten Rest von Hoffnung und Willenskraft um ihre Existenz kämpfen, dabei aber noch gezwungen sind, täglich den Kampf, einen erbitterten und entnervenden Kampf, gegen das Geschöpf »Mitmensch« zu führen! Denn da gibt es in diesen Gegenden Häuser, vollgestopft vom Keller bis zum Dachgeschoß mit Menschen, die alle in der gleichen verzweifelten Lage sind. Wand an Wand wohnen Not und Armut und Erbitterung gegen das Schicksal. Wie der Arme am ehesten dem Armen hilft, so verfolgt und schädigt er sich auch gegenseitig am schonungslosesten. Und keine Flucht, kein Ausweichen ist möglich, weil man kein anderes Obdach finden kann. So muß man sich eben ertragen, soll nicht alles zugrunde gehen, aber jedes Begegnen auf der Treppe, im Hausflur, in der Waschküche ist Befehdung und Beleidigung, sei es auch nur durch Blicke. Seltsam – unter all diesen Menschen dann oft eine Existenz, die von jedem unangefochten bleibt. Vielleicht, weil sie, ohne daß man den Grund erkennt und gerade weil sie selbst von ihrer Mission nichts ahnt, den Glauben und die Hoffnung auf eine »glückliche Wendung« in jedes einzelne Dasein täglich wieder neu entfacht. »Arbeiten und nicht verzweifeln«, surrt die Nähmaschine vom frühen Morgen bis in die späte Nacht hinein. Kein wehleidiges Klagen, kein Jammern nach Mitgefühl – und doch weiß man, daß Sorge und Herzeleid dort in der Stube ebenso seßhaft hausen wie in all den anderen Wohnungen. Nur der Sonntag markiert den Einschnitt der Zeit, es kommt eine große Erschlaffung über das ganze Haus: Das ist das Sonntagsglück hier. Der Zaun in jener Gegend wird die Erholungsstätte für die Alten und Schwachen. Da sitzen sie auf kleinen Klappstühlen oder lagern sich »im Grünen«. Und manchen genügt es, vor dem Haustor oder oben am Fenster zu sitzen. Der Straßendamm ist aufgerissen worden, Erdhaufen liegen da und dort, und auf ihnen spielt der Nachwuchs dieser armen, glückslosen Menschen, ihnen selbst aber – den Alten – genügt der Abglanz des Sonnenscheins in den Turmfenstern und das Spiel der Wolken an dem Himmelsstück, das ihnen zwischen den Häusern geblieben ist.

(*Berliner Illustrirte Zeitung* vom 28. 5. 1924.)

Der Zusammenbruch des Hungerkünstlers
Jacky Jack zertrümmert seinen Glaskasten

Gestern war sein 23. Hungertag. Nach der aushängenden Statistik war sein Gewicht von 70 auf 58 Kilogramm zurückgegangen. Sein Befinden wurde als »sehr schlecht« bezeichnet. In den beiden vorhergehenden Nächten hatte sich eine beginnende Krisis in Gestalt von schlechtem Schlaf und heftigen Magenkrämpfen bemerkbar gemacht. Seine Nahrung hatte er durch Selterswasser und Rauchen ersetzt. Außerdem kaute er Streichhölzer – gestern abend jedenfalls.

Er saß friedlich auf seinem Stuhl und machte einen sehr elenden Eindruck. Plötzlich erhebt er sich gegen $1/2$ 1 Uhr mit sichtlichem großen Kraftaufwand, rafft seine letzte Energie zusammen, um sich noch einen Augenblick, auf den Tisch gestützt, aufrecht zu halten und *mit einer halbgefüllten Seltersflasche* eine Bresche in die Wand seiner unangenehmen Behausung zu schlagen, und bricht mit einem krampfhaften Griff nach dem Herzen unter Stöhnen *völlig zusammen.* Sein Bruder und Manager bemüht sich um ihn. Nach etwa einer Viertelstunde wurde er auf einer *Bahre* fortgetragen, um *ärztliche Hilfe* in Anspruch zu nehmen.

Das Publikum konnte sich nicht sattsehen an dem stöhnenden Manne, es war um eine Sensation bereichert! Nirgends wurde die Frage aufgeworfen, ob wohl Jacky diese durch einen modernen Unfug zugezogene »Krisis« überstehen würde, ohne einen schweren Schaden davonzutragen, was wohl mindestens sehr zweifelhaft erscheint. Nur die eine Frage galt: »*Wird Jacky weiterhungern?*«

Ihm anscheinend nahestehende Personen weigerten sich sogar, den Arzt holen zu lassen, wodurch sich der diensthabende Sanitäter jedoch nicht beeinflussen ließ. Wir möchten nur Jacky wünschen, daß er sich nicht bestimmen läßt, seine Gesundheit für ein paar hundert Mark restlos zu verkaufen.

Jacky Jack befindet sich, wie wir auf Grund persönlicher Informationen erfahren, in völlig erschöpftem Zustande, aber außer jeder Lebensgefahr in seiner Wohnung. Wie er einem Mitgliede unserer Schriftleitung erklärte, ist sein Zusammenbruch vor allen Dingen darauf zurückzuführen, daß er sich gestern sehr darüber aufregte, daß ein Herr aus dem Publikum, der sehr angetrunken war, eine Scheibe seines Glashauses einschlug. Die dadurch bedingte psychische Erregung soll dann seine völlige physische Erschöpfung hervorgerufen haben.

Wie uns von seiten der wachhabenden Sanitätskolonne versichert wird, hat während der 23tägigen Hungerkur Jacky Jacks *keine Zufuhr von Lebensmitteln* oder dergleichen stattgefunden.

Weiter erfahren wir, daß wahrscheinlich sein Bruder unter besonders starker Bewachung der Sanitätskolonne als *Nachfolger* Jacky Jacks in Riebeckbräu auftreten wird.

(*Hallesche Zeitung* vom 13. 4. 1926, 1. Beilage.)

Egon Erwin Kisch
Berlin bei der Arbeit

Von den europäischen Hauptstädten gibt es keine, die so sehr den
Ruf der Arbeitsstadt genießt wie Berlin. Und wirklich sind die
Bauten und Maschinen, die Berlin zur Aufrechterhaltung seines
Verkehrs und Wirtschaftslebens braucht, meist großartig, an Vollendung wohl nur von den amerikanischen Betrieben übertroffen.
Meisterwerke der Technik, keinesfalls zu vergleichen mit den arm-
seligen Anlagen der geringen Industrie, welche nach dem Zusammenbruch des zaristischen und kerenskischen Rußland in den Besitz der russischen Arbeiter übergingen, nicht ohne von den Weiß-
gardisten während des Bürgerkriegs vollends in Ruinen verwandelt
worden zu sein.

Aber während sich im sozialistischen Staate der Wiederaufbau
von unten herauf vollzog, während die Betriebe dort mit leiden-
schaftlicher Anteilnahme von neuem eingerichtet wurden und die
Arbeit als ein Werk der Gemeinschaft von den organisierten Massen mit Freiwilligkeit und Hoffnung geleistet wurde (wie etwa bei
uns die politische oder Gewerkschaftsarbeit), hat in der kapitalistischen Welt die Arbeit längst jeden Charakter der Befriedigung eingebüßt und ist für den Proletarier nichts als ein Mittel, dem Hun-
gertod zu entgehen. Drüben sind Gründung und Werden eines
neuen Werkes Angelegenheit des ganzen Volkes und zum zehnjäh-
rigen Jubiläum der Arbeiterrepublik, das die kapitalistischen Staaten mit Meuchelmorden und Krieg zu stören beabsichtigen, werden in Leningrad, Moskau, Eriwan, Tiflis und anderen Städten
neue riesige Kraftanlagen der Allgemeinheit übergeben werden, –
mit anderem Sinn, anderer Bedeutung, anderem Jubel als in bürgerlichen Staaten Kirchen oder Völkerschlachtdenkmäler einge-
weiht werden ... Ja, selbst die Inbetriebsetzung eines so großen
Unternehmens, wie es das *Kraftwerk Rummelsburg* ist, löst in der
Arbeiterschaft die entgegengesetzten Gefühle aus: schon die aus
geldverdienerischen Gründen bewiesene verbrecherische Hast in
der Durchführung des Baues hatte schwere tötliche Unfälle zum
Ergebnis und die Vollendung hatte keine Schaffung von Arbeitsge-
legenheiten, keine Verminderung der ungeheuren Arbeitslosigkeit
zur Folge, da die maschinelle Anlage die menschliche Kraft fast

ganz entbehrlich (also jede Lohnforderung, jede Auflehnung gegen Ungerechtigkeit u. dergl. unmöglich) macht, ohne daß der werktätigen Bevölkerung durch das neue Unternehmen auch nur der geringste Nutzen erwachsen würde.

Daß die modernen Maschinenanlagen und Fabrikbauten weder mit der Festsetzung erträglicher Löhne und Arbeitsbedingungen, noch mit einer Neugestaltung von Arbeitsschutz und Arbeitsfürsorge Hand in Hand gehen, ist Tradition, – durch Herabsetzung der Löhne hat Deutschland den Preis seiner Ausfuhrware immer derart herabzumindern verstanden, daß der Welthandel von dieser Konkurrenz bedroht wurde, es ewig zu Konflikten kam und die internationale Rüstungsindustrie einschließlich der deutschen, für ihre Kriegshetze leichtes Spiel hatte.

In einer Großstadt wie Berlin erhöht sich die Arbeitszeit schon durch die enorme Entfernung der Wohnung von der Arbeitsstätte, schon die morgendliche Fahrt in der überfüllten Straßenbahn ist Anstrengung und die abendliche Heimkehr nimmt dem ausgepumpten Arbeiter den Rest seiner körperlichen und geistigen Kraft. Dabei gibt es Zehntausende, die keine Nachtruhe haben, denn der Verkehr zur Arbeitsstelle darf nicht stocken, in Zelten auf dem Fahrdamm werden die Schienen der Straßenbahn beschweißt, in den Tunnels der Untergrundbahn tauscht man die schadhaften Geleise aus und auf den Landstraßen bessern Erdarbeiter mit Harke und Schippe den Boden aus, damit das Auto des aus seiner Villa kommenden Herrn nicht etwa rüttle . . . Ein Kontrast? Es gibt ihrer mehr. Am Flugplatz stehen die Monteure bereit, um allenfalls die Motore des ankommenden Ozeanfliegers auszubessern, und auf dem Landwehrkanal schwimmt ein Obstkahn wie vor hundert Jahren. Auf der Avus überrunden sich die Rennwagen und die Fahrer werden getötet im Kampfe um etwas Reklame für die Unternehmer, während der Briefträger tagaus, tagein, jahraus, jahrein, drei, vier, fünf Stockwerke steigen muß. Auf dem Gleisdreieck schneiden sich die Strecken von Fernbahn, Hochbahn, Vorortbahn in der Luft, nicht weit davon fährt der Bäckergehilfe mit einem Hundewagen sein Brot zu den Kunden. Am Nordhafen löschen Entladekrane, von einem Druck auf den Taster zum Leben erweckt, hunderte von Tonnen, aber keine Maschine hilft der armen Taglöhnerin Ziegel aus dem Spreekahn ans Ufer zu tragen, – der Lohn für Arbeiterinnen ist auch im elektrischen Zeitalter noch immer billiger als ein Druck auf den Taster! Kontraste? Es gibt ihrer mehr! Hinter jedem Luxus steht die harte Arbeit jener, die niemals den Begriff Luxus kennen werden, hinter jeder prunkvollen Theatervorstellung, hinter jedem Ausstattungsfilm steht das Heer derjenigen, die sich um eines Hungerlohnes willen Tag und Nacht hin und her hetzen lassen müssen, deren Namen nicht einmal der kennt, der sie hin und her hetzt, geschweige denn das Publikum, das bewundernd den Namen seiner Lieblinge ausspricht, die »großen« glänzend bezahlten Regisseure und die »großen« Schauspieler und Schauspielerinnen. Und die Vergnügungsstätten, die sich mit kostbaren Täfelungen, Goldornamenten, Samtbordüren, Kristallüstern einem Großstadtpublikum darbieten, die an Sekt und Charleston und Nepp verdienen, sie denken nicht daran, modern zu sein, indem sie der Abwaschfrau mehr als vierzig Pfennig für ihre schwere Morgenarbeit bezahlen würden, die hastig geleistet werden muß, – bevor die ersten Gäste kommen. Berlin kennt keine Pause, wenn der Genuß schlafen geht, muß die Arbeit in die Bresche springen, wenn das Morgenblatt erschienen ist, muß der Arbeiter die Rotationsmaschine für das Mittagsblatt in Ordnung bringen, wenn das Restaurant gesperrt wird, muß in der Markthalle Fleisch und Gemüse für morgen eingekauft werden, wenn sich die Häuser zur Ruhe legen, müssen die Abzugskanäle gesäubert werden. Tag und Nacht ist Berlin, die Großstadt, tätig, in der die Gegensätze sinnfällig beisammen wohnen, ohne daß Tausende es merken, daß dem, der die Arbeiten leistet, die Genüsse versagt sind.

(*Arbeiter-Illustrierte Zeitung*, 1927, Nr. 25, vom 26. 6.)

Die Heilsarmee

Was ist – was will – was tut die Heilsarmee?

Was ist die Heilsarmee?

Die beste Antwort auf diese Frage ist sehr kurz, aber sie trifft den
Kern und zeigt doch dabei die Grenzen, die klarer Blick sich selbst
gesteckt hat: *Die Heilsarmee ist unseres Herrgotts Stoßtrupp.* Der
Gedanke, daß dieses Leben ein Kampf für Gott ist, der schon bei
dem größten aller Apostel so lebendig zu Tage tritt, feiert in der
Heilsarmee seinen höchsten Triumph. Ihr ist das Leben kein Pil-
gerstand, sondern ein immerwährendes zu Felde liegen gegen
widergöttliche Mächte, gegen Sünde und Schuld. Da sie nun aus
»Geretteten« besteht, die den großen Unterschied zwischen dem
»Einst« und dem »Jetzt« selbst erfahren haben, die erkannt haben,
daß, um das paulinische Wort anzuwenden, alles andere nur Schaden ist, wenn man Christus gewinnt, so drängt es sie hinzugehen
zu denen, die diese Erfahrung noch nicht gemacht haben, und sie,
wie es im Evangelium heißt, »zu nötigen« hereinzukommen. Das
bedeutet schweren Kampf, ständige »Alarmbereitschaft«. Darum
ist das Stoßtruppbild ein so treffendes, weil es alles ausdrückt, was
man bei der Heilstruppe findet.

Der Ausdruck gibt auch gleich die Grenze an. Ein Stoßtrupp
führt keinen großen Troß mit sich. Größte Beweglichkeit ist Vor-
bedingung zur Erreichung des Ziels. So beschwert sich die Heilsarmee nicht mit der Last dogmatischer Fragen. Klar, einfach, un-
gekünstelt, auf die Grundwahrheiten des Christentums beschränkt
sind ihre Lehren. Sie lebt gewissermaßen von der »eisernen Ra-
tion« und sie befindet sich wohl dabei. Es zeigt sich wenigstens
kein Kräfteverfall, kein Nachlassen der Angriffsfreudigkeit, keine
»Kriegsmüdigkeit«. Die religiösen Streitfragen über Taufe,
Abendmahl, Wiederkunft usw. interessieren sie nicht. Sie überläßt
sie denen in der »Etappe«. Sie will ja keine neue Kirche oder Sekte
sein. Retten will sie! Ihr Dasein ist Kampf für Gott.

So ist die Heilsarmee wirklich, wie die offizielle Antwort lautet,
»eine Streitmacht von Männern und Frauen, die in Liebe zu Gott
und den Menschen eins geworden sind, der ganzen Welt Sein Heil
zu verkünden«.

Hat die Antwort auf die erste Frage scharf umrissene Grenzen gezeigt, so greift die Antwort auf die zweite weiter. Sie kennt keine Grenzen! »Die Welt für Gott ist unser Ziel« singt die gottbegeisterte Schar. Doch auch hier keine uferlose Schwärmerei. Von Anfang an hat sich die Heilsarmee besonders eine Klasse, zu der sie die Gewißheit des göttlichen Rufs treibt, erwählt: die Allerschlimmsten, die, um die sich niemand kümmert, ihnen gilt ihre Sorge. Sie will sie zu allererst mit der Botschaft der Gnade erreichen, für sie sind ihre lauten, frohen Gottesdienste, ihr feuriges Werben bestimmt. Mögen Angehörige anderer Klassen die Versammlungen lärmhaft, den Bekehrungseifer aufdringlich nennen, was tut's?, die Hauptsache ist, daß die, die die Heilsarmee erreichen will, den Ton verstehen.

Und diese Allerärmsten zeigen Verständnis für die Botschaft, die ihnen die Heilsarmee bringt, und kommen und finden bei ihr die Erfahrung, daß auch sie von der Gottesliebe umfaßt werden.

Als die erste Gruppe Heilsarmeeoffiziere in Neuyork gelandet war, wurden sie von dem Besitzer eines übelbeleumundeten Tingeltangels eingeladen, in seinem Saal eine Versammlung zu halten. Der gute Mann hielt sie für eine reisende Kunstreitertruppe. Sie kamen und verkündeten ihre Botschaft vom Sünderheiland vor betrunkenen Matrosen, Straßenmädchen und allerlei dunklen Existenzen.

In der Versammlung saß einer, der trank die Worte wie Himmelsbotschaft. Er war wirklich einer von den Tiefstgefallenen. Die paar Pfennige, die er durch Gelegenheitsarbeiten oder durch Betteln verdiente, vertrank er. Das wenige, was er an fester Nahrung gebrauchte, suchte er sich in der Morgenfrühe aus den Müllkästen, die dort vor die Häuser zum Abholen gestellt werden. Bei einer solchen Entdeckungsfahrt verlor der Trunkene das Gleichgewicht und stürzte in den halbvollen Kasten. Wäre nicht ein Polizist vorbeigekommen und hätte den Hilflosen herausgezogen, wäre dieser elend erstickt. Seit der Zeit hieß er aber Aschkasten-Jimmy. Dieser Mann, der so tief gesunken war, wie ein Mensch nur sinken kann, hörte die Kunde von Jesus in diesem schmutzigen, verräucherten Lokal, und – er folgte ihr. Er bekehrte sich. Vier Jahre darauf starb er. Und in den Straßen Neuyorks, durch die der Leichenzug ging, schlossen die Geschäftsleute ihre Läden, um auf diese Weise ihre

Verteilung von Weihnachtskörben an 2600 Familien im Sportpalaſt Berlin 1924

Aus: *60 Jahre Heilsarmee. Festschrift zum 5. Juli 1925*, Berlin 1925

Achtung vor dem Mann zu bezeigen, der seine letzten Lebensjahre in aufopfernder, selbstverleugnender Arbeit für Gott und die Allerschlimmsten zugebracht hatte. Es war nicht mehr der verachtete, verkommene Aschkasten-Jimmy, sondern der verehrte, angesehene Kapitän der Heilsarmee.

Wenn aber die Salutisten so die Allerschlimmsten, die Allerärmsten als die Gemeinde betrachten, zu deren Seelsorge Gott sie gerufen hat, so wissen sie doch, daß die Gotteskräfte, die im Evangelium leben, auch bei Angehörigen anderer Stände wirksam sind. Von ihren Offizieren entstammt die erdrückende Mehrzahl dem Mittelstand, sie sind nie »gescheitert«, die Liebe zu den Verlorenen drängt sie zu ihrer Arbeit. Und neben ihnen finden wir Glieder der besten Familien, im heiligen Wetteifer demselben Ziel nachstrebend.

Als die Heilsarmee ihre Arbeit in Finnland begann, war dies noch ein durch Personalunion mit Rußland verbundenes Großfürstentum, und die Behörden taten alles, um die neue Bewegung zu unterdrücken. Es hagelte Verbote. Die Leitung der Arbeit lag in den Händen der Brigadierin von Haartmann, die einer alten freiherrlichen Familie entstammte. Eines Tages mußte sie vor dem Generalgouverneur Baron Griepenberg erscheinen. Als sie kam, fuhr er sie an, wie sie es wagen könne, in Heilsarmeeuniform zu kommen. Die Baronin aber besaß in selbstgewählter Armut nur dieses Kleid. Als sich die Entrüstung des Generals gelegt hatte, fing die Heilsarmeeschwester an, von ihrer Arbeit zu erzählen, wie die Bekehrung böse Menschen gut gemacht, die Allerschlimmsten in ordentliche Menschen gewandelt. Sie geriet in Eifer, vergaß Ort und Zeit, doch plötzlich stockte sie. Sie saß ja dem gefürchteten, von vielen gehaßten Generalgouverneur gegenüber. Bang hob sie den Blick und schaute in ein Gesicht, über das blanke Tränen rollten, und mit stockender Stimme fragte der strenge, der vornehme Generalgouverneur, Generaladjutant des Zaren: »Baronin, das Heil, von dem Sie da erzählen, ist das nur für die Allerschlimmsten, oder auch für mich?« Von der Stunde an war der Baron Griepenberg nicht nur ein Freund der Heilsarmee, sondern auch ein Gottesfreund.

Was will die Heilsarmee?

Dasselbe, was die Bibel will, »daß allen Menschen geholfen werde und zur Erkenntnis der Wahrheit kommen«, zur Erkenntnis der Wahrheit, die in Gott liegt.

Was tut die Heilsarmee?

Die Antwort auf die erste Frage konnte mit einem Schlagwort, die auf die zweite mit einem kurzen Satz gegeben werden. Um die dritte zu beantworten, könnte man einen stattlichen Band füllen. Die Heilsarmee soll nach dem Wort ihres Gründers eine Antwort

auf jede menschliche Not haben. So mannigfaltig wie diese Nöte, soll die vorbeugende, rettende, bewahrende Arbeit der Heilsarmee sein. Dabei wartet sie nicht, bis der Notschrei zu ihr dringt. Sie sucht die Not auf. Hinein in die verrufenen Quartiere der Weltstädte, deren Existenz der gewöhnliche Sterbliche kaum ahnt, hinein in die Lasterhöhlen der Hafenstädte, in die Armenviertel, die Keller, die Bodenwohnungen voll Schmutz und Unrat, Krankheit und Siechtum. Ernst von Wolzogen hat mit dichterischer Kraft ihr Tun geschildert, wenn er sagt: »Sie allein von allen religiösen Gemeinschaften hat es vermocht, den natürlichen Ekel jedes gesitteten Menschen vor der schmutzigsten Verkommenheit, dem stinkenden Laster und dem jämmerlichsten Elend zu überwinden; sie allein wagt sich mutig unter den Auswurf der Menschheit, und ringt sozusagen Brust an Brust um die Seelen der Verworfensten; sie speist ihre Geretteten nicht nur mit trostreichen Worten ab, sondern sie gibt ihnen Brot und Arbeit und verhilft so manchem schon gänzlich Verzweifelten, von der Gesellschaft schon völlig Aufgegebenen, doch noch zu einem menschenwürdigen Dasein.«
(Aus: *60 Jahre Heilsarmee. Festschrift zum 5. Juli 1925*, hg. v. Bruno R. Friedrich und Johannes Hein, Berlin 1925, S. 3–6.)

General Booth

Nicht sucht' er seinen Gott auf stillen Höh'n,
Und seine Andacht war kein leises Beten;
Er überschrie das rasende Gedröhn
Der Weltstadt mit Posaunen und Trompeten.

Weit führt' sein stein'ger Weg vom Tage fort,
Fern allen Glücklichen und Lichtgebornen.
Er tauchte in die Nacht, sein Eisenwort
Drang in die finstern Höhlen der Verlornen.

Er lärmte . . . ja . . . doch er bezwang die Not.
Das Elend schwieg vor seiner Tuba Schallen.
Hosianna rufend gab er Bett und Brot
Und stützte liebreich, die zu tiefst gefallen.

Sein Gott war, wo die letzten Häuser stehn.

Verhalt auch Lärm und Schreien bald im Weiten,
Ein Klang davon wird nimmermehr verwehn
Und schwingt wie Glockenton durch Ewigkeiten.

(Nachruf auf den Gründer der Heilsarmee »General« William Booth von
1912).

Paul Wiegler
Prophet

Den General Booth empfingen, wenn er auf der Tribüne irgendeiner Satansburg vor seiner Armee erschien, leise Juchzer, stürmische Halleluja und wehende Tücher, ein Gemisch von Kanarienvogelzwitschern und dem Lärm der Rennbahn. Sein schneeiger
Bart zitterte wie der Bart des Geistes im »Hamlet«. Unter seiner
Habichtsnase stieß er mit knarrender Stimme, in unveränderlichem Tonfall Worte aus, die vorher sein zahnloser Mund zerkaute.
Ordnungslos war seine Rhetorik, die Rhetorik der Straßenprediger an den Ecken und Plätzen von London. Taine hat sie bei seiner
Reise über den Kanal beobachtet, als Booth seinen Kriegsruf noch
nicht hatte erschallen lassen. Diesen Gentlemen, die mit Bibel und
Schirm spazieren, dankt die Salvation Army ihre Regel des direkten Angriffs, der »Bearbeitung« der Menschen. Psalmengesang unter freiem Himmel, Plakate an den Mauern mit der riesigen Überschrift »Come to Jesus now«: das war alles schon da. Es wurden
auch schon in Freiheit dressierte Sünder herumgereicht, die sich
zum Evangelium zurückgefunden hatten und laut erklärten: »Ja,
meine Brüder, ich bin ein öffentlicher Sünder gewesen, nun ist mir
die Gnade des Herrn zuteil geworden.« Aber erst der General
Booth hat das Verfahren der »Erweckung« zur Vollkommenheit
gebracht. Bei den Methodisten war ursprünglich sein Amt. Dann
verliebte Miß Catherine Memfort, eine Antialkoholistin, sich in
ihn, weil er in einer frommen Teegesellschaft das Gedicht »Der
Traum des Schnapshändlers« so begeistert vortrug. Sie heirateten,
sie bekamen eine achtbare Zahl von Kindern, und sie gründeten die
Heilsarmee, die »Halleluja-Rotte«, die mit wütender Inbrunst und
Trommelwirbel um die Seelen verstockter Sünder rang. An der
Spitze ihrer Getreuen zogen sie in die Massenquartiere und »retteten«. Kein Milieu wurde für den Bekehrungsakt verschmäht; die
Straße, die Stube, das Eisenbahncoupé waren die Stätten des religiösen Wunders. Fauchend wichen vor ihren Psalmen, ihren Tee-

marken, ihrer Gymnastik, ihren Traktätchen die Kreaturen der Hölle zurück.

Der gute Booth war der echte Geistliche für »dissenters«, für die Schäflein der freien Kirchen, und sein Stil der fossile, judäische Posaunenstil, mit dem vor Zeiten die Mauern Jerichos erstürmt wurden. Er kämpfte gegen den Stolz der Amoriter, den Neid der Hethiter, den Zorn der Pheresiter, die Schwelgerei der Girgasiter, die Wollust der Hevither, die Habsucht der Kananiter, die Lauheit der Jebusiter. In London, in Washington, in der Heimat der »Christian Science«, der Gebetsheiler, ward sein barockes Eifern mit freudigem Hallo begrüßt. Wenn er vor der Hölle warnte, wenn er die »daughters of shame«, die Töchter der Schande, mit väterlicher Geduld strafte, wenn er vom »weißen Throne« Gottes sprach und von den »goldenen Straßen« des Himmels, da bediente er sich des Lexikons der großen Puritaner. Er sagte, wie er einst allein gestanden habe in der Finsternis, wie der Teufel frohlockte, wie das Volk dahinstarb, bis er in den Ozean des Lasters hineinsprang. Und es waren die Metaphern Bunyans, des Kesselflickers und Verfassers der »Pilgerreise«, der, wie um 1880 der Salutistengeneral, um 1680 mit Bildern von Lagern, Trompeten, Fahnen und Garnisonen sich in religiöse Ekstase versetze und nach Macaulay den goldenen Himmel sich lärmend und glanzvoll dachte wie das alte London am Lord-Mayorstage. »Sind Sie in Ordnung? Oh, oh, what are you doing? Beeilen Sie sich? Kommen Sie zum Kreuz!« Und wenn der Salutistengeneral unter dem Tusch der Kapelle und schmetterndem Tireli der Mädchen seinen Platz räumte, war es, als habe man die Karikatur eines Menschen aus Cromwells kriegerischem Jahrhundert geschaut.

Der Tag, an dem die Führerschaft aus den Händen des Alten auf Bramwell Booth überging, hat die heroische Zeit der Sekte beendet. Die Mystik, die Taine für wohltätig erachtete, weil die Überzeugung, die in ihr lebt, unterdrückt sich in Schwermut und Aufruhr verwandeln würde, verfliegt. Als eine riesige Konsumgenossenschaft wird die Salvation Army ihre ökonomische Macht behaupten. Shaws Heilsarmeestück »Major Barbara« und die Einleitung dazu, von einem irischen Skeptiker mit dem Geschäftssinn eines Vollblutengländers geschrieben, ist die erste Kritik dieser neuen Heilsarmee, dieser Heilsarmee ohne William Booth.

(Aus: Paul Wiegler, *Figuren. Literarische Porträts,* Leipzig und Weimar: Gustav Kiepenheuer 1979, S. 153–155. Zuerst: 1914 in Berlin erschienen.)

Fritz Sternberg
Der 1. Mai 1929

Aus der Zeit vor der großen Wirtschaftskrise, ehe die Nationalsozialisten ihre großen Wahlerfolge errangen, ist mir ein Tag noch in klarer Erinnerung. Ich glaube, daß dieser Tag Brechts Stellung sowohl zur sozialdemokratischen wie zur kommunistischen Partei mit bestimmt haben könnte.

Es war der 1. Mai 1929. Um Zusammenstöße zwischen Sozialdemokraten und Kommunisten zu verhindern, die getrennte Maidemonstrationen auf den Straßen Berlins abhalten wollten, hatte der sozialdemokratische Polizeipräsident Zoerrgibel alle öffentlichen Veranstaltungen verboten. Das war meines Wissens in der Geschichte der deutschen Arbeiterbewegung noch nie dagewesen. Die Sozialdemokraten fügten sich dieser Anordnung. Es war ja der Polizeipräsident ihrer Partei, der sie erlassen hatte. Die Kommunisten fügten sich nicht. Sie demonstrierten, oft nur in kleinen Gruppen, die sich, wenn sie von der Polizei auseinandergetrieben wurden, immer wieder zusammenfanden. Brecht war an diesem 1. Mai 1929 zu mir gekommen. Ich erwähnte schon, daß sich meine Berliner Wohnung in der Koblanckstraße befand, nur wenige hundert Meter vom Karl-Liebknecht-Haus, der damaligen Zentrale der KPD. Das Karl-Liebknecht-Haus selbst war geschlossen; aber möglicherweise wurden die Demonstranten in der Nähe des Hauses von einigen kommunistischen Sekretären dirigiert. Jedenfalls gab es den ganzen Tag über immer wieder Gruppen, die sich in unmittelbarer Nähe meiner Wohnung zusammenschlossen. Man konnte sie vom Fenster aus – ich wohnte im dritten Stock – gut beobachten. Auch Brecht stand am Fenster, solange er bei mir war. Was er sah, war, wie die Demonstranten von der Polizei auseinandergetrieben und verfolgt wurden. Soweit wir feststellen konnten, waren diese Menschen nicht bewaffnet. Mehrfach schoß die Polizei. Wir glaubten zunächst, es handele sich um Schreckschüsse. Dann sahen wir, daß mehrere der Demonstranten niederstürzten und später auf Bahren weggetragen wurden. Es hat damals, soweit ich mich erinnere, über zwanzig Tote unter den Demonstranten in Berlin gegeben. Als Brecht die Schüsse hörte und sah, daß Menschen getroffen wurden, wurde er so weiß im Gesicht, wie ich ihn nie zuvor in meinem Leben gesehen hatte. Ich glaube, es war nicht zuletzt dieses Erlebnis, was ihn dann immer stärker zu den Kommunisten trieb.

Wir blieben an jenem Tag nicht in meiner Wohnung. Brecht war, wie gewöhnlich, im Auto gekommen, und so fuhren wir durch ganz Berlin, wo demonstriert wurde. Manchmal glückte es uns, manchmal nicht. Die Polizei hatte vielfach ganze Straßenzüge abgeriegelt und leitete die Autos um; man war höflich zu uns, da wir ja in einem Privatauto saßen und nicht, wie einer der Polizeioffiziere bemerkte, zum Pöbel gehörten. Daß Arbeiter, die wie seit Jahrzehnten am 1. Mai demonstrieren wollten, für die Polizei nur Pöbel darstellten, war wiederum für Brecht ein Erlebnis, das er nicht mehr vergaß; noch ein Jahrzehnt später, als wir längst in der Emigration waren, erzählte er davon. Es ist hier nicht der Ort, über die Faktoren zu sprechen, die schließlich zur Machtergreifung durch den Nationalsozialismus führten. Aber es besteht kein Zweifel, daß diese Machtergreifung wenn nicht ermöglicht, so doch ungemein erleichtert wurde dadurch, daß sich Sozialdemokraten und Kommunisten so erbittert bekämpften und daß das Wachsen des Nationalsozialismus ihren Bruderkampf nicht abschwächte, sondern von Jahr zu Jahr noch verschärfte. Außerhalb privater Zirkel kam es kaum mehr vor, daß Sozialdemokraten und Kommunisten zusammen über die Gefahren, die Deutschland bedrohten, auch nur diskutierten.

(Fritz Sternberg, *Der Dichter und die Ratio. Erinnerung an Bertolt Brecht*, Göttingen: Sachse & Pohl 1963, S. 24-26.)

Aufführungsberichte

Der lange Weg zur Uraufführung

Bereits im August 1930 läßt Brecht in der Berliner Zeitung *Tempo* sein »nächstes Drama« ankündigen. Es werde »den Fall der Jungfrau von Orleans in modernstem Milieu« wiederholen und habe die Titelrolle für Carola Neher vorgesehen. Ende 1931 ist das Drama geschrieben, das Bühnenmanuskript beim Bühnenverlag Felix Bloch Erben eingereicht. Die Versuche, eine Bühne für die Uraufführung zu finden, beginnen. Vorab jedoch läßt sich relativ schnell und reibungslos eine Hörspielbearbeitung realisieren. Brecht stellt nach einem offenbar verschollenen Typoskript eine lockere Szenenfolge von 36 Seiten zusammen, dazu einen die Szenen verbindenden Text. Alfred Braun, der bereits von *Mann ist Mann* eine Hörspielfassung gebracht hatte (1927), führte Regie mit einer herausragenden Besetzung: Fritz Kortner als Mauler, Carola Neher als Johanna, Helene Weigel als Frau Luckerniddle, Peter Lorre, Ernst Busch u. a.; Herbert Jhering sprach die verbindenden Texte. Die spärliche Rezeption dieser Radio-Uraufführung war, wie zu erwarten, gespalten. Es gab Lob, z. B. im *Berliner Börsen-Courier* durch Fritz Walter, und entschiedene Ablehnung, z. B. in *Die neue Literatur* durch den Nazi-Dichter Will Vesper (»Es bleibt abzuwarten, ob das deutsche Volk sich noch länger solch von innen aushöhlende Verhöhnung und Vernichtung seiner wertvollsten Güter [. . .] wird gefallen lassen«). Bemängelt wurde durchweg, daß sich keine Bühne für das Stück finden lasse, denn eine ohnehin gekürzte Radiofassung könne doch nur eine Notlösung sein.

Eine Woche nach der Radio-Uraufführung treffen Erwin Piscator und Brecht eine Vereinbarung, die in einem handschriftlichen Brief Piscators an Brecht überliefert ist. »Solange noch irgendeine Gelegenheit besteht, die beiden Stücke *Die heilige Johanna* und *Die amerikanische Tragödie* [Dramatisierung des Romans von Theodore Dreiser] zusammen in *einem* Theater, mit dem gleichen Ensemble herauszubringen, verpflichten wir uns gegeneinander, keine Abmachung zu treffen, welche diese Zusammenarbeit unmöglich macht« (Berlin, 18. 4. 1932, gez. Erwin Piscator). Diese Vereinbarung zeigt bereits, daß den Beteiligten die politisch ungünstige Lage, das Stück noch zu realisieren, klar ist, und tatsächlich sollte die zunehmende Verschlechterung des politischen Klimas die Uraufführung vor dem Krieg endgültig verhindern.

Der erste Versuch, das Stück noch auf die Bühne zu bringen, wurde von Berthold Viertel unternommen. Er wollte es in Wien herausbringen, um dann mit der Inszenierung auf Deutschland-Tournee zu gehen. Im November 1932 meldet das *8 Uhr-Abendblatt* Viertels Vorhaben als definitiv, aber es wird daraus ebenso wenig wie aus Heinz Hilperts Plan, Anfang 1933 die *Heilige Johanna* in Berlin auf die Bühne zu bringen. Als Kurt Hirschfeld das Stück für das *Hessische Landestheater* in Darmstadt (Januar

1933) empfiehlt, kommt es zu politischen Reaktionen, ausgelöst ausgerechnet von der (konservativ-christlichen) Zentrums-Fraktion des Landtags, die hinter dem Stück »Gottlosen-Propaganda« wittert. Die Auseinandersetzung im Landtag, die tatsächlich noch Anfang Februar geführt wird, ist jedoch schon »anachronistisch«; die »Machtergreifung« der Nazis hat bereits für Tatsachen gesorgt, und diejenigen, die das Stück noch hätten aufführen können, fliehen ins Exil.

Auch Gustaf Gründgens hatte sich 1932 gemeldet, um die *Heilige Johanna* uraufzuführen. Brecht reagiert – in beinahe Schwejkscher Manier – am 18. 1. 1949 folgendermaßen: »Sehr geehrter Herr Gründgens! Sie fragten mich 1932 um die Erlaubnis, *Die heilige Johanna der Schlachthöfe* aufführen zu dürfen. Meine Antwort ist ja. Ihr bertolt brecht.« Gründgens telegraphiert zustimmend zurück: »zu Tode erschrocken«. Zusammen mit Kurt Hirschfeld bemüht sich Gründgens 1949, die Uraufführung nun endlich in Zürich zu realisieren. Marianne Hoppe soll die Titelrolle spielen, Fritz Kortner ist für den Mauler vorgesehen. Offenbar scheitert der Plan dann an Kortner, der unter Gründgens Regie nicht arbeiten wollte.

So blieb das Stück wiederum liegen und mußte sich einmal mehr mit Notlösungen begnügen. 1955 wagte es der Leiter des »Studios für Schauspiel« in Düsseldorf, Willy Fligge, ohne Bühnenbilder und Kostüme eine szenische Lesung von *Johanna*-Bearbeitungen zu veranstalten. Es gab Auszüge aus Voltaires, Schillers, Shaws, Andersons und Brechts Dramatisierungen. Das Publikum soll die Veranstaltung mit »lebhaftem Beifall« aufgenommen und Wiederholung gefordert haben. Eine weitere Notlösung veranstaltet am 23. 1. 1956 das Oberhausener Studio »Das zeitgenössische Theater« mit der als »Erstlesung« proklamierten szenischen Lesung des Stücks. Mit eben denselben Argumenten, die das Zentrum 1933 (zusammen mit der Nazifraktion) vorgebracht hat, meint nun die Berliner katholische Wochenzeitung *Petrusblatt* gegen die Lesung antreten zu müssen, diesmal freilich ohne Erfolg. Die Realisierung unter der Regie von Alexander May würdigen die Zeitungen sogar überregional als »bedeutsamen Abend mit Bert Brecht«. Helmuth de Haas schrieb für die Hamburger *Welt* (27. 1. 1956):

Das Publikum von Oberhausens Studio »Das zeitgenössische Schauspiel« besteht aus Dramaturgen, Intendanten, Filmklubmitgliedern, Theaterfans und vor allem aus sehr jungen Leuten. Diese bildeten die Masse bei der 38. Erstlesung des Studios, die einen ziemlichen Besucherandrang ins Rathaus lockte. Mitglieder der Städtischen Bühnen boten »Die heilige Johanna der Schlachthöfe« an, das Schauspiel des heutigen österreichischen Staatsbürgers Bertolt Brecht, uraufgeführt 1930 im Theater am Schiffsbauerdamm und seither schlummernd in Suhrkamps Bühnenverlag.

Die traditionelle Einführung dauerte diesmal etwas länger, denn sorgsam und deutlich, überlegt und ruhig hob der westdeutsche Theaterkritiker Werner Tamms die Paradoxien von Brechts dichterischer und politischer Existenz voneinander ab, brach dort eine Lanze, stach hier mit der Lanzette zu.

Brechts Johanna Dark, die Heilsarmistin mit dem schwarzen Strohhut, die Heilige der Schlachthöfe und Viehbörsen von Chikago, pendelt zwischen den Arbeitermassen und dem Fabrikbesitzer Pierpont Mauler, gejagt von Songs, getrieben von ihrer Mission. Mauler hat das Gebrüll der Ochsen satt, er will sein Geld und dann die »Ruh für mein Gewissen«. Doch »unverrückbar über uns stehen die Gesetze der Wirtschaft«. Seine Konkurrenten brechen an der Zollwand und an Maulers Manipulationen zusammen. Mauler verdient Millionen an der Krisenkonjunktur. Er greift den Strohhutpredigern, die Johanna ausgeschlossen hatten, unter die Arme. In der Versöhnungsstunde wird Johanna Dark, die aus dem »Dunkel« kam, von Industrie, Presse und Heilsarmee in Faust-Parodien zur Heiligen ausgesungen. Sie starb, 25 Jahre alt, als sie einen Brief mit der Generalstreikformel durch die Absperrungen der Polizeikader tragen sollte. Sie starb im Schnee, »im Dienste Gottes, Streiterin und Opfer«. Fugale Hintergrundstimme: die feilschende Börse.

Wie hart, wie frisch ist dieses Lehrstück geblieben! Dem szenischen Verfremder, dem Erzähler Brecht hört man immer noch zu. Er packt unmittelbar mit seiner »Johanna«, durch das pure Bühnenwort und ohne großes Arrangement. Die Goethe- und Hölderlin-Parodien sind Tiefschläge, aber auch bluternste Stilmittel: »Ach, der Mensch in seinem Drange hält das Irdische nicht aus.« Der sozialrevolutionäre Brustton der zwanziger Jahre, in diesem Schauspiel ist er noch rein, scharf und saugend: »Seit sieben Tagen auf den verrosteten Schlachthöfen stehen die Massen.« Brechts politischer Drall war noch nicht Agitation, vom Raum des Terrors nicht umzirkt.

Ohne Kostüme, ohne Reißstiftklavier, mit dem Rollenbuch in der Faust, den besten Privatanzug an, Johanna im schwarzen Pullover, ließen die sieben Schauspieler von der Wucht des frühen Brecht sich drängen. Das funkte ins Publikum. Es markierte eine Station der Theatergeschichte und der europäischen Sozialgeschichte. Denn Brechts Chikago ist entweder Berlin 1930 oder wie Kafkas Amerika so unwirklich, daß es Vehikel der Einbildungskraft und

Modell für eine genauere und höhere Wirklichkeit ist, mit dessen Hilfe wir begreifen, wo wir sonst im düsteren tappen.

Starker Beifall für Alexander Mays Dialogregie, szenische Aufgliederung und Sprecher, für die lockere Härte von Brunhilde Hülsmanns Johanna, für Günther Ungeheuers stimmliche Leistung. Besonders aber für das ein Vierteljahrhundert verschollene Stück, das die angereisten Theaterleute nicht kalt lassen wird, auch wenn Brechts Tantiemen auf sein neues schweizerisches Rubelkonto zu überweisen sind. Das politische Paradoxon namens Brecht ist ein Nachschlüssel in die Rumpelkammer der weltanschaulichen Absurditäten, mit denen die fortschrittlichste der Welten sich den Blick auf das Eigentliche nach wie vor verstellt. Brechts frühes Lehrstück hat Brecht, den Ideologen, und Brecht, den lyrischen Politruk, an diesem interessanten und aufschlußreichen Theaterabend à la Probebühne glatt überrundet: »Sorgt, daß ihr, die Welt verlassend, nicht nur gut wart, sondern verlaßt eine gute Welt.« Botschaft von 1930. Und die soziale Wirklichkeit in Brechts Umgebung von 1956?

Diese szenische Lesung, die allgemein einen starken Eindruck hinterließ und als eine Art Vor-Uraufführung gelten muß, wurde noch bis in den Mai hinein in verschiedenen Städten von Nordrhein-Westfalen vorgeführt (bekannt ist z. B. eine Veranstaltung in Soest vom 14. 5. 1956). Zweifellos trug die Inszenierung Alexander Mays dazu bei, die große Bedeutung des Stücks in der Bundesrepublik zu profilieren, auch wenn diese Bedeutung immer wieder umstritten war, wie die Reaktionen auf die endliche Uraufführung in Hamburg beweisen sollten. Brecht jedenfalls erlebte die Bühnen-Aufführung seines Werkes nicht mehr. Erst drei Jahre nach seinem Tod und über 28 Jahre nach der Entstehung der *Heiligen Johanna* kam sie durch Gustaf Gründgens auf die Bretter, dann freilich als *das* Theaterereignis der Zeit.

»Inspektor«
Ihr aber jubelt...
(Zur Uraufführung in Hamburg, 30. 4. 1959)

»Das kommt von der Bildung. Die macht dämlich!«

Ein hartes Wort, nicht wahr? Steht geschrieben in Remarques Buch »Im Westen nichts Neues« – und der es dort sagt, ist der kleine westpreußische Landsturmmann Stanislaus Katczinsky.

Er sagt es mit Kopfschütteln. Es ist sein abschließendes Urteil über die Allzuklugen – über die, die vor lauter Gescheitheit nicht mehr Schwarz und Weiß, nicht mehr Gut und Böse unterscheiden können.

Das kommt von der Bildung, die macht dämlich: daran mußte ich denken, als ich von der großen Theaterpremiere im Deutschen Schauspielhaus in Hamburg las.

Das war am Abend vor dem 1. Mai. Da haben sie ein Stück von Bertolt Brecht aufgeführt.

Brecht – den kennen Sie doch? Ein Kommunist. Brecht, der nach dem 17. Juni 1953 an Pieck und Ulbricht telegrafierte: »Es ist mir ein Bedürfnis, Ihnen in diesem Augenblick meine Verbundenheit mit der SED auszusprechen!« Brecht, der Stalin-Preisträger (»Ein solcher Preis scheint mir der höchste und meist erstrebenswerte.«): Brecht, der ist das.

Und das Stück heißt »Die heilige Johanna der Schlachthöfe«. Es ist alt, in den zwanziger Jahren geschrieben. Es spielt in Chikago, wo die riesigen Schlachthäuser sind.

Es ist ein kommunistisches Stück. Die Besitzenden – die sind alle schlecht, und die Arbeiter – die sind alle gut. Wer Geld hat, der ist verlogen und gemein und zynisch. Er raucht Zigarren und verhöhnt die Armen. Wer aber kein Geld hat, der ist gut. Er leidet und hungert, verzweifelt und geht zugrunde.

Das Ganze trieft von Haß und Gemeinheit. Ein primitiver Singsang aus der Mottenkiste des Klassenkampfes, halbwahr schon damals, als er geschrieben wurde – Lüge und mehr als Lüge heute. Vorgetragen in jenem drohenden Bänkelsängerton, der die betrunken macht, die sich so gern von ihren Gefühlen und Gefühlchen wegschwemmen lassen.

Kein Hoffnungsstrahl in dem Stück? Aber doch! »Gibt es hier

„Klatscht nur — ich warte auf e u c h !"

nicht Leute, die etwas unternehmen?« fragt verzweifelt das Mädchen Johanna. Und der Arbeiter antwortet: »Ja, die Kommunisten!«

Na, siehste! Wenn die Not am größten . . .

Dann ist zwar Gott nicht am nächsten, aber das Politbüro. Gott — der kommt schlecht weg bei diesem Dichter Brecht.

»Darum, wer unten sagt, daß es einen Gott gibt . . . Den soll man mit dem Kopf auf das Pflaster schlagen . . . Bis er verreckt ist.«

Hübsch, wie?

Inszeniert hat's Gustaf Gründgens. Die Hauptrolle spielt Brechts Tochter. Helene Weigel, Brechts Witwe, sah zu und war begeistert.

Und begeistert war auch das Premierenpublikum. Es gab Beifall bei offener Szene. Der Beifall am Schluß wollte nicht enden. Von weit her waren die Herrschaften gekommen. Das saß da in Frack und großer Garderobe, und klatschte, klatschte . . .

Leute, da komme ich nicht mehr mit!

Da wird euch eine Karikatur eurer eigenen Welt vorgesetzt, ein böses Zerrbild, verlogen und voller Haß. Da wird euch von der Bühne herab gesagt, daß alles, was ihr tut und sprecht und glaubt,

Verbrechen ist – daß ihr selbst Verbrecher seid. Da wird euch gesagt: wartet nur! Eure Welt ist faul und morsch und übel! Bald seid ihr dran, bald müßt ihr selbst euren Kopf auf den Hackblock legen . . .

Und der Hackblock, der steht schon bereit!

Das wird euch gesagt. Ihr aber – ihr jubelt und klatscht. Das ist Kunst, nicht wahr? Das ist große Dichtung, nicht wahr? Wenn man die mit dem Kopf aufs Pflaster schlägt, die an Gott glauben; wenn man Gott verflucht und bei den Kommunisten Hilfe sucht – das findet ihr schön, nicht wahr?

Aber so ist es geschehen: am Vorabend des 1. Mai. Geklatscht haben sie da. Begeistert geklatscht . . .

(*Berliner Zeitung* vom 4. 5. 1959.)

Alexander von Cube
Gute Nacht, Johanna
(Zur Uraufführung in Hamburg, 30. 4. 1959)

So etwas von donnerndem Applaus wie nach der Premiere von Bertolt Brechts Zeitstück »Die heilige Johanna der Schlachthöfe« im Hamburger Schauspielhaus ist Intendant und Regisseur Gustaf Gründgens lange nicht mehr zuteil geworden. Das Publikum brachte sich schier um vor Begeisterung, klatschte, rief, trampelte – gut eine halbe Stunde lang – ohne sich anscheinend die mindesten Gedanken zu machen über die folgenden Tatbestände:

Tatbestand I: Das Stück »Die heilige Johanna der Schlachthöfe« entstand in den Jahren 1929/30 zusammen mit Brechts kommunistischen Lehrstücken »Der Flug der Lindberghs«, »Der Jasager. / Der Neinsager«, »Die Maßnahme« und die Dramatisierung von Maxim Gorkis »Mutter«. Es bildet einen Eckstein im Schaffen des Dichters, da es, montiert auf der Drehscheibe der marxistischen Doktrin von einer gewaltsamen Veränderung der Gesellschaft, sowohl noch den früheren Brecht, den pessimistischen Welt- und Menschenverächter (»Baal«, »Trommeln in der Nacht«, »Mann ist Mann«) als auch schon den späteren Brecht, den optimistischen »Lehrer der Freundlichkeit« (»Der gute Mensch von Sezuan«, »Der kaukasische Kreidekreis«) präsentiert. Daß diese Fülle der Aspekte überhaupt in einem Stück Platz gefunden hat, zeugt für des Autors Formtalent. Für mehr aber nicht. Denn dem Gehalt nach blieb das Stück Bruchwerk, das nicht von ungefähr dreißig Jahre auf seine Uraufführung warten mußte.

Tatbestand II: Eine Reihe aktueller Anlässe führte zur Niederschrift der »Heiligen Johanna der Schlachthöfe«. Erstens der vor allem in Frankreich mit viel Pomp gefeierte 500. Todestag der Jungfrau von Orleans, Jeanne d'Arc. Zweitens die damals ihrem Höhepunkt zustrebenden Unruhen in einem der führenden kapitalistischen Ausbeutungsmilieus, nämlich den Schlachthöfen von Chicago. Drittens die um die Wende von den zwanziger zu den dreißiger Jahren von KPD, KPdSU und Kommunistischer Internationale »mit Hilfe des dialektischen Materialimus« erarbeiteten und formulierten Fundamentalanalysen der bestehenden Gesellschaft – nebst dem damit für das Parteimitglied Brecht automatisch verbundenen Auftrag ihrer propagandistischen Verbreitung.

Tatbestand III: Vornehmlich aus letzterem Anlaß erzählt Brecht die Geschichte des weiblichen Heilsarmee-Leutnants Johanna Dark und wie sie zuerst versucht, im Glauben an die Macht dünner Suppen und frommer Lieder, für Gott »die Trommel zu rühren/Auf daß er Fuß fasse in den Quartieren des Elends/Und seine Stimme erschalle auf den Schlachthöfen«. Wie ihr sodann von den Reichen belächelt und von den Armen ausgelacht die Erkenntnis dämmert, »daß ein Unglück nicht entsteht wie der Regen, sondern von etlichen gemacht wird, welche ihren Vorteil davon haben«, und sie sich deshalb anschickt, die Verhältnisse zu ändern. Wie sie dabei jämmerlich scheitert, weil sie weder den Klassenfeind im letzten durchschaut (»Ein Gerechter muß doch unter ihnen sein!«) noch über den Schatten der eigenen Klassenzugehörigkeit springen kann (»Ihr habt gut hungern, ihr habt nichts zu essen/Aber auf mich warten sie mit einer Suppe«). Wie sie schließlich, aufgerufen zur Befreiung der Unterdrückten durch Gewalt, ihrem historischen Vorbild im entscheidenden Augenblick abschwört (»Es kann nicht gut sein, was mit Gewalt gemacht wird«) und ihr erst der Todeskampf die Augen öffnet, ihr die Zunge löst zu jener schrecklichen Abrechnung: »Es ist eine Kluft zwischen oben und unten größer als/Zwischen dem Berg Himalaya und dem Meer . . . Und der Oberen Niedrigkeit ist ohne Maß/Und wenn sie auch besser würden, so hülfe es/Doch nichts, denn ohnegleichen ist/Das System, das sie gemacht haben:/Ausbeutung und Unordnung, tierisch und also/Unverständlich . . . Darum, wer unten sagt, daß es einen Gott gibt/Und kann unsichtbar sein, und hülfe ihnen doch/Den soll man mit dem Kopf auf das Pflaster schlagen/Bis er verreckt ist . . . Es hilft nur Gewalt, wo Gewalt herrscht, und/Es helfen nur Menschen, wo Menschen sind.«

Tatbestand IV: Außer Johanna gibt es nur Chargen, keiner Wandlung, keiner Veränderung fähig. Das gilt auch für Johannas »Gegenspieler«, den Fleischkönig Pierpont Mauler – mag seine Rolle im Stück noch so breit und differenziert angelegt sein. Er hat nicht die mindeste Chance sich zu bessern. Ausbeuter bleibt Ausbeuter, und wenn sein Herz wie Butter wäre; selbst die »Grenze der Armut« überschreitet Mauler nur innerhalb seines eigenen gesellschaftlichen Kraftfeldes, bei dessen Berechnung Brecht allerdings jener ideologische Fehler unterlief, der einer Aufführung der

»Johanna« im Osten bisher beharrlich entgegenstand. Trotz ökonomischer Selbstzerfleischung erdrückt der Block der Kapitalisten, in Koalition zudem mit den käuflichen Helfershelfern der Religion (Heilsarmee = Opium fürs Volk) auf der Bühne das kleine, wankelmütige, nur dürftig organisierte Häuflein der Proletarier. Auch ohne Johannas Versagen kommt den Aktionen der Ausgebeuteten nicht das nötige Gewicht zu, verrutschen ihre zukunftsweisenden Parolen ins Schwärmerisch-Utopische, erscheint die Zerschlagung des Streiks nicht augenblicksbedingt, sondern endgültig.

Tatbestand V: Der Mangel an innerer Geschlossenheit spiegelt sich in dem zwar blendend geschneiderten, dennoch verräterisch zusammengeflickten äußeren Gewand des Stückes wieder. Brechts große Begabung, fremde oder vergangene Fabeln und Formen (»Eduard II.« und »Dreigroschenoper«) zu neuem Leben zu erwecken, gerät bei der »Johanna der Schlachthöfe« gefährlich in die Nähe eines leeren Eklektizismus von bloß artistischem Reiz. Eine Szene ausgenommen, nämlich die grausige Verballhornung des Faust-II-Finale zwecks Kanonisierung der Heiligen durch die Schlächter, geht mit Brecht beim Parodieren (vor allem Shakespeares und Schillers) der Jux in einer Weise durch, daß die Substanz das Nachsehen hat, und seine Zauberwaffe der Verfremdung (z. B. Erhöhung der Fleischherren von Chicago in den Rang klassischer Bühnenhelden) das Publikum nicht auf den Kopf trifft, sondern in der Zwerchfellgegend, wo statt verdutzten Nachdenkens unbekümmerte Heiterkeit ausgelöst wird.

Tatbestand VI: Die Inszenierung von Gustaf Gründgens bereitete Brechts »Heiliger Johanna« im Hamburger Schauspielhaus ein Staatsbegräbnis Erster Klasse. Selten noch wurde ein dramatisches Werk mit solcher Könnerschaft gegen die erklärten Intentionen seines Autors auf die Bühne gebracht. Da es wenige Dichter gibt, die gleich Brecht immer wieder dargelegt haben, wie ihre Stücke gemeint, aufzuführen und aufzufassen sind, und da ein so erfahrener Theatermann wie Gründgens darüber sicher bestens orientiert ist, kann seine Inszenierung der »Johanna der Schlachthöfe« nur als eine bewußte, gewollte Widerlegung des künstlerischen und gesellschaftlichen Vermächtnisses von Bert Brecht gewertet werden. Nach allen Regeln der Kunst wurde das Stück auf offener Bühne ausgetrickst.

Hier das Rezept: Man löse das Stück sorgfältig aus seinem zeitge-

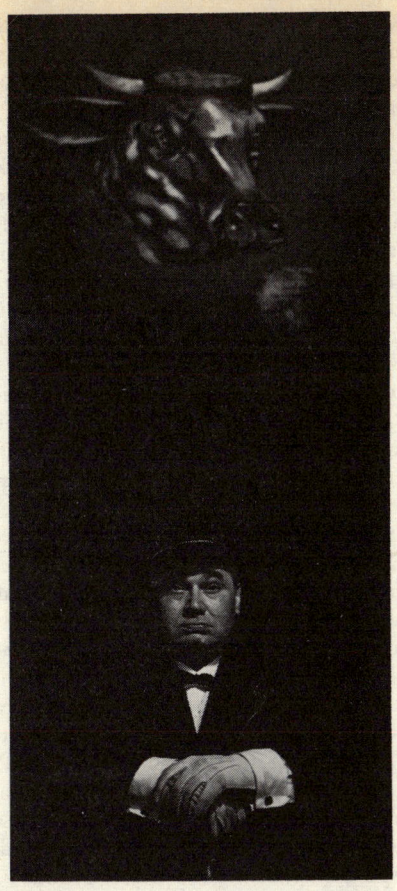

Uraufführung, Hamburg 1959. Hermann Schomberg als Mauler.
Foto: Rosemarie Clausen

nössischen Rahmen, indem man weitestgehend den von Brecht geforderten »Hintergrund« tilgt (hier fiktive und echte Presseschlag-
zeilen, die während der Vorstellung durch Ausrufer und Lautsprecher zitiert werden sollen, »um den Gang der Geschäfte deutlich
zu machen«). Dadurch verkehrt sich die von Brecht geforderte

»historische Relativität« des ökonomischen Geschehens ins absolut
Museale. Weiter vermeide man es, irgendwelche revolutionären
Momente (hier den Kommunismus) beim Namen zu nennen. Dadurch entzieht man das gesellschaftliche Geschehen geschickt der
von Brecht geforderten »wissenschaftlichen Beschreibbarkeit«
und taucht es in jenes Dunkel zurück, wo anonyme Kräfte sinnlos
walten und das individuelle Geschehen nicht, wie von Brecht gefordert, aus der Unterschiedlichkeit der Systeme folgert, sondern
einzig und allein aus der Unterschiedlichkeit der Charaktere. Diese
lasse man in der hinreißendsten Weise verkörpern, damit der Zuschauer »magisch in den Bann« gezogen wird und er nicht die Spur
jener von Brecht geforderten kritischen Freiheit behält, sich die betreffenden Figuren auch anders, nur als Modell, als gespielte Demonstration vorzustellen. Damit der Zuschauer nicht trotzdem
»mit seinen Gedanken dazwischen kommt«, verleihe man dem
Stück eine künstliche Dynamik, indem man es als naht- und pau-
senlos abrollendes Drama inszeniert, das durch keinerlei »epische«
Unterbrechung gestört wird (etwa die von Brecht geforderte Pro-
jektion der Szenentitel, wodurch die »Vorgänge ihrer stofflichen
Sensation beraubt« werden). Nur dann kann das Theater an einem
hypnotisierten Publikum jene von Brecht bestgehaßte Funktion
erfüllen, nämlich herabsinken »zu einem Zweig des bourgeoisen
Rauschgifthandels«.

Tatbestand VII: Gründgens zog alle Register seiner Bühnen-
kochkunst, um das ihm vom Autor anvertraute, zwar häßliche,
aber lebendige junge Entlein für seine Premierengäste als majestä-
tisch schönen, aber toten Schwan anzurichten. Und Publikum und
Presse fraßen ihm aus der Hand. Er erreichte, daß die Kritik über
das Stück schrieb: »Alles Stoffliche darin ist völlig falsch und prä-
historisch und geht uns nichts mehr an«; daß sie orakelte: »Wenn
Brecht heute spielbar ist, dann aus anderen Gründen als denen, die
er thesenhaft proklamiert«; daß sie herausfand: »Es sind ganz gewiß nicht sozialistische oder gar marxistische Grundmotive [. . .]:
sondern, wie immer bei Brecht, eigentlich theologische [. . .]«; daß
sie verlautbarte: »In solchen Dimensionen übersteigt das Menschendrama die Deutbarkeit der Handlung. Die Dichter sind am
tiefsten in dem, was sie offen lassen«, und daß überhaupt »das Ko-
mödiantische bei Brecht alles andere zudeckt«. Er erreichte, daß
die Kritik, dem armen B. B. zum Hohne, an der Aufführung genau
das rühmte, was er zeitlebens bekämpft hatte: »Welt-Theater . . .

der Aktualität von 1930 entrissen . . . der Blick in die nicht ideolo-
gisierbaren Tiefen gelenkt . . . die Szenen gleichsam vom Irdischen
weggehoben . . . Hanne Hiob in der Titelrolle argumentierte nicht
ins Parkett, sondern durchlebte mit ungeheurer Intensität die
Entwicklung einer Gestalt . . . ihr Gegenspieler Hermann Schomberg war ganz und gar prachtvoll, ein Elementarereignis, ja geradezu wie ein Vulkan« – und alles schrieb, was sonst nicht hätte sein
dürfen, einschließlich der »einfühlenden« Musik von Siegfried
Franz und ausschließlich einer angemessenen Würdigung des einzigen, alles andere überragenden wirklichen Brecht-Darstellers:
Richard Münch in der Rolle des Spekulanten Slift.

Tatbestand VIII: Das phantastische Mißverstehen des Dichters
Brecht und seines Zeitstückes »Die heilige Johanna der Schlachthöfe« entlarvte mit vernichtender Deutlichkeit, welches Maß an
politischer Bewußtlosigkeit für den normalen Bundesbürger und
die dazugehörige sogenannte unabhängige Presse kennzeichnend
ist, und daß ohne eine wie immer geartete Parteilichkeit kein Begreifen der Situation mehr geleistet wird. Nur das halbe Dutzend
Kritiker in Deutschland, das sich offen engagiert zeigt, links wie
rechts, kam ohne Trance davon und erklärte – von rechts: »Das ist
keine dramatische Auskunft, das ist die Auskunft Lenins« – nach
links: »Es ist gewiß kein gutes Stück, aber ein wenig Furcht hätte es
auslösen müssen – Furcht vor einer Welt, in der rein gar nichts ge-
deiht [. . .]«. Und wir möchten hinzufügen: diese Welt ist größer
als Brecht erlaubt. Denn Caspar Neher, der die »visionären« Bühnenbilder schuf, war einmal Brechts Freund, und die Hauptdarstellerin ist eine Tochter Brechts aus erster Ehe, und Helene Weigel, die sich nach der Vorstellung »ergriffen« zeigte und die Aufführung »kompromißlos« nannte, war einmal Brechts Frau und
zählt noch immer zur DDR-Prominenz.

Uns bleibt nur eines: Halten wir uns an den Dichter, auch wenn
sie es einem schwer machen. Verriet er uns doch: »Es ist eine Lust
unseres Zeitalters, das so viele mannigfache Veränderungen der
Natur bewerkstelligt hat, alles so zu begreifen, daß wir eingreifen
können. Da ist viel im Menschen, sagen wir, da kann viel aus ihm
gemacht werden. Wie er ist, muß er nicht bleiben.«

(*Vorwärts* vom 15. 5. 1959)

André Müller
Ein neues Gesicht Gustaf Gründgens'
(Zur Uraufführung in Hamburg, 30. 4. 1959)

Das Hamburger Schauspielhaus war bis auf den letzten Platz gefüllt, als am 30. April, am Vorabend des 1. Mai, die Uraufführung des von Bertolt Brecht 1931/32 geschriebenen Stücks »Die heilige Johanna der Schlachthöfe« stattfand. Fast alles, was im Bereich des deutschen Theaters Rang und Namen hat, war vertreten, um mit der Uraufführung des Stückes gleichzeitig Gustaf Gründgens' erste Brecht-Inszenierung zu erleben. Das Resultat war eine der größten Bühnensensationen, die das deutschsprachige Theater in den letzten Jahren aufzuweisen hat. Helene Weigel, die Witwe Bertolt Brechts, faßte diesen Hamburger Theaterabend in dem einen Satz zusammen: »Das hat Gründgens großartig gemacht.«

Bertolt Brecht hat »Die heilige Johanna der Schlachthöfe« während der großen Weltwirtschaftskrise von 1929 bis 1932 geschrieben. Er ist der einzige deutsche Dichter, der es gewagt hat, die großen Fragen der damaligen Zeit auf der Bühne darzustellen. Die Krise selbst, die Machenschaften der großen Konzernherren, die ungeheure Arbeitslosigkeit der Massen, das Elend und die Not sind der eigentliche Stoff, dem er sich mit diesem Stück stellt. Ein ungeheurer Stoff, von dem damals behauptet wurde und von dem heute noch behauptet wird, daß er sich auf der Bühne nicht mehr darstellen lasse. Brecht hat ihn dargestellt, aus marxistischer Sicht und mit den Mitteln des epischen Theaters, das soll heißen: um bloßzulegen, um zu entlarven, um den Zuschauern klarzumachen, »daß das Unglück nicht entsteht wie der Regen, sondern von etlichen gemacht wird, welche ihren Vorteil davon haben«, um ihnen einzuhämmern, daß dieses ganze System der kapitalistischen Produktionsweise abgeschafft werden muß. Ein kommunistisches Stück also! Einwandfrei! Und doch alles andere als eine schematisierende Schwarz-Weiß-Malerei; ein großes Stück, im großen Stil geschrieben und die Fragen der Zeit groß behandelnd.

Auf die Idee, diesen Stoff mit der Gestalt der historischen Jeanne d'Arc, der Jungfrau von Orleans, zu verbinden, kam Brecht durch die Feiern, die 1931 in der katholischen Welt anläßlich der 500. Wiederkehr des Todestages der Jeanne d'Arc stattfanden. Da gleichzeitig in den Ländern, wo die Arbeitslosigkeit besonders großen Massencharakter angenommen hatte, die Heilsarmee ihre reformerische Tätigkeit mit dem Geld der Konzernherren aufnahm, die an der Krise schuld waren, machte er seine Johanna Dark zu einem Offizier der Heilsarmee, die allerdings den Sündenfall begeht, wissen zu wollen, woher das Elend kommt und von wem es gemacht wird.

Brecht stellt so eine lebendige Figur in den Mittelpunkt des Geschehens. Johanna Dark ist ehrlich, sie will wirklich den Armen und Ausgebeuteten helfen und glaubt, das durch ihre Tätigkeit bei den Schwarzen Strohhüten (der Heilsarmee) tun zu können. Aus der Tiefe der Chikagoer Schlachthöfe – wohin Brecht die Handlung verlegt, um das Geschehen zu verfremden – dringt sie zu dem Fleischkönig Pierpont Mauler vor, der sich in einem erbitterten Kampf mit seinen Konkurrenten befindet.

Er scheint von den Ermahnungen Johannas bewegt, Abhilfe schaffen und den Armen helfen zu wollen. In Wirklichkeit benutzt er nur die günstige Gelegenheit, um seine geschäftlichen Absichten unter dem Deckmantel der Menschlichkeit zu tarnen. Zu spät erkennt Johanna: »Wer denen, die da arm sind, helfen will, der muß ihnen, scheint's, von Euch helfen.«

Sie schlägt sich zu den revolutionären Arbeitern, nachdem sie erkannt hat: »Dieses ganze System ist eine Schaukel mit zwei Enden, die voneinander abhängen, und die oben sitzen oben nur, weil jene unten sitzen«. Aber sie läßt ihre neuen Kameraden im Stich, die sie mit einem wichtigen Auftrag betraut haben, weil sie abermals an Maulers menschliche Handlungsweise glaubt. So wird gerade ihre subjektive Ehrlichkeit, die sie hier in den Dienst einer schlechten Sache stellt, Johanna zum Verderben.

Erst sterbend zieht sie die letzte Konsequenz: »Sorgt doch, daß Ihr die Welt verlassend nicht nur gut wart, sondern verlaßt eine gute Welt.« So wird sie heilig gesprochen, für das, was sie nicht getan hat, von denen, die Johanna erst am Schluß als die ärgsten Feinde der Ausgebeuteten erkennt.

Brecht schuf sich mit dieser Fabel die Möglichkeit, gleichzeitig die kapitalistischen Börsenpraktiken bloßzustellen, den Mechanismus aufzudecken, der zu Elend und Arbeitslosigkeit führt, die Machenschaften zu entlarven, mit denen selbst die Großen sich noch in der Krise bereichern.

Das alles geschieht im hohen Tonfall der klassischen Königsdramen. Die idealistische Bezogenheit der großen Form wird durch die nackten Fleischgeschäfte bloßgestellt. Brecht stellt klassische Formen aus, parodiert, travestiert, setzt immer wieder satirische Effekte und zeigt gleichzeitig die Anwendbarkeit der großen Form auf der Grundlage des epischen Theaters. So ist das Stück gleichzeitig Formkritik, wo es Kritik der abgenutzten Inhalte der klassischen Bühnenform ist.

Gustaf Gründgens hat – durch ein großartiges Bühnenbild von Caspar Neher unterstützt – alles im großen Stil der elisabethanischen Königsdramen inszeniert. Er hat fast sein gesamtes Ensemble aufgeboten, und selbst Nebenrollen mit Schauspielern wie Werner Hinz, Hans Reincke, Josef Offenbach, Richard Münch, Robert Meyn, Josef Dahmen, Eduard Marks und anderen besetzt. Er hat allen Erwartungen zum Trotz die ganzen atheistischen Kraßheiten nicht gestrichen, sondern sie ganz im Gegenteil groß und wichtig in den Mittelpunkt gestellt.

Dazu gehört Mut, wie überhaupt Mut dazu gehört, gerade dieses Stück in der Bundesrepublik zu inszenieren. Eine einzige, freilich nicht unbedeutende Konzession an die bundesdeutsche Wirklichkeit hat er gemacht, indem er alle Stellen strich, wo von den Kommunisten als von den konsequenten Gegnern des kapitalistischen Systems die Rede ist. Aber er hat die Ausbeuterpraktiken nicht verniedlicht, die religiöse Verlogenheit der Heilsarmeetätigkeit nicht verkleinert und sogar die marxistische These nicht verschwiegen, daß dieses System verbrecherisch ist und einer gewaltsamen Beseitigung bedarf.

Mit Hanne Hiob, der Tochter Brechts, hatte er eine großartige Johanna, die eine wahrhaft meisterhafte Leistung bot. Mit gleichbleibender Präzision meisterte sie den wahrlich nicht leichten Text. Ob in den Unterredungen mit dem Fleischkönig Pierpont Mauler, ob in den Gesprächen mit den Armen und Niedergedrückten in der Tiefe der Schlachthöfe, ob in ihren Ansprachen als Offizier der Heilsarmee oder ob bei ihren Anklagen während ihrer Kanonisierung, immer fand sie den richtigen Tonfall und den richtigen dazugehörenden Gestus. Ihr gegenüber stand Hermann Schomberg als Pierpont Mauler, als elementares Naturereignis auf der Bühne, massig, schwer, mit ungeheurer Vitalität, Machtwillen ausstrahlend und gleichzeitig voller komödiantischer Lust.

Er zeigte den Herrn der Schlachthöfe als einen Heinrich VIII., seine geschäftlichen Transaktionen mit derselben Größe durchführend, mit der in den großen Königsdramen Staatsaktionen betrieben werden. Dabei von einer sprachlichen Disziplin, einer Präzision, die so schnell nicht ihresgleichen hat. Daneben Werner Hinz, ein Schauspieler, der selbst die Hauptrolle hätte spielen können als Packherr Graham. Sein Bericht über die Gigantenkämpfe an der Chikagoer Börse schildert die Kämpfe der Fleischschieber und Spekulanten, als wenn es sich um die heroischen Zweikämpfe der Griechen und Trojaner handele. Das war einer der Höhepunkte des Abends. Dann wieder Josef Offenbach als Major der Schwarzen Strohhüte, einen Peachum zeigend, nur darauf bedacht, sein religiöses Unternehmen zu sanieren. Die Travestie ist vollkommen, wenn er – nachdem Mauler anstatt Geld bringend scheinbar bereuend bei den Schwarzen Strohhüten eintrifft – die Hände ringt und mit großer Geste in den Saal ruft: »Johanna, gib mir meine 40 Monatsmieten wieder.«

Es ist unmöglich, auch nur die wichtigsten Mitwirkenden alle zu nennen. Das Stück ist personenreicher als das größte Königsdrama Shakespeares und trotzdem brachte Gustaf Gründgens das Kunststück fertig, Leistungen von gleichbleibender Qualität zu erzielen. Es hat fast 30 Jahre gedauert, bis Gustaf Gründgens ein Stück von Bertolt Brecht inszeniert hat. Mit dem Stück »Die heilige Johanna der Schlachthöfe« hat er eins der schönsten und politisch schärfsten Stücke Brechts aufgeführt. Daß sich Gründgens mit dieser Inszenierung neben dem großen Werk eines großen Dichters als großer Regisseur bewies, war der eigentliche Glücksfall des Abends.

(*Deutsche Volkszeitung* vom 16. 5. 1959.)

Siegfried Melchinger
Johanna Dark. Ein großer Abend des deutschen Theaters

(Zur Uraufführung in Hamburg, 30. 4. 1959)

An seinen großen Abenden sprengt das Theater die Wände, die ihm zugewiesen sind. Die Schranken zwischen der Welt des Scheins und der Welt der Wahrheit stürzen ein. Nicht Antworten, Lösungen, Offerten mit Gebrauchsanweisung nehmen wir da entgegen (als ob jemals ein Dichter die Welt verändert hätte), aber beklommenen Herzens, mit bestürztem Erkennen sehen wir, daß es unsre Sache ist, die abgehandelt wird, Werk geworden ist, Gestalt, Denkmal, Mahnmal. Und wenn da doch eine Antwort angeboten werden sollte, die uns nichts mehr beweist und wenig bedeutet, so sei's drum. Wir denken, daß auch Sophokles' Götter und Schillers Ideale nicht mehr die unseren sind, und daß wir dennoch in diesen Zeiten, da die Hoffnung kümmerlich geworden ist und Gott totgesagt wird, nach Dichtern dürsten, nach den Dichtern, die unsre Sache abhandeln.

Dieses gewaltige Stück von Brecht, »Die heilige Johanna der Schlachthöfe«, dessen Uraufführung fast dreißig Jahre nach seiner Niederschrift denkwürdig bleiben wird auf lange hinaus, ist unsres Widerspruches sicher (wie es auch drüben auf Widerspruch gestoßen ist), und es ist doch ein Stück von uns und für uns, es ist unsre Welt, von einem Dichter in Blöcke gehauen, es ist unser Leben, zu Gestalt geronnen, damit wir es besser erkennen, und es ist ein Mensch darin, ein Menschenkind, das unsre Fragen fragt und stellvertretend für uns zugrunde geht an diesem Fragen. Das ist genug, die Wände zu sprengen und die Schranken zu Fall zu bringen.

Die Welt als Schlachthaus

Brecht hat mit seiner »Heiligen Johanna« ungeheuerliche Provokationen gewollt. Er schrieb sie zur fünfhundertsten Wiederkehr des Tages, an dem das Mädchen in Rouen verbrannt worden war, und zehn Jahre, nachdem es die Kirche heilig gesprochen hatte. Er schrieb sie gegen Schiller und gegen Shaw. Er sah Gretchen in ihr und zwang die Sprache des fünften Akts von »Faust II« in den

Griff einer anklägerischen Travestie. Und er scheute nicht zurück vor der Parallele zu Jesus, indem er das Mädchen die Händler aus dem Tempel treiben läßt, wie dieser, und indem er es in einer furchtbaren Umkehrung des Heiligen von Menschenhand vernichtet werden läßt, wie dieser vernichtet worden ist.

Es gibt kein Werk von Brecht, das in größerem Maßstab entworfen ist. Es ist in jeder Hinsicht die Kulmination: Abschluß und Abkehr von der ersten Phase, Umkehr und Ausblick auf die zweite. Der Zynismus des Verneiners ist bereits umgeschlagen in die Erbitterung des Weltveränderers. Mit schwach erhobenem Zeigefinger wird auf die Kommunisten gedeutet, aber die Parteigelehrten haben keinen Zweifel daran gelassen, daß das Stück im Sinne des Kommunismus nicht stimmt.

Es widerspricht schon der Ideologie, daß den Platz des klassenbewußten Revolutionärs ein Mädchen einnimmt, ein Menschenkind »mit unwissendem Gesicht«, angetrieben nicht von der marxistischen Lehre, sondern von der Empörung über das Unrecht und der Sehnsucht nach Güte. An der Spitze der »Schwarzen Strohhüte« (der Heilsarmee) zieht Johanna Dark trommelnd, singend, predigend in die Schlachthöfe, deren Wirklichkeit – einer damals aus Chikago gemeldeten Weltsensation und damit der Aktualität der Weltkrise von 1930 entnommen, nein, entrissen, im Doppelsinn des Wortes – von Anfang an mehr als realistisch dargestellt ist, als Abbild und Sinnbild des irdischen Jammertals überhaupt: so ein Schlachthaus ist unsre Welt.

Dreimal tritt Johanna das an, was Brecht in den Szenenüberschriften den »Gang in die Tiefe« nennt, den Gang zu den Unteren. Aus dem ersten nimmt sie die Einsicht mit, daß Hungern und Frieren das »Streben nach Höherem« im Menschen ersticken. Im zweiten wird ihr die »Schlechtigkeit der Armen« vorgeführt, die grausam und niederträchtig sind zueinander, weil sie der täglichen Suppe bedürfen. Johanna, die erkennt, daß die Armen nur so sind, weil sie so gehalten werden, führt einen Zug gezeichneter Opfer in die Hochburg der Oberen, in die Börse, und als dort der Mächtigste, der Fleischkönig Pierpont Mauler, die Gesichter des Elends erblickt, dieses »Elends, das von einem Zorn kommt, der uns alle wegfegen« wird, bricht er zusammen und Johanna erringt einen Sieg: die Arbeit soll wieder aufgenommen werden in den Schlachthöfen.

Aber es ist Betrug. Die Ausgesperrten hocken weiter hungernd auf den Schlachthöfen, und die Packherren werfen die Angeln aus nach den Schwarzen Strohhüten, um den aufkeimenden Groll mit religiösem Opium zu betäuben. Diese sind gezwungen, den Pakt zu schließen, weil die Groschen der Armen versiegt sind, die Miete für den »Tempel« fällig ist und die Suppen gekocht werden müssen: »Denn es hat sich herumgesprochen, daß das Unglück nicht entsteht wie der Regen, sondern von etlichen gemacht wird, welche ihren Vorteil davon haben. Wir Schwarzen Strohhüte aber wollen ihnen sagen, daß das Unglück wie der Regen kommt, niemand weiß woher, und daß Leiden ihnen bestimmt ist, und ein Lohn dafür winkt, der nach dem Tode bezahlt wird.«

Vergebens jagt Johanna die Unterhändler zum Tempel hinaus, sie muß selbst die Uniform ausziehen und den Schwarzen Strohhut ablegen: losgesagt von Gott und der täglichen Suppe führt sie den Kampf auf eigene Faust weiter. So tritt sie den dritten Gang in die Tiefe an. Bis die Tore der Arbeit wieder aufgetan werden, wird sie bei den Ausgesperrten auf den Höfen hocken und mit ihnen frieren und hungern, und zuweilen wird die Bitterkeit in ihr aufsteigen: »Ihr habt gut hungern, ihr habt nichts zu essen, aber auf mich warten sie mit einer Suppe . . . Fast ein Schauspiel scheint's mir, also unwürdig, wenn ich hierbleibe ohne dringendste Not. Trotzdem: Ich darf nicht weggehen, und doch, ich sag es offen, Furcht schnürt mir den Hals zu . . . Furcht vor dem Fortwollen.«

Dieser Gang der Handlung ist durchquert vom Gang einer anderen Handlung, die in der Oberwelt spielt, von der Börsenschlacht, vom kapitalistischen Vernichtungskampf unter der Konkurrenz, von den Spekulationen auf Baisse oder Hausse, von den Blockaden des Aushungerns und den Manipulationen mit dem schmutzigen Dollar. Das ist insofern der Realistik entrissen, als es mit Sprechchören und parodistischer Kothurntragik ins Burleske gesteigert wird, aber es langweilt im einzelnen, weil die Chicago-Parallele nichts mehr beweist für die Welthändel von heute.

Im letzten Teil wird eine schwache Gegenhandlung von seiten der organisierten Arbeiter in Gang gesetzt. Johanna wird hineingezogen, da sie sich zur Verfügung stellte und einen geheimen Brief überbringen soll. (Konventioneller Trick aus dem Intrigenstück – Beweis, daß Brecht zur Lösung im Sinne der Parteilichkeit nichts eingefallen ist.) Johanna, der Gewalt widerstrebend, versäumt es, den Brief im rechten Augenblick zuzustellen, und so fällt ihr die Schuld am Scheitern des geplanten Generalstreiks zu (die dünnste und fadenscheinigste Stelle im Stück). Aber was der Dichter damit erreichen wollte, ist klar: verstoßen von allen, einsam wie je ein Mensch, der nach Güte strebt, unverstanden und von Skrupeln verfolgt, irrt Johanna durch den Schneesturm, bis sie zugrunde geht. (Shen-Te, der gute Mensch von Sezuan, wird keinen Brief mehr zu überbringen haben, Mutter Courage wird nichts mehr lernen aus den Erfahrungen des Krieges.)

Inzwischen hat sich die Legende von der Heiligen der Schlachthöfe verbreitet. Arbeiter, die sie suchen, entdecken ihre Leiche und erkennen sie nicht. Statt dessen wird sie von den inzwischen salvierten »Schlächtern« gemeinsam mit den Schwarzen Strohhüten kanonisiert – in einem Nachspiel, das Schillers und Goethes Apotheosen übertrumpft, indem Johannas Stimme, die anklagende Stimme des Menschenkinds, niedergetrommelt, niedergesungen, niedergeorgelt wird von den Vereinigten Verteidigern der elenden Welt.

Weil die Chicago-Handlung auf unsere Verhältnisse nicht mehr anwendbar ist und somit als Spiel erscheint, als Beispiel für den nicht endenden, nur die Vorwände verändernden Kampf zwischen der Macht und der Ohnmacht, zwischen den Herrschenden und den Unterdrückten, zwischen den Oberen und den Unteren, hören wir beklommener und einverstandener denn je Johannas Klage:

> Denn es ist eine Kluft zwischen oben und unten, größer als
> Zwischen dem Berg Himalaja und dem Meer
> Und was da oben vorgeht
> Erfährt man unten nicht
> Und nicht oben, was unten vorgeht.
> Und es sind zwei Sprachen oben und unten
> Und zwei Maße zu messen
> Und was Menschengesicht trägt
> Kennt sich nicht mehr.

Die Entdeckung für die Bühne

Daß dieses Drama vor 1933 nicht gespielt wurde (außer in einer Radiokurzfassung) und nach 1945 noch vierzehn Jahre auf seine Uraufführung warten mußte, kennzeichnet das Wagnis, das Gustaf Gründgens auf sich genommen hat. Hat man im Osten Johanna als ein »Abbild des bürgerlichen und kleinbürgerlichen Menschen« bezeichnet (Schumacher), so muß im Westen, wenn man sich an den Buchstaben hält, das Blasphemische als Affront empfunden werden. Nur wenn die dünnen Bretter der Vordergründigkeit von Anfang an zerspellt sind und der Blick in die nicht ideologisierbare Tiefe gelenkt ist, kann dieses Werk und mit ihm Johanna auf der Bühne siegen. Den Sieg verdankt es nun Gustaf Gründgens.

Dieser Theatermann, der nachtwandlerischen Instinkt und durchleuchtenden Geist wie kein anderer auf unseren Bühnen in sich vereinigt, verwarf jede Verlockung, das Stück mit Kommentar zu spielen oder gar auf irgendeine Linie (der Abschwächung) zu bringen. Er entriß es zum zweiten Mal der Aktualität von 1930, indem er die von Brecht vorgeschlagenen Plakatsprüche wegließ. Er legte seiner Inszenierung nichts als den Text zugrunde. Er hörte in die Sprache hinein, diese mit biblischer Wucht einherschreitende Prosa, diese konzentrischen Verse, er erspürte den Bau, der so gar nicht episch ist, sondern von einer baumeisterlichen Genialität, wie nur je ein Drama komponiert worden ist. So erkannte er den Stil, der dem Dichter allein vorgeschwebt haben konnte.

Das große Format: weit war die Bühne aufgerissen; als die Lichter im Parkett erloschen, wurden Prospekte hochgerissen und niedergezogen, rasselten die Maschinen und wandelte sich der Raum demiurgisch zum Bild, in Farben, die nicht Blut waren, aber nach Blut rochen, mit zwei Ochsenköpfen, die wie Reichsadler hineingehängt waren. Und die Schlächter traten auf wie die Pairs von Shakespeare, ihre Regenschirme hatten die Griffe von Schwertern und ihre Jacketts die Litzen von Generälen, und darunter die Westen waren kugelsicher in Gold und Silber gleich Kettenhemden. Ihre Reden wurden mit dem Hammer skandiert, die Dialoge prosodisch zusammengefaßt. Die Gesten hatten die hochtrabende Stilisierung des Grand Spectacle. Die Spieler traten in symmetrische Gruppen zusammen und zogen her und hin in Chören über die Bühne. In den Börsenszenen erreicht diese Kühnheit der Gruppierung, dieses Kreuz und Quer der Aufzüge (das nie die Grenze des rein Choreographischen überschritt, sondern immer hart am Sinn blieb) symphonische Spannungen und Steigerungen, wie man sie im Welttheater von heute nur noch bei Strehler oder Peter Brook gesehen hat.

Was den Brecht-Stil betrifft, so war jeder Verfremdung Genüge getan und aller Doktrinarismus von den Brettern gejagt. (Die Spieler bemalten sich kreideweiß, wenn sie ins Unglück kamen, und der Fleischkönig bekam ein Steak zu fressen, das auf der Bühne gebraten wurde). Das »Zeigen«, das jenseits des Theoretischen im Kern dieses Stiles steht, war aus der Einbildungskraft gewonnen und auf Anschauung gerichtet. Es hatte die Genialität des Einfalls und die Durchschlagskraft der Faszination.

Nur die Eingeweihten können ermessen, was der große Bühnenbildner Caspar Neher, Brechts Freund, dazu beigetragen hat. Nie war er weniger festgelegt, nie visionärer. Das Realistischste wurde herangeholt, wo es zur Pointierung beitrug; das Symbolische leuchtete in unbeschreiblichen Farben; die Räume waren oft komponiert wie in die dritte Dimension übersetzte abstrakte Gemälde.

Beispiele: Über den Börsenszenen schwebte eine klassizistische Tempelfassade mit halben Säulen und Gaslaternen. In den letzten Szenen wurde Johanna in ein Schneetreiben gejagt, dessen Flocken in malerischen Projektionen den Bühnenboden in die Höhe zu treiben schienen und so die Szenen gleichsam vom Irdischen weghoben. Hier hinein waren Metalltafeln gehängt, die erglänzten wie Zeichen von Engeln, wenn Johanna die Stimmen hörte. Dagegen war die Apotheose aufgebaut als Altarbild, in hellstes Licht getaucht; Goldprunk und Lametta umrahmten das Menschenkind, das in dieser Kanonisierung seine zweite Hinrichtung erlebte.

Kollektive und zwei Menschen

Unter den glänzenden Sprechern der Kollektivgruppen – Werner Hinz, Robert Meyn, Josef Dahmen, Heinz Reincke, Joseph Offenbach und andere – ragte als Motor beider Handlungen Richard Münch hervor.

Johanna war Brechts Tochter Hanne Hiob. Ein Wesen aus der Mitte der Ohnmächtigen, fahl und frierend in den dünnen Kleidern, unendlich rührend, aber mit einer Stimme, deren Inbrunst die Schwäche in Überzeugungskraft verwandelte, und mit Augen, deren im Mitleiden brennender Glanz unvergeßlich bleiben wird. Stärker als alle schauspielerischen Künste wirkte dieses Wesen: wie ein Rohr im Wind schwankte sie im Schneetreiben, an das Pult der Heiligung geklammert glich sie einer Märtyrerin.

Als Fleischkönig verkörperte der massive Hermann Schomberg großartig das Bild des Menschenschlächters mit dem blutigen Gesicht. Wenn er mit seinen Schlägern und seinem Gefolge auftrat, zitterten die Bretter. Brecht hat dieser Rolle die Dimension eines gebrochenen Charakters gegeben: mitten im »tierischen Geschäft«

Uraufführung, Hamburg 1959. Hermann Schomberg (Mauler) und Hanne Hiob (Johanna). Foto: Rosemarie Clausen

muß der Koloß Ekel vor seinem Treiben empfinden. Schomberg stellte das dar, wie es im Endeffekt gemeint ist: als eine Sentimentalität, an die sich der Mann längst gewöhnt hat und mit der er nur noch kokettiert.

Aber im grandiosen Plan des Dramas hat Brecht dem Gegenspieler noch mehr zugedacht: wie Johannas gefestigter Charakter im Laufe der Handlung gebrochen wird, so wird dieser gebrochene Charakter der Gefahr der Vermenschlichung ausgesetzt. Johanna bewegt ihn wirklich, und als sie ihn nach seiner Apologie (deren Argumente Größe beweisen) verläßt, spricht er hinter ihr her: »Also heute nacht/Steh auf, Mauler, zu jeder Stunde und/Sieh durchs Fenster, ob es schneit, und wenn es schneit, dann/Schneit's auf sie, welche du kennst.« Je ernsthafter der Charakter an die Szene herangeführt wird, in der ihn Brecht »die Grenze der Armut überschreiten läßt«, desto tiefer wird der Fall, in dem er sich mit dem Geschäft und Gott arrangiert, um Johanna zu vergessen. In solchen Dimensionen übersteigt das Menschendrama die Deutbarkeit der Handlung. Die Dichter sind am tiefsten in dem, was sie offenlassen.

Ein großer Abend des deutschen Theaters. Das Publikum, vom Außergewöhnlichen gepackt, schien sich aus der Ergriffenheit mit Hilfe eines gewitterhaft losbrechenden Beifalls heraushangeln zu wollen. Es war nicht möglich, das Parkett zu verlassen, so dicht standen die Mauern. Unzählige Vorhänge. Jubel für Hanne Hiob, Schomberg, Neher, vor allem für Gründgens.

Nach der denkwürdigen »Faust«-Inszenierung hat sich der Hausherr des Hamburger Deutschen Schauspielhauses erneut als der Statthalter des großen Theaters in unserem Lande erwiesen.

(Stuttgarter Zeitung vom 5. 5. 1959.)

Herbert Jhering
Brecht und Gründgens

(Zur Uraufführung in Hamburg, 30. 4. 1959)

Eines der frühen Stücke Brechts, niemals gespielt, 1932 nur einmal mit Fritz Kortner und Carola Neher im Rundfunk gesendet, hatte bei der Hamburger Uraufführung einen fast sensationellen Erfolg, der ebenso dem dichterischen Werk wie der Inszenierung von Gustaf Gründgens galt. Wieder bestätigt sich, daß nur die Wagnisse das Theater aus seinen Depressionen herausreißen und ihm seine von Film und Fernsehen unabhängige Bedeutung zurückgeben.

»Die heilige Johanna der Schlachthöfe« gehört zu den kühnsten Stücken Brechts. Er versuchte hier, die Form der antiken Tragödie auf Situationen der modernen Industrie- und Marktwirtschaft anzuwenden. War es die Form oder der Inhalt, der die Wirkung schärfte? Beide waren nicht mehr voneinander zu trennen. Schon dieser frühe Versuch bewies, daß die Distanz der Form, wenn sie so beherrscht wird, keine Entfremdung der Fabel und des Themas bedeutet, sondern ihre doppelte Durchdringung. Realistisch dargestellt, können die Erlebnisse der Johanna in den Schlachthöfen von Chicago ergreifen. Das sollen sie und mehr: sie sollen auf die Zustände hinweisen, die diese Tragödie erst ermöglichen. Wenn nun, wie Brecht es hier getan hat, die Geschäftsmethoden des Fleischerkönigs Pierpont Mauler und seiner Handlanger in die Form des antiken Theaters transponiert werden, so erhält der alte Begriff von Schuld und Sühne eine radikal andere Bedeutung. Wenn die Tragödie des Heilsarmeemädchens Johanna Dark, die in ihrem Kampf für Menschlichkeit einsieht, daß sie mit Gebeten und göttlichen Redensarten nicht auskommt, daß sie kämpfen muß, nicht allein, sondern in Gemeinschaft mit den Arbeitern, wenn dieses historische Drama des Chicagoer Alltags in die Nähe der klassischen Tragödie gestellt wird, dann wirkt das nicht wie eine ausgeklügelte Formspielerei, sondern wie ein drohender Hinweis, daß die sozialen Kämpfe unserer Zeit die Realität der Gegenwart und die Größe antiker Dramen haben. Die Realität wird verschärft durch den Blick über zweitausend Jahre zurück.

Niemand wird daraus schließen wollen, daß nun Dramen aus einem sozialen Themenkreis der Gegenwart immer in die große

Form übertragen werden sollen. Das würde nur neuen Dilettantismus hevorrufen. Aber in dem genialen Ausnahmefall Brecht hat der Versuch seine revolutionäre Berechtigung. Denn er verbindet Prosa und Vers zu einer Einheit von unheimlicher Aussagekraft. Seine Sprache übt Kritik am Kapitalismus und zugleich am antiken Drama, dessen Mittel sie anwendet. Brecht durchleuchtet Geschäft und Religion, zeigt, daß die kleinen Beispiele in Wahrheit groß sind, und entlarvt durch diese Methode der Röntgenbestrahlung manch antikes Heldenbild. Seine Methode vergrößert und verkleinert zugleich. Sie rückt die kleinen Schicksale des Mädchens Johanna in die Größe der Antigone und das große Schicksal der Antigone in die Nachbarschaft der Schlachthöfe von Chicago.

Als Gustaf Gründgens das Stück, für das er sich schon 1932 interessiert hatte, zur Uraufführung annahm, war er sich der Schwierigkeiten der mimischen und sprachlichen Formgebung bewußt. Er durfte die Szenen des Fleischerkönigs, der Packherren, der Makler, Aufkäufer, Viehzüchter und Spekulanten nicht durch Nuancen verkleinern und die Auftritte Johannas und der Schwarzen Strohhüte nicht mit Gefühl und Pathos veredeln. Er fand die richtige Distanz. Gewiß fehlte dem Fleischerkönig Mauler Hermann Schombergs im Anfang die sprachliche Zielklarheit. Aber hier lag wirklich ein Problem. Wird das System nicht gerade dadurch angeklagt, daß sogar ein Menschlichkeit heuchelnder, schlauer Biedermann mit den üblichen Mitteln Millionen scheffeln und saubere Einzelgänger erledigen kann? Ja, das ist richtig. Ich glaube nur, daß Schomberg zuerst etwas zu sehr auf Heiterkeit ausging. Von Szene zu Szene aber wurde er beherrschter und überzeugte auch durch sprachliche Klarheit. Seine Kumpane und von ihm betrogene Betrüger wurden von Werner Hinz, Robert Meyn, Josef Dahmen, Gerhart Bünte genau gegeben. Hinreißend frech der Spekulant Slift von Richard Münch. Gut, daß die Arbeiter niemals als Chargen, sondern immer als ihren Weg erst suchende, oft noch irrende, ausweichende, aber sich schon sammelnde Revolutionäre der Zukunft gegeben wurden. Sehr gut Heinz Reincke und Lotte Brackebusch. Joseph Offenbach gab Paulus Snyder, den Führer der Schwarzen Stohhüte, meisterhaft, ebenso Elisabeth Goebel ein Mitglied der frommen Gilde.

Wenn ich an frühere Inszenierungen von Gründgens, besonders aus seiner Berliner Zeit, denke, so zeigt diese Aufführung eine feinere Auflockerung seiner Regie. Bewundernswert, wie er Hanne

Hiob einsetzte und spielen ließ. Hanne Hiob ist mit der »Heiligen Johanna der Schlachthöfe« in die erste Reihe der deutschen Schauspielerinnen gerückt. Sie spielte einfach, bescheiden, fast ärmlich. Man glaubte ihr das Mädchen der Heilsarmee, ihre Frömmigkeit, ihre Enttäuschung, ihr Suchen, ihre Verzweiflung und neue Erkenntnis. Ihre Johanna schlug die Brücke vom Theater Otto Brahms zum Theater Brechts. Sie bewies, wie einfach und selbstverständlich auch ein experimentelles Stück Brechts gegeben werden kann. Immer wieder steht Brechts Form in der Entwicklung und ermöglicht die Vielfältigkeit der schauspielerischen Gestaltung. Nur eins verträgt sie nicht: Vertuschung der Fabel, Einnebelung der sozialen Gegensätze, Auflösung des Sprachbaus und der mimischen, der gestischen Logik. Dieser Logik aber, dieser Härte und Klarheit der Fabel kann man auf verschiedene Weise gerecht werden. Shakespeare konnte von entgegengesetzten Künstlern gespielt werden. Auch Brecht kann es. Das bewies Gustaf Gründgens mit seiner Inszenierung der »Heiligen Johanna der Schlachthöfe«, zu der Caspar Neher die phantasievoll aggressiven Dekorationen geschaffen hatte. Trotz Kürzungen nahm Gründgens dem Werk nichts von seiner Schärfe und klaren Aussage. Die Schlachthöfe kamen zu ihrer doppelten Bedeutung. Die Menschen gingen auf ihnen ebenso zugrunde wie die Tiere. Der Künstler Gründgens hatte sich wieder gefunden. Es gibt eine neue deutsche dramatische Literatur. Der Erfolg der »Heiligen Johanna« hat Gründgens und dem Deutschen Schauspielhaus neue Möglichkeiten gegeben. Die Aufführung war ein weitreichendes Ereignis. Im Zuschauerraum trafen sich die Angehörigen beider Teile Deutschlands.

(*Die andere Zeitung*, Hamburg, 6. 5. 1959.)

Rolf Michaelis
Johannas Gang in die Tiefe
(Zur Stuttgarter Aufführung, 27. 5. 1961)

»Die heilige Johanna der Schlachthöfe«, Brechts Stück aus den
Jahren 1929/30, kommt mit der Stuttgarter Aufführung zum zwei-
tenmal auf eine (westdeutsche) Bühne. Vor zwei Jahren hat
Gründgens die späte Uraufführung nachgeholt. Die großartige
Hamburger Inszenierung hat, gerade weil sie nicht im Sinne des
Theoretikers Brecht war, einem neuen, von aller Doktrin unbela-
steten Brecht-Stil die Richtung gewiesen. Die Stuttgarter Aufführung leitete Benno Besson, ein langjähriger Mitarbeiter Brechts.
Die Erwartung hat nicht getrogen: die eindrucksvolle Inszenierung hält sich strenger an die Vorschriften von Brechts Theatertheorie. Kommt sie damit dem Stück näher?

Ehe wir Antwort auf solche Fragen suchen, sei der Rang von Bessons Leistung für den Stuttgarter Spielplan festgestellt. Nach den
letzten drei Inszenierungen, deren Qualität vor allem im Zusam-
menspiel von Solisten bestand (die eigentümlichen Quartette, die
sich bei Eliot, Kleist und O'Neill heraushoben), hat Besson zum
Abschluß der Saison zweiundsechzig Darsteller zu einer imponie-
renden Ensembleleistung vereinigt. Gerd Richter hat dem Regisseur die für Massenauftritte ungeeignete kleine Bühne des Schauspielhauses mit schnell aufzubauenden Podesten, mit Vorbauten
und mit Versatzstücken, die vom Schnürboden hinabgesenkt wurden, soweit als möglich erschlossen. Die beiden Proszeniumslogen
waren in die Spielebene mit einbezogen, und eine Rampe ermög-
lichte das Spiel vor dem eisernen Vorhang. Das gewellte Profil dieses grüngrauen Metallvorhangs übertrug Richter auf sämtliche
Bühnenbilder. Dieser Einfall ist verblüffend. Schmutzige Metall-
platten kreisen die Spieler ein. Es sind die während des ganzen
Spiels geschlossenen Fabriktore der Schlachthäuser von Chicago.
Wellblechwelt, Konservenwelt. Das Unnatürliche, Unmenschliche der Situation der Weltwirtschaftskrise konnte vom optischen
Eindruck her mühelos ins Sinnbildliche gesteigert werden: Die
Schlachthöfe, auf denen sich statt der zurückgehaltenen Ochsen
frierende und hungernde Menschen drängten, wurden zum Symbol einer sich im Lebenskampf selbst zerfleischenden Menschheit.

Diese Transparenz des gegenständlichen, historisch fixierten Bildes auf ein zugrunde liegendes, allgemein und allezeit gültiges Sinnbild des Menschlichen müßte den Stil einer Aufführung der »Heiligen Johanna der Schlachthöfe« bestimmen. Besson ließ es beim Zeitbild. Am deutlichsten teilte sich diese Absicht der Regie, einen historischen Weltaugenblick darzustellen, in den am Schluß über Lautsprecher verkündeten Schreckensnachrichten der dreißiger Jahre mit (»Die Bank von England seit dreihundert Jahren zum ersten Male geschlossen« etc.). Die bereits geschichtliche Aktualität zu betonen, heißt die Schwächen des Stücks betonen. Die in den Schlachthöfen Chicagos zusammengepferchten Menschen – das sind wir, das *können* wir sein, in einer Inszenierung, die das Plakat eines antikapitalistischen Thesenstücks hinter der Dichtung vom ewigen tragischen Schicksal des nach der Wahrheit fragenden Menschen zurücktreten läßt. Noch ist die Welt ein Schlachthof. Diese Parallele läßt sich heute, und immer, zu Brechts Stück ziehen. Jahreszahlen beweisen da gar nichts. Aber die an die ausgehenden zwanziger Jahre gebundenen Analogien vom Börsengeschäft und vom Arbeiterelend stimmen in der Zeit der Volksaktie, der Vollbeschäftigung, der Vollversicherung, der Vierzigstundenwoche nicht mehr. Deshalb wäre es besser gewesen, Besson hätte allen ideologischen Ballast von marxistischem Klassenkampfstück abgeworfen, um den eigentlichen Kampf zu instrumentieren, den nie endenden Kampf zwischen denen, die oben sind, und denen, die unten sind. Es zeigte sich nämlich, daß die Aktualitäten von 1930 ein Menschenalter später nicht mehr aktuell sind. In Bessons Inszenierung wirkte manches wenn auch nicht gerade langweilig, so doch die Einsinnigkeit der Parabel vom wahrheitssuchenden Menschen störend. (Der Hinweis auf Brechts Text ist kein Argument, da sich Besson an anderen Stellen beträchtliche Freiheiten erlaubte.)

Die Fabel dieses Stücks, das Brecht als böses Pamphlet zum fünfhundertsten Todestag der Jeanne d'Arc verfaßt hat, muß bereits im Zusammenhang mit der späten Äußerung des Dichters über die »einfachen Leute« gesehen werden, »die so wenig einfach sind, denn sie suchen die Wahrheit, das ›was dahinter ist‹«. Johanna Dark, die amerikanische Jeanne d'Arc, ist ein kleiner Leutnant der Heilsarmee auf der Suche nach der Wahrheit. »Ich will wissen. Ich muß wissen«, das sind ihre Worte, als sie den Kampf gegen die Ausbeuter aufnimmt, um für eine bessere Welt und für Liebe unter den Menschen zu sorgen. Sie fragt das große Warum des Lebens und verzehrt sich als Fackel der Wahrheit. Das Stück ist nicht nur ein spannungsloser Bilderbogen, wie die Leute uns glauben machen wollen, die nicht Brecht denken können, ohne episches Theater zu sagen. Die Szenenüberschriften sind ernst zu nehmen. Danach macht Johanna drei »Gänge in die Tiefe«. Die Wahrheitssucherin muß den geheizten Missionssaal und die Suppenschüsseln verlassen, um zu den Armen hinabzugehen. Nach dem ersten Gang weiß sie, daß die leibliche Not das »Streben nach Höherem« im Menschen unterdrückt. Nach dem zweiten Gang erkennt sie, daß die Menschen nur deshalb schlecht sind, weil sie ausgenützt werden: »Nicht der Armen Schlechtigkeit / hast du mir gezeigt, sondern / der Armen Armut.« Nach dem dritten Gang in die Tiefe, der zum Gang in den Tod wird, muß sie bemerken, daß sie ihre Aufgabe nicht erfüllt hat, daß sie gutgläubig den Ausbeutern in die Hand gearbeitet hat: »Wieder läuft / die Welt die alte Bahn unverändert. / Als es möglich war, sie zu verändern / bin ich nicht gekommen.« Jeder dieser Gänge führt Johanna tiefer hinab. Das Stück ist ein einziger, groß gesteigerter Gang Johannas in die Tiefe, in die Tragik, in den Tod.

Dieser fallenden Bewegung ist in zynischer Aggressivität ein Aufstieg entgegengesetzt: Johannas Himmelfahrt. Da sie versagt hat, kann sie von den reichen Fabrikanten, die sich nach Johannas Verstoßung aus der Heilsarmee mit der kirchlichen Macht verbunden haben, noch sterbend ausgebeutet und als Heilige der Schlachthöfe kanonisiert werden. Orgelklang und Hosianna-Gesang machen ihre verzweifelte letzte Botschaft unhörbar: »Die aber unten sind, werden unten gehalten / damit die oben sind, oben bleiben.« Diese Dialektik von oben und unten ist die Sprungfeder des Spiels. Oben sind die einander auflauernden Viehhändler, Viehzüchter, Aufkäufer und Schlächter. Unten sind die Armen, Entrechteten. Zwischen beiden Sphären bewegt sich Johanna.

Die Geradlinigkeit ihres Gangs in die Tiefe war in der Darstellung Käthe Reichels eigenartig gebrochen. Dem Konzept der Regie entsprechend spielte sie zwei Gestalten. Bis zur Pause mußte sie seltsam abgehackt und nach Worten ringend sprechen. Diese verfremdende Darstellung sollte das Suchen eines kleinen Menschen nach dem passenden Ausdruck zeigen. Soweit das bezweckt wurde, war die Anlage der Figur richtig. Ob es aber stimmt, Johanna ihre Straßenpredigten mit dem falschen Ton der auswendig gelernten Phrasen vortragen zu lassen? Kommen bei ihr nicht auch die religiösen

Floskeln von Herzen? Füllt ihr Mitleid nicht auch die (aus anderem Munde) hohl klingenden Worte mit dem Mark der Überzeugung? Zugunsten einer Polemik gegen den Lippendienst der religiösen Gemeinschaften wurde die Figur der Johanna verzeichnet. Brechts Text ist Parodie genug. Er bedarf nicht der Parodie der Parodie. (Daß Johanna ganz in den Worten ihrer Predigten aufgeht, beweist übrigens eine spätere Szene, in der ein anderes Mädchen predigt, das sich ständig unterbricht und auf ihre Wirkung spekuliert.)

Erst nach der Verstoßung durfte Käthe Reichel der Johanna die Wärme geben, die sie doch von Anfang an besitzt. Klein und schmal, ein blasses Gesicht unter strähnigem Haar, ein gehetztes Tier im Kampf mit Giganten. Daß die Reichel im zweiten Teil trotzdem manchmal etwas zurücktrat, ist die Schuld der konventionellen Intrige mit dem Brief. Um die schwächliche Gegenhandlung auf festere Füße zu stellen, hat Besson verbindende Übergänge eingeschoben (die Szenen mit Frau Luckerniddle), die das Angestrengte der konstruierten Streikhandlung aber erst besonders deutlich machen. (In welcher Richtung Bessons Veränderungen gingen, belegt der Satz: »Zeiget ihr mir der Armen Seligkeit / so zeig ich euch der Armen Leid.« Bei Brecht steht, getreu dem an Wortspielen reichen Stil des Stücks: »der schlechten Armen Leid«.)

In kolossalischem Kontrast zu der kindlich schmächtigen Käthe Reichel stand Hans Mahnke als Mauler. Er war wirklich ein Fleischkönig. Ein Fleischberg, ein Mannsberg türmte sich auf und sammelte Energie auf sich. Die sentimentalen Anfälle von Lebensekel spielte Mahnke mit der ganzen Mischung von List und Selbstgefälligkeit. Die Worte des Alleingelassenen, nachdem Johanna sein Angebot abgelehnt hat, sind aber nicht ironisch zu verstehen. Hier, ganz ohne Zuschauer, ist Mauler von der furchtlosen Gestalt des kleinen Mädchens einmal wirklich gerührt. Um wieviel überzeugender und dramatischer wirken danach seine Bemühungen, sich mit Johannas Partei, sich mit Gott zu verbünden, um »sie, welche du kennst«, nicht mehr kennen zu müssen.

Solche Verzeichnungen im Detail (die allerdings bis zu dem Stilbruch gingen, daß einmal Schneesturm mit Flocken und Wind herrschte, ein andermal ohne diese illusionistischen Mittel) beeinträchtigen gelegentlich die Wirkung einer Aufführung von Niveau, die langanhaltenden Beifall fand.

(*Stuttgarter Zeitung* vom 29. 5. 1961.)

Karl Korn

Das große Gedicht vom Fleisch

(Zur Frankfurter Aufführung, 15. 12. 1963)

Wie warmer Frühlingsregen rauschte der Beifall am Sonntagabend kräftig auf, als der Hausherr und Regisseur Harry Buckwitz nach der theatralischen Schau der Kanonisierung der Heiligen der Fleischbank sich mit dem Ensemble dem Publikum der zweiten Frankfurter Eröffnungspremiere zeigte. Ein einziger kläglicher Pfiff wirkte wie ein schwacher Nachhall jener erbitterten Kämpfe, die vor dreißig Jahren – es war im Januar 1933 – im benachbarten Darmstadt um die von Hartung unter Mitwirkung von Eppelsheimer und Hirschfeld geplante Uraufführung tobten. 1963 herrschte schieres Einverständnis, daß man im neuen Frankfurter Haus eine durchdachte, von kräftigen Impulsen erfüllte, ausgewogene und im einzelnen klar gezeichnete Inszenierung gesehen und gehört hatte. Doch erfordert die Frage eine Antwort, wie man, nachdem Gründgens 1959 mit der Uraufführung vorangegangen war, die Neueinstudierung zum festlich-repräsentativen Anlaß zu verstehen habe. Die Antwort ist einfach, wenn man vom Theater ausgeht. Brecht erweist sich über den Theoretiker des epischen Theaters und den Lehrmeister der anti-aristotelischen Dramatik hinaus stets aufs neue als der größte Bühnendichter deutscher Zunge in unserer Zeit. Der Dichter der Mutter Courage und der Dreigroschenoper, des guten Menschen von Sezuan, des Kaukasischen Kreidekreises und der Heiligen Johanna der Schlachthöfe setzt offene und heimliche Brecht-Gegner immer wieder in Verwirrung, setzt sie matt. Noch im härtesten Satz, dem am meisten mißverstandenen der Heiligen Johanna

Darum, wer unten sagt, daß es einen Gott gibt
Und kann sein unsichtbar und hülfe ihnen doch,
Den soll man mit dem Kopf auf das Pflaster schlagen,
Bis er verreckt ist

ist der Aufruhr derer, die unten leben, in die Not des religiösen Menschen schlechthin übersetzt. In diesem Satz ist keine Blasphemie gegen Gott, sondern der Schrei des Menschen, daß Gott unsichtbar bleibt, während gepredigt wird, er hülfe doch. Das verdeckte Pathos des Satzes steht und fällt mit der sprachlichen Fassung. Er ist wahr, weil und insofern er gedichtet ist.

Das episch breit angelegte und doch dramatisch scharf gefaßte Exempel der gesellschaftlichen Prozesse, das uns in der Heiligen Johanna der Schlachthöfe vorgeführt wird, trägt alle Züge seiner Entstehungszeit, der ausgehenden zwanziger und beginnenden dreißiger Jahre, an sich. Aber hinter der Generalstreikparole, hinter dem Lehrstück von den Zusammenhängen zwischen Spekulation, Überproduktion, Unterbeschäftigung und zyklischen Wirtschaftskrisen erscheint dem Zuschauer, der in einer veränderten, im Gleichgewicht gehaltenen Weltwirtschaft und in einer Zeit der etablierten Gewerkschaftsmacht innerhalb der Industriegesellschaft lebt, doch das Bild seiner, der modernen Welt. Das Heilsarmeemädchen Johanna geht auch den Weg »in die Tiefe« des christlichen Gewissens. Sie, die als naive Dienerin der Armeleutesuppenküche und tröstender Jesuslieder naiv und ahnungslos auszog, lernt der Armen Schlechtigkeit als der Armen Leid begreifen, sie lernt die Wohltätigkeit der Schwarzen Strohhüte als den Dienst ihrer »Kirche« im Sold der etablierten Macht durchschauen, sie lernt, daß die Arbeiter ihr die Solidarität versagen, und sie lernt – ihre bitterste Lektion –, daß Gewalt sein muß. Sie endet wie Jeanne d'Arc als Märtyrerin. Tod und Kanonisierung zu Chicago sind eine mit bitterem Sarkasmus ins Moderne gewendete Parodie der Scheiterhaufenszene auf dem Marktplatz zu Rouen 1431, des Revisionsprozesses 1456 und der Heiligsprechung 1920. Das Klassenkampfmotiv tritt in den Hintergrund. Brecht ist immer der Bürger geblieben, dessen tiefe Unruhe wohl aus den alten Untergründen reformatorischer Gewissensnot stammte. Man kann und sollte die Heilige Johanna der Schlachthöfe in unseren Jahren des armen Papstes Johannes und des Konzils besser verstehen.

Brechts aktuell-politische Absichten stehen teilweise nicht mehr zur Diskussion. Aber es wäre billig, das Stück darum zu belächeln, weil man es anders hat kommen sehen. Die Unruhe des Gewissens bleibt und mit ihr der Anstoß zur Beziehung auch auf unsere Wirklichkeit. Dies ist der eine Grund, der das Stück so lebendig erhält, so daß es im Jahre 1963 ein sogenanntes Wohlstandspublikum von links und von rechts in Atem hält. Der andere ist dramaturgisch zu verstehen.

In seinen Studien über das epische Theater hat Brecht geschrieben: »Wenn man sieht, daß unsere heutige Welt nicht mehr ins Drama (gemeint ist das herkömmliche der fünf Akte, des Schicksals

als einheitlicher Macht) paßt, dann paßt eben das Drama nicht mehr in die Welt.« Wie immer man mit geschärftem, kritischem Verstand und aus vermehrter Einsicht die Brechtsche Demonstration der wirtschaftlichen und sozialen Machtkämpfe versteht und beurteilt, Brecht bleibt vorläufig der einzige Dramatiker der Weltliteratur, der gegenläufige soziale Tendenzen, Mächtegruppen und die Bewegung der Interessen auf die Bühne zu bringen wußte. Darin liegt der andere Grund dafür, daß New York und Paris, London und Lyon, Mailand und sogar das traditionsfeste Wien um Brecht nicht nur nicht herumkommen, sondern seiner Bühnenerfindung und Bühnensprache nicht entraten können.

Frankfurt hatte uns am ersten Abend eines neuen Abschnitts seiner Theatergeschichte mit einem »Faust ohne Seele« (FAZ vom 16. Dezember) bedacht. Bedenkt man die oben zitierten Sätze Brechts, dann scheint sich der entseelte Faust als die Probe darauf anzubieten, daß das herkömmliche Drama nicht mehr in unsere Zeit passe. Wie immer man die Dinge sehen mag, in Frankfurt weiß man Brecht zu verstehen, zu spielen und zu sprechen. Buckwitz ließ Brecht unverfremdet, gleichsam naiv spielen – und tat gut daran. Zwar wäre auch eine Brecht-Parodie denkbar. Doch legte es der Regisseur auf zwei Ziele an: die Stationswege der Johanna vom äußerlichen zum gelebten und erlittenen, aktiven Christentum und das Lehrstück vom Auf und Ab der gesellschaftlichen Prozesse vorzuführen. Die Gefahr, daß ein individuelles Drama Johanna neben einem kollektiven, klassenkämpferischen herliefe, wurde vermieden. Die Protagonisten und Mauler und Johanna blieben ihren gesellschaftlichen Gruppen auch im Widerspruch verhaftet. [...]

(Frankfurter Allgemeine Zeitung vom 17. 12. 1963.)

Rolf Michaelis
Der mühsame Brecht
(Zur Mannheimer Aufführung, 20. 4. 1966)

Bertolt Brecht als Pflicht? Ulrich Brecht macht's möglich. Seine schleppende Inszenierung der »Heiligen Johanna der Schlachthöfe« im Kleinen Haus des Nationaltheaters Mannheim unterdrückt parodistische Kontraste, löscht ironische Lichter dieser Szenenfolge aus den Jahren 1929/30 zugunsten einer schwerfälligen Demonstration. Die Mannheimer Aufführung, die vierte in der Bundesrepublik, ist nicht nur die längste (fast vier Stunden), sondern auch die zu empörten oder zustimmenden Reaktionen am wenigsten provozierende – und das, obwohl der Regisseur agitatorisches Theater machen läßt. Nach der Uraufführung bei Gründgens (1959), der mit großer Kunst das Parabelspiel von Herrschenden und Beherrschten, vom »Schlachthaus der Welt« vorstellte; nach Benno Bessons schärferer, sozialkritisch akzentuierter Inszenierung in Stuttgart (1961), in der Käthe Reichel die drei »Gänge Johannas in die Tiefe« als große Stufen des Scheiterns eines guten, aber zur Tat nicht entschlossenen Menschen spielte; nach der Inszenierung, mit der Harry Buckwitz das Frankfurter Theater eröffnete (1963), wo das Theatralische eines bunten Bilderbogens alle Satire zudeckte; nach diesen drei Versuchen nun ein vierter, ehrgeizig beginnend, rasch im nicht gegliederten Geschirr der Szenen steckenbleibend.

Offene, vorhanglose Bühne, die mit den rechts und links über den Sitzen aufsteigenden (sonst mit Jalousien abgedeckten) Treppen tief in den Zuschauerraum hinein erweitert ist. Rechts und links über der Bühne weiße Projektionsflächen. Oben erscheint vor jedem Bild der Szenentitel. Links wechseln Zitate von Marx und Lenin einander ab. Rechts leuchtet zu Beginn ein Satz aus dem »Kapital« von Marx über den industriellen Kreislauf. Die Ausdrücke, mit denen Marx die Phasen dieses kapitalistischen circulus vitiosus bezeichnet, erscheinen im Laufe des Spiels auf dem rechten Bildschirm: Diagnose des wirtschaftlichen Krankheitsprozesses und Illustration des Bühnenvorgangs. Der Regisseur nimmt damit die Anregungen marxistischer Interpreten (Käthe Rülicke, Hans Mayer) auf und bringt Brechts Spiel auf die Bühne als Demonstrationsobjekt für das menschliche Leben in einem Wirtschaftssystem, das sich vom »Ende der Prosperität« zur »Überproduktion«, zur »Krise«, zur »Stagnation« und schließlich wieder zum »Übergang zu mittlerer Lebendigkeit« entwickelt. Brechts Stück aber ist mehr als dramatisierter Marx. Ulrich Brecht, darauf bedacht, den Krisenzyklus des Kapitalismus in der Aufführung zu spiegeln, verliert die eigentümlichen dramatischen Gesetze aus dem Auge, nach denen Bert Brecht die Szenenfolge gliedert. Der Regisseur opfert die für eine Aufführung viel wichtigere Form des Kräftespiels zweier gegeneinander laufender, dramaturgischer Entwicklungslinien. Ob Brechts Stück den ökonomischen Kreislauf von Krise zu Krise abbildet oder nicht, ist für die Inszenierung von geringerer Bedeutung als die vom Dramatiker Brecht erstrebte Bewegung »in die Tiefe«, der er, in zynischer Aggressivität, einen Aufstieg entgegensetzt: Johannas Himmelfahrt, die den drei Gängen in die Tiefe, ihrer Höllenfahrt, am Ende korrespondiert. Nicht der Kreis, sondern diese übers Kreuz laufende Bewegung des Spiels muß die Regie erkennen und szenisch verwirklichen. Benno Bessons Stuttgarter Inszenierung, Marx um nichts weniger verpflichtet, lieferte diese Einsicht in den wirtschaftlichen Krisenreigen als Dreingabe. Ulrich Brecht versteift sich auf die Inszenierung einer ökonomischen Theorie, verbaut sich damit den Blick auf das Bühnenstück, auf das Kunstwerk. So fehlt seiner Aufführung die Steigerung in dem dreimal wiederholten Gang in die Tiefe und in einer Gegenbewegung von Johannas Vergewaltigung zur ersten Heiligen des Kapitalismus. Hätte es eines Beweises bedurft, daß man mit ausschließlich marxistischer Deutung diesem Stück, seinen Widersprüchen, seiner Unentschiedenheit, seinen Abschattierungen, nicht gerecht wird, dieser Regisseur, mit mehr Gespür für akademisch interpretatorische Formeln als für die Vitalität der szenischen Form, liefert ihn [. . .].

Dieses subtile Drama zwischen kleinem armen Kind und großem reichen Mann findet in Mannheim nicht statt.

(*Theater heute*, Heft 6, Juni 1966, S. 48 f.)

Herbert Jhering
Wie kann das Theater
dem Stück gerecht werden?
(Zur Züricher Aufführung, 16. 3. 1968)

Brechts »Heilige Johanna der Schlachthöfe« gehört zu seinen besten und leider zu seinen selten gespielten Stücken. Uraufgeführt wurde es erst einige Jahre nach Brechts Tod in einer Hamburger Inszenierung von Gustaf Gründgens. Vorher, 1932, ein Jahr vor Hitler, gab es nur eine Rundfunklesung mit Carola Neher und Fritz Kortner. Das Berliner Ensemble wollte die Premiere zu Brechts siebzigstem Geburtstag am 10. Februar herausbringen, mußte die Aufführung aber wegen Erkrankung von Hanne Hiob verschieben.

Was stand den Aufführungen der »Heiligen Johanna der Schlachthöfe« oft entgegen? Gerade die dichterische Kühnheit des Werkes. Denn Brecht versuchte hier, die Form der antiken Tragödie auf Situationen der modernen Industrie- und Marktwirtschaft anzuwenden. Schon dieser frühe Versuch bewies, daß die Distanz der Form, wenn sie so beherrscht wird, keine Entfernung der Fabel und des Themas, sondern ihre doppelte Durchdringung bedeuten kann. Realistisch dargestellt, können die Erlebnisse Johannas in den Schlachthöfen von Chicago ergreifen. Sie sollen es, aber sie sollen auch auf die Zustände hinweisen, die diese Tragödie erst herausfordern. Wenn nun, wie Brecht es hier getan hat, die Geschäftsmethoden des Fleischerkönigs Pierpont Mauler und seiner Handlanger in die Form des antiken Theaters transponiert werden, so erhält der alte Begriff von Schuld und Sühne eine radikal andere Bedeutung. Die Tragödie des Heilsarmeemädchens Johanna Dark, die in ihrem Kampf für Menschlichkeit einsieht, daß sie mit Gebeten und gläubigen Redensarten nicht auskommt, daß sie nicht allein, sondern in Gemeinschaft mit den Arbeitern kämpfen muß, ist ein Drama des Chicagoer Alltags. Wenn Brecht es in die Nähe der klassischen Tragödie stellt, dann wirkt dies nicht wie eine ausgeklügelte Formspielerei, sondern wie ein drohender Hinweis, daß die sozialistischen Kämpfe die Realität der Gegenwart und die Größe antiker Dramatik aufweisen. Die Realität wird verschärft durch den Blick über zweitausend Jahre zurück.

Wenn nun jemand daraus schließen wollte, daß Dramen aus einem sozialistischen Themenkreis der Gegenwart immer in die große Form übertragen werden müßten, so könnte das ein Abgleiten in stilisierenden Dilettantismus, Anlaß zu Mißverständnissen und wirklich die Gefahr einer formalistischen Absurdität verursachen. Aber in dem genialen Ausnahmefall Brechts hat der Versuch seine revolutionäre Berechtigung. Denn er verbindet Prosa und Vers zu einer Einheit von unheimlicher Aussagekraft. Seine Sprache übt Kritik am Kapitalismus und zugleich am antiken Drama, dessen Mittel sie anwendet. Brecht durchlichtet mit dichterischer Leuchtkraft Geschäft und Religion. Er zeigt, daß die kleinen Beispiele in Wahrheit groß sind und entlarvt durch diese Röntgenstrahlung manch antikes Heldenbild. Er vergrößert und verkleinert zugleich, denn er rückt die kleinen Schicksale des Mädchens Johanna in die Größe der Antigone und das große Schicksal der Antigone in die Nachbarschaft der Schlachthöfe von Chicago.

Ich habe »Die heilige Johanna der Schlachthöfe« immer für eines der wichtigsten Stücke Brechts gehalten, weil es in seinen genialen Vorstößen zugleich kritisch und poetisch ist und für die Aufführung vielseitige Anregungen gibt. Nur eins verträgt das Werk nicht: Vertuschung der Fabel, Einnebelung der sozialen Gegensätze, Auflösung der sprachlichen Architektur und der mimischen, der gestischen Logik. Dieser Logik aber, dieser Härte und Klarheit der Fabel kann das Theater auf verschiedene Weise gerecht werden. Shakespeare wurde oft von entgegengesetzten Künstlern gespielt. Das gilt auch von Brecht.

Nur dürfen die Schauspieler niemals gefühlsmäßig aufweichen oder dramatisch unterstreichen und effektvoll betonen. Brecht bleibt – und das ist bei der »Heiligen Johanna der Schlachthöfe« besonders zu sagen – der schöpferische Anreger der Regisseure und Schauspieler.

(Programmheft des Schauspielhauses Zürich, März 1968.)

Ernst Schumacher
»Die heilige Johanna der Schlachthöfe«

(Zur Aufführung des Berliner Ensembles, 12.6.1968)

Als Gustaf Gründgens am Vorabend des 1. Mai 1959 im Deutschen Schauspielhaus in Hamburg Brechts Schauspiel »Die heilige Johanna der Schlachthöfe« zur Uraufführung brachte, setzte er es wie ein *Märchen aus uralten Zeiten* in Szene. Im Parkett saßen die Pfeffersäcke und amüsierten sich über das Heilsarmeemädchen Johanna, die auszieht, den Fleischkönig Mauler und sein System zu vermenschlichen, daran zugrunde geht und zu einer Heiligen des Kapitalismus gemacht wird. Gründgens hatte zwar die Tabu-Worte Bolschewismus, Kommunisten, Kampf der Klassen gestrichen, aber Johannas Verfluchung des Glaubens an einen Gott, der den Armen helfen soll, wo sie sich nur selber helfen können, und ihr Aufruf zur Gewalt fielen dem Rotstift nicht zum Opfer. Im Zeichen des sozialen Burgfriedens, der Vollbeschäftigung und des Strebens nach höheren Werten als einem Teller Suppe, wurde das alles sozusagen als pikante Zugabe genommen: Das Wirtschaftswunder schien ewig.

Aber wie alle Wunder verblaßte es auch an Rhein und Ruhr. Heute ruft der angeblich kerngesunde Kapitalismus wieder die sozialdemokratischen Reformisten ans Krankenbett. »Ruhe und Ordnung« müssen durch Notstandsgesetze abgesichert werden. Unter schwarzen Fahnen demonstrieren die Arbeiter um die Erhaltung ihrer Arbeitsplätze, dann wieder unter roten um ihre politischen Rechte. Schüsse fallen von rechts, die Polizei drischt auf links. Alles wie gehabt und wie es in der »Heiligen Johanna« von Brecht steht und wie es nach Wunsch der Apologeten des Kapitalismus nicht mehr wahr sein sollte.

Noch stärker als in Westdeutschland begann die französische Arbeiterklasse im Mai 1968 um ihre sozialen und politischen Rechte zu kämpfen. Auch sie ist der sozialreformerischen Salbadereien überdrüssig und ersetzt die verlogenen Appelle an ihre »Vernunft« durch vernünftiges Handeln. Auch hier die Antwort blutiger Terror durch die Polizei, Gewalt von oben. Hier wie dort Widerlegung der »formierten« wie der reformierten kapitalistischen Gesellschaft.

Zeitgenosse dieser Wiederbestätigung der *ewigen Wahrheit,* daß sich die Interessen von Ausbeutern und Ausgebeuteten auf die Dauer nicht decken, durfte man hoffen, in der Inszenierung der »Heiligen Johanna der Schlachthöfe« im Berliner Ensemble gerade die Momente der Handlung herausgestellt zu sehen, die den Glauben an die Menschlichkeit des Kapitalismus widerlegen und die Klassengegensätze im Stadium des Monopolkapitalismus und der sozialistischen Revolution zeigen. Am wirkungsvollsten kann das heute geschehen, wenn die historische Konkretisierung, die Brecht für die Fabel gefunden hatte, nämlich sie in der Weltwirtschaftskrise nach 1929 anzusiedeln, kräftig herausgearbeitet wird. Wenn Brecht in seinen Regieanweisungen zur Heiligsprechung der Johanna durch die Kapitalisten und Reformisten »Schreckensnachrichten« verkünden ließ wie »Sturz des Pfundes! Die Bank von England seit dreihundert Jahren zum ersten Male geschlossen!« oder »Vor Henry Fords Fabrik in Detroit findet eine Schlacht zwischen Polizei und Arbeitslosen statt!«, so muß dies als zeitgemäße Analogie unmittelbar ins Auge springen.

Die Bearbeiter und Regisseure des Stücks für die Aufführung im BE, Manfred Wekwerth und Joachim Tenschert, entschieden sich aber merkwürdigerweise für eine »Zurücknahme« des dramatischen Geschehens in das Chicago um 1900. Sie beriefen sich dabei auf ein sogenanntes »Original« des Stückes, obwohl Brecht sicher nicht ohne Grund sowohl für die Ausgabe der Stücke im Malik-Verlag im Jahre 1938 wie im Suhrkamp- und im Aufbau-Verlag 1955 die Fabel in die Zeit der Weltwirtschaftskrise verlegt hatte. Zweck des »Zurückgehens« soll laut Programmheft sein, den »Verschleierungs«-Mechanismus des heutigen Kapitalismus einsichtiger zu machen. Aber ein solches Zurückrücken der dramatischen Geschichte in die Geschichte ist weder dazu angetan, die besondere moderne Form dieser Manipulierung des öffentlichen Bewußtseins stärker zu erhellen, geschweige denn die neue Dimension des Monopolkapitalismus, noch auch die neue Stufe des Klassenkampfes in ihrer Bedeutung für heute zu verdeutlichen, die mit der Oktoberrevolution und der Gründung der kommunistischen Parteien in der Welt eintrat.

Durch die zeitliche Zurückverlegung der Fabel tritt der merkwürdige Umstand ein, daß in der Fassung des Berliner Ensembles die politischen Begriffe Bolschewismus und Kommunisten ebenso fehlen wie in der Gründgens-Inszenierung in Hamburg. Die in den

»Stücke«-Fassungen von 1938 und 1955 klar ausgeprägten Szenen, in denen die neue Qualität der Klassengegensätze sichtbar wird, müssen daher unterspielt werden oder wirken, da der Text doch nichts anderes hergibt, dann anachronistisch, zumindets unorganisch.

Vor allem wird die Figur der Johanna geschädigt. In den »Stücke«-Fassungen versagt Johanna in dem Augenblick, als der Klassenkampf in das Stadium des politisch geführten Streiks und der mit Waffengewalt ausgetragenen Gegenreaktion tritt. Johanna kriegt Angst um ihr Leben. Das macht ihr Davonlaufen ebenso begreiflicher wie gleichzeitig verhängnisvoller und verwerflicher. Dies kann in der Fassung des Berliner Ensembles nicht ausgestellt werden.

Auch die Figur ihres Kontrahenten, des Fleischkönigs Mauler, wird harmloser. Maulers »Anfälligkeit« für die religiös-humanistischen Phrasen der Johanna wird zwar glaubhafter, Mauler aber, als Repräsentant seiner Klasse, um sein besonderes Profil gebracht, weil diese »Anfälligkeit« viel weniger als bewußte Manipulation erscheint, durch die er sein Geschäft wie das ganze System kaschiert, wie er es schließlich selbst Johanna als historische Notwendigkeit darlegt.

Es ist zwar folgerichtig, wenn im Schlußbild der Berliner Fassung die Heiligsprechung der Johanna durch die Packherren auf einem altarähnlichen Podest vor sich geht, aber wenn dann der Vorhang der Predella weggezogen wird und die Arbeitergestalten als gekrümmte, versklavte Träger des ganzen Brimboriums erscheinen, so mag das zwar leidlich eine Versinnbildlichung der Lage des Proletariats um 1900 sein, widerspricht aber dem Stadium der sozialistischen Bewußtwerdung und Revolution, wie es Brecht gestaltete, und hat auf alle Fälle eher eine depressive denn inflammierende Aussagekraft. Kurz, durch diese Zurückversetzung der Fabel in die Anfänge des Monopolkapitalismus werden die Möglichkeiten vergeben, die für heute besonders wichtigen Analogien herauszuarbeiten, nämlich die verstärkten Bemühungen der Kapitalisten, den immer größeren Krisen durch immer größere Machtkonzentration entgegenzuwirken und sich dabei auch des religiös gestimmten Reformismus zu bedienen, andererseits die neue Qualität der Klassenkämpfe nach der ersten erfolgreichen sozialistischen Revolution, der Oktoberrevolution, und der Existenz einer revolutionären, eben kommunistischen Arbeiterbewegung bewußt zu machen.

Für diese, nach meiner Meinung, problematische Konzeption, fanden die Regisseure freilich szenische und schauspielerische Lösungen, die teilweise hervorragend sind. Die Bühne ist in eine Vorder- und Hauptbühne geteilt. Auf der Vorderbühne trägt sich die goldene Legende zu, auf der Hauptbühne befindet sich die Welt der Schlachthöfe, der Viehbörse und des Hauses der schwarzen Strohhüte. Die Vorderbühne ist durch einen dreiteiligen golden wirkenden Vorhang verschlossen. Die Hauptbühne ist stark funktionalisiert. Die Bühnentechnik kommt vor allem durch Brücken zur Geltung, die als Verbindungswege zwischen den Schlachthöfen, als Galerie der Börse und als Empore des Gotteshauses eingesetzt werden. Karl von Appen fand damit fabelgemäße Lösungen. In starkem Maße wird die Phantasie der Zuschauer beansprucht. Um die schrecklichen Tage und Nächte miterleben zu lassen, die die ausgesperrten Arbeiter im Schneewind vor den Schlachthöfen verbringen, genügt es, die Windmaschine in Bewegung zu setzen und eine lange Schlange verschneiter, zusammengekauerter oder im Sturm wankender Gestalten zu zeigen, um sie zu einem Symbol des Elends der Unterdrückten zu machen. So ist Winter, Hunger, Aussichtslosigkeit auf dem Theater noch nie transparent gemacht worden. Wesentlich funktionell, der Herstellung der ideologisch scheinenden Momente dienend, ist auch die Bühnenmusik von Hans Dieter Hosalla. Sie bedient sich auch elektronischer Effekte, die das Unmenschliche der Vorgänge quälend empfinden lassen.

Klar arbeitet die Regie die Klassenfronten heraus, zwischen denen Johanna vergeblich als Vermittlerin fungiert. Gleichzeitig werden diese Kader in einzelnen Bildern stark aufgegliedert und szenisch-räumlich in großer Form placiert, wie es der großen Form des Dramas entspricht. Hervorragend meistert die Regie das vom Text her geforderte chorische Sprechen (Einstudierung der Chöre: Karl-Heinz Nehring).

Natürlich steht und fällt jede Inszenierung der »Heiligen Johanna der Schlachthöfe« mit der Besetzung der Hauptrollen. Die Johanna wurde in der Berliner Aufführung von Hanne Hiob gespielt, die diese Rolle auch bei der Uraufführung in Hamburg darstellte. Ich muß gestehen, daß mir die Gestaltung in der Hamburger Inszenierung überzeugender erschien, was das Bekunden von Naivität, von *unbeflecktem Glauben* an die menschliche Ansprechbarkeit der Kapitalisten, die Begeisterung der sozialen Reformatorin betrifft. Der Johanna der Aufführung im Berliner Ensemble fehlte doch in starkem Maße das Kindlich-Ursprüngliche, das mitreißende »Das-werden-wir-doch-sehen«, die ungebrochene Kraft einer Fünfundzwanzigjährigen. Ihre stärksten Momente hatte diese Johanna, wenn sie im Schneetreiben auf den leeren Schlachthöfen von Stimmen verfolgt wird, die sie des Verrats anklagen, und darüber zusammenbricht, und wenn sie unter den Fahnen der Heilsarmee und dem Segen der Kapitalisten zu spät die Grundwahrheit herauszuschreien versucht, daß da nur Gewalt hilft, wo Gewalt herrscht.

Was die Darstellung des Mauler betrifft: Eine Verkörperung der »heutigen Entwicklungsstufe des faustischen Menschen« schien mir Martin Flörchinger nachgerade nicht zu sein, auch nicht der Schöpfer eines neuen Chicago in sieben Tagen. Er hatte vielmehr große Ähnlichkeit mit jenen ursprünglichen Akkumulatoren des amerikanischen Kapitals, wie Dan Drew und Commodore Vanderbilt, die durch so sagenhaft primitive Tricks wie die Fälschung von Aktien oder das Doping von Viehherden durch Salzwasser Milliardensummen ergaunern konnten. Schon von Kostüm und Maske her war er einer dieser vergleichsweise biederen Roßtäuscher: Er steckt in einem schwarzen Überzieher, sein rotgedrungenes Gesicht gekennzeichnet durch einen gezwirbelten Schnauzbart. Diesem Mauler glaubte man seine Anfälligkeit für die moralischen Appelle der Johanna. Flörchinger entsprach damit der Regiekonzeption, wirkte aber weniger überzeugend, wo er zu bezeigen hatte, wie er diese Anfälligkeit bewußt als Falle benützt, in die seine Kontrahenten tappen, was er mit wahrhaftiger *Fleischer-Lust* kommentiert, oder wenn er zum Schluß als genialischer *Alexander des Monopolkapitals* fungieren soll, der das Knäuel der Widersprüche des Systems mit dem Schwert der Kartellbildung, der Produktionsbeschränkung und der Vergrößerung der industriellen Reservearmee zu zerschlagen versucht.

Von den übrigen Figuren war am hervorragendsten der Mauler-Makler Slift, dargestellt von Ekkehard Schall. Hier wurde der Typ sichtbar, der es weniger faust- als *faustisch*-dick hinter den Ohren hat, ein smarter, naiv-gerissener Ganove, künftiger *Tiger der Wallstreet*. Statt lässig, kam er zunächst nachlässig ins Spiel, profilierte sich dann aber in immer stärkerem Maße. Seine Entsprechung fand dieser Typ in dem Major der schwarzen Strohhüte Snyder, dargestellt von Günter Naumann, ein cleverer Churchbusinessman, etwas borniert, aber schließlich erstaunlich belehrbar dafür, Wasser zu predigen und Wein zu trinken.

Die rhetorische Glanzleistung des Abends vollbrachte sicherlich Norbert Christian als Fleischfabrikant Graham, der Mauler in homerischen Versen den Zusammenbruch des ganzen Wirtschaftssystems als Folge der wahnwitzigen Preistreiberei von Slift berichtet. Kurz, aber von starker Wirkung, die Darstellung der Frau Luckerniddle durch Helene Weigel, die sich für zwanzig Suppen nötigen läßt, den Tod ihres Mannes in den Sudkesseln der Fleischfabriken ohne Anklage hinzunehmen. Hier wurde die barbarische Entmenschlichung des Kapitals transparent, wenn sich die Schauspielerin mit eingefallenen Zügen, gierigen Blicks auf die Suppenschüssel stürzt und sie wie einen Goldschatz umklammert, um dann, als sie die Wahrheit erkennt, entsetzt und doch grimmig entschlossen, zu ihr zurückzukehren, davonstürzt, um sich zu erbrechen.

Es ist ganz klar, daß die sozialkritische Auffächerung und Aufhellung ungleich stärker ausgeprägt war als in der Hamburger Inszenierung, ebenso die entsprechende Umsetzung in die schauspielerische Darstellung und szenische Veranschaulichung. Was in der Hamburger Uraufführung lebhafter, ja witziger erscheinen mochte, erweist sich nachträglich gegenüber der Berliner Aufführung als oberflächlich. Um so mehr wäre zu wünschen, daß in der Berliner Aufführung Brechts Historie statt antiquisiert, in produktivem Sinne historisiert, nämlich an unsere Zeit herangerückt worden wäre.

(*Berliner Zeitung* vom 20. 6. 1968.)

Sinah Kessler

»Mitten ins Herz«

(Zur Aufführung des Piccolo Teatro, Mailand, 4. 7. 1970)

Im Deutschland von 1959 konnte man Brechts »Heilige Johanna der Schlachthöfe« – vielleicht – mit einiger Berechtigung als Reminiszenz, die weit von uns entfernt sei, bezeichnen, weil es bei uns kein Pendant mehr gab zu den verelendeten Proletariern von 1931; 1965 billigte man dem Stück wenigstens schon zu, das »zweideutige Gesicht der Kirche« als noch aktuelle Komponente zu zeigen. Würde man es heute, nach den Erfahrungen, die wir aus den Protestbewegungen der letzten Jahre ziehen mußten, besser aufschlüsseln? Oder muß man, um dieses Stück in seiner »Mehrdimensionalität« werten zu können, in einem Lande leben, in dem der Nerv der Dinge noch bloßer liegt als bei uns?

Zum Beispiel in Italien. Wer jetzt Giorgio Strehlers Inszenierung der »Heiligen Johanna der Schlachthöfe« sieht, stellt mit Erstaunen fest, daß es eines der besten Brecht-Stücke ist, komplexer als jedes andere, gleichsam eine Synthese der Probleme, die vom »Brotladen« bis zum »Puntila«, »Kaukasischen Kreidekreis« und »Arturo Ui« einzeln behandelt werden. Und mehr noch: daß es von einer horrenden Aktualität ist und nicht nur der Prosperity und den Kapitalisten-Machenschaften »mitten ins Herz« trifft, sondern der heutigen Gesamtsituation. In die aber sind wir alle verkettet und müssen begreifen, daß »es so nicht weitergeht«, daß wir aber nicht mehr zurück können in jenen Status der Unschuld, von wo aus ein rigoroser Neubeginn möglich wäre, und nicht fähig sind, das als notwendig Erkannte mit letzter Konsequenz zu erkämpfen.

(Frankfurter Allgemeine Zeitung vom 9. 7. 1970.)

Joachim Kaiser
Themenstellung verundeutlicht
(Zur Aufführung in München, 10. 4. 1974)

Mitzuerleben war an diesem Premierenabend, daß an den Münch-
ner Kammerspielen endlich wieder vorzügliches Ensemble-Spiel
geboten wird. Was sich während Adolf Dresens »Wupper«-Insze-
nierung poetisch und diskret ankündigte, das setzte sich während
der Massenszenen der »Heiligen Johanna« ironisch und brillant
fort: man ist aus der »Krise« heraus, an einem großstädtischen
Theater herrscht Großstadt-Niveau. Mehr noch: Benno Besson
hat nicht nur eine selbstverständliche Präzision chorischer Bewegungen und Einsätze erarbeitet, sondern er verhinderte, daß sich
ein pathetisch-faschistischer »Siehst du im Osten das Morgenrot?«
Sprechchor-Droh-Ton ausbreitete. Während ihrer besten Augenblicke hatte die Aufführung – was überhaupt Bessons Bestes zu
sein scheint seit seinem »Drachen«-Welterfolg – etwas Aufgelich-
tetes, Heiteres, Unverschwitztes.

Aber auch die geglückten Einzelheiten verhinderten nicht, daß
der Premierenabend nachhaltig und bedenklich enttäuschte. So
blieb, kein Wunder, der massive Premierenbeifall kurz, bröckelte
bald ab und wurde nur von einzelnen wackeren Klatschgruppen
mühsam am Leben gehalten ...

Mein Hauptargument richtet sich gegen das, was Benno Besson
und Ursula Karusseit aus dem Aufbau und der Entwicklung ihrer
Johanna Dark machten. Offenbar wollten der Regisseur und seine
Hauptdarstellerin uns nicht den hehren Entwicklungsroman einer
edeldenkenden »Heldin« liefern. Statt dessen unterschlugen sie
den Reichtum und die innere Dialektik der Figur. Diese Heilige
Johanna demonstrierte, ja chargierte sehr gewandt eine Mischung
aus zunächst harmlos aggressivem Gottesfrohsinn, aus hell-grell-
raschem Plappern, selbstbewußter Frage-Frechheit und verbiester-
ter leiser Affektiertheit. Besson, der das Stück gewiß besser kennt
als jeder Regisseur dieser Welt, denn er hat es wohl bereits viermal
inszeniert, scheint seiner Heldin nun gar nichts mehr zu glauben.
Wenn die erkannt hat, daß unser (kapitalistisches) System ein
»Schaukelbrett« sei, wo den Unteren der Weg nach oben systema-
tisch verriegelt werde, dann sagt sie das genauso unüberzeugend

singend-rhetorisch-naiv wie ihre Heilsarmee-Platitüden, die sie auch nicht glaubt, sondern nur angelernt vorplappert. Weil Besson der Entwicklungsdialektik überdrüssig scheint, wird aus der tapferen Johanna Dark eine Kunstfigur. Eine Mischung aus positiv optimistischer Berliner Schnauze und mondsüchtigen Verzagtheiten. Das ist nicht nur zu wenig, sondern vor allem: zu langweilig.

Albern und ärgerlich unterschlägt die Aufführung, was doch die eigentliche Dramatik des Johanna-Dramas ausmacht: nämlich das ständige Kreisen von Johannas Fühlen, aber auch Denken um den Begriff der Gewalt. Gleich in ihrem ersten Einsatz sagt Johanna, die Heilsarmee-Damen seien aktiv, »damit nicht rohe *Gewalt* des kurzsichtigen Volkes zerschlag das eigene Handwerkzeug und zertrample den eigenen Brotkorb«. Wenig später heißt es »wo Unruhe herrscht und *Gewalttaten* drohen«, wolle man an Gott erinnern. Und die heftige Absage an Gewalt wird motiviert mit dem Satz: »Als ob *Gewalt* jemals etwas anderes ausgerichtet hätte als Zerstörung ... Aber ich sage euch; so macht man kein Paradies, so macht man das Chaos.«

Besson hat diese Themenstellung verundeutlicht, ja teilweise sogar weggestrichen! Darum kann auch nicht klarwerden, wie sich in Johannas Denken allmählich eine Spannung ergibt zwischen dem leeren Riesenbegriff »Gewalt« und dem konkreten, gewaltiger Veränderung bedürftigen Unrecht, das sie sieht. Zunächst erkennt sie, daß die scheußlichen Bedingungen des Existenzkampfes die Menschen böse machen. Dann argumentiert sie – und dies ist ihre erste Konzession gegenüber der Gewalt –, es könne denkbar werden, daß man die Drahtzieher »nicht mehr als Menschen ansieht, sondern als wilde Tiere, die man einfach erschlagen muß im Interesse der öffentlichen Ordnung und Sicherheit«. (Auch gestrichen in München.) Aber sie überzeugt sich selber nicht! Unmittelbar vor ihrem entscheidenden Versagen im revolutionären Kampf sagt sie: »Nicht durch Gewalt / Bekämpft Unordnung und die Verwirrung«, oder, noch entschiedener: »Ich könn' nichts tun / Was mit *Gewalt* getan sein müßt und *Gewalt* erzeugte.« Eine Minute später versagt sie. Kein Wunder, daß sie hysterisch dezidiert im Sterben schreit: »Es hilft nur *Gewalt,* wo *Gewalt* herrscht ...«

Der Leser, der geduldig bis hierher gefolgt ist, dürfte erkannt beziehungsweise wiedererkannt haben, wie sehr alle diese Argumente auch heute noch diskutiert werden. Das letzte Zitat war ein Schlüssel-Satz der APO. Der Hinweis auf Gewalt und »Chaos«-

Folge (in dieser Aufführung unerkennbar) ist ein oft benutztes Gegenargument. Den gleichfalls gestrichenen Satz, man müsse Menschen, die sich brutal benehmen, wie Tiere behandeln und totschlagen, benutzte F. J. Strauß einst bei angeblichen studentischen Exzessen. Man hat ihm diese Äußerung als »faschistisch« angekreidet, bis ans Licht kam, daß sie sich auf Überzeugungen der Brechtschen Johanna berufen kann . . .

Aber wie dem auch sei: Besson machte die Entwicklung der Johanna unerkennbar und uninteressant, indem er das Mädchen auf ein paar sekundäre Haltungen fixierte, den Gewalt-Konflikt strich und den Aufbau der Rolle nicht leistete.

Und warum diese seltsamen Kürzungen und Verunklärungen? Entweder, weil Besson den Gewaltkonflikt für historisch erledigt hält (darüber wäre sehr zu streiten; zumindest brauchte dann auch das Stück nicht mehr gespielt zu werden) oder, weil Besson keine Lust hat, ein Drama, das Schillers und Goethes »Klassik« unentwegt brillant parodiert, selbst als »Ideen-Drama« zu spielen.

Aber dieser Widerspruch liegt nun tief im Stück und in Brechts marxistischem Idealismus selbst beschlossen. Wer das unterschlagen will, unterschlägt alle Innenspannung – ganz abgesehen davon, daß die Kasuistik der Gewaltanwendung Brechts Denken lange beherrschte: »Die Gewehre der Frau Carrar« (wo die Heldin ihre anfängliche Neutralität aufgibt) und auch die »Maßnahme« oder die »Mutter« und die den Konflikt anders vorbereitende Parabel vom »Guten Menschen von Sezuan« haben mit der Bedenklichkeit oder Notwendigkeit gewalttätigen revolutionären Handelns zu tun. Statt dessen hier nur die naive, manchmal sympathisch kokett selbstbewußte Direkt-Nettigkeit der Ursula Karusseit? Statt dessen fast kein Pathos, keine Entwicklung, keine Besessenheit, keine Problemgenauigkeit? Nein, so heiter unbeträchtlich, grell und mondsüchtig darf eine große Rolle nicht verschenkt werden. Nur ihr verbittertes, unaustilgbares »Ich will's wissen« erinnerte daran, was die fehlgeleitete Hauptdarstellerin alles vergaß!

Natürlich kann man zurückfragen, wie, um Gottes oder Brechts willen, diese stufenweise Entwicklung denn ohne oberlehrerhaftes Dozieren theatralisch dargestellt werden solle. Aber genau darin liegt eben die Schwierigkeit beim lehrhaften, jungen Brecht: *wie kann eine problematisierende, darüber hinaus auch ironische und zitierende Sprechhaltung so in Figuren hineingenommen werden, daß die Figuren mehr sind als Demonstrationspuppen?* Als Gegen-

beispiel brauche ich nun nicht an die weit bessere Gründgens-Ur-
aufführung des Dramas von 1959 zu erinnern, wo Hanne Hiob mit
Pathos und Präzision den inneren Konflikt des armen Johanna-
Mädchens vorzuführen wußte. Sondern unter Benno Besson leistete eben dies zumindest prinzipiell Romuald Pekny als »Fleischkönig« Pierpont Mauler. Pekny machte Sentimentalität und Be-
drohlichkeit des reichen, blutscheuen Schlächters schizophren
deutlich. Er triumphierte in jeder Weise über Ursula Karusseit.

Mauler darf kein Clown sein: »Es sind zu viele, die vor Jammer
brüllen, und es werden mehr«: Das ist ein großer, schon aus der
»Maßnahme« bekannter Brecht-Satz. Mauler hat ihn zu sagen!
Und im Grunde helfen ihm dreimal »Stimmen« – nämlich die immer fabelhaft richtungweisenden Briefe aus New York, denen er
mit Gefühl und Verstand folgt, obwohl er sie, ein echter praktischer Bürger, als »Theorie« verachtet. Schade, daß Peknys indi-
rekte Ironie im zweiten Teil eintönig wirkte; auch sollte er nicht
schreien, wenn er von den Fleischpackern verlacht wird. Sein Satz:
»Lacht nur. Mich ficht nicht an Euer Lachen. Ich sehe Euch noch
weinen« würde leis-siegessicher sowohl angemessener als auch
böser wirken . . .

In Bessons Inszenierung störte auch das Abgekartet-Artifizielle
der Sprachregie. Wie gut im stummen Spiel – verlegen, befangen,
trotzdem rasch-entschlossen – wirkte der oft so vorzügliche Felix
von Manteuffel. Und wie falsch stilisiert war er, wenn er reden
mußte. Hans Michael Rehberg und Peter Lühr erspielten die notwendige Spannung aus Ironie und Theatersinnlichkeit vorzüglich.
Lambert Hamel war beherrscht, ölig-böse – aber viel zu wenig,
was er hier sein müßte: nämlich ein Mephisto, der dem Johanna-
Gretchen die Verdorbenheit der Welt zeigt und seinen Chef in die
Katastrophe reißen möchte.

Statt vorzuführen, wie Brecht an spezifischen Kapitalismus-Kri-
sen der zwanziger Jahre seine dramatischen Thesen und Wahrhei-
ten entwickelt, wichen Bühnenbild (karg, phantasielos, leer, dann
mußte es wieder realistisch schneien: Philippe Pilliod) und Regie in
eine vage Zeitlosigkeit, Allgemeingültigkeit aus. Dabei wurde weder die Brief-Intrige klar vorgeführt (Arbeiterführer Wolftried
Lier beherrschte seinen Text so schlecht, daß letzte Verständlich-
keit entwich) noch war man in Brechts buntem Phantasie-Chicago.
Ganz überflüssigerweise machte sich Besson, freilich phantasievoll, über die kleinen Aktionäre lustig, die als Liliputaner auftraten

(sind sie wirklich drolliger und verächtlicher als die Großen, von ganz links gesehen?) und man durfte auch schadenfroh lachen, wenn die Heilsarmee kein Geld mehr für die Mieten, sondern nur einen reuigen Sünder zu betreuen hatte, so daß die »Gesichter lang« waren. Welch armselige Komik!

Hans Stadtmüller als opportunistischer Arbeiter, Christiane Hammacher als unglückselige enge, bemitleidenswerte Arbeiterfrau kamen über Mittelmaß nicht hinaus – obwohl die Szenen doch schlagend gut geschrieben sind. Die glanzvoll geführten Chöre wiederum machten die antikapitalistische Hauptthese des Stückes nur sinnfällig, aber nicht verständlich. Adornos Verdacht, Brecht habe das Funktionieren des Börsengeschäftes eigentlich nicht kapiert (so sagte er es mündlich, schriftlich äußerte er sich vornehmer, Brecht habe das »kapitalistische Wesen verfehlt«. Und: die von Brecht Bekämpften hätten »von so törichten Feinden nichts zu fürchten«) scheint von Besson geteilt zu werden: die Börsenmanipulationen blieben, trotz bescheidener Parallele zu den gegenwärtigen Ölmanipulationen undeutlich und kindisch. Weil aber der historische Ort verlassen war, kamen die verdutzten Zuschauer denn doch nicht um die Frage herum, ob die Zwänge des Kapitalismus denn wirklich vag allgemein so seien, wie hier vorgeführt: Sieht Ausbeutung heute tatsächlich so aus, daß guten Arbeitskräften umstandslos gekündigt werden kann, wenn sie nicht freche Lohnkürzungen in Kauf nehmen wollen? Lesen wir nur Ölmeldungen und nicht auch Nachrichten von stets zweistelligen Lohnerhöhungsforderungen? Leider überlebten nur Ironie, Schizophrenie und ein trefflicher Chor diesen mit soviel Neugier erwarteten Theaterabend.

(*Süddeutsche Zeitung* vom 13. 4. 1974.)

Ulrich Schreiber
Fortschritt durch Rückgang

(Zur Bochumer Fabrikaufführung 1979)

In einer Notiz kritisierte Bertolt Brecht Anfang 1939 in seinem Arbeitsjournal einen bestimmten Aspekt von Karl Korschs Buch über Karl Marx (dem er ja so viel verdankte): »es wird zb gesagt: marxismus ist nicht nur, weil hegel und ricardo nicht ausreichten, sondern (hauptsächlich) weil es das proletariat gab. das wird aber nicht gezeigt.« Der gleichen Kritik setzt sich in der ersten Bochumer Neuinszenierung der Ära Peymann der Regisseur Alfred Kirchner aus, der in einer ehemaligen Fabrikhalle »Die heilige Johanna der Schlachthöfe« inszenierte. In der Aufführung ist nämlich das Proletariat (trotz so starker Darsteller wie Lore Stefanek oder Peter Brombacher) fast an den Rand gedrückt: die Opfer des Systems werden kaum gezeigt. Geht dabei auch Brechts marxistisches Lehrstück unter?

In der westdeutschen Rezeptionsgeschichte des Stücks ist immer wieder darauf hingewiesen worden, daß Brechts Realismus: die Weltwirtschaftskrise an den Geschäftsmanipulationen in den Schlachthöfen von Chicago zu exemplifizieren, zu kurz greife. Angesichts der Subventions- und Vernichtungswirklichkeit in der heutigen EG-Agrarpolitik ließe sich dieser Vorwurf erneut erheben, ginge er nicht an der tatsächlichen Problematik vorbei, daß es eine Ungleichzeitigkeit von künstlerisch-theoretischem Instrumentarium und historischer Wirklichkeit gibt: eben die Dialektik von Kunst und Geschichte. Gehörte zu deren Umsetzung für Brecht die verfremdete Benutzung der bürgerlichen Bühne zu den Voraussetzungen, so hat Kirchner die von Brecht betriebene Demontage bürgerlicher Kunstvorstellungen konsequent weitergetrieben: er zerschlägt die Vorlage in ein Kaleidoskop auseinandergespreizter Spielorte oder -weisen.

Die aufgegebene Illusionsperspektive der Guckkastenbühne macht aus dem Zuschauer jenen Spielball scheinbar höherer Mächte, der bei Brecht das Verhältnis zwischen dem Proletariat und den Kapitalisten strukturiert: da der Spielfluß ständig auf den 1750 Quadratmetern der ehemaligen Heintzmannhütte wechselt (man muß ihn sich als Zuschauer erwandern), geht es den fünfhundert

Besuchern ähnlich wie dem Schlachtvieh in Chicago. Aber man ist, gefälligst, aufgefordert, sich nicht hinter einem imaginären Leitochsen wie ein Lemmingszug ins eigene Unglück zu stürzen, sondern eigene Entscheidungen zu treffen: zunächst nur die Beobachtung des Spiels betreffend.

Man kann es halten, wie man es will: zwischen der Orgel der Heilsarmee (Prinzipal 4', Gedackt 8') und einer Pappkulisse des zur Zeit noch im Umbau befindlichen Bochumer Schauspielhauses hin- und herwandernd, in der höheren Etage der langen Seitenfläche die Börse und das Kontor des Fleischerkönigs Mauler wahrnehmend, wird einem neben dem Proletariat auch das Börsen-, Aufkäufer- und Spekulantenvölkchen immer unwichtiger, da es zu nicht viel mehr als einer dünnen Karikatur herhalten muß. Selbst ein so einprägsamer Schauspieler wie Horst-Christian Beckmann, der als Maulers Makler Slift der Johanna einprägsam – wie einst der Teufel dem fastenden Christus die Schätze der Welt – die Schlechtigkeit der Armen vorführt, rückt immer mehr aus dem Blickfeld.

Diese Aufführung hat einen Sog nach innen, der ihrer äußerlichen Aufspreizung der Kunstmittel zu widersprechen scheint. Das Klettern auf hohe Gerüste oder Balustraden und riesige Spieltische (Ausstattung: Karl Kneidl), das Nebeneinander von raumfüllenden Naturstimmen und kontaktmikrofonverstärkten, die noch im Pianissimo die Halle über Lautsprecher füllen, der bruchlose Übergang von großer Oper ins Kammerspiel, die Pathetik der Konzernherren, die von Polizisten auf Sesseln durch die Zuschauerfülle getragen werden, und die Rhetorik der Johanna, die auf eine Leiter steigen muß, um überhaupt an diese Herren heranzukommen: das alles sind Mittel zur Betonung der Ungleichzeitigkeit von Brechts Kunstinstrumentarium und jener Realität, auf die es gemünzt war. Statt des Klassenkampf-Spektakels bietet Kirchner das psychologische Drama einer scheiternden Liebesbeziehung.

Entscheidend für dieses Konzept ist der Besuch der aus der Heilsarmee geworfenen Johanna (wunderbar ihre »Austreibung der Händler aus dem Tempel«) beim Konzernherrn Mauler. Mit ihrem Köfferchen klettert Therese Affolter senkrecht eine Mauer hoch, wo sie den Gesuchten in einem Gerüstnest findet: »Guten Tag, Herr Mauler. Es ist schwer, Sie zu erreichen.« Nachdem sie Gerd Kunath in einer wunderbaren Szene klargemacht hat, daß sie nun zum Proletariat gehen wird, sagt er sich: »Sieh durch's Fenster, ob es schneit, und wenn es schneit, dann schneit's auf sie, welche du kennst.«

Dieses Erkennen im biblischen Sinn findet tatsächlich statt, und die gewagte Szene vermittelt die Intention der Inszenierung: hier wird das Stück, gegen seine bisherige Rezeptionsgeschichte, als eine kritische Innenschau des Bürgertums gezeigt, und die wird exemplifiziert an der Intensität der Beziehung zwischen Johanna und Mauler. Den kontradiktorischen Rahmen zu dieser Binnenhandlung liefert das proletarische Ambiente der Fabrikhalle. Die ursprüngliche Spannung der Ungleichzeitigkeit von Brechts Stück wird also anti-illusionistisch vertieft, insofern Kirchner-Kneidl ihre Kunstmittel über die bürgerliche Ästhetik der Guckkastenbühne hinaustreiben und gleichzeitig die Handlung auf das bürgerliche Liebesdrama zurückschrauben.

Das geht nicht ohne Verluste ab, da sowohl der Fortgang der Intrige auf seiten der Kapitalisten – teilweise bedingt durch akustische Übermittlungsprobleme – wie der Irrweg Johannas als Bote des Generalstreiks – durch Texteinstreichungen – verunklart wird. Gewonnen aber wird, dank der ungeheuren Intensität der Affolter und des in seiner scheinbaren Spaltung zwischen Privatgefühl und Geschäftssinn höchst eindrucksvollen Kunath, eine ungewohnte Sinnfälligkeit für den tödlichen Erkenntnisweg der Johanna. Die Überbetonung ihrer Beziehung zu Mauler gegenüber ihrer scheiternden Teilnahme am Kampf des Proletariats wirft das Stück stärker auf Schillers »Johanna von Orleans« zurück, als es Brecht beabsichtigt hatte. Aber gerade dadurch wird, gepackt in die Scheinhülle eines Alltags-Humanismus, das zähe Überleben kapitalistischer Herrschaftsstrukturen und ihrer idealistischen Verbrämung offenbar und Brechts Stück aktuell: ein Rückgang als Fortschritt in der zu leistenden Erkenntnis.

Die Bochumer haben hoch gereizt, und sicher läßt sich die Aufführung nicht in eindeutigen Kategorien von Gelingen und Mißlingen fassen. Sie leistet aber einen gewichtigen Beitrag auf dem Weg, den Stückeschreiber Brecht auf die Höhe seiner Theorie zu bringen. Daß dabei auch sinnliches Theater gewonnen wird, macht die Affolter in jedem Wort, jeder Bewegung deutlich. Wenn sie in der Auseinandersetzung mit ihren Heilsarmeekollegen (Daphne Moore, Johann Adam Oest) weder vom Mikrofon noch von der Fahne zu trennen ist, wenn sie sich hoch unter dem Fabrikdach an die Spitze der revolutionären Bewegung träumt, dann ist etwas von jener Unbedingtheit des Fortschreitens durch Veränderung des schlechten Bestehenden in Theaterwirklichkeit gefaßt, die durch gezielten Todesschuß beantwortet wird.

Während die erschossene Johanna von Polizisten auf einer Bahre abtransportiert wird und das Kapital, ihr Wort von der human legitimierten Gewaltanwendung flugs in die Mordtat ummünzend, ihre Kanonisierung besingt (Musik: Hansgeorg Koch), sitzt die Arbeiterschaft vor der Glotze. Da holt das Theater provokativ unsere Wirklichkeit mit ihrem Zusammenhalt durch massenmedialen Wirklichkeitsersatz, Vollwirklichkeitsdrang und Systemstabilisierung ein. Der Mord an einer Idealistin hat nur den Mördern genutzt.

(*Frankfurter Allgemeine Zeitung* vom 22. 12. 1979.)

Michael Skasa
Eröffnungspremieren in Bochum
(Zur Bochumer Fabrikaufführung 1979)

Einmal Fabrik, einmal Fürsorgeheim: zwei Schauplätze von Stükken, mit denen die »Peymann-Truppe« in Bochum programmatisch einsteigt.

Die Fabrikhalle, einst »Heintzmannhütte« und gelegentlich schon Veranstaltungsort und Jugendtreff, gerade noch vorm Abbruch gerettet, ist riesig in Länge mal Breite mal Höhe, mit Gußeisenstreben und milchtrüben Fenstern, ein Kapitalistendom. Darin ein Drama um die Willkürgesetze des kapitalistischen Marktes, »ein Stück vom alten Bertolt Brecht« (wie ein Knabe hell über die Köpfe der Besucher kräht); dann die Kammerspielbühne von blanken Neonröhren eingerahmt: Mädchenfürsorge mit Resopal und Gitterkäfig, das Drama derer, die bei solchen Marktgesetzen auf der Strecke bleiben: »Fürsorgezöglinge. Ein Stück anhand Ulrike Marie Meinhofs Bambule«.

Zwei Texte, zwei Aufführungen, die Peymann/Beils Bestreben, »dran zu bleiben« an den Zuständen um uns, auch in Bochum hart und wenn möglich noch härter im Wind zu segeln als vordem in Stuttgart, massiv unterstreichen. Seit Jahren, sagt Peymann, machen wir die feinsinnigsten Sonderbarkeiten, und derweil packen sie uns Raketen ins Land und AKW's und Pressionen und Strauß. Nun müßten sie endlich wieder diese Gefühle der Bedrohung artikulieren, auch auf der Bühne; hier in Bochum biete sich das an, hier, mitten im Geschehen, das fordere doch heraus! Es stimmt, diese beiden Stücke passen vorzüglich, nein: bestürzend genau, hierher, mitten in den Pütt, wo er am staubigsten ist, wo Fürsorge, Arbeitslosigkeit und Streik nicht bloß Begriffe aus der »Tagesschau« sind.

Was wissen die Leute von der Lage?

Das Elend staatlicher Fürsorge, das heißt in Bochum etwa, sich an den Selbstmord eines 14jährigen in der U-Haft erinnern, geschehen Ostern 1979 in Bochum, oder an den gewaltsamen Tod eines 22jährigen nur wenig später ebendort. Was aber Brechts Thema betrifft, so steht fest: was für sein Chicago die Schlachthöfe sind, ist der Ruhrpott für die Bundesrepublik. Massenentlassungen bei Zechenstillegung, Spekulationen mit Marktanteilen und mit Arbeitskräften, die Verschiebung in andre Industrien – wer kennt das besser als die dortige Bevölkerung? Aber – versteht sie auch, was da seit hundertfünfzig Jahren abläuft? Weiß sie, warum das mit der Kohle so boomig auf – und so pardauz in den Orkus ging, daß Zehntausende arbeitslos wurden? Weiß sie, wie es mit der nach Bochum geangelten Ersatzindustrie Opel weitergehen wird? Und apropos Autos: Wieso der Ölpreis so verschaukelt und geschunkelt wird, daß morgen vielleicht wieder die Zechen angekurbelt werden und die Schauspieler die Heintzmannhütte räumen müssen? Wissen wir, was sich da abspielt – wer da wie spielt? »Wehe! Ewig undurchsichtig / Sind die ewigen Gesetze / Der menschlichen Wirtschaft! / Ohne Warnung öffnet sich der Vulkan und verwüstet die Gegend! / Ohne Einladung / Erhebt sich aus den wüsten Meeren das einträgliche Eiland! / Niemand benachrichtigt, niemand im Bilde! Aber den letzten / Beißen die Hunde!« so rhapsodieren »Die kleinen Spekulanten« bei Brecht (während in Alfred Kirchners Inszenierung an die hundert Telephone klingeln: »niemand benachrichtigt«, während der Konzernboß in die Zügel greift: »niemand im Bilde«); auch die Packherren wissen's nicht besser: »Gegen Krisen kann keiner was! Unverrückbar über uns / Stehen die Gesetze der Wirtschaft, unbekannte. / Wiederkehren in furchtbaren Zyklen / Katastrophen der Natur!« Wären sie weniger hymnisch travestiert, könnten solche Sätze auch von Ruhrkumpeln gesprochen sein: Niemand weiß nichts, die Krise ist eine Himmelsmacht.

Natur und System

Nun hat ja bekanntlich der alte Marx die unverrückbaren Marktgesetze in ihrer verrückbaren Mechanik geschildert, und Brecht illustriert das mit seiner »Johanna der Schlachthöfe«. Da ist dieser Mauler, der mit Menschen, Kälbern und Fabriken Monopoly spielt, der kauft, verkauft, anheizt und stürzen läßt nach den schlichten Gesetzen des Marktes. Die freilich einen Haken haben: die Unwägbarkeit der menschlichen Natur. Denn hinter Mauler steht »Wallstreet«, der Kongreß, stehen fremde Länder mit ihren Kongressen, und das heißt, man muß auch deren Bestechlichkeit

Fabrikaufführung, Bochum 1979. Foto: A. Tüllmann

und deren Tücken einberechnen. Und eben das ist nicht restlos
möglich; so kann auch ein Tycoon stürzen (und wieder gehoben
werden); »denn ohnegleichen ist / Das System, das sie gemacht
haben: / Ausbeutung und Unordnung, tierisch und also / Unverständlich.«

Dies nun sagt Johanna gegen Ende, nachdem sie schon das Wichtigste verstanden hat: daß die Sauerei nämlich im System liegt, und
daß jede Individualmaßnahme nur ablenkt oder gar schädlich ist.
»Auch wenn sie (die Unternehmer) besser werden, so hülfe es /
Doch nichts . . .«. Wie das Stück weiter demonstriert, hilft es noch
weniger, wenn die Unteren »besser«, nämlich friedfertig-stumpf
werden, dadurch daß die »Schwarzen Strohhüte« (die Heilsarmee)
ihnen Suppe auf den heißen Stein kippen, sich somit zum Repara-

turbetrieb, zum Flickschuster des Kapitalismus machend. Die Heilsarmee, das dürfte in Brechts Augen die Sozialdemokratie sein, und Johanna durchläuft alle Stationen von den Sozialausschüssen über die Jusos bis in die Vorhöfe des Kommunismus.

Wichtiger ist selbstverständlich, was wir, die Zuschauer, durchlaufen. Eine Frage, die Alfred Kirchner in Bochum wörtlich aufgegriffen hat, indem er uns in Schal und Mantel, wie wir gekommen sind, frei durch die Halle flanieren läßt, sie somit zu einer Agora erweiternd, zum offnen Markt, auf dem die Fälle gehandelt werden. An der Breitseite tritt man ein und sieht aufgebockt in der Längsachse Tischpodeste, drauf einen toten Ochsen. Gegenüber dem Eingang eine Balustrade voller Telephone: die Börse, an der flamingorosa Makler ihre Notierungen singen und winzige Kleinaktionäre in Cut und Bowler ihre Verstörung krähen werden; links als Altar die orgelgekrönte Stätte der Heilsarmee, von wo aus ihr Oberst Snyder (Johann Adam Oest) mit Kanzlerschneidigkeit seine öligen Ansprachen halten wird; rechts ins Eck gedrückt auf Röhren und Tonnen die Welt der Armen, dazwischen auf Stützpfeilern, hinter Nischen, über Ziegelgewölben mal hier mal da: Kontore, Privatzimmer der Bourgeoisie, wo sich Mauler und Johanna im Kuß des »Klassenverrats« näher kommen werden. Denn bei Kirchner küssen sie sich tatsächlich. Während Walhall schon zu brennen beginnt.

Die heilige Pfadfinderin

Es geht laut und bewegt zu, nicht immer ist der Text ganz zu verstehen, nicht immer alles richtig zu sehen, ein-zusehen, aber man spürt, hier rotiert Wirtschaft, kreißt der Berg und gebiert Leichen, hier hockt »irgendwer« an Hebeln und knipst (und tausend Mann sind arbeitslos) und schnipst (und Großfirmen sind bankrott) und hustet nur (und alles gehört ihm). Dazwischen, die staunenden Zuschauflaneure umrennend, jagt die Pfadfinderin Johanna mit dem Glauben an das Gute im Menschen, ein Zwerg, der das Meer auslöffeln möchte: Therese Affolter, ein Irrwisch mit amerikanischen Sommersprossen, die Fahne des Glaubens hoch und fiebernd die flinken Augen, als wäre es gelacht, wenn nicht noch alles gut würde, da es doch muß! Doch was immer diese Johanna tut – »ick bün all do!« dröhnt Mauler (Gerd Kunath) und schnappt wieder einen Brocken: »tierisch und also unverständlich«.

Das Schöne dieser Szenenanlage, wie sie von Kirchner und dem Bühnenkonzeptor Karl Kneidl ausgeheckt wurde, ist dieser Eindruck des Chaotischen, Disparaten, der dabei entsteht: daß wir immer bloß für Momente irgendwelche Drahtzieher oder am Draht Gezogene aus Menschenmengen auftauchen sehen: sie klettern auf Podeste, Autodächer, Strebepfeiler, pendeln an Seilen unterm First oder werden von Polizeieinheiten auf Tragesesseln gehievt, rufen Kommandos, feilschen und vernichten einander und sind wieder weg in der Menge. Ein Kasperltheater, mit Bergen von Opfern.

Dazu ein pointierter Theater-Jokus, dreist und schön vergagt: Wenn Johanna mit dem sesselgetragenen Mauler sprechen will, hält ihr eine Heilsarmistin die Leiter wie einem Laubfrosch, und sie klettert auf Maulers Höhe; und wenn die ausgehungerten Arbeiter sich an den Kantinentisch setzen, so ist dies eine Gargantuatafel mit Goliathstühlen, wo die Pygmäen der Arbeit kaum zum Tellerrand reichen: »Unverrückbar über uns / Stehen die Gesetze der Wirtschaft« und eben auch die Teller.

Man muß schon die Tischbeine absägen; denn es hilft nur Gewalt, wo Gewalt herrscht. Übrigens wird Johanna hier am Ende von einem Polizeischützen erschossen, ein Hosianna schwillt an, und die Kapitalvertreter werfen jeder eine rote Rose auf Johannas vorübergetragenen Leichnam.

(*Theater heute*, Heft 1, Januar 1980.)

Analysen

Hans Mayer
Skandal der Jeanne d'Arc

»Von Herzen – möge es zum Herzen gehen«: genau dies Motto wählte sich Beethoven fast ein Vierteljahrhundert nach Schiller zur Kennzeichnung seiner ›Missa solemnis‹. In beiden Fällen aber – die Verbindung Beethovens mit Schiller in der Neunten Symphonie macht es evident – wird der Appell an das Herz nicht als Sentimentalität verstanden, sondern als Postulierung eines Menschentums aus Geist, Herz und Wille. Anders ausgedrückt: aus Wirklichkeit und Möglichkeit, gesellschaftlicher Gegebenheit und Hoffnung auf Veränderung.

Schillers Gestaltung der Jungfrau von Orléans wirkt dadurch unbefriedigend und oft unfreiwillig komisch, daß sie das schlechte Sein und ein besseres Sollen nur als Antinomie konzipiert. Zwischen Arkadien und der Philisterwelt gab es keine Verbindungswege. Johannas Schuld besteht – groteskerweise – für Schiller in einem Augenblick des Verzichts auf die Prophetenrolle. Ihre Sühne kann nur darin bestehen, daß sie rasch wieder zur heroischen Sphäre zurückfindet. In bedenklicher Weise identifiziert der bürgerliche Mensch Friedrich Schiller dabei die heroische Standhaftigkeit mit dem Erfolg, die Menschlichkeit mit dem Unglück. Die folgerichtige Heroine Johanna eilt von Sieg zu Sieg; nach dem Anfall von weiblichem Empfinden gerät sie ins Unglück. Unglück verstanden als Schuld.

Die Nachwelt hat kaum ein anderes Werk Schillers so sehr sentimentalisiert und bespöttelt wie eben die ›Jungfrau von Orléans‹. Die Ursache lag in Schillers exorbitanter Gleichsetzung von Unschuld mit kriegerischem Glück, von Schuld mit Menschlichkeit. Ein berühmter Kalauer mag ruhig berichtet werden, weil er in graziöser Weise zeigt, wie tückisch die Sprache bisweilen zu entheroisieren vermag. Aufsatzthema in einer Höheren Töchterschule von einst: ›Schuld und Sühne der Jungfrau von Orléans‹. Eine höhere Tochter schreibt: »Die Schuld der Jungfrau von Orléans beruhte darauf, daß sie auf dem Schlachtfeld einem jungen Engländer das Leben schenkte.« Die Heiterkeit ist hier legitim, weil sie in der Tat und keineswegs parodierend den tragischen Sachverhalt Schillers in die Alltagswelt transponiert: noch dazu mit einem sprachlich höchst komischen Nebensinn.

Im Grunde rächt sich an Schillers Werk der schroffe kantianische Dualismus, der nur ein Entweder-Oder zuläßt. Die Vernunft des Herzens wird zwar gestaltet, in ihren Rechten gleichzeitig aber negiert. Schillers Johanna verwandelt sich, um Schillers philosophische Begriffe abzuwandeln, aus einer naiven in eine sentimentalische Protagonistin, und zwar nicht in psychologischer Entwicklung, sondern in einer gleichsam punktuellen Umkehr. Kein Zufall also, daß gerade die bedeutendsten Kritiker dieses Schauspiels den Mißbrauch einer Bühnengestalt zur Demonstration philosophischer Antithesen höchst bedenklich finden mußten. *Goethe* protestierte innerlich gegen diese Dramenkonstruktion des Freundes im Namen von Johannas ursprünglicher Naivität; *Hebbel* dagegen im Namen der echten Reflexion gegenüber der bei Schiller so sonderbar erotisierten Selbsterkenntnis des Mädchens vor dem Feinde Lionel. Es war aber in beiden Fällen, bei Goethe und Hebbel, kein Unverständnis: beide Kritiken trafen den schwachen Punkt dieses so ehrgeizig gewollten Schauspiels.

Schillers Darstellung der Geschichte des Mädchens von Orléans scheint den Konkurrenzkampf mit Shaw und seiner ›Heiligen Johanna‹ verloren zu haben. In der Tat ist es heute kaum mehr möglich, für die Dauer der Schauspielvorstellung zu vergessen, daß Johanna nicht – wie im Drama – auf dem Schlachtfeld eine tödliche Wunde empfängt, um nach gewonnenem Kampf noch einige prophetisch-ergriffene Verse zu sprechen und umzusinken, worauf die Fahnen ihres Königs, als letzter militärischer Gruß, zu ihren Ehren gesenkt werden. Johanna wurde als Ketzerin im Büßerhemd auf dem Marktplatz zu Rouen verbrannt. Das dramatische Problem, das mit diesem einzigartigen Menschenschicksal verbunden ist, entsteht nicht, wie bei Schiller, aus Liebe und Krieg, Freiheit und Notwendigkeit, sondern hängt mit einem historischen Vorgang zusammen, der bei Schiller vollkommen ausgeschaltet wurde: mit dem *Prozeß der Jeanne d'Arc.* Kein Zufall also, daß dieser erregende geschichtliche Vorgang für Schiller durchaus irrelevant bleiben mußte, während nicht bloß Bernard Shaw sein Schauspiel auf diesen Prozeß hinführte, sondern ebenso nach ihm der französische Dramatiker Anouilh in dem Schauspiel ›Die Lerche‹, und Brecht in seiner dramatischen Bearbeitung eines Hörspiels von Anna Seghers mit dem Titel ›Der Prozeß der Jeanne d'Arc zu Rouen 1431‹.

Was *George Bernard Shaw* an Johannas Geschichte gereizt haben mag, ist unschwer zu erraten. Hier fand er einen Stoff, der – in seinen Augen – ein englisches politisches Verbrechen demonstrierte: Grund genug für den irischen Patrioten und fabianischen Sozialisten Shaw, wieder einmal, wie in den ›Häusern des Herrn Sartorius‹, in ›Major Barbara‹, ›Haus Herzenstod‹ und vielen anderen seiner »unpleasant plays«, die Stumpfheit und Brutalität englischer Herrschaftsschichten auf der Bühne bloßzustellen. In ›Saint Joan‹ ist dieses Thema vor allem durch Taten und Meinungen des Grafen Warwick und – ergänzend – durch den stockenglischen und adligen Kaplan Stogumber repräsentiert.

Wichtiger war es für Shaw, in Jeanne d'Arc abermals eine Gestalt gefunden zu haben, die erlaubte, ein anderes seiner Lieblingsthemen dramatisch zu entwickeln: die *Überlegenheit weiblicher Vernunft* im Vergleich mit allen wirtschaftlichen, politischen, militärischen und übrigens auch wissenschaftlichen Unternehmungen der männlichen Welt. In Joan fand Shaw gleichsam die Übergipfelung seiner früheren, durch rationalen Verstand und Vernunft des Herzens beeindruckenden Heldinnen Cleopatra, Candida oder Eliza Doolittle. Johanna vereinigte in sich den politischen Instinkt der kleinen Cleopatra mit der plebejischen Kraft des Blumenmädchens Eliza. So komponierte Shaw seine Figur: englandfeindliche Aktion; Überlegenheit der weiblichen Vernunft; hinzutretend dann noch zwei Elemente der dramatischen Figur und damit des Schauspiels, die bewußt anachronistisch gehalten waren, für Shaw aber, wie er in seiner Vorrede ausführt, entscheidend werden sollten für das Verständnis seiner Johanna-Figur: *Protestantismus* und *Patriotismus*. Der irische und antienglische Patriot Shaw läßt Johanna als antienglische, aber französische Patriotin auftreten. Für die englischen Gegenspieler im Stück liegt hier das Hauptverbrechen. In der Szene im Zelt erblickt Warwick darin ausdrücklich die »weltliche Ketzerei der Jungfrau« und bezichtigt den französischen Kardinal Cauchon gewisser Sympathien für diese politische Häresie. Der wehrt sich und definiert den Vorgang mit dem Wort Patriotismus, »da er keinen besseren Namen dafür finden könne«. (Daß Siegfried Trebitsch den mißverständlichen Begriff »Nationalismus« in die deutsche Übersetzung einführt, gehört ins lange Register seiner Übersetzungs- und Verständnissünden.) Diesen französischen Patriotismus aber bezeichnet auch der französische Kirchenfürst als »durchaus antikatholisch und antichristlich«.

Warwick hatte sich vorher schon bei der Kirche revanchiert, indem er Johannas geistliche Hauptsünde so erläuterte: »Es ist der Protest der individuellen Seele gegen die Vermittlung des Priesters oder des Pairs zwischen dem Privatmann und seinem Gott. Ich würde es Protestantismus nennen, wenn ich dafür einen Namen finden müßte.« In der Dramatisierung Shaws präsentiert sich Johanna mithin als eine Patriotin *vor* der Existenz eines französischen Vaterlandes und aller anderen Vaterländer. Die bürgerliche Nation des 19. und frühen 20. Jahrhunderts: zurückprojiziert ins 15. Jahrhundert, erste Hälfte. Johanna ferner als Protestantin *vor* Luther. Damit ist auch die dramaturgische Konstellation neben der geistigen gegeben. Johanna ist ihren Gegenspielern und Todfeinden in dreifacher Weise überlegen: als Frau, als Bauernmädchen, als Vorentwurf eines historisch späteren Menschentums. Sie ist erfüllt von Pascals ›Vernunft des Herzens‹. Allein wenn Blaise Pascal selbst die Synthese aus dem Geist der Geometrie und dem Geist des Herzens angestrebt hatte, Schiller die schroffe, zu aller Synthese unfähige Antinomie zwischen heroischer Welt und Alltagspragmatismus postulierte, so stellt Shaw die durch Johanna inkarnierte Vernunft des Herzens als eine überlegene und der Verwirklichung durchaus fähige Lebenshaltung dar. Alle Gegenspieler der Johanna sind Lebenspragmatiker, folglich beschränkt. Johannas Vernunft des Herzens führt sie zum *richtigen* Handeln: freilich im Sinne der Zukunft. Sie kam zu früh und mußte darum untergehen. Doch ist Johannas Tod bei Shaw alles andere als ein tragischer Vorgang.

Darum gibt es bei Shaw in der Gerichtsszene auch nur einen Augenblick so etwas wie eine Verwirrung des Gefühls: Johannas Widerruf, als sie plötzlich nicht mehr auf die Vernunft des Herzens, ihre Stimmen also hört, sondern auf den Pragmatismus des ›gesunden Menschenverstandes‹: »Ich habe gewagt und gewagt – aber nur ein Narr wird ins Feuer schreiten. Gott, der mir meinen gesunden Menschenverstand gegeben hat, kann das von mir nicht verlangen.« Allein der Gegenpragmatismus ihrer Gegner, die sie lebenslang einsperren wollen, läßt doch wieder die Logik des Herzens triumphieren. Johannas Widerruf des Widerrufs, ihr Geständnis mit den Worten: »Meine Stimmen haben recht gehabt!« Damit hat sie als Individualität, mit Shaws Worten als ›Protestantin‹, gesiegt, ist gleichzeitig aber verurteilt. Sie war zu früh gekommen: ohnmächtige Möglichkeit in einer Wirklichkeit, die nichts zu wissen schien von der Utopie als einer Vernunft des Herzens.

Durch ihren Tod, so bedeutet uns Shaw, wird sie zur historisch weiterwirkenden Persönlichkeit, eben zur ›Heiligen Johanna‹, womit weit mehr ausgedrückt werden soll als die bloße kirchliche Kanonisierung. Das letzte Wort der Gerichtsszene gehört dem skeptischen Grafen aus England, dem der Scharfrichter versichert: »Ihr werdet nie wieder etwas von ihr hören.« Warwick antwortet: »Nie wieder? Wer weiß!«

Dann aber schreibt Shaw noch einen *Epilog* zur Geschichte der Heiligen Johanna. Der Grundeinfall ist blendend: der Casus der Jeanne d'Arc soll vom historischen Untergrund losgelöst und in der Perspektive der Nachwelt gesehen werden. Shaw hütet sich jedoch, den bequemen Weg zu gehen und den Fall des Mädchens aus Domrémy durch Zeitgenossen des Jahres 1920 kommentieren zu lassen. Der irische Widerspruchsgeist tut abermals das Gegenteil des Erwarteten, und er tut gut daran. Der Epilog wird in der unmittelbaren Nachwelt der Johanna situiert, im Jahre 1456, nach der Rehabilitierung des Mädchens im Auftrag des höchlich daran interessierten französischen Königs. Statt daß Figuren des 15. Jahrhunderts in einem Europa von 1920 auftreten, läßt Shaw einen vatikanischen Sprecher von 1920 mitten unter den Gestalten des Jahres 1456 erscheinen und seinerseits dadurch, durch Kleidung wie Mentalität, Heiterkeit erregen.

Der Epilog endet auch bei Shaw im Sinne Dostojewskis und des Gesprächs zwischen Christus und dem Großinquisitor. Man ist gern bereit, das verbrannte Bauernmädchen als Märtyrerin und Heilige zu verehren: unter der Bedingung, daß sie nicht wiederkehrt. Was heißen soll: daß ihre Vernunft des Herzens nicht abermals den Pragmatismus störe. Johanna und ihre Venunft des Herzens: das ist für Shaw der Widerspruchsgeist. Geist des Fortschritts, der Skepsis, auch des Widerstandes mag man ihn nennen. Shaw wählte den Ausdruck »Protestantismus« und meinte damit nicht Luther oder Calvin, sondern den Geist des Protestes. Vernunft des Herzens und Geist des Protestes: sie sind für ihn weitgehend identisch. Darum muß Johanna im Jahre 1920 kanonisiert werden: damit ihr Geist des Widerspruchs gesellschaftlich integriert und somit unschädlich gemacht werden kann. Weshalb dieser Epilog, wie könnte es anders sein, mit einer Frage an Himmel und Welt schließt, die ohne Antwort bleiben muß.

Sein jüngerer Zeitgenosse *Bertolt Brecht* hat viel von Shaw gehalten. Ein kritisch-zustimmender Text wie die ›Ovation für Shaw‹ zum 70. Geburtstag des irischen Schriftstellers hat Seltenheitswert im Œuvre des frühen Brecht. Er bewundert vor allem, was er den »Terrorismus« von Shaw nennt. »Der Shawsche Terror ist ungewöhnlich, und er bedient sich einer ungewöhnlichen Waffe, nämlich des Humors.« Einzelne Werke werden von Brecht nicht analysiert; immerhin spürt man Vertrautheit vor allem mit dem Heilsarmeestück ›Major Barbara‹: die Reflexe und Reaktionen sind an den »Schwarzen Strohhüten« in der ›Heiligen Johanna der Schlachthöfe‹ abzulesen.

Am Schluß dieser ›Ovation‹ distanziert sich Brecht von Shaws biologischem Evolutionarismus, bejaht hingegen, was er gleichfalls für eine Shawsche »Evolutionstheorie« hält: »Jedenfalls spielt sein Glaube, die Menschheit sei unendlich verbesserungsfähig, eine ausschlaggebende Rolle in seinen Arbeiten. Man wird verstehen, daß es einer aufrichtigen Ovation für Bernard Shaw gleichkommt, wenn ich unumwunden zugebe, daß ich . . . mich blindlings und unbedingt der Shawschen Theorie anschließe.«

Vielleicht empfand Brecht die Nähe zu Shaw, wenngleich kaum zu dessen fabianischem Sozialismus, als besonderen Anreiz, gleichzeitig die Ferne zu Schiller und die Kritik am Sozialreformismus an einer Behandlung der Jeanne-Geschichte zu demonstrieren, was ihn schon durch die Stoffwahl in Gegensatz bringen mußte zur deutschen Klassik wie zum sogenannt kulinarischen Theater der späten Bürgerzeit. Gleichzeitig also in Opposition zu Schiller wie zu Shaw. Die ›*Heilige Johanna der Schlachthöfe*‹ sollte gleichsam eine Synthese seiner wissenschaftlichen Einübung im Marxismus geben. Darum konzipierte Brecht keine formale, sondern eine materiale Dramaturgie. Nicht nach den Bestandteilen der Fabel wird die Handlung aufgebaut, denn es geht überhaupt nicht darum, eine Geschichte zu erzählen. Das Geschehen wird von Anfang an ›zitiert‹ und durch den Titelhinweis auf die ›Heilige Johanna‹ bereits aller Spannungselemente im herkömmlichen Sinne entkleidet. Man weiß von vornherein, wie die Geschichte einer Heiligen Johanna auszugehen hat: nämlich schlecht. Darum keine Dramaturgie, die sich inspirieren ließe vom Verhalten der Figuren, einer aufsteigenden oder abfallenden Handlung, sondern Darstellung eines ökonomischen Sachverhalts. Der dramaturgische Ablauf hat sich nach dem Verlauf des Krisenzyklus zu richten. Daß Brecht in seinem Schauspiel bemüht war, den »Zirkulationsprozeß des Kapitals«, so wie ihn Karl Marx im zweiten Band seines Hauptwerks analysiert hat, als szenischen Vorgang darzustellen, ist bekannt und vom Autor selbst ausdrücklich postuliert worden. Wenn in Brechts Stücken oder Gedichten von den »Klassikern« gesprochen wird, bleiben stets die *Klassiker des Marxismus* gemeint. Nur ihre Gedanken besaßen – für Brecht – die Gültigkeit klassischer Texte. In durchaus bösartiger Weise werden nun aber in der ›Heiligen Johanna der Schlachthöfe‹ die klassischen Gedanken eines Karl Marx und Friedrich Engels konfrontiert mit Texten, die in der deutschen *bürgerlichen* Welt als klassische angesehen wurden: mit Schiller, Goethe, an einer Stelle übrigens auch mit Hölderlin. Um sogleich diese letztere Episode zu zitieren. Graham gibt in der zehnten Szene mit allen Künsten klassischer Rhetorik einen jener Schlachtberichte, wie man sie auch aus der ›Jungfrau von Orléans‹ kennt. Freilich ist es diesmal der Bericht über eine Börsenschlacht. Die Leichen am Boden sind nicht natürliche, sondern juristische Personen, nämlich Firmen. Graham berichtet, wie es den Rindfleischpreisen erging: »Den Preisen nämlich / war es gegeben, von Notierung zu Notierung zu fallen / wie Wasser von Klippe zu Klippe geworfen / tief ins Unendliche hinab.«

Hyperions Schicksalslied also: abgewandelt, nämlich gleichzeitig zitiert und parodiert, zur Darstellung eines Vorgangs auf der Börse von Chicago.

Ein anderes Beispiel. Man hat, in Schillers Schlußszene, der sterbenden Johanna auf Geheiß des Königs ihre Fahne gereicht. Die Schlußverse der romantischen Tragödie sind gesprochen, worauf Schiller folgende Regieanmerkung hinzufügt, damit der Bühnenwirksamkeit ausgiebig Genüge geleistet werden kann: »Die Fahne entfällt ihr, sie sinkt tot darauf nieder – Alle stehen lange in sprachloser Rührung – Auf einen leisen Wink des Königs werden alle Fahnen sanft auf sie niedergelassen, daß sie ganz davon bedeckt wird.«

Wer Brechts Text der ›Heiligen Johanna der Schlachthöfe‹ liest, stößt in der Schlußszene auf wohlbekannte Wendungen: »Gebt ihr die Fahne« – hatte der König bei Schiller befohlen. »Gebt ihr die Fahne« – heißt es auch bei Brecht. Pierpont Mauler fordert es, der Fleischkönig von Chicago. Man reicht ihr die Fahne, die der Sterbenden entfällt. Eine goethisierende Arie Maulers schließt sich an, dann lesen wir sie wieder, die seit Schiller wohlbekannte Wendung: »Alle stehen lange in sprachloser Rührung. Auf einen Wink Snyders werden alle Fahnen sanft auf sie niedergelassen, bis sie ganz davon bedeckt wird. Die Szene ist von einem rosigen Schein beleuchtet.« Diesmal befiehlt nicht der König, sondern der Major der Heilsarmee, daß sich die Fahnen – die Fahnen nämlich der Heilsarmee, der Schwarzen Strohhüte – niedersenken. Der rosige Schein ist an dieser Stelle geistige Zutat Bertolt Brechts.

Was vorgeht, ist evident. Brecht konfrontiert im Aufbau seines Stückes die bürgerliche mit der sozialistischen Klassik. Das materiale Geschehen rollt gemäß der marxistischen Analyse ab. Die Bewußtseinsvorgänge aber werden – scheinbar – mit den Mitteln der idealistischen Dramatik dargestellt. Alle Herrschenden, Mauler voran, sprechen im klassischen Tonfall. Maulers erste Sätze gleich zu Beginn sind bewußt als Parodie einer klassischen Exposition, nämlich eines Gesprächs des Helden mit seinem »Vertrauten«, angelegt. Brecht begnügt sich nicht damit, die krudesten Geschäfte im hohen Vers-Prunk zu berichten, sondern situiert sogleich auch diesen Vers-Prunk als bürgerliche Ideologie: als falsches Bewußtsein. Mauler und sein Makler Slift – sie sprechen nicht nur in Blankversen, sondern bedienen sich dabei, so daß man es ausdrücklich merken soll, der berühmtesten und beliebtesten Formulierungen von Goethe und hauptsächlich von Schiller:

> Ach, der Mensch in seinem Drange
> Hält das Irdische nicht aus
> Und in seinem stolzen Gange
> Aus dem Alltäglichen
> Ganz Unerträglichen
> In das Unkenntliche
> Hohe Unendliche
> Stößt er übers Ziel hinaus.

Der monopolistische Gegenspieler der Johanna Dark präsentiert sich am Schluß, nach dem Tode der Heiligen Johanna der Schlachthöfe, die nun als Heilige im rosigen Schein aufgebaut wird, als Faust von Chicago mit den berühmten zwei Seelen:

> Denn es zieht mich zu dem Großen
> Selbst- und Nutz- und Vorteilslosen
> Und es zieht mich zum Geschäft
> Unbewußt!

Parodie und Zitat nicht bloß in dramaturgischer Funktion, sondern als Bestandteil einer Ideologiekritik, die mit der Substanz des

Werkes zu tun hat. Grob ausgedrückt wird man sagen müssen, daß Brecht die deutsche Klassik, vor allem Friedrich Schillers, als ideologischen Überbau bürgerlicher Geschäfte interpretiert, wobei er keinen Unterschied bemerken will zwischen dem Überbau einer aufsteigenden bürgerlichen und einer späten bürgerlich-monopolistischen Gesellschaft. Ähnlich wie später im ›Guten Menschen von Sezuan‹, in der Bearbeitung des ›Hofmeister‹ von Lenz und schließlich in der Intellektuellen-Komödie von Turandot und dem Kongreß der Weißwäscher, nimmt Brecht den Kampf auf mit der bürgerlichen Philosophie Immanuel Kants, dem kategorischen Imperativ vor allem, und der kantianischen Dramatik Friedrich Schillers. Die ›Heilige Johanna der Schlachthöfe‹ ist ausdrücklich als Gegenentwurf zur ›Jungfrau von Orléans‹ angelegt. Damit wandelt sich auch die Interpretation der Titelgestalt in entscheidender Weise. Brecht konzipiert seine Johanna Dark gleichzeitig gegen Schiller und Shaw. Zum erstenmal in einem großen Werk dieses Autors wird eine *Titelgestalt* vorgestellt, *an welcher falsches Handeln demonstriert werden soll.* Brecht schreibt sein Schauspiel gegen Johanna, so wie er später das falsche Handeln der Courage, der Shen-Te, des Galilei und wohl auch des Schweyk in dramatischer Form zu demonstrieren versucht hat.

Der Hauptfehler dieser Johanna Dark, nach Meinung des Stückschreibers, ist eben jene Eigenschaft, die ihr bei Schiller die Würde einer tragischen Heldin, bei Shaw die Überlegenheit verlieh über all ihre Gegner: Vernunft des Herzens. Auch bei Brecht will Johanna mit diesem Vertrauen auf die innere Stimme helfen, vermitteln, materielle Not lindern. An ihr ist kein Falsch. Sie glaubt allem, was überzeugungsvoll vorgetragen wird. Wenn in Zeitungen mitgeteilt wird, die Schlachthöfe würden wieder geöffnet, die Aussperrung sei also zu Ende, so glaubt sie das und fragt: »Warum soll es denn nicht wahr sein, wenn es diese Herren sagen? Mit so was kann man doch nicht spaßen.« Die Frau des umgekommenen Arbeiters Luckerniddle antwortet: »Reden Sie nicht so dumm. Sie haben überhaupt keinen Verstand. Sie sind eben zu kurz hier in der Kälte gesessen.« Johanna Dark ist bürgerlicher Herkunft und kennt die Lage der Armen nicht. Daher vertraut sie den bürgerlichen Zeitungen und Zusicherungen. Sie möchte mit dem Herzen entscheiden und wehrt sich ebenso gegen »kalte« Ideologiekritik wie gegen die Anwendung von Gewalt. Dem Widerstandsbeschluß der Arbeiter hält sie entgegen:

            Halt, lernt nicht weiter!
            Nicht in so kalter Weise!
            Nicht durch Gewalt
            Bekämpft Unordnung und die Verwirrung!
Allein die Ereignisse haben auch bei ihr eine Verwirrung der Gefühle erzeugt. Sie traut der eigenen »warmen« Menschlichkeit
nicht mehr, weil sie die Folgenlosigkeit dieser Güte zu spüren beginnt und monologisiert: »Ich will weggehen. Es kann nicht gut
sein, was mit Gewalt gemacht wird. Ich gehör nicht zu ihnen. Hätten mich als Kind der Tritt des Elends und der Hunger Gewalt gelehrt, würde ich zu ihnen gehören und nichts fragen. So aber muß
ich weggehen.«

   Hier ist der Gegensatz zwischen Brecht und Schiller aufs Äußerste zugespitzt. Kant hatte postuliert, es gäbe nichts im Menschen,
was uneingeschränkt gut genannt werden könne, als ein guter Wille. Karl Marx hatte sich darüber lustig gemacht und gemeint, es sei
ein Ausdruck unreifer deutscher Zustände, wenn Kant den bloß
guten Willen so hoch einschätzte. Brecht ist auch hier Marxist.
Darum schreibt er sein Stück gegen Johannas guten Willen und gegen ihre Vernunft des Herzens. Dieser gute Wille war die bloße
Unmittelbarkeit. Sie spiegelte zwar Wirklichkeit wider, ohne sie
aber zu reflektieren, nämlich geistig-gesellschaftlich zu durchdrin-
gen. Schiller führte seine Johanna vom naiven zum sentimentali-
schen Verhalten. Auch bei Brecht darf Johanna Dark, weil es sich
um den Gegenentwurf zu einer idealistischen Tragödie handelt, im
Sinne der klassischen Dramaturgie eine »geistige Wandlung«
durchmachen.

   Seine Mutter Courage läßt er später uneinsichtig und ungewan-
delt, nach wie vor falsch handelnd, mit dem Marketenderwagen
davonziehen. Johanna Dark aber stirbt als eine Gewandelte. Gewandelt freilich vom Idealismus zum Materialismus. Ihre Schluß-
rede ist daher eine gar nicht traurige, sondern zornige Absage an
die Vernunft des Herzens und das bloß unmittelbare Gutsein-
wollen:

            Eines habe ich gelernt und weiß es für euch
            Selber sterbend:
            Was soll das heißen, es ist etwas in euch und
            Kommt nicht nach außen! Was wißt ihr
                                    wissend
            Was keine Folgen hat?

Ich zum Beispiel habe nichts getan.
Denn nichts werde gezählt als gut, und sehe es
                                aus wie immer, als was
Wirklich hilft, und nichts gelte als ehrenhaft
                                mehr, als was
Diese Welt endgültig ändert: sie braucht es.
Wie gerufen kam ich den Unterdrückern!
Oh, folgenlose Güte! unmerkliche Gesinnung!
Ich habe nichts geändert.
Schnell verschwindend aus dieser Welt ohne
                                Furcht
Sage ich euch:
Sorgt doch, daß ihr die Welt verlassend
Nicht nur gut wart, sondern verlaßt
Eine gute Welt!

Hier tritt in Brechts Interpretation der Johanna noch ein drittes marxistisches Element hinzu. Zur dramaturgischen Anlage nach den Regeln der marxistischen politischen Ökonomie, zur Ideologiekritik am philosophischen Idealismus und seinen klassischen Repräsentanten auch in der deutschen Literatur tritt die *Kritik an einer Politik,* die im gesellschaftlichen Gesamtbereich so handeln möchte wie diese Johanna Dark: inspiriert von der Vernunft des Herzens, harmonisierend und vermittelnd. Johanna hatte sich den Schwarzen Strohhüten angeschlossen, aber das Stück handelte nicht von der Heilsarmee, wie Shaws ›Major Barbara‹. Es geht Brecht gar nicht um Schlechtigkeit der Monopolisten und Heldentum der Proletarier. Mit beidem ist es in diesem Schauspiel nicht weit her. Mauler hat – rein subjektiv – durchaus sympathische Züge. Zwischen ihm und Johanna schwelt Zuneigung. Die Arbeiter werden, wie oft bei Brecht, jämmerlich geschildert, so daß Johanna sagen muß, Mauler habe ihr nicht der Armen Schlechtigkeit demonstriert, sondern bloß ihre Armut.

Die eigentliche Demonstration des Stückes gilt der Funktion all jener, die zwischen den Klassen vermitteln und ausgleichen möchten. Im Sinne einer allgemeinen Menschlichkeit. Wohin das führt, äußert Johanna in diesen Schlußworten: »Wie gerufen kam ich den Unterdrückern!« Indem sie ihrer Vernunft des Herzens folgte und sich den Schwarzen Strohhüten anschloß, deren Funktion des politischen Abwiegelns von Brecht sehr boshaft gezeigt wird, machte sich Johanna selbst zu einem Instrument der Repression.

Es ist bekannt, daß Brecht in der Art, wie er Johanna Dark handeln läßt, eine *Kritik am Reformismus* innerhalb der deutschen Arbeiterbewegung von 1930 vorgetragen hat. Auch dieses Schauspiel handelt, wie viele Traktate Brechts aus der gleichen Zeit und manches Gedicht, vom marxistischen Gegensatz zwischen Sozialreformismus und Revolution.

Die Formel für diese Johanna Dark hieß: folgenlose Güte gleich Harmoniedenken gleich idealistische Apologetik gleich Mithelferschaft bei der Repression.

Daß damit auch hier wieder, wie oft bei Werken Brechts aus seiner ersten marxistischen Schaffenszeit, der Umschlag in eine zwar nicht unmittelbare, aber vermittelte Unmenschlichkeit erfolgt, darf gleichfalls nicht verkannt werden. Brecht macht Johanna Dark ihren Mangel an Dialektik zum Vorwurf, verletzt aber selbst deren Gesetze durch schroff undialektisches Auseinanderreißen von Ziel und Mittel, Kampf für Reformen und Kampf für die totale Veränderung. In den Gedichten der Exilzeit ist vieles von dem zurückgenommen worden, was sich hier noch als undialektische Antinomie präsentierte. *Denn es gibt die folgenlose Sozialreform, doch gibt es auch die folgenlose Revolte.*

Käthe Rülicke-Weiler

Die heilige Johanna
der Schlachthöfe. Fabelbau

Brecht zeigt in diesem unter dem Eindruck der Weltwirtschaftskrise geschriebenen Stück eine große Börsenspekulation in Fleisch
und Vieh. Da das Stück, dem internationalen Charakter des Imperialismus entsprechend, für alle Länder der gleichen ökonomischen Entwicklungsstufe – also auch für Deutschland – steht, war
es Brecht möglich, die Handlung auf die Viehhöfe und Fleisch-
börse von Chicago zu verlegen, wo infolge des weit entwickelten
Kapitalismus die Widersprüche besonders deutlich wurden. Die
Verfremdung durch ein in Deutschland weitgehend unbekanntes
Milieu, in dem Details großzügig behandelt oder weggelassen werden konnten, erleichterte es Brecht, die ökonomischen Vorgänge
klar herauszuarbeiten und die Gesetzmäßigkeiten der Vorgänge
deutlich zu machen, die – scheinbar über Nacht und unerklärbar
hereingebrochen – die Ereignisse auch in Deutschland bestimmten.

Brecht zeigt, wie sich in den großen Schlachten um Sein oder
Nichtsein die Industriekönige auf der Börse schlagen. Er enthüllt
das Bündnis zwischen Kapital und Kirche, zeigt, wie Ideologie
gemacht wird, wem sie nützt und wer sie zahlt. Er demonstriert die
Unversöhnlichkeit der Klassengegensätze und daß nur der gewalt-
same Umsturz der Gesellschaft und die Solidarität der Arbeiter
diesen ein gutes Leben verschaffen können und fordert dazu auf.

Die Fabel:

Der Heilsarmeeleutnant Johanna Dark kommt auf die Schlachthöfe von Chicago, um das Elend der ausgesperrten Arbeiter mit
Gottes Wort zu bekämpfen. Sie sieht aber, daß ihnen nur mit Arbeit geholfen werden kann.

Johanna überredet den Fleischkönig Mauler, der ihr als der
Schuldige am Elend der Arbeiter genannt wurde, alles Fleisch und
Vieh aufzukaufen. Anstatt aber damit den Arbeitern zu helfen, liefert sie Mauler den Vorwand zu einer großen Börsenspekulation,
mit der er seine Konkurrenten ruiniert.

Da die Arbeitslosigkeit andauert, geht Johanna aus Protest zu den
Arbeitern auf die Viehhöfe. Dort organisieren die Kommunisten

den Generalstreik. Johanna versagt bei der Weitergabe eines Briefes, den ihr die Arbeiterführer anvertrauten, da sie fürchtet, er könne zu Gewalttätigkeiten auffordern. Sie wird dadurch mitschuldig am Scheitern des Generalstreiks.

Die Packherren gewinnen ihre Schlacht ums Fleisch auf Kosten der Arbeiter: durch Entlassungen, Lohnkürzungen, durch Vernichtung von Vieh. Johanna erkennt zu spät, daß das Scheitern des Generalstreiks die Arbeiter den Schlächtern ausgeliefert hat und daß »nur Gewalt hilft, wo Gewalt herrscht«.

Das Versagen und der Tod Johannas ermöglichen einem Bündnis zwischen Kirche und Kapital die Legende: Die heilige Johanna der Schlachthöfe.

»Die heilige Johanna der Schlachthöfe« ist eins der an Fülle der Ereignisse reichhaltigsten Stücke Brechts:

Da ist die Geschichte des Heilsarmeeleutnants Johanna Dark, eines Kleinbürgermädchens, das bei dem Versuch, die Klassenschranken zu überbrücken und die Gesellschaft zu reformieren, in Konflikt mit der Gesellschaft gerät und dabei zugrunde geht;

da ist die Geschichte des Fleischkönigs und Philantropen Pierpont Mauler, der bei einer großen Börsenspekulation erst seine Konkurrenten und dann sich selbst ruiniert und aus dem Börsenkrach als Hauptaktionär eines Fleischringes hervorgeht;

und da ist die Geschichte der Arbeiter der Fleischfabriken von Chicago, deren Streik wegen Unwissenheit und mangelnder Solidarität scheitert und die deshalb die Kosten der großen Fleischschlacht zu tragen haben.

Drei Fabeln, wenn man sie isoliert ansieht. Eine Analyse der Struktur des Stückes zeigt aber, daß alle Ereignisse von den gleichen Widersprüchen bewegt werden, daß ihre Verflochtenheit bezogen ist auf *einen* gesellschaftlichen Hauptwiderspruch, der die einzelnen Teile der Handlung zusammenhält und vorwärtstreibt. Johannas Versuche der Klassenversöhnung, Maulers Börsenspekulation und die Aktionen der Arbeiter sind sämtlich in Beziehung gesetzt zum klassischen, von Marx im »Kapital« dargestellten Krisenzyklus.

Der Hauptwiderspruch der »Heiligen Johanna der Schlachthöfe« ist identisch mit dem Grundwiderspruch der Epoche, dem Antagonismus Proletariat-Bourgeoisie. Er entwickelt und verschärft sich im Laufe des Stückes mit dem Anwachsen der Krisenerscheinungen bis zum Ausbruch der Krise: vom Protest der Arbeiter gegen die Lohnsenkungen bis zur Aufforderung zum Generalstreik. Durch das Scheitern des Generalstreiks wird die – gesellschaftlich negative – Lösung des Widerspruchs durch die Schlächter möglich: Sie stellen durch die Vernichtung von Produktivkräften den Ausgleich zwischen Produktionskraft und Konsumtionskraft wieder her.

Die historischen Bedingungen, unter denen Brecht sich die Widersprüche entwickeln läßt, sind der Phasenwechsel des industriellen Zyklus, wie ihn Karl Marx im klassischen Ablauf dargestellt hat. Marx schreibt: »Das Leben der Industrie verwandelt sich in eine Reihenfolge von Perioden mittlerer Lebendigkeit, Prosperität, Überproduktion, Krise und Stagnation. Die Unsicherheit und Unstetigkeit, denen der Maschinenbetrieb die Beschäftigung und damit die Lebenslage der Arbeiter unterwirft, werden normal mit diesem Periodenwechsel des industriellen Zyklus.«[1]

Die Perioden des Zyklus bestimmen den Bau der Fabel. Sie sind zugleich Inhalt und Form. Die Wertrevolutionen – Umschlag in eine neue Phase – sind als Drehpunkte der Fabel gesetzt. Die Dialektik, welche die Vorgänge weitertreibt, ist die Dialektik der Ökonomik.

Szene 1-4: Ende der Prosperität
Szene 5-8: Überproduktion
Szene 9 (1-10): Krise
Szene 10-12: Stagnation.

In der Schlußapotheose (Szene 13) ist der industrielle Kreislauf wieder hergestellt: Er wird »normal« zur mittleren Lebendigkeit übergehen.

Jede Periode des Zyklus leitet Brecht mit einem Brief ein, in dem »Freunde aus New York« dem Fleischkönig Mauler ökonomische Ratschläge geben. Der Brief, der jeweils die ökonomische Tendenz der nächsten Phase gibt, zu der die ideologischen Argumente Maulers den »Überbau« bilden, ist immer als Umschlag in die nächste Phase des Zyklus gesetzt und Drehpunkt der Fabel. Die Ratschläge der Briefe entsprechen der allgemeinen ökonomischen Entwicklung des Kapitalismus: dem Drang nach neuen Absatzmärkten, der Entstehung von Monopolen. Sie bestimmen das Verhalten Maulers; es wird sichtbar, daß nicht die Ratschläge und Bitten Johannas, die Mauler nur den ideologischen Vorwand liefern, sondern die ökonomischen Gesetzmäßigkeiten die Entwicklung weiter treiben. Johannas Ratschläge decken sich – ohne ihr Wissen und gegen ihren Willen – mit den »Ratschlägen« der Briefe und bedienen die Interessen Maulers. Der Gegensatz Johanna-Mauler wird als ideologischer und keineswegs antagonistischer enthüllt. Auch das Versagen und die Erkenntnis Johannas sind als Drehpunkte der Fabel gesetzt. Brecht leitet auch die Schlußapotheose noch einmal mit einem Brief ein: diesmal mit dem, den Johanna nicht bestellte. Die soziale Aktion geht an sie über, aber zu spät. Der Generalstreik ist gescheitert. Ihr Versagen und ihr Tod ermöglichen den Schlächtern, sie zu kanonisieren.

Entwicklung der Fabel und Bezogenheit der drei Linien auf den gesellschaftlichen Grundwiderspruch beziehungsweise Hauptwiderspruch des Stückes:

I. Ende der Prosperität (Szene 1-4)

»Der Bedarf des inländischen Marktes ist befriedigt, weiter entfernte auswärtige Märkte müssen aufgesucht werden. Der Absatz der Waren, ihre Rückverwandlung in Geld verlängert sich; alles Momente, die ein Sinken der Profitrate in der zweiten Hälfte der Prosperität herbeiführen.«

»In einem bestimmten Moment der Prosperität tritt in einer Reihe von Produktionszweigen Absatzstockung ein, infolgedessen sinken die Preise; Absatzstockung und Preisstockung verbreiten sich, die Produktion wird eingeschränkt.«[2]

»Brief aus New York«	Ideologie
»Der Fleischmarkt ist seit kurzer Zeit recht verstopft. Auch widerstehen die Zollmauern im Süden allen unseren Angriffen«: Mauler soll wegen der Absatzschwierigkeiten sein Geld aus dem Fleischgeschäft ziehen.	Mauler, dessen »Herz sich von dem Gebrüll der Kreatur aufbäumt«, kann keine Ochsen mehr sterben sehen (deren Fleisch sich nicht mehr verkaufen läßt) und nimmt seine Hand aus dem Fleischgeschäft, »nur weil es blutig ist«.

Ökonomische Situation (Entwicklung des Widerspruchs: Bourgeoisie-Proletariat):

Mauler, seit sieben Jahren im Fleischgeschäft, tritt seinem Teilhaber Cridle wegen der	Entlassungen infolge der Verstopfung des Fleischmarktes. Lohnsenkungen. Aber die Ar-

Absatzstockungen seinen Anteil am Schlachthof für 10 Millionen vertraglich ab.

beiter auf den Schlachthöfen:
»Mindestens verlangen wir den
alten Lohn, der auch schon zu
klein ist.«

Johanna kommt auf die Schlachthöfe und will die Not der Arbeitslosen mit Süppchen und frommen Liedern bekämpfen. Als diese
wohl ihre Suppe, nicht aber ihre Belehrungen haben wollen, will
sie wissen, wer an dem Elend der Arbeiter schuld ist. Man nennt
ihn Mauler, den sie auf der Börse aufsucht.

Ökonomische Situation (Entwicklung des Widerspruchs):

Mauler ruiniert seinen Konkurrenten Lennox, indem er dessen Preise unterbietet. Indem er
heimlich Vieh abstößt, ruiniert
er die Preise weiter. Cridle, der
noch immer von neuen Pack-
maschinen träumt, um die Produktivität zu erhöhen und Arbeiter einzusparen, will zusper-
ren, bis sich der Markt erholt.

Der ruinierte Lennox muß
siebzigtausend Arbeiter entlassen. Mit der Arbeitslosigkeit
nehmen die Absatzschwierig-
keiten zu.

Im Auftrage Maulers unternimmt Johanna ihren »zweiten Gang in
die Tiefe«. Aber sie sieht nicht, wie Mauler wünschte, »der Armen
Schlechtigkeit«, sondern »der *Armen Armut*«.

II. Überproduktion (Szene 5-8)

Die zahlungsunfähige Nachfrage bleibt weiter hinter der Produktion zurück, der Widerspruch zwischen Konsumtions- und Produktionskraft wird sichtbar. Die Spekulation – als Versuch, der
drohenden Krise auszuweichen – übersteigert die Prosperität und
verschärft daher die Krise.

»Brief aus New York«
»Viele in der Kammer werden
gegen die Zölle stimmen, so
daß es geraten scheint, Fleisch
zu kaufen«: Mauler soll durch
Aufkauf von Fleisch den

Ideologie
Aus Mitleid mit dem Elend der
Arbeitslosen appelliert Johanna an Maulers Gewissen
und überredet ihn, alles Fleisch
aufzukaufen, damit die Pro-

Fleischmarkt für ein paar Wochen lahmlegen.

duktion wieder aufgenommen und die Arbeitslosigkeit beseitigt wird.

Ökonomische Situation (Entwicklung des Widerspruchs):

Mauler zieht jetzt seine zehn Millionen, die nur noch drei wert sind, aus Cridle. Cridle muß seine Anteile verkaufen, um ihn auszahlen zu können. Der Verkauf reißt die Kurse des ganzen Fleischringes in die Tiefe.

Cridle muß fünfzigtausend Arbeiter entlassen. Damit ist die Hälfte der Schlachthofarbeiter Chicagos arbeitslos.
Nachdem Mauler die Preise ruiniert hat, kauft er alle Fleischbestände und die Produktion der nächsten acht Wochen zum Tageskurs von 50.

Ökonomische Situation (Entwicklung des Widerspruchs):

Mauler kauft alles Vieh auf, hält es aber zurück und läßt durch Nachfragen an der Börse die Preise hochtreiben.

Da kein Vieh zum Verkauf steht, hält die Arbeitslosigkeit an. Unruhen auf den Schlachthöfen, wo Zehntausende in Schnee und Kälte warten.

Die Heilsarmee sieht das Geschäft, das mit den Unruhen auf den Schlachthöfen zu machen ist, und bietet den Packherren einen Vertrag an: 40 Monatsmieten gegen die Propaganda, »daß das Unglück wie der Regen kommt, niemand weiß woher«.
Johanna wirft die Packherren, die »Gottes Haus zu einer zweiten Viehbörse machen wollen«, hinaus. Sie wird dafür selbst aus der Heilsarmee hinausgeworfen.
Johanna sucht Mauler auf. »Da Kirche und Kapital einander brauchen«, bietet er Johanna den Scheck für die 40 Monatsmieten an. Als sie aber hört, daß die Arbeiter noch immer ausgesperrt sind, lehnt sie ab und geht zu ihnen auf die Schlachthöfe.

III. Krise (Szene 9, [1-10])

Der Grundwiderspruch des Kapitalismus, der Widerspruch zwischen gesellschaftlicher Produktion und privatkapitalistischer Aneignung, daraus resultierend andere Widersprüche des Kapitalismus – zwischen Produktion und Markt, zwischen den Stufen der Produktion (Roh- und Fertigfabrikate), dem Wachsen der Produktionskraft und dem Sinken der Verwertungsmöglichkeit – haben zur Störung des Austausches Ware-Geld-Ware geführt. Die Krise, als temporärer Ausgleich der Widersprüche, die durch das Wertgesetz nicht mehr ausgeglichen werden können, hat die Aufgabe, den Ausgleich zwischen Produktions- und Konsumtionskraft wieder herzustellen.

Mauler, der mit neuen Märkten rechnet, startet jetzt seine groß angelegte Spekulation:

»Brief aus New York«	Ideologie
Die Freunde aus New York schreiben, »daß heut das Zollgesetz im Süden gefallen ist«.	Mauler macht die Packherren für die Arbeitslosigkeit verantwortlich und wirft ihnen vor, daß sie die Arbeit nicht wieder aufnehmen ließen, obwohl er ihr Fleisch kaufte.
	Er verlangt die Lieferung der achthunderttausend Zentner Fleisch.

Ökonomische Situation (Entwicklung des Widerspruchs):

Mauler wirft jetzt sein Vieh auf die Börse. Um ihn – zu 50 – beliefern zu können, müssen die Packherren von ihm kaufen. Das Vieh bietet er, bei 56 beginnend und bis zu 85 gehend, an. Die kleinen Unternehmen machen bankrott.	Die Arbeiter sind die 5. Woche ausgesperrt. Auf den Schlachthöfen nimmt die Arbeit der Gewerkschaften und die sozialistische Agitation zu. Die von der Heilsarmee entlassene Johanna sitzt mit den Arbeitslosen auf den Schlachthöfen, hungernd und frierend.
	Ideologie
	Der »feinfühlige« Mauler verträgt nicht, wie den Packherren in der folgenden großen Fleischschlacht der Hals zugedrückt wird.

Er geht an die Luft und beauftragt seinen Makler Slift, die Geschäfte weiterzuführen.

Ökonomische Situation (Entwicklung des Widerspruchs):

Die Großunternehmen und Banken werfen kanadisches und argentinisches Jungvieh auf die Börse, um die Preise zum Stehen zu bringen. Aber Maulers Makler Slift kauft alles zum Höchstkurs. Er treibt weiter bis 95.

Die Arbeiter der Städtischen Großbetriebe sympathisieren mit den ausgeperrten Schlachthofarbeitern. Die Kommunisten bereiten den Generalstreik vor.

(Hilferding: »Ist diese Ware nicht in genügendem Verhältnis zur Nachfrage vorhanden, weil der Käufer die verfügbaren Vorräte bereits früher hat aufkaufen lassen, so entstehen sehr hohe, fiktive, vom Willen der Käufer abhängige Preise; die Verkäufer sind dann den Käufern völlig preisgegeben. [...] Die ›Schwänze‹ läßt sich gewöhnlich nur unter besonderen Umständen und nur für kurze Zeit herbeiführen. [...]«)

Da Johanna der Polizei unverdächtig und als ehrlich bekannt ist, bekommt sie einen Brief für die Vertrauensleute der Cridle-Werke anvertraut, der den einen Teil der Arbeiter vom bevorstehenden Generalstreik informieren soll und sie warnt, Gerüchten zu glauben, die sie zum Verlassen der Viehhöfe veranlassen sollen.

Mauler, der Angst vor Gewaltakten der Arbeiter hat, läßt das Gerücht verbreiten, er habe Vieh abgelassen und die Arbeit würde wieder aufgenommen. Gleichzeitig verlangt er, daß die Polizei »den Hetzern die Köpfe eintrommelt«.

Johanna wird Opfer des von Mauler verbreiteten Gerüchts. Sie hat Angst vor Gewalttaten und baut, statt auf die Solidarität der Arbeiter, auf die »Menschlichkeit« Maulers.

Ökonomische Situation (Entwicklung des Widerspruchs):

Slift treibt weiter auf 100 – und ist zu weit gegangen. Die Banken müssen die Zahlungen einstellen. Die Packherren sind bankrott. Die stillgelegten Packhöfe fallen Mauler zu. Das Vieh ist nicht mehr gefragt. Auf der verwaisten Börse fallen die Kurse auf 30. Auch Mauler, der das ganze Vieh – zu 50 – auf dem Hals hat, ist ruiniert. Seine Kontrakte sind wertlos.

Da ein Teil der Boten versagt, läuft der nicht informierte Teil der Arbeiter auseinander. Auf den Rest wird mit Maschinengewehren geschossen. Die Arbeiterführer werden verhaftet.

Die Gerüchte vom Viehverkauf stellen sich als Lügen heraus, aber der Generalstreik ist gescheitert.

Als Johanna hört, daß geschossen wird, läuft sie zurück, findet aber niemanden mehr vor, dem sie ihren Brief geben kann. Als sie sieht, daß die Arbeiterführer verhaftet abgeführt werden und daß der Generalstreik gescheitert ist, »weil Boten versagt haben«, bricht sie zusammmen.

IV. Stagnation (Szene 10-12)

Kennzeichen: niedriges Niveau der Produktion, stagnierende Erwerbslosigkeit, Flüssigkeit des Geldmarktes. Zusätzliche Erscheinung für Krise und Stagnation im Imperialismus: »Die Krisen – jeder Art, am häufigsten ökonomische Krisen, aber nicht nur diese allein – verstärken ihrerseits aber in ungeheurem Maße die Tendenz zur Konzentration und zum Monopol.«[3]

Wir finden die für diese Phase typische Vereinigung bereits vorhandener Kapitalien, Expropriation eines Kapitalisten durch den anderen, Aufhebung der Selbständigkeit, veränderte Verteilung der bereits vorhandenen Kapitalien. Marx: »Es sind zwar die Perioden, worin Kapital angelegt wird, sehr verschiedne und auseinanderfallende. Indessen bildet die Krise immer den Ausgangspunkt einer großen Neuanlage. Also auch – die ganze Gesellschaft betrachtet – mehr oder minder eine neue materielle Grundlage für den nächsten Umschlagszyklus.«[4]

Brechts Stück endet nicht mit dem Bankrott Maulers, Folge seiner Spekulation, sondern zeigt den Übergang zur nächsten Phase des

Zyklus, der Stagnation und der Monopolbildung, welche die höhere Festsetzung der Preise ermöglicht.

»Brief aus New York«
»Heute raten wir dir, ein Abkommen mit den Viehzüchtern zu treffen und das Vieh in seiner Anzahl zu beschränken, damit der Preis sich wieder erholt.«

Ideologie
Mauler ziert sich, aber die Packherren bitten ihn, »das Joch der Verantwortung wieder zu übernehmen«.

Ökonomische Situation (Ausgleich des Widerspruchs):

Die Packherren gründen einen neuen Fleischring unter Führung Maulers, der 50 Prozent aller Anteile übernimmt.

Ein Drittel des Viehs wird vernichtet. Ein Drittel der Arbeiter bleibt entlassen. Um ein Drittel wird dem Rest der Lohn gekürzt. Die Fleischpreise werden erhöht.

Mauler:
»Die Schwierigkeit, die uns bedrückt hat, hebt sich.
Elend und Hunger, Ausschreitung, Gewalt
Hat eine Ursach und die Ursach klärt sich:
's gab zuviel Fleisch. Verstopft war
In diesem Jahr der Fleischmarkt, und so sank
Der Viehpreis in ein Nichts.«

Ideologie
Johannas Versuche der Klassenversöhnung haben die Nützlichkeit einer verhüllenden Ideologie gezeigt.
Die Packherren kaufen von der Heilsarmee eine Ideologie en gros: Sie sanieren deren Bibelläden, und die Heilsarmee übernimmt es, zu verbreiten, daß die Packherren »gute Leute sind. Gutes planend in schlechter Zeit.« Denn:

Ökonomische Situation (Ausgleich des Widerspruchs):

Das neue Unternehmen müßte
»als zum Wohl der Allgemeinheit unbedingt gehörend begriffen werden«.
Das Gleichgewicht zwischen
Produktions- und Konsum-
tionskraft ist wieder hergestellt.
Der Zyklus kann, auf höherer
Ebene, von neuem beginnen.

Slift:
»Nun atmet auf, nun muß der
Markt gesunden!

Der tote Punkt ist wieder überwunden.
Das schwierige Werk ist noch einmal getan.
Und noch einmal behaupten wir den Plan
Und läuft die Welt die uns genehme Bahn.«

Mit diesem – eigentlichen – Schluß ist auch der von Marx dargestellte Zyklus abgeschlossen.
  *Brecht führt sein Stück weiter mit dem Ziel, das Publikum zur
Stellungnahme zu den vorgeführten Vorgängen zu bewegen.* In einer großen Schlußapotheose verurteilt Johanna ihr Versagen, und
sie zeigt den Auswег.

*Tod und Kanonisierung der Heiligen Johanna der Schlachthöfe
(Szene 13)*

»Die Arbeiter können sich mehr oder weniger politische Freiheit
für den Kampf um ihre ökonomische Befreiung erringen, aber keinerlei Freiheit wird sie von Elend, Arbeitslosigkeit und Unterdrückung erlösen, solange die Macht des Kapitals nicht gestürzt
ist.«[5]
  Johanna, die zum Bewußtsein ihrer Klassensituation gekommen
ist, und die Schlächter stehen sich als die zwei Seiten des großen
Widerspruchs der Klassengesellschaft unversöhnlich gegenüber.

Brief
Verzweifelt hält Johanna den nicht
bestellten Brief mit der Aufforderung
zum Generalstreik hoch:
»Kleinen Dienst guter Sache, zu dem ich
All mein Leben geboten ward, einzigen!
Habe ich nicht ausgerichtet.«

Ökonomischer und ideologischer Widerspruch:

Im Glauben, die Gesellschaft reformieren, die Klassen versöhnen zu können, hat Johanna ihre Funktion für die Kapitalisten erfüllt.	Johanna hat erkannt, daß »eine Kluft zwischen oben und unten ist, größer als zwischen dem Berg Himalaja und dem Meer«, und sie weiß jetzt, daß ihr Platz unten ist, an der Seite der Arbeiter.
Slift: »Sie hat [. . .] uns auch durch ihre Reden *gegen* uns über schwierige Wochen hinweggeholfen.« Die Schlächter kanonisieren die sterbende Johanna.	Johanna klagt das System der kapitalistischen Ausbeutung an und fordert auf, es zu beseitigen: »Sorgt doch, daß ihr die Welt verlassend Nicht nur gut wart, sondern verlaßt Eine gute Welt!«

Als Brecht das Stück – noch während der großen Weltwirtschaftskrise – schrieb, war der Bezug auf die Realität direkt gegeben. Um den Zuschauern zum Verständnis der sehr verwickelten ökonomischen Vorgänge zu verhelfen, schlug Brecht vor, zwischen den Szenen Zeitungsjungen durch den Zuschauerraum laufen zu lassen, die mit dem Ausrufen der Schlagzeilen ihrer Zeitungen über die wirtschaftlichen Vorgänge berichten und sie erklären sollten. Im letzten Bild stellte Brecht das Geschehen insofern in den großen historischen Zusammenhang, als in den Zeitungsschlagzeilen sowohl die Ausweitung der Krise im Weltmaßstab mitgeteilt, in anderen Schlagzeilen jedoch über die vorfristige Erfüllung des ersten Fünfjahrplanes in der Sowjetunion berichtet wird. Die Gegenüberstellung von kapitalistischer Wirtschaftskrise und einer sozialistischen, krisenfreien Wirtschaft verfremdete die Vorgänge insgesamt.

Ein weiteres großes Feld der Verfremdung ist in diesem Stück die Verssprache. Brecht läßt seine Schlachthauskönige in Versen sprechen wie die Könige der großen klassischen Stücke. Die Versformen Shakespeares, Schillers und Goethes geraten in Widerspruch zum Inhalt, die Unmenschlichkeit einer Gesellschaft wird enthüllt durch die Konfrontierung mit einer Form, die geschaffen wurde, menschliche Inhalte auszudrücken. Es wird deutlich, daß den Geschäften des Monopolkapitalismus das Gewand des klassisch-humanistischen Ideals nicht paßt. Indem sich die Schlächter in der Form ihres Auftretens übernehmen, wird ihre soziale und individuelle Verlogenheit enthüllt.

Hier soll noch einmal darauf hingewiesen werden, daß die Fabelanalysen lediglich die *Konstruktion* der Stücke betreffen, nicht das Stück insgesamt, nicht die Aufführungsweise und nicht Verfremdungen durch die Inszenierung, die vorgenommen werden müssen, um den Inhalt der Stücke für die jeweiligen Zuschauer verständlich zu machen.

Eine große Zahl der Stücke Brechts ist – leider – noch aktuell: »Leben des Galilei« – mit dem Appell an die Verantwortung der Wissenschaftler gegenüber der Gesellschaft – ebenso, wie »Mutter Courage und ihre Kinder« mit der Aussage, daß für die kleinen Leute im Krieg nichts zu gewinnen ist. Schon bei diesem Stück aber wird heute der Gedanke auftauchen, daß in einem kommenden Krieg für niemanden mehr etwas zu holen sein wird, daß er die allgemeine Vernichtung bedeuten würde. Kann man das Wissen darum vom heutigen Publikum erwarten, so wird es weit schwieriger sein, zu erreichen, daß das Publikum die Situationen aus der »Mutter« und aus der »Heiligen Johanna der Schlachthöfe« auf die Gegenwart überträgt und – wenn auch nicht in der gezeigten Form, so dennoch als Fragestellung – noch als gültig erkennt. Die heutige Lesart dieser Stücke wird anders sein müssen in ehemals oder heute noch unterdrückten Ländern – es sei auf die große Wirkung der Aufführung der »Mutter« im revolutionären Kuba verwiesen – als beispielsweise in Westdeutschland, wo die aktualen

Bezüge herausgearbeitet werden müßten, oder in der Deutschen Demokratischen Republik, wo die gezeigten Zustände als überwunden – als Geschichte – genossen werden können. Die – verschiedenen Zwecken dienenden – Inszenierungen müßten sich erheblich voneinander unterscheiden.

Es kann nicht Aufgabe dieser Arbeit, sondern nur des jeweiligen Theaterkollektivs sein, Verfremdungen für die Inszenierung der Stücke zu finden. Dennoch soll auf die Notwendigkeit hingewiesen werden, die historische Situation unter dem Gesichtspunkt von heute sichtbar zu machen.

Nachdem beispielsweise in Westdeutschland der monopolistische in den staatsmonopolistischen Kapitalismus hinübergewachsen ist, von einer objektiven Veränderung des Gesamtsystems gesprochen werden muß und der Imperialismus eine Reihe qualitativ neuer ökonomischer und politischer Züge zeigt, ergeben sich für ein Stück wie »Die heilige Johanna der Schlachthöfe« neue Bezugspunkte zwischen Gegenwart und Stück. In unserem Zusammenhang ist interessant, daß sich dadurch, daß die Verwertungsbedingungen des Kapitals von der regulierenden Tätigkeit des Staates beeinflußt werden, »*die Form des Zyklus* wesentlich verändert« hat. Die für die gesellschaftliche Reproduktion erforderliche zeitweise Lösung des Widerspruchs setzt sich nicht mehr spontan durch, sondern kann über einen längeren Zeitraum verteilt werden. Während in bestimmten Bereichen der Wirtschaft Aufschwung oder Hochkonjunktur herrscht, können in anderen Bereichen Krisen- oder Stagnationserscheinungen auftreten. Dennoch wird *nicht der zyklische Verlauf* des Reproduktionsprozesses überhaupt aufgehoben, dessen Verlauf durch Krisen in Teilbereichen der Wirtschaft gekennzeichnet ist. Die neue Wirkungsweise der ökonomischen Gesetze schafft neuartige Bedingungen und Aufgaben auch für den Klassenkampf. Daraus abgeleitet ist die Rolle der »industriellen Reservearmee«, wie sie in der »Heiligen Johanna« dargestellt ist, anders zu bewerten in der heutigen Zeit, in der einerseits der Staat eine Umstrukturierung der Wirtschaft vornehmen kann, in der sich andererseits auch die Gewerkschaften große Rechte erkämpft haben. Auch wenn die Konflikte aber nicht mehr so offen zutage liegen wie in der von Brecht gezeigten Weltwirtschaftskrise, wenn bestimmte Widersprüche gelöst sind, so doch auf Kosten anderer, neu entstandener Widersprüche.

Eine heutige Aufführung des Stückes im Kapitalismus würde die

Phasen des klassischen Zyklus wahrscheinlich konkret und historisch zeigen müssen, um sie als Entwicklungsetappe einer Wirtschaftsform sichtbar zu machen, deren Bewegungsformen sich zwar ändern, nicht aber deren Grundwiderspruch. Auch wenn die Arbeiter in den kapitalistischen Ländern Westeuropas heute das »Fett in der Suppe«, den »ganzen Rock« und »den Brotlaib« erkämpft haben – geblieben ist die Forderung der Arbeiterklasse nach dem Besitz der Fabriken und der Macht im Staat. Die Klassengegensätze sind weiter unversöhnlich – und der Klassenkampf geht weiter, wenn auch unter historisch anderen Bedingungen.

Anmerkungen

[1] *MEW [Marx-Engels-Werke]*, Bd. 23, *[Das Kapital]*, S. 476.
[2] Hilferding, *Das Finanzkapital*, Berlin/DDR 1947, S. 349, 322.
[3] Lenin, *Der Imperialismus als höchstes Stadium des Kapitalismus*, in: *Werke*, Bd. 22, Berlin/DDR 1960 S. 213.
[4] *MEW*, Bd. 24, *[Das Kapital]*, S. 186.
[5] Lenin, *Sozialismus und Religion*, in: *Werke*, Bd. 10, Berlin/DDR 1958 S. 70.

Hans Peter Herrmann
Wirklichkeit und Ideologie

Brechts »Heilige Johanna der Schlachthöfe« als Lehrstück bürgerlicher Praxis im Klassenkampf

Bekannt ist Max Frischs Wort von der »durchschlagenden Wirkungslosigkeit« des zum »Klassiker« avancierten Brecht; inzwischen sind »Der gute Mensch von Sezuan« und »Leben des Galilei« sogar zur Pflichtlektüre im Deutschunterricht erhoben worden. Brechts Werk ist in den Literatur- und Bildungsbetrieb gerade der kapitalistischen Gesellschaft integriert worden, gegen die er seine Arbeit gerichtet hatte. Die »Heilige Johanna der Schlachthöfe« allerdings scheint sich solcher Eingemeindung noch am ehesten zu widersetzen. Nicht umsonst hatten die wenigen Rezensionen von 1932/33 die Gesellschaftskritik des Stückes herausgestrichen und – je nach Standort – mit Einverständnis oder wütender Abwehr auf die Angriffe gegen Religion und Klassik reagiert.[1] Doch der Schein trügt. Bei der Lektüre von 120 Rezensionen zu 14 »Johanna«-Aufführungen zwischen 1959 und 1971 fand ich weitgehend genau die wohlwollende Unbetroffenheit, die Frisch mit seinem Diktum beschreibt. Mehr noch: Brecht zeigte sich nicht nur wirkungslos, sondern im Wortsinn als Klassiker interpretiert. Hinter den Fehlurteilen der Rezensenten wurden die Umrisse eben jenes Kunstbegriffs sichtbar, den Literaturwissenschaft und Publizistik nach dem zweiten Weltkrieg an der Interpretation der klassischen Werke der bürgerlichen Tradition entwickelt hatten (und dessen Fragwürdigkeit nicht nur mir im Kontext der Studentenbewegung gerade an Brecht bewußt geworden war).

Brecht hatte in der »Heiligen Johanna«, expliziter als in seinen späteren Werken, genau diesen bildungsbürgerlichen Kunstbegriff zu destruieren unternommen, den seine Rezensenten zur Beurteilung seines Werkes anwandten. Die Diskrepanz zwischen der Ideologie der Rezipienten und der tatsächlichen Gestalt dessen, was sie zu rezipieren meinten, erhält dadurch noch eine zusätzliche Dimension. Was bei Brecht, als Ideologie, einen definierten Platz innerhalb der kapitalistischen Gesellschaft hat, die das Stück beschreibt, erhebt sich wieder zum Urteil über das Ganze, des Stükkes wie der dargestellten Wirklichkeit.

Die Rezeption der »Johanna« und Brechts wirkliche »Heilige Johanna der Schlachthöfe«: das ist ein Lehrstück über die erstaunliche Fähigkeit bürgerlicher Ideologie, die eigene Partialität als Totalität zu setzen. Von der gleichen Fähigkeit handelt auch Brechts Drama. Von ihr, in eben dieser Doppelung, werde ich im folgenden Sprechen.

Die Rezeption

Nur kurz zu streifen sind hier diejenigen Kritiken, die den Autor und sein Stück aus offenem Antikommunismus generell ablehnen. Die Position ist klar und wird Brechts Anspruch auf politische Auseinandersetzung mit seinem Werk insofern gerecht. Das Gros der bürgerlichen Kritiker jedoch argumentiert widersprüchlicher und damit aufschlußreicher. Obwohl auch sie Brecht durchweg politisch ablehnen, ist ihr Interesse an ihm groß. Ihrem Anspruch nach vertreten sie das demokratische Selbstverständnis ihrer Gesellschaft und die Forderung, sich die literarische Urteilsfähigkeit nicht durch »weltanschauliche« Gegensätze trüben zu lassen. Dennoch wird auch ihnen Brecht zum politischen Demonstrationsobjekt, und dies auf zwei Ebenen. Formell kann mit der Tatsache von Brecht-Aufführungen die Freiheit im Westen unterstrichen werden – schon dies ein erster Beleg dafür, daß es um den von Brecht angegriffenen Kapitalismus doch zumindest besser bestellt sei als um den DDR-Sozialismus. Und inhaltlich laufen die Auseinandersetzungen mit Brecht immer wieder auf den Nachweis hinaus, daß wesentliche Bestandteile seines Werkes den humanitären Traditionen des Westens angehören und nicht der DDR.

Hier wird ein in seiner Stereotype fast zwanghaftes Moment sichtbar. Der Marxist Brecht wird verdammt, damit der Dichter Brecht umso gründlicher heimgeholt werden kann. Eine Gesellschaftsordnung, in der die herrschende Klasse für sich in Anspruch nimmt, unter den gegenwärtigen historischen Bedingungen das Höchstmaß an Humanität verwirklicht zu haben, kann es nicht zulassen, daß ein Autor, dem es unbestreitbar und auf hohem dichterischem Rang um die Verwirklichung von Humanität geht, dem politischen Gegner überlassen wird. Sie muß versuchen, ihn zu einem der ihren zu machen.

In einem Punkt stimmen fast alle Kritiken überein: Brechts Kapitalismuskritik sei überholt. Vollbeschäftigung und Wohlstandsgesellschaft mit Auto und Fernseher im Besitz westdeutscher und amerikanischer Arbeiterfamilien werden immer wieder als Beleg für seine Inaktualität angeführt. Nur selten finden Rezensenten in der »Heiligen Johanna« Momente einer Kapitalismuskritik, die sie überzeugen. Die meisten sind sich darin einig, daß die von Brecht geschilderte Situation heute irrelevant ist. Wie es ihnen gelingt, dennoch Relevantes im Stück auszumachen, ist das eigentlich Interessante an den Kritiken.

Sie arbeiten zu diesem Zweck mit einem doppelten Realitätsbegriff. Auf der Ebene der konkreten, gesellschaftlichen Realität wird Brechts ›Verfehlen‹ der kapitalistischen Wirklichkeit von 1960 ins Grundsätzliche gewendet. Im Prinzip hätte ja die Beobachtung, daß die gesellschaftliche Realität, die Brecht darstellt, Unterschiede aufweist zu der nach dem 2. Weltkrieg, durchaus dazu führen können, sein Drama als ein Stück über eine zwar vergangene, aber immer noch bedeutsame Realität aufzufassen. Das aber ist nicht gemeint. Auf den Realismusbegriff Brechts läßt man sich nicht ein. Der Anspruch des Marxisten, der Kapitalismus sagt und auch Kapitalismus meint, muß zurückgewiesen werden. Brechts Werk verfehlt in den Augen der Rezensenten nicht nur Einzelmomente des Kapitalismus, sondern diesen überhaupt; es ist, mit einer Formulierung Melchingers, überhaupt »aller Realistik entrissen«.[2] An diesem Punkt aber schlägt die Wertung um. Was dem Marxisten Brecht zum Schaden gereicht, wird zur Tugend des Dichters Brecht; aus der Niederlage des einen erhebt sich der andere umso strahlender. Denn nun kann Brecht der höhere Realitätsbegriff der wahren Dichtung zugesprochen werden: was er gestaltet, seien »unsere Sache«, »unsere Welt«, »unser Leben«, »unsere Frage«.[3]

Dabei ist in diesem Zusammenhang die höhere Realität der Poesie ihrem Inhalt nach nichts anderes als die niedere der Gesellschaft noch einmal. Die Wirklichkeit der Schlachthöfe sei »von Anfang an mehr als realistisch dargestellt, als Abbild und Sinnbild des irdischen Jammertals überhaupt: so ein Schlachthaus ist unsere Welt«.[4]

Was Brecht als Kapitalismus auf bestimmter historischer Stufe beschrieben hat, erleben die Rezensenten als Welt »überhaupt«. Kunst hat es mit der ewig gleichen Struktur der Welt zu tun. Es ist wichtig zu sehen, daß die Autoren inhaltlich gegen Brechts Zeichnung der Wirklichkeit gar nichts einzuwenden haben. Man darf dieses »irdische Jammertal« nur nicht Kapitalismus nennen; in der Form der ontologisierten Weltstruktur jedoch können sie sich voll damit identifizieren. Immer wieder verwenden sie Bilder und Begriffe des Stückes zur eigenen generellen Beschreibung der Realität: die Welt *ist* ein Schlachthaus, ein Kampf zwischen unten und oben etc. Nur: wogegen der Marxist sich, in der Kunst wie im Leben, zur Wehr setzt, das wird von den Bürgern, zumindest in der Kunst, als Weltzustand hingenommen: das Stück sei einerseits zeitgebunden, aber »auf der andern Hand steht es als Exemplum . . . für den immerwährenden, nie entschiedenen Kampf zwischen Gut und Böse«.[5]

In die Interpretation von Brechts »Heiliger Johanna« gehen durchaus Erfahrungen mit der schlechten Wirklichkeit des Kapitalismus ein.[6] Aber sie werden aus ihrem gesellschaftlich-historischen Kontext herausgelöst, um nach diesem Abstraktionsvorgang wieder neu konkretisiert zu werden als »Wahrheit«, die große Dichtung über die Realität schlechthin aussage.[7] Ihr Ursprung, eigenes und fremdes, tatsächliches menschliches Leiden, verschwindet in dieser Kunstwahrheit; aufgelöst in die ewig gleiche Weltstruktur, die Kunst angeblich zum Inhalt haben soll, werden die zugrunde liegenden Erfahrungen um ihre kritische Spitze gebracht.

Real erfahrenes menschliches Leid kennt den Protest gegen die Welt, wie sie ist, kennt die Vorstellung von einem besseren Zustand, kennt Vergangenheit, Gegenwart und Zukunft. Radikale Hoffnungslosigkeit des Leidens ist seltene Grenzerfahrung. Niemand wird diese Grenzerfahrung als konstituierendes Moment für das Weltbild bürgerlicher Kritiker annehmen wollen, die eben noch auf die Errungenschaften ihres Wohlfahrtsstaates gepocht hatten. Das »irdische Jammertal«, das sie hier reklamieren, ist, gemessen an dem in der »Heiligen Johanna« dargestellten realen Leid, eine Kunsterfahrung, außerhalb der Geschichte angesiedelt. Ihr Leben, wie immer es in ihm zugehen mag, wird von dem, wovon sie in ihren Rezensionen sprechen, nur in der Form der ästhetischen Anschauung berührt. Das macht ihr Gerede von »unserer Sache«, »unserem Leben« so peinlich.

Für die Mehrzahl der Kritiken ist allerdings wichtiger als die dargestellte Welt, auch in ihrer ontologisierten Form, die Johannafigur. Wo immer sie positive Inhalte in Brechts Stück ausmachen und nicht nur seine Formkraft loben, zeigen sie sich von Johanna fasziniert.

Dabei läßt sich das gleiche Interesse der Rezensenten beobachten, Brechts Text zu entkonkretisieren. Dieses Interesse zeigt sich schon in der starken Konzentration auf die Johanna-Figur selbst. Das Elend der ausgebeuteten Arbeiter tritt ihr gegenüber meist in den Hintergrund, »denn im Grunde schrieb Brecht keine Kollektiv-, sondern eine Individualtragödie«.[8] Börse und Schlachthöfe, Krisenzyklus und Ausbeutung verdünnen sich zum bloßen Schauplatz für ein individuelles Schicksal, das in gleicher Weise sich auch anderswo hätte abspielen können. Johanna wird nicht als historisch bestimmte, sondern als allgemeinmenschliche Figur verstanden.

Der Abstraktionsvorgang wird gelegentlich im Wortlaut selbst deutlich. Da beschreibt ein erster Satz Johannas Tun durchaus richtig als »Kampf gegen die Ausbeuter . . ., für eine bessere Welt und für Liebe unter den Menschen«. Doch schon im nächsten Satz verflüchtigt sich alles Konkrete ins Allgemeine: »Sie fragt das große Warum des Lebens und verzehrt sich als Fackel der Wahrheit«.[9] Das hat nicht nur mit Brecht nichts mehr zu tun; es verfehlt ihn auf bezeichnende Weise. Die Figur der Johanna wird ins Metaphysische hinübergespielt; sie wird entrückt in die Reihe der großen Sinnsucher des abendländischen Geistes. Die Kanonisierung Johannas, die Brecht am Ende des Stückes ironisch vollziehen läßt, wird in den Kritiken ungebrochen restituiert.

Die Erhebung Johannas ins Metaphysische findet sich auch in anderen Kritiken, und zwar in einer religiösen und in einer tragischen Variante.

Da ist z. B. die Rede davon, die »Grundmotive« des Stücks seien »eigentlich«, »wie immer bei Brecht«, »theologische, religiöse, inbrünstige«, und der Autor wird zum katholischen Dichter umgetauft[10]; oder Johannas Protest gegen die Verwendung der Religion im Klassenkampf von oben wird stilisiert zur »Not des religiösen Menschen schlechthin« und zum »Schrei des Menschen, daß Gott unsichtbar bleibt«.[11]

Häufiger als die religiöse Fehldeutung ist jedoch die Tendenz, Brechts Stück als tragisch mißzuverstehen, z. B. als »Dichtung vom ewig tragischen Schicksal des nach der Wahrheit fragenden Menschen«.[12] Im Tragikbegriff der Rezensenten vollendet sich auf bezeichnende Weise das Streben, Johanna herauszunehmen aus der Wirklichkeit, in die Brecht sie hineingestellt hat, und sie als Menschen für sich, als isoliertes Individuum, als Symbol *des* Menschen überhaupt zu betrachten. Tragik heißt hier: der widersprüchliche Charakter von Brechts Figur wird auf eine absolute Tugend, Unschuld oder Reinheit reduziert: der Sinn des Stückes liege im »Versagen der Reinheit«[13], im »Vorhandensein der Unschuld«.[14] Ein derart auf Tragik gebrachter Charakter muß nun notwendig in der Welt, und zwar in jeder denkbaren Welt, scheitern, denn das Absolute hat auf Erden keinen Platz. Brecht ist auf Schiller zurückgenommen worden, aber ohne die für Schiller zentrale Problematik der Schuld. Denn nach Schuld wird genau so wenig gefragt wie nach konkreten Mißständen in der Welt als Ursache des Scheiterns. Johannas Scheitern ist »nicht gesellschaftlich, sondern aus ihrem So-sein heraus bedingt«.[15]

Die aus der Emphase vieler Kritiken immer wieder herauszuhörende Identifikationssehnsucht der Autoren schafft sich anläßlich von Brechts Johanna eine Figur, die schlechthin gut ist, unabhängig von den Wirkungen, die dieses Gutsein in der Welt hat oder vielmehr nicht hat. Es geht nicht um die Durchsetzung von Gutsein – sein Scheitern ist im Tragikbegriff bereits akzeptiert –, sondern um dessen Vorhandensein als individuelle Strebung. Nicht, daß Güte und Menschlichkeit in der Realität wirksam seien (oder gar, daß diese sich in Richtung auf mehr Humanität entwickele), sondern daß sie im Medium der Kunst als individuelle Intention anschaubar sind – das tröstet schon im »Schlachthaus« und »Jammertal« dieser Welt.

In einem solchen Tragikbegriff drückt sich nicht nur Pessimismus aus; er wird durch ihn auch reproduziert. Da jedes Handeln, das radikaler Humanität entspringt, zum Scheitern verdammt ist, kann es in seiner konkreten Gestalt außer Betracht bleiben. Die Rezeption von Brechts Johanna als tragischer Figur eliminiert jeden Praxisaspekt.

Ontologisierung der Geschichte und Konzentration des Interesses auf die dargestellte Figur als tragischem Symbol des Allgemeinmenschlichen sind nicht nur inhaltlich zentrale Momente der in den Kritiken wirksamen bürgerlichen Kunstanschauung – sie entstammen der Struktur dieses Kunstbegriffs selbst: nicht nur werden *in* Brechts Stück Weltzustand und leidendes Individuum vorrangig dargestellt; sein Drama *ist* diese Darstellung: Brechts Stück »lebt aus einem echten Leiden an der Welt, einer echten Empörung gegen Ausbeutung und Lüge«[16], das »innere Mitleiden des Menschen am Elend der Kreatur«[17] macht die eigentliche Kunstleistung des Stückes aus und transponiert es trotz der Inaktualität seiner Handlung dennoch ins Gültige. Wenn die Rezensenten in den Kritiken das Stück insgesamt referieren, dann durchweg als Bericht über individuelle menschliche Handlungen und Verhaltensweisen oder als Beschreibung eines Weltzustandes.

Hier wird auch der topische Gegensatz von Marxist Brecht und Dichter Brecht inhaltlich wirksam. Da Brecht sowohl Marxist wie Dichter war, muß ein Widerspruch zwischen »Dichtung« und »Ideologie« in seiner Brust geherrscht haben und sein Werk bestimmen. Wo ihm wirkliche Dichtungen gelangen, haperte es mit seinem Marxismus; wo er als Kommunist schrieb, blieben seine dichterischen Einfälle schwach. Tertium non datur.

So kann denn die vermeintliche Struktur des dichterischen Kunstwerks gegen wichtige Teile seines marxistischen Inhalts gewendet werden. Der »Krisenzyklus des Kapitalismus« habe in einer Aufführung zurückzutreten gegenüber den »eigentümlichen dramatischen Gesetzen . . ., nach denen Brecht die Szenenfolge gliedert«.[18] Es gelte, gegen die »Inszenierung einer ökonomischen Theorie« »das Kunstwerk« zu retten. Die offenbar mäßige Leistung des Regisseurs in der rezensierten Aufführung wird zum Beleg gegen eine »marxistische Deutung« des Kunstwerks überhaupt und damit gegen seinen konkret historischen und gesellschaftlichen Inhalt. Es ist die Aufgabe des Kunstwerks als Kunstwerk, die von konkreter Geschichtlichkeit gereinigte, die entaktualisierte und ins abstrakt Allgemeine enthobene Menschlichkeit schlechthin zu präsentieren: die beschworenen »eigentümlichen Gesetze« entpuppen sich beim Weiterlesen als »die für eine Aufführung viel wichtigere Form des Kräftespiels zweier gegeneinander laufender, dramaturgischer Entwicklungslinien«[19], nämlich der von Johanna und Mauler. Das Kunstwerk ist, seiner Substanz nach auf den Begriff gebracht, »dieses subtile Drama zwischen kleinem armen Kind und großem reichen Mann«.[20]

Das hier sehr offene identifikatorische Moment des Kunstbegriffs zeigt sich verdeckter auch an anderer Stelle, z. B. bei dem großen Gewicht, das auf die schauspielerische Leistung der Johannadarstellung gelegt wird. In der Identifikation mit Johanna, als ins Allgemeine enthobener Verkörperung von Unschuld und Reinheit, liegt die Funktion, die das Erlebnis des theatralischen Kunstwerks offensichtlich für die Autoren hat. Leidend unter der Vermitteltheit gesellschaftlicher Erfahrung im Kapitalismus, sucht man im Erleben des Kunstwerks das Unmittelbar-Menschliche. Das breite Ausmalen der äußeren Erscheinung der Aufführung in allen Kritiken, sofern es nicht einfach dem Anpreisen der »Warenhaut« der Theateraufführung zwecks besserer Verkäuflichkeit auf dem bürgerlichen Kunstmarkt dienen soll, hat die Aufgabe, dem Leser der Kritik möglichst viel vom Theaterabend als Erlebnis unmittelbar zu vermitteln. Daß in Brechts Theater gerade von der Vermitteltheit des Menschlichen gesprochen wird, daß Gutsein dort nicht als individuelle, unstillbare Sehnsucht, sondern als gesellschaftliche, unter konkreten Bedingungen erfüllbare Aufgabe behandelt wird, bleibt dabei außer Betracht. Gerade das unbeirrbare Verfehlen von Brechts Intention verweist auf das Interesse der bürgerlichen Rezensenten. Von Kunst erwarten sie die Legitimation der eigenen Ohnmachtserfahrungen dadurch, daß eben diese im Medium der Kunst zum Wesen des Menschseins erklärt werden, wobei die Harmonisierung durch die formalen Strukturen des Kunstwerks und der reine Anschauungscharakter des abendlichen Theatererlebnisses zur weiteren Entschärfung der zugrundeliegenden Leiderfahrungen dienen.

Es ist ihr eigener Kunstbegriff, mit allen Implikationen und gesellschaftlichen Voraussetzungen, der den bürgerlichen Kritikern den Blick verstellt für Brechts materialistische Kunst. Darauf ist am Schluß dieses Aufsatzes noch einmal zurückzukommen.

Vorher mögen vier, pointiert herausgegriffene Beispiele belegen, daß die Rezensionen nicht isoliert zu betrachten sind, daß sich vielmehr die wichtigsten Momente dieses Kunstbegriffs auch in wissenschaftlichen Brechtdarstellungen finden.

An ihrer Spitze Benno v. Wiese. Seine Darstellung steht ganz auf dem Gegensatz Dichter versus Ideologe: »Glücklicherweise gerät . . . der Theoretiker mit dem Dichter . . . in seinen Dichtungen von Rang, stets von neuem in Widerspruch«.[21] Wiese hält es mit dem Dichter und interpretiert Johanna als Identifikationsfigur. Kapitalismuskritik und Klassikerparodie werden zwar behandelt, spielen aber in der Darstellung der Johanna keine Rolle: Brechts Heldin, die zu den Armen geht und »hungernd und frierend im Schnee steht, gewinnt eigenen poetischen, ja sogar christlichen Glanz«.[22] Zur religiösen gesellt sich die tragische Fehldeutung, wobei das

Tragische als Steigerung des Poetischen und damit als Inbegriff des Dichterischen überhaupt erscheint:

»Aber ist sie nicht eben in jener Gewalt- und Arglosigkeit die eigentlich poetische, ja sogar tragische Figur, mit der der Dichter weit mehr überzeugt, als wenn er sie zur Furie des Klassenkampfes gemacht hätte?«[23]

Die Sicherheit des Interpreten, mit dem Geist des bürgerlichen Kunstbegriffs in Einklang zu stehen, läßt ihn dann abschließend über alle Aussagen des Stückes sich hinwegsetzen:

»Wer will uns verwehren, daß uns Johannas folgenlose, zum tragischen Scheitern verurteilte Güte weit unmittelbarer anredet als das eingehämmerte Brechtsche Programm von dem erst durch Terror geschaffenen irdischen Paradies? Jede Dichtung untersteht hier ihrer eigenen inneren Form, die noch über den bewußten Willen des Dichters hinaus über den Leser und Zuschauer gebietet.«[24]

Das ist genau die von Brecht in der »Heiligen Johanna« analysierte Trennung zwischen der »niederen« Ebene von Geschäft, Politik und Revolution und der »höheren« Ebene des Geistes, christlich eingefärbter Menschlichkeit und ewiger hoher Dichtung. Wobei dem Geist bei Wiese dann noch gebieterische Macht nicht nur über Leser und Zuschauer, sondern auch über den Autor selbst zugeschrieben wird. Die »innere Form«, die Wiese hier nicht nur gegen die expliziten Aussagen Brechts wendet (was ja noch legitim sein könnte), ist bei einiger interpretatorischer Redlichkeit nirgends im Stück auszumachen. An einem Autor wie Brecht zeigt sich exemplarisch, wie die idealistische werkimmanente Methode in ihrem Kunstbegriff eigene Setzungen für den geheimen Geist der Sache selbst ausgibt.

Die Loslösung der Johannafigur von der Stückfabel, die Wieses Interpretation auszeichnet, bestimmt auch die Darstellung in der verbreitetsten Brechtmonographie für den bürgerlichen Hausgebrauch, Martin Esslins »Brecht«. Der Realist Brecht, dem es um richtige Abbildungen der Gesellschaft auf dem Theater ging, kommt in diesem Buch nicht vor; dementsprechend fällt auch die einzige Bemerkung zur Fabel der »Heiligen Johanna« aus: »ein Versuch und ein recht naiver Versuch, hinter die Kulissen der kapitalistischen Wirtschaft zu blicken«[25] (es war, immerhin, keine größere Naivität als die des späten Engels).[26] Und Johanna wird behandelt unter den beiden Aspekten des »Einverständnisses« und der »Gewalt«, an der wichtigsten Stelle aber so:

»Das kleine Heilsarmeemädchen Johanna Dark ... wird ebenfalls, wie Brecht selbst, vom Anblick des Leids und der Erniedrigung des Menschen durch den Menschen an den Rand der Verzweiflung getrieben. Erst in der Stunde ihres Todes kommt sie zu der Erkenntnis: ›Es hilft nur Gewalt, wo Gewalt herrscht, und / Es helfen nur Menschen, wo Menschen sind.‹

Es ist demnach verständlich, daß diese strenge, dramatisch-kosmische Version der marxistischen Weltanschauung genau das war, was den unbewußten seelischen Nöten eines sensitiven Dichters entsprach, dessen Welt durch seine Kriegserlebnisse erschüttert worden war.« [27]

Auch hier also die Psychologisierung der Johannafigur, die dadurch erreichte moralische Identifizierbarkeit der Figur mit dem Autor und, als eigener Beitrag Esslins über die bisher behandelten Positionen hinaus, die Reduktion von Brechts Marxismus auf eine Therapiefunktion in individual-psychologischen Nöten. Der Interpretationshorizont von Esslin ist begrenzt auf dargestellte Individualität, und diese wird erfaßt mit den alten Zentralkategorien der Germanistik, »Erlebnis« und »Moral«.

Psychologisierend, auf Identifikation zielend, ist auch das unsinnige Gefühl-Verstand-Schema, auf dem Esslin sein gesamtes Brechtbild aufbaut, und das auch sonst in der Brechtliteratur sein Unwesen treibt. So hat Peter Wagner sich die Aufgabe gestellt, dieses Schema durch eine genauere Analyse der »Heiligen Johanna« zu »modifizieren« [28], seine Darstellung, die immerhin die Fabel des Stückes im Anschluß an Schumacher und Rülicke breit behandelt, kommt doch über die psychologisierende Interpretation nicht hinaus. Seine »Modifikation« besteht nur darin, daß er den unsinnigen Gegensatz Gefühl-Verstand nicht so glatt wie Esslin auf den ebenso unsinnigen Gegensatz Dichter-Marxist verteilt, sondern dem Autor zubilligt, in der Johannafigur wie in der Dramenstruktur auch für den Marxismus Emotionalität zugelassen zu haben, wenn auch wider Willen und gegen ein angebliches marxistisches Dogma, das eben dieses verbiete:

»...Johannas menschliche Problematik besteht in dem Zwang zur Entscheidung zwischen individuellem Sendungsbewußtsein, das im Gewissen begründet ist, und der Unterordnung unter das Kollektiv, welche der Verstand fordert. Dieser Zwiespalt ist es, der für den Zuschauer gegen den Willen Brechts die objektivierende Distanz des rein Gestischen bisweilen aufhebt. Nur ein dogmatischer Marxist würde behaupten, daß man sich emotional unbewegt der aus dem Schicksal Johannas resultierenden rationalen Erkenntnis beugen kann. Denn diese fordert nicht weniger als völlige Selbstaufgabe im Klassenkampf.«[29]

Wie schwer es bürgerlichen Autoren fällt, sich von den Implikationen ihres herkömmlichen Kunstbegriffs zu lösen, selbst wo sie ausdrücklich versuchen, nicht »die Welt- und Lebensanschauung der Dichter mit der eigenen zu messen«, zeigt schließlich eine der jüngsten Spezialdarstellungen zu Brechts »Johanna« von Walter A. Berendsohn.[30] Entschieden betont ihr Autor gegen Wiese, daß es sich hier nicht um »Ideologie« handele, »sondern um ein mächtiges Stück Wirklichkeit in diesem Drama«[31], er stellt diese Wirklichkeit auch dar – um dann doch wieder das Drama in der Figur der Johanna zusammenzuziehen, diese auf den moralisch-religiösen Begriff zu bringen und als Identifikationsfigur zu preisen: »Ist dieses Gedicht d. i. Brechts ›An die Nachgeborenen‹ nicht wie ein Epilog zum Drama ›Die heilige Johanna der Schlachthöfe‹. Es zeigt, daß es letzten Endes Menschenliebe ist, die den Dichter zu diesem Werk getrieben hat. Er hat sich mit dem religiösen Ingenium Johanna Dark identifiziert.«[32]

Johanna

Im Zentrum der bürgerlichen Interpretationen von Brechts »Heiliger Johanna« steht durchweg die Johannafigur. Sie ist, in den Augen ihrer Interpreten, ein von Brecht individuell gezeichneter Charakter und als solcher Identifikationsobjekt, weil Sinnbild für menschliches Schicksal überhaupt; ihr Charakter wird bestimmt durch ihr Mitleid, ihre Güte, ihr Helfenwollen – Eigenschaften, durch die sie schließlich tragisch zugrunde geht; die Handlung des Stückes dient dazu, ihren Charakter und ihr Schicksal in Szene zu setzen.

Jede genauere Lektüre des Textes erweist diese Interpretation als falsch. Johanna ist bei Brecht nicht individueller Charakter, der nur für sich steht und dann für den Menschen schlechthin, sondern Paradigma für bestimmte Verhaltensweisen, die soziologisch definiert sind durch ihre Zugehörigkeit zu den kleinbürgerlichen Mittelschichten zwischen Bourgeoisie und Proletariat; sie ist eine Kunstfigur, die diese Verhaltensweisen widersprüchlich vertritt und deren Menschlichkeit anderen Gesetzen gehorcht als denen einer statischen Charakterpsychologie; das Außergewöhnliche an ihr ist nicht ihr Charakter, sondern ihre Entwicklung von der Bourgeoisie hin zum Proletariat; für diese Entwicklung sind nicht allein ihr Mitleid und ihr Gutsein wichtig, sondern darüber hinaus ihr Erkenntniswille; die Gesamthandlung des Stückes, die Fabel dient nicht nur der Exposition der Figur, sondern ist Träger eigenständiger intellektueller und ästhetischer Informationen. Das ist im einzelnen zu belegen.

Meine Interpretation orientiert sich dabei an Johannas »Erkenntnisprozeß« (vgl. AJ 225) in seinen einzelnen Stufen. »Erkenntnisprozeß« heißt hier zunehmende Einsicht in den gesellschaftlichen Gesamtzusammenhang, in dem sie selbst und ihre Mitspieler sich bewegen. Bereits in ihrer ersten Szene beginnt dieser Lernweg. Als sie bei ihrem »ersten Gang in die Tiefe« die entlassenen Arbeiter in ihrem Hunger und ihrer Suche nach Arbeit sieht, »will« sie »wissen, wer an all dem schuld ist«. Dreimal wiederholt sie dieses »Ich will's wissen« (2, 678 f.) ausdrücklich gegen das soziale und moralische Tabu, das die institutionalisierte Religion der Schwarzen Strohhüte dem Erkenntniswillen entgegensetzt.

Allerdings läßt Brecht nicht plötzlich ein isoliertes intellektuelles Streben in seiner Figur aufwachen. Johannas Wissenwollen ist zweckbestimmt. Sie wollte ihren lieben Gott den Armen verkündigen; als diese aus der Predigt liefen, sobald die leiseste Hoffnung auf den schlechtesten Arbeitsplatz lockte, drängte sich ihr die Frage auf, was die Verkündigung hindere. Ihr Wissenwollen dient der Durchsetzung einer praktischen Aufgabe. Schon hier verläßt sie den gewohnten Pfad bürgerlicher Moralität, die Matthias Claudius einst auf den Satz gebracht hatte: »Tue das Gute so vor dich hin und kümmere dich nicht, was daraus werden mag.« Johanna hingegen kümmert sich. Um nicht nur gut zu sein, sondern um die Voraussetzung dafür zu schaffen, daß unter den Menschen Güte herrscht, ist es nötig zu wissen, warum die schlechte Welt schlecht ist. Moral vermittelt sich bei Brecht erst über Erkenntnis.

Erkenntnis in diesem Sinn heißt: Abbau falscher Vorstellungen über die Realität und Einsicht in ihre tatsächlichen Zusammenhänge. Was Johanna aufgibt, ist das Vorurteil, für die religiöse Verstocktheit der Armen sei ihre Unvernunft verantwortlich; was sie gewinnt, ist die Einsicht, daß diese Verstocktheit Folge ihrer Position am untersten Ende der sozialen Stufenleiter ist. Die gleiche Figur wiederholt sich beim »zweiten Gang in die Tiefe«: aufgegeben wird das Vorurteil, für die soziale Position der Armen sei ihre Schlechtigkeit verantwortlich; gewonnen wird die Einsicht, daß diese Schlechtigkeit nicht eine Gegebenheit ist, sondern von den Vertretern der herrschenden Klasse verschuldet, d. h. daß sie ökonomisch bedingt und nicht moralisch verurteilbar ist.

Der von Brecht dargestellte Erkenntnisvorgang, der Vorgang des Ideologieabbaus, läßt sich noch genauer bestimmen. In ihm wird Realität geltend gemacht gegen falsche Vorstellungen von ihr. Dabei zeigt sich die Realität als gesellschaftlicher Zusammenhang, die Ideologie als Abstraktion. Die Beurteilung der Arbeiter als unvernünftig und deshalb verstockt, als schlecht und deshalb zurecht im Elend, isoliert sie gegenüber ihrem Lebenszusammenhang. Gegen die Abstraktion »Arme« wird deren wirkliche lebendige Existenz als Proletarier in ihrem tatsächlichen sozialen Kontext geltend gemacht. Ihr Sein ist durch ihre Stellung im Ganzen des sozialen Systems bestimmt, in dem sie leben. Ideologie erweist sich damit nicht nur als falsches Urteil über Einzelnes, sondern, diesem vorgeschaltet, gleichsam als Raster, das die Funktion hat, Erkenntnis vor der Einsicht in eben dieses Ganze des sozialen Systems zu schützen. Allerdings enthüllt sich der Gesamtcharakter des Systems für Johanna nur stufenweise. Ideologieabbau ist ein langer und mühsamer Prozeß.

Ihre zweite Lernstufe (2, 684 ff.) zeigt eine sehr anders argumentierende Johanna. Sie tritt als Sozialreformerin auf. Der Zusammenhang zwischen ihr und den andern ist konkreter geworden: sie handelt, und die Gesellschaftsordnung erscheint zum ersten Mal als System.

In drei langen Reden versucht sie, die Kapitalisten von den Vorzügen eines vernünftigen Kapitalismus zu überzeugen: Zugeständnisse an die Arbeiter würden soziale Unruhe dämpfen und die Wiederaufnahme der Fabrikation könnte mit der Hebung der Massenkaufkraft auch den Warenabsatz beleben; die langfristigen Kapitalinteressen forderten eine Einschränkung kurzfristigen Profitstrebens. Johanna hat das Faktum des funktionalen Zusammenhangs zwischen Kapitalisten und Arbeitern erkannt. Wenn aber ein solcher Zusammenhang existiert, dann müßte es auch möglich sein, dieses System auf vernünftige Weise arbeiten zu lassen; warum sollte es sich selbst zerstören?

Doch bleibt der Systembegriff der Reformistin völlig formal.

Auch er ist eine Abstraktion, insofern der konkrete, soziale und ökonomische Inhalt, der kapitalistische Charakter dieses Systems in den Begriff nicht mit eingeht. Brecht hat in der Grundfabel des Stücks dargestellt, in welcher Weise die Kapitalbestimmtheit des Systems das Verhalten der in ihm handelnden Kapitalisten determiniert, welche Prozesse in seiner Tiefe ablaufen und die von Johanna erstrebte vernünftige Regelung durchkreuzen (darüber weiter unten). Erfahrbar ist für sie, daß ihre Hoffnung an der Realität vorbeiging: Die Schlachthöfe bleiben geschlossen; Johanna muß erkennen, daß »ja doch so eine Art Ausbeutung dabei« ist (2, 723). Die kurzfristigen Profitinteressen der Fleischkönige lassen sich durch Appell nicht überwinden: ». . . da war ich schön dumm. Wer denen, die da arm sind, helfen will, der muß ihnen, scheint's, von euch helfen.« (2, 723) Johanna zieht eine erste Konsequenz: sie verjagt die Kapitalisten aus dem Tempel der Schwarzen Strohhüte.

Die Kapitalisten sind korrumpiert durchs Kapital – aber der Einzelne ist ansprechbar als Mensch: so läßt sich der Glaubenssatz umschreiben, mit dem Johanna auf der folgenden, dritten Stufe ihres Lernwegs ihre Hoffnung auf Mauler richtet:

»Mag auch ihr Geld wie ein Krebsgeschwür
Abgefressen haben Ohr und menschliches Antlitz
Daß sie abgetrennt sitzen, aber erhoben
Unerreichbar jedem Hilfeschrei!
Arme Krüppel!
Ein Gerechter muß doch unter ihnen sein!« (2, 725)

Dieser Glaube erweist sich als sehr resistent gegenüber Realitätserfahrungen. Noch auf den Schlachthöfen verteidigt sie ihn gegen die Arbeiter (2, 743), und als dort die – falsche – Nachricht vom Einlenken Maulers eintrifft, atmet sie auf:

»Hört ihr, es gibt Arbeit!
Das Eis in ihrer Brust ist aufgetaut. Zumindest
Der Rechtliche unter ihnen
Hat nicht versagt. Angesprochen als Mensch
Hat er menschlich geantwortet. Es gibt
Also Güte.« (2, 752)

»Es gibt also Güte«: Brecht hat dem Glauben Johannas an das nicht korrumpierbare Gute im Menschen in der differenziert angelegten Gestalt des »Philanthropen« Mauler durchaus vorgearbeitet. Mit Erfolg übrigens: in den Theaterrezensionen zur Johannaaufführung finden sich viele Passagen zur Verteidigung von Maulers guten Seiten. Der Glaube an das Gute im Menschen, das unzerstörbar und im Prinzip immer ansprechbar sei, gehört zu den Kernpunkten bürgerlicher Weltanschauung; nicht umsonst taucht er an exponierter Stelle im ideologischen Kontext der 12. Szene noch einmal auf. Das rechtfertigt eine eingehendere Behandlung.

Brecht hatte im Stück diesen Glauben allerdings nicht nur aufgebaut, sondern zugleich auch destruiert, indem er Maulers tier- und menschenfreundlichen Regungen jeweils eine klare Funktion innerhalb seiner Kapitalistenrolle gab. Maulers »weiches Herz« gehört zu seiner »Charaktermaske«; seine Stärke ist es, immer im richtigen Moment diejenigen menschlichen Regungen zu haben, die seinen Geschäften dienen: selbst sein Herz hat »Weitblick« (2, 682).

Der Glaube, der dennoch auf diese »Güte« baut, fällt damit der Scheinunmittelbarkeit des Abstrakten zum Opfer, die bestimmte Ideologeme in der bürgerlichen Gesellschaft auszeichnet. Es scheint so einleuchtend: Mauler ist ein Mensch, er hat Mitgefühl mit den Arbeitern, den Viehzüchtern und Johanna gezeigt. Was liegt näher als der Glaube, an dieses Menschliche jederzeit appellieren zu können? Doch das anscheinend so Selbstverständliche existiert in Wahrheit nur in seiner Vermittlung durch den gesellschaftlichen Kontext. Gewiß könnte Mauler, als Mensch, seinen philanthropischen Neigungen auch dort nachgeben, wo sie seinen Finanzspekulationen schaden. Keine äußere Macht hinderte ihn. Aber als Agent des Kapitals hätte er dann sehr schnell seine führende Rolle verloren. Der Rollenzwang ist stärker als jeder mögliche äußere. Es ist Johannas Verblendung, daß sie diese Verquickung nicht sieht, auf ein von der praktischen Lebenstätigkeit und ökonomischen Bestimmtheit des wirklichen Mauler isoliertes Menschliche setzt und hofft, daß dieses auch gegen die soziale Funktion Maulers wirksam werden könnte.

Johannas Glaube ist kein privater Irrtum, sondern ideologische Verblendung. Das scheinbar Unmittelbare ist nicht nur, wie gezeigt, eine durch Abstraktion gewonnene Konstruktion, sondern selber historisch vermittelt: durch die Tradition des bürgerlichen Humanismus. Dieser Glaube wird deshalb nur verständlich, wenn man ihn ideologiegeschichtlich interpretiert.

»Es gibt also Güte« hat seine geschichtlichen Wurzeln im Umkreis von Schillers »Worten des Glaubens« von 1799. Der Glaube an die »Tugend«, das Gute in jedem Menschen hatte im 18. Jahrhundert konstitutive Bedeutung für das Bürgertum als sich formierende Klasse gehabt. Nach innen diente die Aufforderung zur Brüderlichkeit der Herstellung von Solidarität aller Menschen = aller Bürger; nach außen diente der Appell, sich als Mensch zum andern zu verhalten und nicht als Angehöriger eines bestimmten Standes, der Durchsetzung bürgerlicher Weltanschauung gegen den Adel: als Aufforderung an ihn, sich ebenfalls allgemeinmenschlich = bürgerlich zu verhalten.

Allerdings zeigt sich bereits in dieser Frühphase der bürgerlichen Gesellschaft der eigentümlich private Charakter ihres Tugendbegriffs. Nicht anwendbar auf das Wesen bürgerlicher Praxis, die kapitalistische Konkurrenz, gerät das Bedürfnis nach Mitmenschlichkeit in Widerspruch zum tatsächlichen Verhalten der bürgerlichen Klasse. Die konkrete Ungleichheit in der ökonomischen Sphäre zwingt zur Zurücknahme der Forderung nach Tugend in den Bereich der privaten Existenz. Indem das Ideal der Brüderlichkeit auf dem Markt ständig Lügen gestraft wird, verkommt Tugend zu überichhafter Abstraktheit und wird zum bloßen Korrektiv für gesellschaftliche Schäden.

Die Figur Maulers zeigt diesen Widerspruch in seiner entwickelten Form: Johannas Vertrauen auf »Güte« steht im Widerspruch zu seiner Rolle als Kapitalist: Realisierung von Brüderlichkeit würde sein kapitalistisch notwendiges Konkurrenzverhalten zu den anderen Fabrikanten stören, Realisierung von Mitleid die ökonomisch notwendige Ausbeutung der Arbeiter verhindern.

Die Aufrechterhaltung des frühbürgerlichen Tugendideals im Spätkapitalismus macht zudem das Moment von Hoffnung, das ihm einst historisch berechtigt innewohnte, zur Ideologie. Denn der Glaube an die Unzerstörbarkeit des Guten war noch bei Schiller gerichtet gegen äußere Unterdrückung des Bürgers im absolutistischen Staat; der gleiche Glaube bei Johanna – wie bei den Rezensenten, die sich an ihr erbauen – bezieht sich auf eine Deformation des Menschlichen, die dem Bürger durch seine eigene Gesellschaftsordnung und seine Rolle in ihr zugefügt wird. Der Glaube an das Gute bekommt dadurch eine fatale Konsequenz (zumal, wenn er sich nur auf Kunstwahrheit bezieht): er reproduziert Unterwerfung unter die herrschenden Zustände, die so schlimm nicht sein können, wenn sie das Innerste des Menschen zu zerstören doch nicht imstande sind.

Johanna weiß am Ende des Stückes auch dies, belehrt durch die Realität:

> »Was soll das heißen, es ist etwas in euch und
> Kommt nicht nach außen! *Was* wißt ihr wissend
> Was keine Folgen hat?
> [...]
> Wie gerufen kam ich den Unterdrückern!
> O folgenlose Güte! Unmerkliche Gesinnung!« (2, 780)

Als Johanna begann, ihre Hoffnung allein noch auf Mauler zu setzen, hatte sie den entscheidenden praktischen Schritt ihres Weges bereits getan. Sie hatte die Händler aus dem Tempel gejagt. Sie war deshalb von den Schwarzen Strohhüten aus ihrem bisherigen Lebenskreis und aus ihrer Klasse verstoßen worden. Sie geht auf die Schlachthöfe zu den Arbeitern, um deren Situation mit ihnen zu teilen.

Diesem Weg ins Proletariat stehen allerdings erhebliche Widerstände entgegen, die in ihrer eigenen Biographie und Sozialisation begründet sind. Ein Angsttraum signalisiert ihr tiefgreifende Umwälzungen ihres gesamten bisherigen Bezugshorizontes (2, 733 f.); bei aller Tapferkeit wehrt sich mehr in ihr, die Klassenschranke zu überschreiten, als ihrem Willen zugänglich ist. Ihre Sprache verrät es. »Eure Sache« nennt sie den Streik (2, 742 f.); er ist nicht die ihre, obwohl sie »von Herzen« für ihn ist. Immer noch appelliert sie, gut bürgerlich, an ein abstraktes und imaginäres »Interesse der Allgemeinheit«, außerstande, das Interesse der Proletarier durch bloßen Entschluß zu ihrem eigenen zu machen. So kommt es zu ihrem Fehlverhalten. Das »Es war zu kalt«, mit dem sie ihren Posten verläßt (2, 755), faßt eine große Zahl von Einzelargumenten zusammen: Das Bewußtsein, eine andere Erfahrungswelt zu besitzen als die Arbeiter (2, 750 f., 753 f.); die Unsicherheit dessen, der nicht eigentlich dazugehört und dem immer noch der Rückweg offensteht, der den andern versagt ist (2, 751); schließlich ganz offene Furcht vor der eigenen Proletarisierung (2, 751) und, vor allem, als zuletzt ausschlaggebendes Moment, Gewaltangst. (2, 753 f.) All diese verschiedenen, von Brecht knapp, aber sehr differenziert aufgeführten Argumente stammen aus der einen, begründeten Angst, die eigene Klasse zu verlassen.

Im Streik der Arbeiter erfährt Johanna, durch Verinnerlichung gebunden an die Spielregeln der bürgerlichen Ordnung, deren bloße Bedrohung als Weltuntergang, als Ende von Ordnung überhaupt. Noch einmal erweist sich die bürgerliche Ideologie in ihrem abstrakten Totalitätsanspruch.

Mimesis kapitalistischer Wirklichkeit: die Krise

Die Analyse von Johannas »Erkenntnisprozeß« hat gezeigt: Jeder ihrer Lernschritte vollzog sich als Konfrontation mit der Realität. Es waren nicht einzelne Irrtümer, die sie korrigieren mußte, sondern der strukturelle Zusammenhang ihres falschen Bewußtseins wurde aufgelöst durch eine Kette von Erfahrungen, in denen die wirklichen Verknüpfungen des ökonomischen und politischen Geschehens sich Geltung verschafften gegenüber den Abstraktionen der bürgerlichen Ideologie. Dieses, für die Dramatik des reifen Brecht typische Verhältnis von gesellschaftlicher Realität und individuellem Bewußtsein bedingt eine größere Selbständigkeit der dramatischen Fabel gegenüber der Hauptfigur, als wir es von der klassischen Dramaturgie her gewohnt sind. Das Börsengeschehen, als der Hauptstrang dieser Fabel, vollzieht sich durchaus autonom gegenüber Johanna. Es bleibt ihr fremd, schon durch eine eigene Atmosphäre von ihrer Welt getrennt. Zwar hat sie zweimal ihren großen Auftritt vor den Kapitalisten, sie greift auch in das Börsengeschehen ein, aber weder reißt sie es an sich noch wird sie dorthinein integriert. Selbstverständlich sind beide miteinander vermittelt, aber auf eine eigentümliche Weise, in einer sich verändernden Widersprüchlichkeit. Zu Beginn des Stückes handelt Johanna im Interesse des kapitalistischen Systems, in dem sie aufgewachsen ist, aber ihr Bewußtsein bewegt sich in Abstraktionen. Sie weiß nichts von dem, was tatsächlich um sie herum vor sich geht und ist insofern völlig von ihm geschieden. Es ist die »klassenmäßig bestimmte Unbewußtheit«[33] des Kleinbürgers. Am Ende des Stückes ist ihr Bewußtsein identisch mit dem tatsächlichen Geschehen: sie durchschaut es. Aber damit verläuft der Widerspruch jetzt zwischen ihrem Handeln und dem des Systems: sie wird zu seinem unversöhnbaren Opfer. Das ist ein Verhältnis von Fabel und Figur, von Wirklichkeit und Bewußtsein, das mit den Begriffen der klassischen Dramaturgie nicht zu beschreiben ist.

Brecht hat es jedoch nicht dabei bewenden lassen, daß Johanna im Stück einen exemplarischen Lernweg durchmacht. Die Realität, die er gegen ihr falsches Bewußtsein ins Spiel bringt, geht auch den Zuschauer an. Auch er soll lernen, d. h. an der Erfahrung von Realität eigene Ideologie überwinden. Dazu ist nötig, daß diese Ideologie im Stück selbst, direkt oder indirekt, angesprochen wird. Es geht nicht um einfache Aufklärung, nicht darum, an die Stelle falscher Bilder richtige zu setzen. Ideologiezerstörendes Theater, wie Brecht es will, muß anknüpfen an die falschen Erwartungen, die der Zuschauer mitbringt oder im Theater entwickelt, und diese dann jeweils durchkreuzen. Richtige Einsicht in die Realität muß dem falschen Bewußtsein jeweils abgerungen werden.

Dieser Zusammenhang zwischen Ideologiezerstörung und Realitätsdarstellung ist keine willkürliche Setzung von Brechts Theatertheorie, kein besonders trickreiches Vorgehen eines Dramaturgen mit pädagogischem Impuls; es ist vielmehr Bedingung künstlerischer Mimesis von Handlungen in der kapitalistischen Gesellschaft überhaupt – dann, wenn diese den Kapitalismus als solchen thematisieren will.

Hier zeigt sich, daß Brecht nicht nur, wie der Vulgärmarxismus seiner Kritiker es meint, von marxistischen Inhalten spricht, sondern materialistische Dialektik in der Methode verwirklicht. Marx entwickelte seine Analyse der kapitalistischen Gesellschaft immer wieder aus den falschen Vorstellungen der bürgerlichen Ideologie über den Kapitalismus heraus. Was für die wissenschaftliche Analyse gilt, gilt in noch stärkerem Maß für künstlerische, auf sinnliche Darstellung angewiesene Mimesis. Auch sie ist an das eigentümliche Verhältnis von Erscheinung und Wesen im Kapitalismus gebunden, in dem die Erscheinung nicht bloßer Schein im Sinne von Täuschung ist, sondern notwendiger Schein, d. h. die einzige Art, in der das Wesen zur Erscheinung kommt, nämlich verkehrt; die im Kapitalismus verdeckten gesellschaftlichen Beziehungen der Menschen können nicht als Wahrheit für sich dargestellt werden, sondern nur als Auflösung verkehrten, aber notwendigen Scheins. Es ist dies ein Aspekt, der in der Brechtforschung bisher bei weitem zu kurz gekommen ist.

Die falschen Erwartungen des Zuschauers, an die Brecht mit der »Heiligen Johanna« anknüpft, um sie zu zerstören, sind prima facie die Vorstellungen des bürgerlichen Theaterbesuchers über Kunst. »In diesen heiligen Hallen kennt man Geschäfte nicht«, hat Brecht diese Erwartungen ironisch umschrieben und sehr viel mehr damit gemeint als einen Witz. Die bürgerlichen Rezensionen der »Johanna« zeigen, wie recht er damit hatte. Was der Bürger im Theater erwartet, ist Versöhnung und das »Menschlich-Große«

(15, 180), nicht aber die »Darstellung von Geschäften«, die Konfrontation mit seiner eigenen ökonomischen Realität. Das klassische Theater hatte den Bereich des Privaten nur zum Politischen hin überschritten; der Naturalismus hatte seine ökonomisch bestimmten Konflikte, etwa in den »Webern«, ins Private zurückgenommen; der Expressionismus hatte das Ökonomische spiritualisiert. Erst im Piscatortheater war der Versuch gemacht worden, ökonomisches Geschehen als solches, »die Kämpfe um den Weizen und so weiter« (15, 74) auf die Bühne zu bringen.

[...]

Zwei Illusionen der Zirkulationssphäre sind es vor allem, die Brecht kritisch zur Sprache bringt: die Illusion vom schicksalhaften Ablauf des Wirtschaftsgeschehens und die von der Macht des Individuums, den ökonomischen Prozeß zu beherrschen und sich, indem es ihn gestaltet, selbst zu verwirklichen.

[...]

Das Thema von der Naturgesetzlichkeit des Wirtschaftsgeschehens wird von Brecht noch um eine Dimension erweitert. Wenn in der Hölderlin-Parodie der 10. Szene der Bericht über die Basis der Fleischfabrikaktien mit der Allgemeinreflexion abgeschlossen wird:

»Den Preisen nämlich
War es gegeben, von Notierung zu Notierung zu fallen
Wie Wasser von Klippe zu Klippe geworfen
Tief ins Unendliche hinab« (2, 767),

dann zielt diese kritische Brechung von Hyperions »Schicksalslied« auf eines der großen literarischen Dokumente, in denen der Pessimismus bürgerlicher Intelligenz in den zwanziger Jahren sich wiederzuerkennen glaubte. Die Zeitgenossen haben gerade diese sprachkritische Seite von Brechts Absicht, in den »heiligen Hallen« der Kunst deren geschäftliche Grundlage zur Sprache zu bringen, sofort erkannt und je nach Standort kommentiert.

Die zweite ideologiekritische Spitze der Börsenhandlung richtet sich gegen den Gegenpol des bürgerlichen Schicksalsglaubens, die Illusion vom großen, sein eigenes und fremdes Geschick gestaltenden Individuum. Auch diesem Thema ist eine Stilschicht des Dramas zugeordnet: die fünffüßigen Jamben vor allem des Anfangs, weitere Klassikerzitate, die ursprüngliche Einteilung in vier Akte, die Verwendung von dramaturgischen Mitteln der klassischen Tragödie wie Botenbericht und dem Motiv vom Diener, der sein Auftragslimit überzieht.

Inhaltlich vertreten wird die Position der »heutigen Entwicklungsstufe des faustischen Menschen«[34] durch Mauler. In dem Rechtfertigungsgespräch der 8. Szene stilisiert er sich als den großen Einsamen, der seine Gegner bekämpft »Wie's mir Natur ist« (2, 727), um sich selbst zu verwirklichen, und sei es im Untergang:

»Aber dies ist ein Geschäft, bei dem's
Um Sein und Nichtsein geht, darum: ob ich
In meiner Klasse der beste Mann bin oder
Selber den dunklen Weg zum Schlachthof geh.« (2, 730)

Dann allerdings erweist der weitere Fortgang der Fabel, daß Maulers ganze Selbstherrlichkeit Illusion war. Die Packhofkrise geht völlig über ihn hinweg; daß er am Schluß doch wieder Herr der Situation ist, ist nicht sein Verdienst, sondern das von Wallstreet.

Damit wird unter der Oberfläche der einander auf dem Markt bekämpfenden Individuen, wo ein Hai den andern frißt und der stärkste zu überleben scheint, eine andere Handlungsschicht sichtbar, die eigentliche Fabel dieses Stücks: die Eigengesetzlichkeit des ökonomischen Prozesses, der Krisenmechanismus.

[...]

Allerdings: keinem Theaterbesucher und keinem Leser enthüllt sich das vielfältige Geflecht dieses ökonomischen Ablaufs in der unmittelbaren Rezeption. Zwar, Einzelnes ist einsichtig. Mauler will Cridle beim Unterbieten von Lennox helfen – tatsächlich macht Lennox bankrott, aber die Spekulation hat das ohnehin labile Preisgefüge zum Einsturz gebracht, und am Ende ist auch Cridle bankrott und der Fleischmarkt ruiniert. Slift spekuliert mit den Viehpreisen, um Maulers Extraprofite zu steigern – aber er überreizt, die Preise brechen vollständig zusammen, gar nichts geht mehr, auch Mauler ist ruiniert. Die Beteiligten arrangieren sich, die Zollschranken sind gefallen: also kann die Produktion unter veränderten Bedingungen wieder beginnen. So ist es überall. Stets sind die *Einzel*aktionen der Beteiligten durchschaubar und die Reaktionen der anderen und die Veränderung der Gesamtsituation leuchten ein, aber der *Gesamt*gang des Stückes spielt sich als wildes, chaotisches Geschehen ab, durch das keiner hindurchblickt und das sich auch dem Betrachter erst in nachträglicher Analyse auflöst.

Genau dies aber ist das Erscheinungsbild der Marktökonomie. Alle Teilhandlungen der Einzelnen und alle Teilmomente des Geschehens sind einsichtig, aber das Ganze ist ein Vorgang, der nicht zu durchschauen und nicht zu beherrschen ist. So drängt sich die These auf, daß Brecht gerade dies dem Zuschauer vorführen wollte: das Bild, das eine auf Warentausch aufgebaute Gesellschaft notwendig den in sie Verstrickten bietet: das, was Lukács als ein entscheidendes Moment des »Verdinglichungscharakters« des Kapitalismus bestimmt hat: die Irrationalität eines Ganzen, das aus lauter rationalen Teilmomenten sich aufbaut.[35] Oder, um es in Brechts Anschauungsweise zu sagen: daß hier ein Geschehen abläuft, bei dem an allen Einzelstellen deutlich ist, daß es von Menschen gemacht wird, und das doch im Ganzen von den Beteiligten mit Notwendigkeit so erfahren wird, als walte ein blindes, naturmächtiges Schicksal.

Es ist die Verkehrung der kapitalistischen Warenwelt, die Brecht im Medium des Marktmechanismus darstellt: daß den Menschen als naturwüchsiges Schicksal entgegentritt, was nichts ist als das Produkt ihrer eigenen menschlichen Handlungen, wenn auch »unter unmittelbar vorgefundenen, gegebenen und überlieferten Umständen.«[36]

[. . .]

Es ist die Leistung von Brechts Fabelführung in der »Heiligen Johanna«, daß Verdinglichung im Stück nicht selbst wieder als undurchdringliches Schicksal erscheint und damit im Grunde nur verdoppelt, sondern daß sie auf der Bühne als Verdinglichung »ausgestellt« wird und damit durchschaut werden kann. Brecht führt nicht nur ihre Symptome vor, wie andere Dramatiker vor ihm auch, sondern er stellt ihre Ursache dar auf historisch adäquater Stufe. Das konnte nur gelingen, indem er hinter dem Markt den kapitalistischen Krisenablauf zeigt, der das Marktgeschehen determiniert.

Bürgerliche Praxis

In der bisherigen Darstellung habe ich den Lernweg Johannas und den Verdinglichungszusammenhang der kapitalistischen Krise weitgehend getrennt voneinander behandelt. Das entspricht der Situation im Stück bis zum Ende der 11. Szene. Johanna hatte sich bisher ideologisch wie praktisch innerhalb des bestehenden Systems bewegt; erst in der nun folgenden Szene gewinnt sie einen Standpunkt, von dem aus sie das System gleichsam von außen begreifen kann, als kapitalistisches und damit als eines, das in seinem

Grundriß geändert werden muß. Dadurch bekommt das Verhältnis von Bewußtsein und Realität eine neue Qualität: die der veränderten Praxis, zumindest als Postulat. Dies macht es nötig, die letzte Szene des Dramas abschließend für sich zu betrachten.

Die 12. Szene setzt noch einmal die realen Widersprüche des Dramas auf ideologischer Ebene in Szene. Es fehlt allerdings die Position des Proletariats. Dies macht Grenze und Absicht des Stückes deutlich: Es ist kein Stück über die Totalität der kapitalistischen Gesellschaft, sondern über die Möglichkeit (falschen und richtigen) bürgerlichen Handelns in ihr.

Dabei sind die Arbeiter im Bewußtsein der Sprechenden durchaus gegenwärtig: für die Bourgeoisie in bekannter Abstraktion als »Elemente der untersten Tiefe«, für Johanna in einer Konkretheit, die den Raum der alltäglichen Lebenspraxis der Arbeiter durch Deixe sinnlich in der Szene präsent macht: »Wieder beginnt das Lärmen der Betriebe, man hört es.« Der Lernweg Johannas im Hinblick auf das Proletariat kulminiert in dieser Zeile (die nach dem vorangegangenen Wortgeklingel auch sprachlich episches Gewicht hat): Hatte sie zuerst nur »Arme« in ihnen gesehen, dann von den Kapitalisten Abhängige und Gequälte, schließlich die Benachteiligten des Systems, so begreift sie sie jetzt in ihrer politökonomischen Realität: als arbeitende Proletarier.

Dieses eine Moment spiegelt den gesamten Erkenntnisprozeß, den sie im Verlauf des Stückes durchgemacht hat und dessen Ergebnis sie nun einbringt: vom individuellen Handeln zur gesellschaftlich notwendigen Praxis.

Für Johanna ist die Notwendigkeit eigener gesellschaftlicher Praxis Ergebnis ihrer Erfahrung:

»Hätte ich doch

Ruhig gelebt wie ein Vieh

Aber den Brief abgegeben, der mir anvertraut war!« (2, 778)

Ihr eigenes Helfenwollen hat nicht nur nichts genützt, sondern den Herrschenden in die Hände gespielt:

»Den Geschädigten war ich ein Schaden

Nützlich war ich den Schädigern.« (2, 779)

Angesichts der tatsächlichen Folgen ist gesellschaftliches Verhalten nicht an der eigenen Absicht, der bloß privaten Moralität zu messen, sondern am Handeln der Herrschenden: das gesellschaftliche Sein hat Priorität vor dem individuellen Bewußtsein:

»Sorgt doch, daß ihr die Welt verlassend

Nicht nur gut wart, sondern verlaßt
Eine gute Welt!« (2, 780)

Wer nur sich selbst verändert, ändert nichts. Allerdings: wer ändern will, muß auch eingreifen:

»Als es möglich war, sie zu verändern
Bin ich nicht gekommen; als es nötig war
Daß ich kleiner Mensch half, bin ich
Ausgeblieben.« (2, 779)

Durch den Kontext der Szene erhält diese Einsicht prinzipielle Bedeutung. Denn sie ist als Widerspruch gesetzt gegen die unmißverständlich artikulierten Absichten der Herrschenden. Von ihnen wird Johannas gesellschaftlicher Handlungsanspruch auf abstrakte »Menschlichkeit« reduziert, die »gezeigt« werden soll als Trost für das »Schlimme« in der Welt und als Alibi für die Aufrechterhaltung der Herrschaft.

Hatte Johanna gesellschaftliches Sein und Bewußtsein in dialektisch-widersprüchlicher Einheit gesehen, so propagieren die Bourgeois deren Trennung, die bei den Schwarzen Strohhüten als Trennung von »Geist« und »Stoff« erscheint, bei den Kapitalisten als zynische »Vermählung« von »Geist« und »Geschäft« zum Nutzen des Geschäfts, dem der Geist sich unterordnet, in folgenloser Anpassung an das schlechte Sein. Die Bürger haben ein politisches Interesse an dieser Trennung, die Brecht hier bis an ihre Wurzeln in idealistischer Begrifflichkeit verfolgt: Die als »Geist« von der Realität als »Stoff« isolierte Moralität (»Menschlichkeit«) ist affirmativ gegenüber den bestehenden Herrschaftsverhältnissen, weil die derart isolierte Moralität in ihren Handlungsmöglichkeiten gar nicht bis zum Kern der gesellschaftlichen Zustände vordringt: auch »durch ihre Reden gegen uns« hat Johanna den Kapitalisten nur genutzt. So setzen sie nun alles daran, Johanna zu kanonisieren, »zum Beweis . . . daß die Menschlichkeit«, Johannas »folgenlose Güte«, »einen hohen Platz bei uns einnimmt«.

Die Trennung von »Geist« und »Stoff« wird als Spaltung des Menschen in seine »zwei Seelen« von ihnen am Ende der Szene noch einmal aufgegriffen. Reinheit und Geschäft werden als ewig entzweite besungen; Johannas verzweifelter Schrei nach Eingriff wird übertönt durch die Sanktionierung des Widerspruchs zwischen ökonomischer Sphäre und außerökonomischer »Unverderbtheit«. Der als Anthropologie um jede Dialektik gebrachte Widerspruch perenniert Unterwerfung und Kompensation in

fortdauerndem Zyklus. Dieser Zyklus wurde schon vorher angesprochen als Konstituens bürgerlicher Schuldproblematik, als
fortdauernder Wechsel von Handeln und Schuld:

»Aber tu es:
Immer mit Gewissensbissen
Denn als Betrachtender
Selbst dich Verachtender
Hast du Gewissen!« (2, 782)

Überidentifikation mit der miserablen Realität führt dazu, daß
deren Schlechtigkeit in die eigene Existenz hineingenommen wird.
Gesellschaftliche Ohnmacht erfährt sich damit als individuelle
Ohnmacht gegenüber der Gewissensinstanz, der sich der Mensch
unterwirft und sich damit von der Aufgabe entlastet, die Realität
zu verändern.

Die bürgerliche Welt, die sich damit noch einmal ideologisch in
Szene setzt, lebt jedoch nicht nur von der ihren Zwecken dienenden Moral; sie hat auch einen eigenen, nicht weniger zweckdien-
lichen Vernunftbegriff. In dessen Namen verlangt Graham erfolg-
reich, Johannas Reden zu zensieren: sie sollen »nur durchgelassen
werden, wenn sie vernünftig sind« (eine irrwitzige Verkehrung:
Johannas Einsicht wird durch einen rein ideologischen, affirmati-
ven Vernunftbegriff als verwirrt denunziert; die absurde Figur
wiederholt sich wenig später, wenn die Schwarzen Strohhüte Johannas moralische Verurteilung des Systems sistieren wollen im
Namen ihres ebenso ideologischen Moralbegriffs: »Du mußt gut
sein! Du mußt schweigen!«).

Eben diese Vernunft wird dann vom Chor der Kapitalisten als an-
geblicher Sinn des Systems für dessen Verteidigung in Anspruch
genommen:

»Soll der Bau sich hoch erheben
Muß es Unten und Oben geben.« (2, 780)

Die Klassenteilung wird mit systemimmanenter Rationalität ge-
rechtfertig, als nützlich für das nicht weiter zu befragende Ganze
und seine Ordnung:

»Darum bleib an seinem Ort
Jeder, wo er hingehört.
Fort und fort
Tue er das ihm Gemäße
Da er, wenn er sich vergäße
Unsre Harmonien stört.

Unten ist der Untere wichtig
Oben ist der Richtige richtig.« (2, 780 f.)
Gegenüber solch technokratisch-zynischer Argumentation durchschaut Johanna den wahren Charakter des »Systems«: als Entfremdung und »Kluft zwischen oben und unten«, als »gemacht«, als »Ausbeutung und Unordnung, tierisch und also / Unverständlich« – und das heißt, gegen die Ideologie der Herrschenden, als bar jeder behaupteten Vernunft.

Aus dieser Einsicht entspringen ihre Forderungen nach praktischem Tun, deren unversöhnbarer Antikapitalismus doppelt vermittelt ist: vermittelt erstens durch die reale Situation, die Niederschlagung des Streiks, den Triumph der Kapitalisten und ihre eigene Ohnmacht, die ihr nur noch einen letzten Aufschrei gegen die Mauer von Verständnislosigkeit zuläßt; vermittelt zweitens – und wichtiger – durch die irreversible Geschichte ihrer Herkunft aus dem Bürgertum. Das dürfte der Sinn ihrer letzten beiden Passagen sein, die sich nicht gegen die Kapitalisten richten, sondern gegen deren Ideologen: ihr verzweifelter Aufruf zur Gewalt wendet sich gegen den bürgerlichen Idealismus, seinen abstrakten Glauben und seine abstrakte Moral.

Die Worte, die Brecht seine Figur hier sagen läßt, umschreiben zwar nicht in ihrer konkreten Gestalt, wohl aber in der Tendenz seine eigene Haltung im Klassenkampf. Auch er hat sich nicht als Proletarier verstanden; vor den zum Proletariat übergelaufenen Bürgern hat er nachdrücklich gewarnt und sie den Tuis, den käuflichen Intellektuellen zugezählt. Vielmehr begriff er sich als Bürgerlichen, der an seinem Platz, im Überbau, seinen Beitrag zur Revolutionierung der Gesellschaft leistet, gewaltsam vorgehend, wo dies nötig und möglich ist. Um konkrete Menschlichkeit gegen die gewaltsamen Abstraktionen des Kapitalismus ins Spiel zu bringen, entwickelte er Formen theoretischer und praktischer Arbeit, die den Bedingungen der historischen Situation ebenso zu entsprechen suchten wie seinen eigenen Möglichkeiten als bürgerlicher Intellektueller.

[Der Aufsatz endet mit einem Abschnitt über »Materialistische Dramaturgie«, der die an der »Heiligen Johanna« gewonnenen Einsichten verallgemeinert.]

1 Die Rezensionen beziehen sich auf die Radiouraufführung von 1932; sie sind abgedruckt im Materialienband, hg. v. Gisela E. Bahr, s. Literaturverzeichnis.

2 Melchinger, s. in diesem Band S. 236.

3 Ebd., S. 234.

4 Ebd., S. 235.

5 So die Rezension von Manuel Gasser (zur Züricher Aufführung), in: *Die Weltwoche*, Zürich, 22. 3. 1968.

6 So besonders deutlich bei Michaelis, in diesem Band S. 245 ff.

7 Ebd.

8 Gerd Vielhaber zur Uraufführung, in: *Ruhr-Nachrichten*, 4. 5. 1959.

9 Michaelis, in diesem Band S. 246 f.

10 Willy Haas, zur Uraufführung, in: *Die Welt*, 4. 5. 1959.

11 Korn, in diesem Band S. 249.

12 Michaelis, in diesem Band S. 246.

13 Elisabeth Brock-Sulzer, in: *Theater heute*, 1962, Heft 10, S. 11.

14 Claus-Henning Bachmann zur Uraufführung, in: *Der Tag*, Berlin, 5. 5. 1959.

15 Ebd.

16 Ebd.

17 Gerd Vielhaber zur Uraufführung, in: *Ruhr-Nachrichten*, 4. 5. 1959.

18 Michaelis, in diesem Band S. 253.

19 Ebd.

20 Ebd.

21 Benno von Wiese, s. Literaturverzeichnis, S. 261.

22 Ebd., S. 264.

23 Ebd.

24 Ebd.

25 Martin Esslin, *Brecht. Das Paradox des politischen Dichters*, München: Deutscher Taschenbuch Verlag 1970, S. 82.

26 Ebd., S. 79.

27 Ebd., S. 82 f. und 316.

28 Peter Wagner, s. Literaturverzeichnis, S. 493.

29 Ebd., S. 519.

30 Walter A. Berendsohn, *Bertolt Brecht, Die heilige Johanna der Schlachthöfe. Struktur- und Stilstudie*, in: *Colloquia Germanica* 4, 1970, S. 46–61, hier S. 48.

31 Ebd.

32 Ebd., S. 43.

33 Georg Lukács, *Geschichte und Klassenbewußtsein. Studien über marxistische Dialektik*, Berlin 1923, S. 63.

34 So der Vorspruch in den Ausgaben der *Versuche*, s. Literaturverzeichnis.

35 Lukács, s. Anm. 33, S. 112 und 142.

36 Karl Marx, *18. Brumaire*, in: *MEW* 8, S. 115.

Anhang

Zeittafel zur Entstehungsgeschichte

1924 September	Brecht siedelt endgültig nach Berlin über. Nach eigenen Aussagen (15, 289 f.) hat er »an allen seinen Experimenten«, nämlich Erwin Piscators, teilgenommen. 1924 läuft in Berlin Piscators Inszenierung von Alfons Paquets *Fahnen*, ein Stück über die Kämpfe der Arbeiter von Chicago Ende des 19. Jahrhunderts. Paquet schildert die Kämpfe als offenen (Bürger-)Krieg und entwirft ein äußerst negatives Amerikabild. – Brecht notiert erste Entwürfe zum Dramen-Projekt *Joe Fleischhacker* (z. T. unter dem Titel *Weizen*) nach dem Roman von Frank Norris *The Pit;* gleichzeitig beginnt er mit der Konzeption von *Dan Drew* nach der fiktiven Autobiografie von Bouck White.
1925 Ende	Die Ausarbeitung des auf »mittlere« Länge (45 Seiten) angelegten Dramas *Dan Drew* beginnt; Elisabeth Hauptmann ist beteiligt. Die Arbeiten (Sammeln von Material) an *Joe Fleischhacker* nehmen ihren Fortgang.
1926 Beginn	Obwohl ca. 75 Prozent von *Dan Drew* niedergeschrieben sind, läßt Brecht das Projekt fallen. – Die Arbeiten an *Joe Fleischhacker* gehen weiter, stoßen aber auf Schwierigkeiten, weil die Börsenvorgänge noch rätselhaft bleiben. Brecht informiert sich eingehend über die Börsenmanöver in den USA. Piscator möchte *Weizen* inszenieren. – Parallel zu den Dramenprojekten laufen Brechts Reflexionen über das »epische Theater«, dessen Grundzüge gefunden und fixiert werden.
1926 Mitte	Brecht bricht das *Fleischhacker*-Projekt ab, weil ihm niemand »die Vorgänge an der Weizenbörse hinreichend erklären« konnte. »Das geplante Drama wurde nicht geschrieben, statt dessen begann ich Marx zu lesen« (20, 46). Die Sammelarbeiten zum Projekt gehen jedoch weiter (bis 1929).
1927 Winter	Elisabeth Hauptmann betreibt Heilsarmee-Studien, und zwar vor Ort, z. T. auch mit Brecht zusammen. Es geht weniger um Kenntnisse über die religiöse, sondern über die soziale Arbeit der Heilsarmee sowie die Vereinnahme der Religion zu diesen Zwecken.
1929 Mitte	Nach dem Erfolg der *Dreigroschenoper* schreibt Elisabeth Hauptmann, zusammen mit Emil Burri, Slatan Dudow und Kurt Weill, das Heilsarmee-Stück *Happy End;* Brecht steuert Songs bei.

1929 Ende	Nach dem Mißerfolg von *Happy End* kehrt Brecht zu seinem *Fleischhacker*-Projekt zurück und entwirft Szenen zum Projekt *Brotladen,* der die Kehrseite der Börsenspekulationen (ihre Auswirkungen auf die Arbeiter und Armen) zeigen, aber in Berlin, nicht in Amerika spielen sollte. – Es entsteht die erste Fassung (die Urfassung) der *Heiligen Johanna* in Prosa; Brecht entwickelt sie unmittelbar und unter Verwendung des Personals aus Hauptmanns *Happy End.* Die Klassiker-Parodie fehlt noch ganz, auch der Bezug zur historischen Jeanne d'Arc ist noch nicht entwickelt.
1929/30	Arbeit an der *Heiligen Johanna,* zusammen mit Elisabeth Hauptmann, Emil Burri, zu denen noch Hans Borchardt stößt.
1930 Sommer	Hauptmann, Burri und Brecht arbeiten intensiv an der *Johanna;* Walter Benjamin, der ebenfalls nach Südfrankreich kommt, steuert Beiträge in Gesprächen bei. In dieser Zeit liegt (höchstwahrscheinlich) die entscheidende Umarbeitung: Prosa in Vers, Fixierung der Johanna-Gestalt auf Jeanne d'Arc, Entwurf der Schlußszene, aber noch ohne Schiller-Parodie.
1930 Weihnachten	Brecht übergibt Elisabeth Hauptmann die von ihm zusammengestellten, aber unvollständigen Unterlagen zum Stück, mit dem Bedauern, keine Zeit mehr zum Binden gehabt zu haben.
1931	Im Lauf des Jahres entsteht – in Umarbeitung – wiederum mit Hauptmann, Burri und Borchardt – die Bühnenfassung der *Heiligen Johanna.* Sie wird spätestens Ende November an den Verlag Felix Bloch Erben geschickt und wohl noch im selben Jahr als maschinengeschriebenes Bühnenmanuskript veröffentlicht. Die Bühnenfassung ist noch in fünf Akte eingeteilt, weist gegenüber späteren Drucken eine reduzierte Arbeiterhandlung auf (auch die Figur der Frau Luckerniddle hat noch wenig Kontur) und hat vor allem einen völlig anderen Schluß. Statt der Schillerparodie entlarvt die Bühnenfassung das gesamte vorangegangene Spiel als »bloßes« Theater (parallel zu Johannas Zuschauer-Haltung im Stück). Am Ende wird das Fundament der Bühne sichtbar gemacht: die Bühne wird »von einer dunklen Masse von Arbeitern getragen«.
1932 Beginn	Brecht schreibt eine Hörspielfassung der *Heiligen Johanna* mit verbindenden Texten (sie ist verlorengegangen). Sendung am 11. 4. 1932.

1932 Mitte	Für den Druck in den *Versuchen* ändert Brecht vor allem den Schluß des Dramas: Einbau der Schiller-parodie.
Dreißiger Jahre Mitte	Ruth Berlau inszeniert Ausschnitte des Stücks am Revolutionären Arbeitertheater in Kopenhagen und spielt die Titelrolle.
1937	Vorbereitung des Drucks für die *Gesammelten Werke* im Malik-Verlag (erscheint in London, März 1938, 1. Band). Das Drama erhält seine endgültige Gestalt. Brecht verstärkt die politische Tendenz, baut die ursprüngliche Szene 9 um und aus. Sie geht in den neuen Szenen 9 und 11 auf; das ganze Drama erhält nun 12 Szenen. Die Figur der Frau Luckerniddle wird in die Schlachthofszenerie des Endes (hier Szene 11) neu eingefügt und so entschiedener – und im Gegensatz zu Johannas Versagen – ausgebaut.
1959	30. 4.: Uraufführung im Schauspielhaus Hamburg.

Literaturverzeichnis

1. Texte des Stücks

Sulivan Slift zeigt Johanna Dark die Schlechtigkeit der Armen. Aus dem Schauspiel »Die heilige Johanna der Schlachthöfe«, in: Der Querschnitt, Berlin, 11, 1931, Heft 12 (Dezember), S. 802–806.

»Die heilige Johanna der Schlachthöfe« [Die Traumerzählung der Johanna, Beginn des 4. Aktes], in: Berliner Börsen-Courier, 64, Nr. 169 vom 12. 4. 1932, Morgen-Ausgabe, 1. Beilage, S. 5 bis 6.

Szene aus Bert Brechts neuem Drama »Die heilige Johanna der Schlachthöfe«. Zur Aufführung der Berliner Funk-Stunde am 11. 4. [1932], in: Der Deutsche Rundfunk, Berlin 10, 1932, Nr. 15, S. 13.

Die Heilige Johanna der Schlachthöfe [Schlußszene], in: Arbeiter-Zeitung, Wien, 15. 11. 1932.

Die heilige Johanna der Schlachthöfe. Schauspiel [Bühnenfassung von 1931], Berlin: Felix Bloch Erben o. J. [Masch.].

Die heilige Johanna der Schlachthöfe, Schauspiel [Erstausgabe], in: Brecht, *Versuche*, Heft 5 [= 13. Versuch], Berlin: Gustav Kiepenheuer 1932, S. 362–455; S. 361: Vorsprüche zum 13. Versuch.

Die heilige Johanna der Schlachthöfe, Berlin, Frankfurt a. M.: Suhrkamp 1960. [1962, 21.–30. Tausend als: edition suhrkamp 113. Viele weitere Auflagen.]

Die heilige Johanna der Schlachthöfe. Bühnenfassung [von 1931], Fragmente, Varianten, Kritisch ediert von Gisela E. Bahr, Frankfurt a. M. 1971 (= edition suhrkamp 427).

2. Weitere Brecht-Texte

Bertolt Brecht, *Gesammelte Werke in 20 Bänden*, Werkausgabe Edition Suhrkamp, Herausgeben vom Suhrkamp Verlag in Zusammenarbeit mit Elisabeth Hauptmann, Frankfurt a. M.: Suhrkamp 1967 [danach zitiert unter Angabe von Band-Nummer und Seitenzahl].

Bertolt-Brecht-Archiv, Bestandsverzeichnis des literarischen

Nachlasses, 4 Bände, Bearbeitet von Herta Ramthun, Berlin und
Weimar: Aufbau 1969–1973.

Bertolt Brecht, *Arbeitsjournal,* hg. v. Werner Hecht, 3 Bände,
Frankfurt a. M.: Suhrkamp 1973 [zitiert als »AJ«].

Bertolt Brecht, *Briefe,* hg. und kommentiert von Günter Glaeser,
2 Bände, Frankfurt a. M.: Suhrkamp 1981.

3. Forschungsliteratur [kommentiert]

Das folgende Verzeichnis der Literatur zum Stück ist chronologisch geordnet und vor allem auf neuere Beiträge konzentriert. Vollständigkeit ist
nicht angestrebt.

Ernst Schumacher, *Die dramatischen Versuche Bertolt Brechts
1918–1933,* Berlin/DDR: Rütten & Loening 1955, S. 434–493
(Auch: Berlin/West: das europäische buch 1977).
[Die *Johanna*-Analyse schließt den großangelegten Band über Brechts
frühe Dramen ab. Das Drama wird – auch wenn Brechts subjektives
Bemühen, aktuelle Themen zu behandeln, gewürdigt ist – gewissermaßen als Rückfall gegenüber der *Mutter* eingestuft; bemängelt wird vor
allem die geringe Kenntnis der Nöte und Kämpfe des Proletariats und
die entsprechend schwache Darstellung im Stück. Brecht bemühe sich
mit dem Stück, seine »kleinbürgerliche Weltanschauung zu überwinden«.]

Benno von Wiese, *Der Dramatiker Bertolt Brecht. Politische Ideologie und dichterische Wirklichkeit,* in: B. v. W., *Zwischen Utopie und Wirklichkeit. Studien zur deutschen Literatur,* Düsseldorf: Bagel 1963, S. 254–275.
[Wieses ungemein hohe Einschätzung des Stücks machte u. a. das »Gewalt«-Drama in der Bundesrepublik salonfähig; der Preis ist freilich der,
daß Johanna »christlichen Glanz« erhält, und zwar vom Dichter unge-
wollt: die Poesie ist ihm sozusagen durchgegangen.]

Henning Rischbieter, *Bertolt Brecht.* 1, Velber bei Hannover:
Friedrich 1966, S. 103–117 (= Friedrichs Dramatiker des Welt-
theaters).
[Rischbieter gibt der Anlage des Bandes entsprechend einen relativ ausführlichen Handlungsabriß, stellt Widersprüche und Spannungsbögen
des Dramas heraus und wertet es als ein »Historienstück über die fin-
stere Phase des Kapitalismus, ein Warnbild«.]

Käthe Rülicke-Weiler, *Die Dramaturgie Brechts. Theater als Mittel der Veränderung,* Berlin/DDR: Henschel 1966, S. 137–146
(Auch: Berlin/West: das europäische buch).

[Die *Johanna* ist unter diversen Fabel-Analysen eingeordnet, die unter der Überschrift stehen: »Stückfabeln, gebaut entsprechend den Bewegungsgesetzen der Gesellschaft«, so auch die These. Der entsprechende Text ist im vorliegenden Buch abgedruckt.]

Peter Wagner, *Bertolt Brechts »Die heilige Johanna der Schlachthöfe«. Ideologische Aspekte und ästhetische Strukturen,* in: Jahrbuch der Deutschen Schillergesellschaft 12, 1968, S. 493–519.
[Wagner liefert erstmals eine differenzierte Analyse, die sich kritisch mit der DDR-Forschung (Schumacher, Rülicke-Weiler) auseinandersetzt, erkennt aber dennoch den Fabel-Verlauf nach der »marxistischen Doktrin« an. Als Sinn der Fabel wird das Scheitern individueller Menschlichkeit im Kampf gegen den unmenschlichen Marxismus markiert.]

Rainer Pohl, *Strukturelemente und Entwicklung von Pathosformen in der Dramensprache Bertold [sic] Brechts,* Bonn: Bouvier 1969, S. 107–117.
[Die Untersuchung beschränkt sich auf die Darstellung sprachlicher Formen, vor allem im Hinblick auf die Übernahme schillerscher Eigenheiten.]

Gudrun Schulz; *Die Schillerbearbeitungen Bertolt Brechts. Eine Untersuchung literatur-historischer Bezüge im Hinblick auf Brechts Traditionsbegriff,* Tübingen: Niemeyer 1972 (= Studien zur deutschen Literatur. 28), S. 88–153.
[Schulz verfolgt detailliert die Entstehung des Stücks, dabei Parallelen zwischen Schiller und Brecht erkennend, wie überhaupt die gesamte Untersuchung im Hinblick auf Schiller und seine Verarbeitung bei Brecht geführt ist. Ausführlich beschrieben und dokumentiert ist die Entwicklung der verschiedenen Fassungen an der Schlußszene mit entsprechendem »Einbau« Schillers. Johanna wird als Gegenentwurf zu Schillers Jungfrau, Mauler als »umfunktioniertes Ensemble aller Königsfiguren bei Schiller« gedeutet. Die Arbeit leidet an beinahe manischer Konzentration auf und Isolierung von Schiller, so daß sie Schiller-Zitate bei Brecht findet, deren Kenntlichkeit sich nicht einstellen will. Die Ökonomie fehlt so fast vollständig.]

John Milfull, *From Baal to Keuner. The »Second Optimism« of Bertolt Brecht,* Frankfurt a. M., Berlin: Peter Lang 1974 (= Australisch-Neuseeländische Studien zur deutschen Sprache und Literatur. 5), S. 113–119.
[Nach Millfull nimmt die *Johanna* einen wichtigen Platz in Brechts Entwicklung ein: Das Stück überwindet die Kargheit der Lehrstücke und führt zugleich ihre Position weiter. Am Scheitern Johannas werde die Möglichkeit einer utopischen Hoffnung entworfen, auch wenn das Drama selbst »pessimistisch« ende.]

Helfried W. Seliger, *Das Amerikabild Bertolt Brechts,* Bonn: Bouvier 1974 (= Studien zur Germanistik, Anglistik und Komparatistik. 21), S. 175–190.
[Das Buch ist die erste großangelegte Studie zum Thema »Brecht und Amerika«. Ihr Hauptgewicht liegt auf den früheren Arbeiten und da im Nachweis von Brechts Quellen, Kenntnissen, Auseinandersetzungen in bezug auf Amerika. Mit Seligers Buch waren die Quellen – auch die zur *Johanna* – weitestgehend nachgewiesen und beschrieben. Obwohl Seliger die Quellenlage der *Johanna* offenlegt, vermag er sich nicht vom Krisen-Zyklus-Modell der Forschung zu lösen. Die *Johanna* wird vor allem unter dem Aspekt der Änderung zum *Fleischhacker*-Fragment behandelt. Das Buch ist eine Fundgrube.]

Karl-Heinz Schoeps, *Bertolt Brecht und Bernard Shaw,* Bonn: Bouvier 1974 (= Studien zur Germanstik, Anglistik und Komparatistik. 26), S. 29–59.
[Schoeps behandelt die Abhängigkeiten des Brecht-Dramas von Shaws Stücken *St. Joan* und im Hinblick auf die Thematik der Heilsarmee *Major Barbara,* wobei die Heilsarmee-Thematik und ihre ideologischen Aspekte überbewertet werden (Abhängigkeiten ergeben sich da mehr zu *Happy End,* dem Stück, das nicht Brecht, sondern Elisabeth Hauptmann geschrieben hat). Schoeps stellt Shaws und Brechts Schiller-Kritik heraus, die bei Shaw positiv – Johanna als geschichtsmächtige Vorwegnahme des »persönlichen Protestantismus« – bei Brecht negativ – als Scheitern des bürgerlichen Standpunkts – ausfällt. Die Nachweise von Brechts Übernahmen sind geistesgeschichtlich geführt, basieren also auf bloßen gedanklichen Übereinstimmungen bzw. Oppositionen.]

Hans Peter Herrmann, *Wirklichkeit und Ideologie. Brechts »Heilige Johanna der Schlachthöfe« als Lehrstück bürgerlicher Praxis im Klassenkampf,* in: Brecht-Diskussion, Kronberg/Ts.: Scriptor 1974, S. 52–120.
[Der Aufsatz ist in diesem Band abgedruckt – ohne die Dokumentation.]

Hans Mayer, *Außenseiter,* Frankfurt a. M.: Suhrkamp 1975 (auch: suhrkamp taschenbuch 736).
[Der *Skandal der Jeanne d'Arc* ist unter dem Obertitel *Judith und Dalila* abgehandelt. Mayer betont, daß Johanna alle Tabus ihrer Zeit verletzt habe und deshalb zum Ärgernis geworden sei. Er bespricht die Darstellung der Figur bei Shakespeare, Voltaire, ausführlicher bei Schiller, Shaw, Brecht und Wischnewski; die Shaw und Brecht betreffenden Ausführungen sind im vorliegenden Band abgedruckt.]

Anneliese Kuchinka-Bach, *Das dramatische Bild in Dramen des 20. Jahrhunderts,* in: Beiträge zur Poetik des Dramas, hg. v.

Werner Keller, Darmstadt: Wiss. Buchgesellschaft 1976, S. 279–297.

[Der Aufsatz untersucht unter der Annahme, daß es »überzeitliche Erscheinungsformen des Dichterischen« gebe, das dramatische Bild in den Dramen Schillers, Brechts und Dürrenmatts. Bei Brecht werden das Schaukelbild, die Bilder der Traumvision u. a. besprochen: Die Bilder weisen – in ihrer offenen Dynamik – unausgesprochen auf permanente Revolution.]

Josef Donnenberg, *Schiller, Die Jungfrau von Orleans – und Brecht, Die heilige Johanna der Schlachthöfe*, in: Festschrift für Adalbert Schmidt zum 70. Geburtstag, hg. v. Gerlinde Weiß [. . .], Stuttgart: Heinz 1976 (= Stuttgarter Arbeiten zur Germanistik. 4), S. 257–287.

[Der Aufsatz ist fachdidaktisch orientiert und untersucht die beiden Dramen vor allem im Hinblick auf »Tradition«; rezeptionsästhetische Fragen stehen im Vordergrund, zum Stück selbst gibt es keine neuen Einsichten; Rülicke-Weilers »Strukturmodell« ist ausdrücklich übernommen.]

Hans Pabst, *Brecht und die Religion*, Graz, Wien, Köln: Styria 1977, S. 60–123.

[Brechts Dramen werden nach theologischen Gesichtspunkten befragt. Im Vordergrund steht das »Gottesbild«, das sich die Menschen machen und das vornehmlich von Brecht attackiert werde (sowie dessen Verinnerlichung). Das Herstellen von (falschen) Bildern trennt Pabst vom wahren Glauben; auf diese Weise kann er im wesentlichen Brechts kritische Darstellung der Gottesbilder teilen und für die *Johanna* das dort postulierte »soziale Programm« verteidigen: »Die Anklage Johannas richtet sich nur an die, welche Gott für ihr System beanspruchen«, nicht aber gegen Gott selbst. So rettet man Seelen.]

Manfred Voigts, *Brechts Theaterkonzeptionen. Entstehung und Entfaltung bis 1931*, München: Fink 1977, S. 192–203.

[Voigts trennt die »Individualfabel« Johannas von der »sozialökonomischen« Fabel der Kollektivhandlung; die erste Fabel behandle Johannas Identitätsverlust als »guter Mensch«, die zweite finde ihren Sinn in der Frage nach der Welt als einem Schlachthaus.]

Wilhelm Grosse, *Bearbeitungen des Johanna-Stoffes. Dramatische Bearbeitungen insbesondere durch Brecht [. . .]*, München: Oldenbourg 1980 (= Analysen zur deutschen Sprache und Literatur).

[Das Büchlein ist fachdidaktisch orientiert und für den Schulgebrauch bestimmt; im Zentrum stehen Brechts Johanna-Bearbeitungen, Shaws und Schillers »Jungfrauen«-Stücke sowie die Stoffgeschichte; für Brecht ergeben sich keine neuen Gesichtspunkte.]

Jan Knopf, *Brecht-Handbuch Theater. Eine Ästhetik der Widersprüche*, Stuttgart: Metzler 1980, S. 105–114 ([2]1986).
[Innerhalb der Darstellung von Brechts sämtlichen Dramen und ihrer Theorie wird die Johanna unter folgenden Aspekten behandelt: Entstehung, Texte, Vorlagen, Analyse und Deutungen (Johanna- und Massen-Handlung. Mauler-Handlung, Mythos Amerika), Entwicklungsstufe des faustischen Menschen, Deutungen der Johanna-Figur sowie Aufführungen.]

Patty Lee Parmalee, *Brecht's Amerika*, Columbus: Ohio State University Press 1981, S. 244–264.
[Parmalees Untersuchungen liegen viel weiter zurück, als es das Publikationsdatum besagt; dadurch kommt es bei dieser positivistisch orientierten Abhandlung, die viel Material aus dem Bertolt-Brecht-Archiv zugänglich macht, zu Überschneidungen mit Seligers Amerika-Buch. Die Quellen werden ausgiebig berücksichtigt und genannt, vor allem auch in den vorangehenden Kapiteln zu den Fragmenten. Die weitgehende Übereinstimmung der *Fleischhacker-* und ökonomischen *Johanna*-Handlung ist erkannt, der Begriff »Corner« geläufig, dennoch gibt es keine Kritik am Modell des Krisenzyklus, wie überhaupt eine ausführlichere Fabeldarstellung fehlt. Parmalee schätzt das Stück als »revolutionär« und als endgültigen Bruch mit der bürgerlichen Welt seiner (Brechts) Vergangenheit ein. Wie Seliger: eine Fundgrube.]

Ulrich Fischer, *Der Fortschritt im Jeanne-d'Arc-Drama des 20. Jahrhunderts*, Frankfurt a. M., Bern: Peter Lang 1982 (= Europäische Hochschulschriften. I, 500), S. 157–225.
[Fischer behandelt die Johanna-Dramen Shaws, Brechts *(Heilige Johanna, Gesichte der Simone Machard, Der Prozeß der Jeanne d'Arc zu Rouen 1431)* und Anouilhs. Die Ausführungen zur *Heiligen Johanna* sind detailliert geführt, berücksichtigen ausgiebig die Fabelführung – nach dem Krisen-Zyklus – und die Hauptfiguren; Fischer betont, daß sich die Parodie nicht gegen die Klassik, sondern gegen ihre bürgerliche Rezeption und quasi-verbindliche Adaption richtet sowie ihren ideologischen Einsatz zu Verschleierungszwecken; Fischer korrigiert damit Positionen, wie sie etwa von Schulz, Schoeps, Pohl vertreten worden sind. Fischers materialreiche Studie ist für das Gesamtthema »Johanna« ergiebig; vgl. auch den ausführlichen Forschungsbericht zum Johanna-Stoff.]

Klaus Völker, *Brecht-Kommentar zum dramatischen Werk*, Mitarbeit Hans-Jürgen Pullem, München: Winkler 1983 (= Brecht-Kommentar. 3), S. 137–147, 338–341.
[Die Ausführungen zur *Johanna* sind – wie die des gesamten Buchs – zusammengehudelt, zufällig, oberflächlich, ungenau, chaotisch geordnet, z. T. ohne Angabe bis ins Wortwörtliche hinein abgeschrieben, z. T.

einfach erfunden. Die Kenntnisse der Forschung sind entsprechend dürftig und veraltet. Überflüssig.]

Uwe-K. Ketelsen, *Kunst im Klassenkampf.* »*Die heilige Johanna der Schlachthöfe*«, in: *Brechts Dramen. Neue Interpretationen,* hg. v. Walter Hinderer, Stuttgart: Reclam 1984, S. 106–124.
[Ketelsens Beitrag gehört wie viele Beiträge dieses Bandes zu denjenigen, die im Schweiße unseres Angesichts *ihren* BB suchen: irrational, chaotisch, baalsch, anarchisch muß er sein. Das *Johanna*-Drama erkannte die Versuchung, neu interpretiert zu werden, und erlag ihr. Brecht schwelge »in der Rolle eines Rhapsoden« der »Legende vom anarchischen, entfesselten Kapitalismus« und zeige eine »urzeitliche Schlacht der Heroen eines legendären Kapitalismus«; Johannas und Maulers Figuren hafte »Naturhaftes« an, »anarchische Lust am Detail« wird vermerkt, etc.]

Jan Knopf, *Bertolt Brecht, Die heilige Johanna der Schlachthöfe,* Frankfurt a. M.: Diesterweg 1985 (= Grundlagen und Gedanken zum Verständnis des Dramas).
[Der für Schul- und Studienzwecke geschriebene Band enthält erstmals eine Analyse des Dramas, die sich auf den Kenntnisstand der hier vorgelegten Quellen beruft und entsprechend neue Schlüsse zieht.]

4. Rezensionen, Aufführungsberichte

Herbert Ihering, *Bert Brecht hat das dichterische Antlitz Deutschlands verändert. Gesammelte Kritiken zum Theater Brechts,* hg. und eingeleitet von Klaus Völker, München: Kindler 1980, S. 204–206 [zur Uraufführung 1959], S. 241–243 [zur Aufführung in Dresden 1961], S. 315 f. [zur Aufführung in Zürich 1968].

Ernst Schumacher, *Brecht-Kritiken,* Berlin: Henschel 1977, S. 59–64 [zur Aufführung des Berliner Ensembles 1968], S. 209–212 [zur Uraufführung 1959].

Monika Wyss, *Brecht in der Kritik,* München: Kindler 1977, S. 369–385 [zur Uraufführung 1959, zu den Aufführungen in Zürich 1968 und München 1974], S. 447–458 [»Der lange Weg bis zur Uraufführung« mit Dokumenten].

Rechte-Vermerke

Der Verlag dankt für die Genehmigung zum Wiederabdruck

des Abschnitts *Amerika* aus Eugen Diesel, *Der Weg durch das Wirrsal. Das Erlebnis unserer Zeit* (Stuttgart/Berlin 1926), der M. Stender Verlagsbuchhandlung, Essen;

der Auszüge aus: Upton Sinclair, *Der Dschungel*, dem März Verlag, Herbstein-Schlechtenwegen, der in diesem Sonderfall dem Abdruck der alten, von Brecht verarbeiteten Übersetzung zugestimmt hat. Neuausgabe des Romans: Upton Sinclair, *Der Dschungel*, Aus dem Amerikanischen von Otto Wilck, © Copyright by März Verlag, Berlin und Schlechtenwegen 1980;

der Auszüge aus: Frank Norris, *Die Getreidebörse*, der Deutschen Verlags-Anstalt, Stuttgart;

der Auszüge aus: Bouck White, *Das Buch des Daniel Drew. Leben und Meinungen eines amerikanischen Börsenmannes*, dem Albert Langen Georg Müller Verlag, München;

der Auszüge aus: Paul Wiegler, *Figuren*, dem Gustav Kiepenheuer Verlag, Leipzig;

von Egon Erwin Kisch, *Getreidebörse in Chicago*, dem Verlag Kiepenheuer & Witsch, Köln (aus: *Nichts ist erregender als die Wahrheit* von Egon Erwin Kisch, © Copyright 1979 by Verlag Kiepenheuer & Witsch, Köln);

von Egon Erwin Kisch, *Berlin bei der Arbeit*, dem Aufbau-Verlag, Berlin und Weimar (aus: *Unter den Uhren von Prag*, Aufbau-Verlag Berlin und Weimar 1985);

der Aufführungskritiken von Alexander von Cube, André Müller, Siegfried Melchinger, Rolf Michaelis, Joachim Kaiser, Ulrich Schreiber den Autoren;

der Aufführungskritik von Ernst Schumacher: *Die heilige Johanna der Schlachthöfe*, dem Henschelverlag Kunst und Gesellschaft, Berlin/DDR (aus: Ernst Schumacher, *Brecht-Kritiken*, © Henschelverlag Kunst und Gesellschaft, Berlin/DDR 1977);

des Auszugs *Die heilige Johanna der Schlachthöfe. Fabelbau* von Käthe Rülicke-Weiler, dem Henschelverlag Kunst und Gesellschaft, Berlin/DDR (aus: Käthe Rülicke-Weiler, *Die Dramaturgie Brechts*, © Henschelverlag Kunst und Gesellschaft, Berlin/DDR 1966);

des Aufsatzes von Hans Peter Herrmann dem Autor.

Die Rechte für den Text von Hans Mayer liegen beim Suhrkamp Verlag Frankfurt am Main.

Suhrkamp Taschenbücher Materialien

»Der Suhrkamp Verlag hat der älteren Idee, rund um einen gewichtigen Autor biographische und essayistische Texte zusammenzustellen, mit seiner Reihe ›suhrkamp taschenbücher materialien‹ neuen Schwung verliehen.«
(Frankfurter Allgemeine Zeitung)

Suhrkamp Taschenbücher Materialien

Plenzdorfs ›Die neuen Leiden des jungen W.‹ Hg. P. J. Brenner.
st 2013

Rilkes ›Duineser Elegien‹. Drei Bände. Hg. U. Fülleborn.
st 2009/2010/2011

Schillers Briefe über die ästhetische Erziehung. Hg. J. Bolten.
st 2037

Spectaculum. Deutsches Theater 1945–1975. Hg. M. Ortmann.
st 2050

Martin Walser. Hg. K. Siblewski. st 2003

Weimars Ende. Im Urteil der zeitgenössischen Literatur und Publizistik. Hg. T. Koebner. st 2018

Ernst Weiß. Hg. P. Engel. st 2020

Peter Weiss. Hg. R. Gerlach. st 2036

Peter Weiss: ›Ästhetik des Widerstands‹. Hg. A. Stephan. st 2032